KB264217

韓國近代史와 民衆意識

韓國近代史와 民衆意識

李 炫 熙 著

복 간 사

본서 "한국근대사와 민중의식"(392쪽)을 출판한 것은 1981년 초였다. 지금으로부터 25년 전이었다. 나는 그때 미국 프린스톤 대학에서 한국사 강의를 마치고 귀국한지 얼마 되지 않을 때였다. 한 출판사로부터 표지와 같은 단행본을 써줄 수 있겠느냐는 간곡한 제안을 받았다. 갑자기는 어렵다고 하였더니 그동안 발표한 것을 토대로 좀 더 보충하면 4백 쪽은 될 것 같다는 사전 조사에 의한 계산이 나왔다.

그리하여 책을 출간함에 모자라는 분량은 더 써서 목표량을 완성하여 원고를 마련하자 출판사가 서둘러 보잘 것 없는 책이나마 세상에 내놓게 된 것이다. 당시는 국한문 혼용체가 보통이어서 지금 보면 격세지감이 없지 않음을 발견하게 된다. 그 때는 '민중'이란 의미가 독자에게 매력을 안겨 주었던 것 같다. 그것이 출간되자 많이 읽혀 몇 판을 계속 찍었던 기억이 새롭다. 그러나 워낙 오래된 글들이라 현대감각이 그만큼 떨어짐을 솔직히 고백해 둔다. 감안해서 독서 자료로 활용해 주길 빈다.

이제 이 책은 전국 서점에서 찾아보기 힘들어졌다. 더 찍어 내지 않았기 때문이다. 서점에 없으니 때로는 저자에게까지 사볼 수 없느냐고 문의하는 독자도 있었다. 출판사에서는 모른다는 대답뿐이었기 때문인 것이다. 아마도 필요한 분도 있지 않겠느냐고 생각된다. 그러던 차에 양서의 전당 '한국학술정보'로부터 복간을 권유받게 되어 이제 기다리던 이 책을 세상에 내놓게 되었다. 저자 나름으로는 교정도 보고 보충도하고 요즘 문장에 맞게 고치기도 하였으나 그렇게 만족스럽지는 않다. 빨리 서둘러 달라기에 출간은 하나 크게 자신감이 떠오르지는 않는다.

한국근대사 가운데 역사의 주인공이며 역동성의 중심인 우리 '민중'이 역사를 어떻게 해석하고 이끌어 오느라고 각 분야에서 임무수행을 위하여 적절한 위치에서 세계사 발전에 발마추어 작용하였는가를 해명하고자 하는 노력은 경주하였다고 고백하고 싶다. 이 문제를 가지고 더 곰곰이 연구하며 더 깊이 천착하고 싶은 생각이다. 기회가 주어지면 더 보충 출간할 예정임을 말하고 '학술정보' 관계자 여러분에게 고마움을 표한다. 다행히 이 책이 이 방면의 관심 있는 분들에게 도움이 된다면 큰 다행이다.

2005년 8월 15일 광복 60주년을 맞아

저자 이 현 회 올림

머 리 말 – 서론을 대신하여

　본서 「한국근대사와 민중의식」은 한국근대사를 이끌어 오면서 나라의 역사를 긍정의 역사로 전환시킨 주역－주체를 민중－대중 쪽에 초점을 맞추어 추적해 본 역사 평론적인 30여 개의 개별 논문·논설로 구성되었다. 開港(1876)을 전후로 한 시기로부터 3·1운동(혁명) 이전까지 40여 년 간은 君主制 國家로서 우리나라가 開化－근대화하는 과정을 통해 민중을 이끈 지도자와 그 의식 구조가 어떠하였는가를 살펴보았으며, 그 이후 1980년대 오늘날까지 70여 년 간은 국민－민족－국가를 이끌어 온 지도자와 민중 간의 거리, 특수 관계, 의식 구조 등을 쉽게 고찰해 본 것이 이 책의 主된 내용이다.

　본래 註가 달린 학술적인 글을 전문적으로 써 온 저자였지만 때로는 본의 아니게 가벼운 글도 쓸 기회가 주어졌었다. 각종 월간 잡지나 신문·학보·교지·강연·토론회 기타 대중을 상대로 글을 청탁받거나 기조강연과 연설할 기회가 있어 타의로 쓰게 되는 경우가 적지 않았고 따라서 그 분량도 상당수에 달하였다. 이에 그간 몇 권의 단행본으로 출간하여 일반인의 독서 의욕을 충족시켜 줌에 저자 나름대로 자그마하게 기여했다고 생각된다.

　본서에 묶어 놓은 보잘 것 없는 20여 개의 大小 글도 실은 몇 편을 제외하고는 의도적으로 쓴 것이 아니다. 그러나 저자는 20여 년간 한국근대사를 공부하고 강의하며 발표하는 가운데 일관되게 우리나라 근대사에서 '민중'은 무엇이고, 그 존재 형태가 얼마만큼이나 역사 발전에 기여했고, 영향을 미쳤을까를 늘 생각해 왔었다. 지도자와 민중 간의 역관계를 생각하고, 그것이 근대역사 발전에 기여한 긍정적인 면을 추적하는 일로 오랜 세월을 보낸 셈이다. 그간 출간해 낸 책들이 다행스럽게도 일반 독서인, 특히 고등학생, 대학생층 등 젊은이에게 많이 읽혔던 것을 송구스럽게 여기면서도 높은 긍지로 여기며 오래 간직하고 싶다. 그럴 때 보다 同學과 함께 좀더 깊이 연구하여 새롭고 유익한 생산성의 근대사를 개발하고 방향을 결정하며 재평가 및 발굴·제시해야겠다는 충동감과 사명의식을 강렬하게 느껴왔다. 따라서 저자는 그간 경향각지에 묻혀 있었던 근대사 관계의 귀중한 자료를 현장 답사 등으로 발굴·발견하여 植民史觀을 불식·청산하고 새로운 '한국사관'을 제시하는 데 조그만 힘이나마 쏟아보았다. 금반 본서와 같이 출간된 「韓國近代史의 再發見」(탐구당 간행)도 그 같은 배경하에서 새로이 집필, 체계 있게 펴낸 것이다.

　학문 생활 중 수십 권에 달하는 저서들은 누가 어떻게 평가하든 간에 이 같은 일관된 발전적이고 긍정적인 史觀의 基準과 意識에서 썼다는 점을 새삼 밝혀 두고 싶다.

　그러나 워낙 천학비재한 저자로서는 아직 방법론상의 참신성이나 핵심적 연구의 접근, 사회 경제사적 규명 등 숱한 해명, 천착의 作域이 많이 남아 있다는 점을 솔직히 시인하면서 그것을 접근해 나가는 데 힘을 기울일 작정이다.

　양서의 출판·보급으로 정평이 나 있는 探求堂에서 본서를 출간할 수 있어 보다 기쁜 마음 금할 길 없다. 탐구당 洪錫禹 사장님께 감사한 마음 표하고 싶으며 맵시 있게 꾸미느라 애쓰신 편집부 김창수 부장님께도 아울러 고마움 오래 전하고 싶다.

원고의 수집·정리·교정 등 자질구레한 일을 내 일처럼 돌보아 준 성신여대 국사학과의 재학생들과 대학원 재학생들에게 고마움을 표한다. 아울러 같이 공부하고 있는 성신여대 인문과학연구소 김미경 조교와 서울 특별시사 편찬위원회에 근무하는 강훈덕 석사의 자상하고 정확한 원고 정리, 교정, 첨삭, 색인 작업 등 헌신적 노고에 새삼 경의를 표하고 싶다. 항상 주변에서 저자를 도와주려는 여러분의 후덕한 人德을 다시 한번 따뜻하게 느끼며, 이 책이 나라의 장래를 염려하고 한국근대사에 관심을 가지고 있는 젊고 건강한 독서층에게 그 디딤돌과 이해의 구실로서 다소라도 도움이 된다면 그것으로 써 낸 보람을 만족하게 느낄 수 있을 것이다.

저자와 17년 여를 동고동락하면서 자기 공부에 힘을 기울여 오는 한편 틈틈이 저자를 뒷바라지해 준 아내의 조그마한 노고를 아울러 치하하며 투병하시다 지난달(1981.2.14) 작고하신 역사학자 아버님의 영전에 바친다.

1981년 3월 일

한강변에서 저자 李 炫 熙 삼가

차   례

머 리 말―서론을 대신하여

Ⅰ. 自立思想과 民衆

1. 東學思想의 背景과 民衆意識의 成長

東學思想 胎動의 歷史的 狀況

19세기 중엽에 우리나라에서 東學이 태동된 것은 다음과 같은 몇 가지 주요한 역사적 배경을 가지고 있다. 첫째 18세기 이후 변질된 조선 왕조 양반 사회의 제반 정치적 모순, 둘째 국가에의 납세제도인 三政의 문란, 셋째 19세기 이후 西勢東漸의 위기 속에서 國家保衛 의식의 팽배, 넷째 전통적인 儒敎의 諸弊에 따른 지도 이념의 퇴색, 다섯째 서학의 도전을 민족적 주체의식으로 대응하려는 자세, 여섯째 實學에서의 현실 비판 및 개혁 사상에 영향 받은 피지배 민중의 의식 수준의 향상과 높아진 그들의 自覺度 등에서 찾아보아야 할 것이다.

조선 왕조의 양반관료 정치는 18세기에 와서 老論 일당의 전제화로 변칙적 운영 방식이 채택되어 19세기로 들어서면서 외척세도 중심 체제로 변질됨으로써 科擧制의 모순, 매관매직의 악순환, 法度와 기강의 문란 등이 비생산적으로 횡행하여 사회 혼란을 야기시켰다. 이에 관한 대책으로 암행어사제가 있었으나 茶山이 牧民心書에서 지적한 바와 같이 守令 鄕吏의 구조적 부정·부패·비리적 모순 행위는 근절되지 못하였다. 이 속에서 직접적으로 피해를 본 것은 평민들이었다. 이 당시 債訟이 많았던 이유도 高利貸에 의한 평민들이 받은 침탈이 현저하였기 때문이다. 더욱이 三政 가운데 田政의 문란은 극심하였고 지역적으로는 곡창 湖南이 더욱 자심하여 「민생이 도탄에서 허덕이기에 비록 어떤 良策이 있어도 수습할 수 없다」고 하는 말이 정부 고위 공직자 입에서 공공연히 나돌 정도였다. 설상가상으로 이에 더해 기근과 질병·한발 등으로 이 어려운 상태는 더욱 위협을 받았으며 천재지변·괴질 등은 귀신 신앙을 통해 치유될 수 있다는 악성 유언비어가 속출하였다. 또한 火賊 등 도적이 빈발하며 妖言掛書 사건 등이 발생하여 민심은 더욱 흉흉해졌다. 이런 시기에 洪景來의 난(1811), 철종 때의 壬戌民亂 등이 더욱 어지러운 사회를 혼란의 와중으로 몰아넣었다. 따라서 이 같은 제반 모순을 치유하기 위한 제도적 대책도 있었으나 근치되기에는 거리가 멀었다.

한편 西勢 (英·佛·美·獨 등)의 동점적 위협은 이웃인 중국·일본 등에 미쳐 반강제적인 조약이나 개항이 이루어져 이것이 곧 위기의식으로 우리나라의 조야를 불안케 하였다. 異樣船의 출몰이나 무시로 도전받는 통상 교섭의 강요, 이런 것들이 국내의 內修外攘의 관심을 높였고, 그 과정에서 西學[天主敎]의 위협적 침투를 받아 내우외환의 위기를 맞아 민심이 동요하고 방황과 혼미를 거듭하였다. 이것을 민족주체 의식 속에서 강력히 대처해야만 국난을 지혜롭게 극복하고 좌절·방황 속에서 혼미를 거듭하는 민중에게 용기와 신념을 불러일으킬 수 있었던 것이다.

이 같은 혼미, 모순, 당혹, 좌절 속에서도 현실 개혁을 강조하고 그 대안을 제시한 실학사상은 받아들이는 계층의 이해관계에 따라 차이는 있었지만 현실 위기를 민중적 의지로 극복하려는 뜻있는 계층에게는 긍정적인 면에서 새로운 사상의 배경으로 삼을 수 있었다. 왜냐하면 이때에 와서 유교를 비롯하여 불교, 道敎 등도 그 본래의 특성을 잃어 민중으로부터 회의나 배척의 대상이 됨으로써 그 歸一處를 잃고 있었다.

이처럼 국내외적인 위기의식을 극복하고 민족사의 올바른 좌표를 설정하기 위해 나온 인물이 30대 청년 水雲 최제우(1824~64)였다. 가련하고 布衣寒士인 殘班의 인상을 강력히 풍긴 그는 庶出이었으나 양반 후예로서의 품위와 지체를 내세우고 신풍을 위해 1860년에 「東學」을 창시하였다. 그가 태어난 지역의 靈地化와 함께 降靈得道의 이론을 내세워 奇男子의 강한 인상을 심어 줌으로써 갈 곳을 잃고 있던 민중, 즉 피지배 대중의 의식 수준이 향상됨을 기반으로 하고 고통과 시련 속에서 자각도가 높아진 그들의 욕망을 풀어 줄 종교적 안식처를 제공해 주었다. 따라서 그의 出自는 天靈의 감응에 의해서 이루어졌고 민중을 교화하는 牧者의 사명 의식에 의해서 만고에 없는 無極大道的 득도로 이 나라를 구하는 데 앞장서게 되었던 것이다. 그는 上帝의 사역에 따라 세간에 나와 난세를 구제하게 되었으니 그의 득도는 극히 자연스러운 靈感에 의해서 이루어진 것이므로 의심할 바가 없다고 한다. 따라서 밖으로는 靈氣에 접하고 안으로는 降話의 교시를 받는다는 것을 나타냄으로써 守心正氣하도록 힘썼다는 것이다. 神靈的 존재로서의 水雲의 탄생과 함께 난세 구원의 방법은 降靈神靈과의 대화와 주술적 의식에 따라 얻어지는 것이라고 주장하였으며 非世俗的인 종교 윤리를 내세우는 예언자적인 존재로서 그 위치를 뚜렷이 부각시키고 있다.

　水雲은 타락된 사회 윤리를 부정하고 새로운 사회 질서를 요구함과 동시에 實學에서 강조하고 있던 남녀 인간성의 회복과 역사에서의 그 민중의 임무를 강조하고 있었다. 따라서 역사의 중앙무대에서 소외되거나 몰락한 양반 후예들과 빈곤과 질병에 허덕이는 의식 수준이 향상된 농·어민층에 환영하는 바가 되어 경상도를 비롯하여 전국으로 廣布되었던 것이다. 그리하여 동학은 그 창도 정신에 따라 교단을 조직하여 자체 정비에 힘써 갔다. 의외의 호응을 얻은 동학은 전국적으로 확산됨으로써 정부의 기존 의식이나 질서마저 위협하고 새로운 종교로서의 위력을 갖게 되는 듯 하였다. 이에 정부는 惑世誣民이라는 엄청난 굴레를 씌워 水雲 등을 처형하였던 것이다. 그 뒤 海月·義菴 등에 의하여 더욱 강화 발전된 동학의 기본 사상은 道와 德 그리고 인간성 회복에서 찾아야 할 것이다. 그 교리는 <東經大全>과 <龍譚遺詞>속에 있는 바 道와 德은 天道思想에서 유래하여 敬天思想과 연결되고 陰陽五行說에서 연유된 運數觀이 그 핵심을 이루고 있다. 이에 인간은 仁義禮智信[五常]보다 誠敬信의 초세속적인 인간의 윤리를 고수함으로써 사람이 곧 天(한울님)과 같다고 풀이하였다. 人乃天思想은 곧 이 같은 배경 속에서 출발하여 人間[男女]의 평등주의로 발전되어 나온 것이다. 이를 실현하고 난세를 극복키 위해 輔國安民과 除暴救民 廣濟蒼生 등 강력한 社會改革 운동을 주장하는 동시에 서구 사상의 침투에 정면 도전하였다. 결국 민중 세계가 갈구하고 있는 현실 개혁과 그 이념에 부합되고 조직의 모체가 될 수 있었기 때문에 그들에 깊이 뿌리를 내릴 수 있었던 것이다. 동학의 태동은 이 같은 역사적 배경과 필연에 의해서 나타난 민족 구원의 종교로 평가되게 되었다.

近代化 過程에서의 東學의 位置

동학은 이미 서민층에서 이탈 변질된 기존 사상 즉 儒·佛·道와 西學을 배척하는 동시에 유교에서 人間의 윤리를 회복하려 했고 불교에서 호국 사상을 채납하였으며, 도교에서 노장사상과 지상천국사상을 받아들였고, 實學과 西學에서 현실 개혁성과 평등인도사상을 받아 더욱 이를 보완하였다. 동학은 또한 主氣說에 접근하여 外向的 경험과 전위적 개척 정신을 강조함으로써 관념론을 배격하고 실질을 숭상하였던 것이다.

東學 운동은 敎團을 중심으로 전개되었는바 교조의 순교가 혹세무민 등 사회 혼란의 책임과 관련된다는 것은 不可하다는 衆論에 따라 즉각 敎祖伸寃運動을 일으켰다. 이 운동은 처음에 순수한 종교운동-신앙운동-으로 그 의도가 투철하였지만 30여 년이 지난 뒤 복합 상소에 이어 수만 명의 報恩集會(1893) 이후부터는 反封建 운동이라는 近代化 운동으로 전환되고 있음에 注目해야 할 것이다. 이즈음의 東學 운동은 全琫準 등 南接 中心으로 발전하여 종교 운동에서 農民 운동과 近代化 운동으로 革命性을 띠게 발전되었다. 報恩集會는 多衆의 會合이었음에도 불구하고 의식 수준이 높아진 동학도의 평화적 시위운동으로 무리 없는 民衆 운동의 성격을 띠게 하였다. 다음 해

(1894) 그들은 마침내 古阜 일대로부터 평화리에 동학 농민 혁명운동을 일으켜 성공적으로 그들의 요구를 관철시킬 수 있었다.

다음으로 東學 혁명군은 全州를 점령하였다가 平和的으로 타협하고 전국 53개에 執綱所를 두고 12개조의 개혁을 주장하였는바, 이 내용은 곧 반봉건성을 강력히 시사한 近代性을 표방한 것으로 近代化 운동의 실질을 이룬다. 그 中 탐관오리의 숙청, 不良한 유림과 양반의 징계, 노비 문서의 소각, 7班 천인의 대우개선, 無名 잡세의 철폐, 地閥의 타파와 人材 등용, 公私債의 무효화, 土地의 平均分作 등은 그 開化性과 함께 實學派들의 주장과 일견 상통하는 바 있어 주목하게 한다. 그런데 이들의 近代化를 향한 문제의 주장은 그로부터 이미 10년 전인 甲申政變(1884) 때 급진개화당(開化黨)이 제시·주장한 新政綱領 14개조에서도 맥락성을 보여 주고 있어 관심을 끈다. 그 14개조 中 몇몇이 實學派의 주장과 理想으로 상통하고 있는 것은 門閥 폐지와 人民平等權의 제정, 탐관오리의 숙청과 國用의 裕足化, 人材爲主의 등용, 국내 재정의 戶曹 一元化, 불필요한 制度의 대폭 감축 등이 그것이다.

東學 혁명군의 주장이 實學派의 주장과 일견 상통하고 있는 것은 두 계층의 공통성이 현실 개혁과 民本主義 의식의 발로하였다는 면에서 近代性과 民族主義的 이념을 함께 하는 것으로 보아도 可할 것 같으며 그런 자료도 최근에 보이고 있다. 한편 이들의 노출된 주장은 甲午改革案件에도 상당수 반영됨으로써 東學革命軍의 主義 主張이 곧 우리나라의 近代化 과정에서 기여한 바가 분명하고 그 成果도 실제로 크다는 것을 강조해야 할 것이다.

그러나 東學革命은 淸日侵略戰爭이 일어남에 따라 第2次의 革命인 抗日救國運動으로 발전하여 對日戰을 전개하였다가 公州에서 대살육을 당하는 곤경에 처해져 모처럼 뭉친 南北接의 합동 구국항일 작전도 실패로 돌아가고 近代化에 기여하였던 주의 주장은 현실에 반영되지 못하고 말았다.

東學은 全國 각도로 은거하면서 전열 정비와 교리 전과에 전념하였다. 이 같은 시기에 1900년대를 맞았는바 국내 정세는 日本의 침략이 노골화되어 그들에 의한 탄압이 자심해졌는데 특히 東學軍 소탕에 국력을 기울인 정도였다. 1897년 12월 24일 3세 교조가 된 孫秉熙에 의해 전면적인 東學의 교세 만회와 구국운동을 전개하던 중 日本 등지로 망명하는 중에도 동지 규합, 포교 등으로 활동하다가 1904년 甲辰 開化新生活 운동을 전개케 하여 새 마을 운동을 제창한 바도 있었다. 비록 敎團 밖으로 그 이념 있는 운동이 확산 발전되지는 못하였으나 그 의도나 본래의 方向은 단순한 신생활이 아닌 동학의 구국 意識의 재현과 맥락으로 평가해야 할 것이다.

天道敎와 救國精神

1905년 12월 東學은 창도 46년 만에 背敎分子, 親日群 등 混迷派를 축출하고 天道敎로 새 출발하면서 1906년 大韓自强會와도 손잡아 지속적으로 근대화 운동을 꾀하고 특히 이미 吳世昌, 李鍾一 등 사회 각계의 신망이 두터운 지도급 인사를 대거 포섭, 입교시킴으로써 天道敎를 지식인의 종교, 활성화된 조직, 구국의 본거지로서의 민족 종교 본래의 輔國安民的 성격으로 대오를 재정비 확장하였다.

1906년 1월에 귀국한 孫秉熙는 大道主의 직을 행하고 독립관에서 5000여 명 道人에게 「國家에 有敎가 如人之有心」이라는 설교와 함께 《同》 2월에는 誠米制와 天道敎大憲을 公布한 뒤 직제를 公布, 大敎區를 조직하는 한편 6월 萬歲報를 기관지로 창간하고 9월에 李容九 등 두목 63명을 출교 처분함으로써 완전히 東學정신과 그 意識을 되찾아 발전의 전기를 마련하였고 교리 전파와 함께 愛國啓蒙운동에도 앞장섰다. 1907년 8월에는 大道主職을 金演局에게 선수하였으나 배반하였으므로 1908년 1월 朴寅浩가 그 대신 임명되어 春菴上師로 호칭되고 義菴은 聖師로서 영향력을 행사하였다. 그는 愛敎心은 곧 愛國心이라 강조하고 同德女學校에 보조하여 女性교육에 힘쓰는 한편, 경술국치가 되던 해(1910) 8월에는 天道敎會月報(李鍾一 발행)를 창간 300여 호까지 발간하였으며 《同》 12월에는 普成專門 普成中學 普成小學校를 인수, 경영하면서 인쇄소인 普成社도 운영해 나갔다. 용산, 마포, 전주, 대구, 청주 등에도 교육 기관을 설치 보조하거나 강습을 거쳐 수백만 명 규모의 大宗敎壇으로 발전시켰으니 이 당시로서는 기독교나 불교에 비교되지 않을 정도로 확대 발전하여 막강한 실력을 행사할 수 있었다. 日帝下에서 한국을 식민지화함에 있어서는 먼저 天道敎와 그 신도를 장악해야 한다고 일본 관리들이 비밀문서에서 주장하고 있었던 것은 그 당시 天道敎의 영향력을 잘 반영해 주는 사례인 것이다.

무엇보다도 天道敎가 구국 종교로서의 민족 운동에 기여한 것은 1919년 3·1운동에서의 선편적 임무를 수행하고 민중을 이끄는 것으로 구체화되고 있다. 이 운동은 최근 자료에 따르면 1910년 9월 말로부터 개시되었음을 알 수 있고 그 당시는 반드시 「3·1운동」을 의식한 것은 아닌 것 같으며 단지 東學에서의 輔國安民的 구국이념에 따라 民衆 운동을 재현하겠다는 發展 의식을 가지고 있었던 듯싶다. 1912년 농어민 노동자 商人 등의 민심을 파악하는 일을 중진 교도들이 분담하여 민중운동의 成熟度를 측정하였다. 정치 운동을 일으키기에 앞서 「범국민 신생활 운동」을 결성하여 이를 토대로 《同》 7월 중순 민중운동을 거사하려 했으나 독립 선언문이 종로서에 압수되어 不發되자 《同》 10월 14일 「民族文化 守護運動本部」를 결성하여 文化운동의 성격을 띠고 발견하였다. 1914년 8월 31일 普成社內에 天道救國團이라는 비밀결사가 大韓帝國民力會의 주요 멤버들에 의해 결성됨으로써(甲寅年) 이것을 3甲(甲午 甲辰 甲寅) 운동이라고 하였다.

이 시기에 일부 天道敎人은 사회 원로 중진들을 교섭하여 대대적인 민중 시위운동을 실천으로 옮겨 보고자 기도하였으나 李商在만 기독교도들을 동원하여 천도교도와 연합할 수 있다는 호의적 반응을 불러일으켰다. 결국 1919년 3월 1일 國民國家 실현과 완전 독립을 쟁취하기 위한 운동은 天道敎의 민중운동 3대 원칙에 따라 전국적으

로 확산되어 나갔는바 그 선도적 임무를 수행하였으며 1922년 3월 1
일에는 第 2의 獨立宣言書를 통해 천도교가 단독으로 민중시위운동
을 일으켜 3·1운동을 완성시키려 기도하였었다. 천도교는 文化 운동
의 맥락을 계승하여 지하신문인 朝鮮獨立新聞에 이어 少年 운동과
함께 開闢·別乾坤 朝鮮農民·農民·第一線·新女性·婦人·어린이·彗星·學
生·黨聲 같은 잡지 운동과 천도교 青年黨의 文化 발전을 위한 각종
성과가 뚜렷하게 나타났다. 해방 뒤 3·1 재현 운동에 이르기까지
120년 歷史의 천도교의 구국 정신은 일관되어 있었다.

結 論

 이제 끝으로 이것을 다음과 같이 여섯 가지로 요약해서 결론을 내
릴 수 있을 것 같다.
 첫째로 東學思想은 19세기 위기에 처한 우리 韓國의 현실을 克服
하는데 하나의 방법과 그 意識을 제시했다고 볼 수 있다.
 둘째로 동학사상은 역사에서의 人間性의 회복과 그 임무를 강조했
고 國家를 保衛한다는 그런 意識과 연관되고 있다.
 셋째로 동학사상은 한국 근대화 과정에 있어서 實學 및 開化思想
과 연관해서 실질적이고 현실 개혁적이며 민족공존의 連帶意織을 역
사적으로 전개하고 그럼으로써 발전의 意識으로 연결시켰다고 말할
수 있다.
 넷째로 동학사상은 甲午年·甲辰年·甲寅年 그리고 기미독립운동과
그 救國運動에 대한 參與意識으로, 또한 自主意識으로 연결되고 있
었다.
 다섯째로 동학사상은 그것이 태동되면서부터 적어도 해방을 맞이
하는 그 시기까지 많은 危機意識이 발생했을 때마다 그것을 극복하
는 하나의 사상적이고 전위적인 그러한 배경이 되었다.
 여섯째로 120년의 동학역사에서 구체적이고 發展史的인 면에서 볼
때 1904년에 있었던 일이라든가 1920년대 이후 新舊派의 문제점 등

동학 자체의 여러 가지 어려운 점이 있었지만, 우리가 역사적인 관점에서 조명을 해 볼 때 민족종교로 발전함에 있어서 그 意識은 自主自立과 共存과 平和思想으로 연결지어져 국가와 민족의 장래를 담당할 하나의 계층으로 성장한 것으로 요약할 수 있다.

2. 韓國近代史에서의 指導者와 民衆

東學의 接主와 民衆意識

우리나라 역사에 있어서 「民衆」의 근대적 의미로서의 존재 형태가 명확하게 부각되기 시작한 것은 대체로 조선 왕조 후기부터일 것 같이 생각된다. 이에 그것이 한국근대사에 영향력을 행사하게 되는 시기는 19세기를 전후로 한 격동기의 변혁을 동반한 시기일 것으로 생각해 볼 수 있겠다. 본 제목의 논설에서는 韓國近代史에 있어서 지도자와 민중이 호흡을 같이 하면서 불의·부정·부패에 항거하고 일어나 정치·경제·사회 개혁을 주장하였던 1894년의 동학혁명으로부터 그들 간의 관계를 조명해 보고 지도자―知識人―와 민중이란 力關係上에 비친 한계성을 지적해 볼까 한다. 東學革命은 近代 民衆救國運動에 있어서 그 의식이 명확히 나타나고 있기 때문이다.

東學이 대두한 것은 세도 정치 밑에서 신음하던 다수 民衆이 반란을 거듭하였음에도 실패로 끝나는 경험을 되풀이하지 않게 하기 위하여 사상 체계를 요구함으로써 비롯된 것인데, 경주 잔반 출신 崔齊愚라는 指導者―知識人―에 의하여 향도되고 거기에 고통 받았던 민중이 따르게 된 것이다. 1860년에 일어나서 1894년 前後 2次의 東學革命으로 발견될 때까지 全琫準, 崔時亨, 孫秉熙 등 지도자의 영도력에 따라 수십만 명 규모의 民衆은 하나의 의식 있는 부대로 성장해 갔던 것이다. 1905년 이후에 天道敎로 그 명칭이 바뀌어 신생활 운동과 3·1운동 등의 主導的 임무를 담당해 왔던 것은 지식인인 지도층과 그 구성원인 민중 사이의 東學이라는 「민중 종교」를 매체로 하여 지속화된 것이다. 동학의 지도층은 민중의 지도 능력을 상실한 性理學이나 佛教를 배척하였으며 외래 종교인 天主教도 구미 제국의 동양 침투와 연결되어 있을 뿐 아니라 민족사의 正統性을 해친다고 생각하여 물리쳤던 것은 그들의 지도력이 한계성에 달하고 있음을 나타내는 好例이기도 하였다.

儒·佛·道教·天主教를 배척 징계하면서도 그것들의 教理까지도 부분적으로 흡수한 것은 民衆의 강한 욕구와 여론 때문인 것이었다. 그러니까 東學은 지도자의 역량이 강했다기보다는 「民衆」의 힘이 그만큼 강했고 절실하였다는 것을 시사하는 것이었다.

東學이 行動性을 충동 자극한 主氣論에 가까웠다는 것이나 부적과 주술을 중요시하였던 것은 民衆−農民−에 영합하려는 지식인−지도자−의 한계 의식을 노출한 것이었다. 平等主義와 人道主義를 나타내고 더욱이 女性의 人權을 중요시한 것도 東學이 民衆편에 가깝다는 것을 강조한 것으로 풀이되고 있는 것이다. 가정의 평화를 강조하고 主婦의 권한이 신장되는 사회라야만 人間의 행복을 누릴 수 있다고 주장하였다. 동학의 경전적 교시도 東學이 지도자적인 종교로 군림하려 하는 것이 아니고 民衆 종교로서의 성격을 강력히 시사하는 것으로 해석해 볼 수 있다. 人乃天 사상을 바탕으로 한 민중−少年, 少女, 女性−의식이 東學에서는 하늘의 운수 사상과 조화하여 길흉화복을 조정할 수 있다고 굳게 믿었다.

東學이 조선 왕조의 운수가 몰락하였다고 믿는 입장에서 혁명사상을 내포하였다고 생각되기 때문에 동학교도는 현실비판 의식이 강하였다. 水雲의 후천 개벽 사상이 이와 유사하게 나타나 민중 속에 뿌리를 박게 되었던 것이다. 「원처 근처 어진 선비가 風雨같이 모여든다」고 기뻐하는 그의 모습은 民衆接合에의 종교적 이념의 극대화를 시사하고 있었던 것이다. 三南일대에 확산된 동학을 신봉하는 민중은 包·接 등의 교단 조직을 통해 소속감을 느끼게 되었고 체계적인 「힘」을 능률적으로 이끌어 갈 것을 의식하였다. 종교적 열정은 구국적 차원에서 水雲의 처형을 부당하게 여기고 교조 신원 운동이라는 순수 종교 운동을 일으켰고 마침내 30여 년이 지난 1894년에 와서는 反封建 운동과 抗日救國 운동으로 정치성을 띠고 近代化와 國權 수호의 결의로 구체화되었던 것이다. 2세 교주 이하 지도자의 영도력은 사실상 크게 작용하지 못한 가운데에서도 민중의 갈 길은 정해 있었다. 그만큼 民衆意識은 성장해 간 것이다.

東學 사상은 그 맥락을 實學에서 찾아보는 것이 순서일 것 같다. 東學革命 폐정개혁 12개조의 내용이 곧 實學者나 開化思想家들이 주장하고 실천하려던 주요 항목들이었다는 관점에서 맥락성을 부여할 수 있기 때문이었다. 지도자의 처형으로 인한 지도력의 상실은 民衆에게 상처를 입힌 것이 사실이다. 그럼에도 불구하고 민중의 方向은 그들 스스로의 방법 모색에 따라 進路가 눈앞에 전개되었던 것이다. 그들은 이제 宗敎 운동에서 政治 운동으로 혁명적 행동성에 방향을 돌렸다. 탐관오리의 숙청과 洋倭의 배척을 주장하면서 除暴救民과 輔國安民의 기치를 높이 들었다. 지도자의 영도력은 이제 한계에 달하였다. 그러나 農民이란 「民衆」이 이 운동에서 주동이 되었는데 그 中 東學敎徒가 90%를 점유하고 있었다. 民衆의 불의·부정·부패라는 저항 의식과 洋과 倭의 배척이라는 국권 수호 의식은 동학도와 함께 韓民族 全體에게 위대한 혁명의 「투사」로서의 의미를 부각시키게 하였고 전투적 기백을 충만케 작용하였던 것이다.

그들은 위대한 民衆에게 승리감을 안겨 주었다. 비록 전후 2次의 동학혁명 운동에서 10만여 명의 희생자가 줄지었지만 그것은 우리 「民衆」에게 지도자의 존재를 높이 부각시키지 못한 가운데 승리 의식과 시민 의식을 함께 안겨 주었다. 開化 사상가들이 주장하였던 君主制의 제한과 민족국가인 國民國家의 出現을 강력히 요구하고 실현시킬 것을 구체적으로 논의하기도 했다. 이는 淸·日의 침략 전쟁을 불러일으키는 결과를 가져왔지만 南北接의 대동 합세로 큰 희생을 감수하면서까지 그 의기 그 집념대로 투쟁하였던 것이다. 지도자의 지도력은 상실되었지만 東學革命이 보여 준 民衆의 開化 의식은 이후 곧 歷史的 전통을 만들어 주어 甲午改革의 실마리가 열리게 되었다. 종

래는 흔히 甲午改革을 전적으로 친일파의 의도적 작용하에 이루어진
양 해석해 왔지만 온건개화파에 의해서 實學 이후 연면히 在野勢力의
「입김」이 그 개혁에 반영되고 있다는 점에서 이는 開化思想家의 開化
이념도 상당 부분이 실제로 반영되고 있다는 점을 간과해서는 안 될
것이다.

　民衆 운동의 기여는 性理學的인 전통 사회가 그들의 「힘」에 의해
서 붕괴 해체되기 시작하여 새로운 近代社會로 전진할 수 있는 획기
적 계기를 마련해 준 데서 찾아볼 수 있겠다. 그래서 東學革命은 民
衆의 위대한 승리요, 時代를 달리할 수 있는 중요 전환기를 제공해
주었다고 본다. 여기서도 知識의 한계성은 드러나고 있었던 것을 눈
여겨볼 수 있겠다.

開化 斥邪 그리고 義兵의 存在形態

　1876년 우리나라는 일찍이 歐美諸國으로부터 배운 제국주의 수법
을 따른 日木에 의해 開港하였다. 최초의 근대적 「修好條約」형식을
띤 丙子修好條約 全 12條 中 반 이상에 달하는 조약 내용이 장차
日本이 우리나라를 侵略할 것임을 內包하고 있었다. 그럼에도 불구
하고 당시 지도급 인사들은 國際法 등 世界史的인 감각이 마비 상태
에 있었으므로 이를 거의 무수정인 채로 서명 날인함으로써 30여
년 뒤 外交權의 被奪과 함께 다시 5년 뒤 庚戌國恥(1910)라는, 歷史
의 章에 씻지 못할 오점을 남겨 놓았던 것이다.

　丙子條約은 긍정적인 면으로 보나 부정적인 면으로 보나 지식인의
「作用」이 한계에 부닥치고 있었음을 일별할 수 있다. 전자는 開化 세
력과 이를 받아들인 閔氏·高宗의 합작적 開港 추구파였으며, 후자는
李恒老 사단의 斥邪衛正派라는 전통적 儒生知識人 그룹에 의한 「開
港絶對不可派」의 주장으로 大別된다고 볼 수 있다. 하지만 두 주장과
의 理念이나 목표 수단은 각기 다른 양상을 보인 가운데 內修, 즉 內
治라는 면에서는 두 계층이 「국가의 발전」을 기약하고 있었으나 對

外的인 政策문제에 있어서는 전혀 다른 입장을 취하고 있었다. 척사파는 개화파(급진·온건파 포함)를 일러 그들이 해외 통상을 계획함은 실로 천하 망국의 근본이라고 (海外通商之謀, 實爲天下亡國之本)까지 철저히 배격하고 규탄하였던 것이다. 척사파의 지식층으로서는 1860년대 外勢의 도전에 위기의식을 느끼고 있었으며 1866년에는 丙寅洋擾등 일련의 歐美 스타일的인 砲艦外交(Gunboat Diplomacy)가 위기의식에서 「危機現實」로 닥쳐왔으므로 民族史의 正統性을 고수하겠다는 순수한 國權守護意志로서 上疏의 형태를 통해 강력히 反對해 왔던 것이다.

斥邪衛正은 원래 正祖 때(1791) 性理學을 正으로 하고 나머지 學問이나 思想을 邪, 즉 異端으로 보고 「衛正=守護性理學」이라는 공식을 철저히 유지·계승케 하였는데 그 이후 70여 년이 지난 1860년대에 와서 英·美·佛·露 등이 청이나 일본 등지를 부분적으로 조차 개항케 하여 이른바 西勢東侵的 양상이 뚜렷해짐에 따르는 自國守護的 본능이 발동하여 이 시기에는 「性理學 守護」에서 「民族史 守護」의 식으로 전환되기에 이른 것이다. 따라서 李恒老 사단의 崔益鉉, 柳麟錫 등 기백명의 당당한 「뼈대 있는」 척사파의 유생 지식인들은 국권 수호, 민족사의 보존이라는 자구책을 강조하고 패티숀(청원)인 상소 항쟁을 전개하여 1895년경까지 수백 번의 上疏와 귀양이 악순환 되는 가운데 내 나라 내 겨레를 지켜야겠다는 과열된 분위기를 조성하면서 때로는 배타적이고 배외적 이념을 드높였다.

일반 유생들은 疏頭라는 지도자를 따라 「疏員」의 입장에서 「上疏部隊」를 형성해 주었다. 이 「소두」와 「소원」의 관계는 대개가 師弟의 인연 아니면 가족, 친지, 인근 주민이 대개 뭉쳐 있었던 것이 전형적 패턴이었다. 그들은 마침내 1895년 閔妃 시해, 단발령 강제, 양력 사용 강청 등 甲午·乙未(1894, 1895) 대 개혁에 큰 충격을 받고 지도자와 民衆의 去來 형태로 「義兵戰爭」을 전개하였다. 1915년경까지 대략 20여 년 동안 이 「民衆自願抗日戰爭」은 강단 있게 4번에 걸쳐 정치적 소용돌이가 휘몰아칠 때마다 크게 봉기되었다. 때로는 活貧黨의 「義賊」 행세를 하였는가 하면 「民兵」의 형태로 저항 기세를 발휘하였으며 南學黨 운동 이후 1907년경에는 해산된 舊韓國軍과 합세하여 民衆戰爭을 저변으로 확산시키기도 하였다. 의병에는 뚜렷한 지도정신이 제기되지 못하였다. 또 사상적인 한계성도 있었다. 훈련이 잘 되어 있지 못한 면도 있었고 군비 군량이 원활하게 조달되지도 못하였다. 民間에게 「失禮」를 범한 것은 불가피한 전쟁 수행상 치러야 할 진통이었을 것이다. 나라를 위한 강도 절도일 뿐 「좀도둑」은 아니었다. 의병 대장의 지도력에는 한계가 있었다. 書生들의 구국적 의기나 정열만 가지고는 손발이 맞지 않는 전쟁 수행상 문제점을 던져 줄 수밖에 없었다. 일반 의병인 「民衆兵」들의 구국적 의지가 오히려 순수했고 희생적 속성을 보였다. 歷史의 뒤안길에서 진정으로 나라와 겨레를 위해 목숨을 바친 무명의 民衆兵이 그 얼마나 많았던가. 빼앗긴 나라를 뒤늦게나마 다시 찾을 수 있었던 것은 수많은 이름 모를 「民衆兵」의 희생이 디딤돌이 되어 성장해 갔음을 새로운 視角에서 照明하고 모색하는 지혜가 선행되어야 할 것이다.

　義兵戰爭 기간에 지도급인 의병대장은 그렇게 많이 희생되지 않았으나 民衆兵은 10만여 명이 목숨을 빼앗겨 歷史의 章에 묻혀버리고 말았다. 동학 혁명 수행 과정 중에서도 15만 명이 희생되어 1894년 이후 20여 년 동안에 줄잡아도 30만여 명의 희생자가 뒤안길에서 우리의 近代史를 찬란하게 빛나게 하였고 그만큼 후진성을 극복하고 전진케 한 것으로 평가해 볼 수 있겠다.

　한편 實學인식적 맥락에 의해 1870년대에 태동하기 시작한 개화 세력은 개항을 고비로 自覺, 反省의 용단을 내려 前近代性을 近代性으로 전환시키려는 노력의 결실로 1880년경에 開化黨을 형성케 분위기를 조성하였다. 급진개화파 40여 명으로 구성된 개화당은 지도자 중심의 제도개혁 등 근대 정치 체제 확립을 위해 同民國家 형성을 절규하였다. 이 당시 君主制의 제한 내지 철폐 운동은 반역적 혁신 사상임에 틀림없었다. 이를 테면 時代를 앞서 간 超現實主義者의 위험한 혁명 사상이었다. 開化黨의 이념을 따르는 民衆은 거의 없었다. 민중은 더욱이 이 모임이 비밀 서클이었던 만큼 어디서 누가 무엇을 하는지조차 모를 입장에 있었다. 간혹 몇몇 兩班知識人들이 「깨우쳐야 한다」고 외쳤을 뿐 그게 「무슨 소리」인지 터득치 못하였다. 開化해야 한다면서도 도로나 하수도 시설, 건물·위생 시설은 재래식이고 크게 진보된 것이 하나도 없었다.

민중의 불편은 사실상 말이 아니었다. 開化黨의 놀라운 목표나 이념 주장은 한낱 공중에 떠 있는 화려한 개혁의 의지일 뿐 民衆的 기반이나 지지 찬성의 성숙단계로 확산되지 못하였던 것이다.

甲申쿠데타(1884.12)가 3日天下之國으로, 「最短命政變」으로 종결되고 만 것을 놓고 우리는 지식인의 계획이나 실천이 얼마나 무리를 자아냈고 「사상누각」의 형태로 전락했는가를 反省해 볼 필요가 있다. 불을 지르고 事大黨이라는 집권층 몇을 찔러버림으로써 그들의 주의 주장이 곧 성공하리라는 어리석은 기대에 다시 한번 「無謀性」을 지적치 않을 수 없었다. 물론 장사급(壯士級) 하수인이 없었던 것은 아니었다. 궁중을 장악할 수 있는 기골이 장대한 宮女를 포함하여 下部構造도 미약하기는 하나 존재하고 있었다.

그러나 혁명의 성숙은 民衆의 희생적 참여와 심층적 지지·찬성이 없고서는 성사될 수 없다는 엄연한 사실을 歷史는 잘 지적해 주고 있다. 참형 내지는 亡命이라는 대가가 그들에게 내려진 것은 君臣的 지배 질서 속에서 당연한 귀결이었을 뿐 아니라 淸·日本軍의 위협적 進駐 사태가 「甲申 멤버」들을 그냥 둘 수 없게 미묘한 국제 관계에서의 力作用도 깊숙이 간여하였던 것을 알아야 할 것이다. 온건 개화파는 이와는 달리 개화의 긍정성을 인식하면서도 「甲申熱氣」 같은 것은 온당치 못하다고 질책한 뒤 甲午개혁에 대개 참여하여 그 개혁의 안건을 심의하고 재야에서 주장하던 案件도 다수 반영하는 극히 온건하고 피상적인 개혁에 그들의 의지를 피력하는 정도에서 맴돌고 있을 뿐이었다. 開化 세력과 그것을 지지하는 民衆과의 거리감은 이래서 너무 현기증이 날 정도로 높고 먼 것이었음을 지적해 둔다.

獨立協會와 愛國啓蒙運動의 指導力

開化黨의 급진 멤버들에 의한 성급한 개혁은 너무나 고위 지도자 중심적이고 局地的인 외침으로 치달아 실패의 쓴 잔을 마신 셈이다. 그러나 이에 깊이 관계하였던 인사의 영향력으로 그로부터 12년 만에 결성을 본 獨立協會의 지도층과 그 회원을 포함한 民衆과의 거리는 그리 현격치 않았다. 「甲申 쿠데타」의 실패 교훈이 민중적 지지를 기반으로 해야 한다는 것을 암시하고 있었기 때문이었다.

독립협회는 세 갈래의 계층이 대동 참여함으로써 이룩되었지만 거기에는 지도자와 民衆과의 조화·협조체제가 잘 이루어졌다. 해외 민주 의식파, 국내 실학 인식적 개신 유학파, 여성계의 참여파의 3파가 그들이었고 독립신문, 황성신문, 제국신문이 각기 그들의 홍보지로서 지식인과 民衆과의 거리감을 좁히고 대화의 길을 넓혀 독립협회는 민권 쟁취, 개혁 정치의 강화, 代議정치 추구가 저변으로 확산되어 갔던 것이다. 지도자와 民衆과의 공동의 개혁 목표가 일치되는 면을 보인 것이 이 협회의 방향 감각이기도 하였다. 당시 부패한 정계의 지식인은 민족이나 국가의 이익 추구보다는 자기 일신과 자기파의 이익만을 추구하는 외세 의존적 풍조에 팽만해 있었다.

따라서 이 같은 퇴영적인 풍조를 일신하기 위하여 서구적 자유주의 이념이나 자각을 앞세운 개신유학자 그리고 선각 女性界의 대표들이 부국강병을 기약하는 독립과 民權 신장, 開化革新 운동을 일으켜 민족 발전이라는 대전제 앞에 경건히 순종하였다. 독립문, 독립공원, 독립신문 등의 새로운 사업의 실현은 독립협회의 자립정신에서 출발하였으되 지식인의 歷史 발전 의식이 그만큼 투철하였음을 암시하는 청신호였다. 독립협회의 탄생으로 인해 지식인과 民衆의 밀착 현상이 두드러졌다. 뜻있는 지식인과 옆에 의기 있는 民衆이 운집하는 것은 順理이며 당연한 귀결이기도 하였다. 그것은 민족적 과업이나 사회적 요청에 명실상부하게 일치되는 强點이 있음으로써 정치성을 띤 단체로 성장해 간 것이다. 그렇기 때문에 民衆이 기꺼이 參與

하고 지지해 주었다. 議會 운동에 民衆들이 신분의 구애 없이 참여
의 폭이 넓어짐으로써 雲集하는 현상을 나타냈다. 지방에까지 支會
가 설치되어 民衆이 비로소 정치의식을 갖게 되고 國政에 참여할 수
있다는 희열을 맛보게 되었다. 君主制下에서 臣民—民衆—이 君政격
인 國政에 참여할 수 있다는 신념을 갖게 한 것은 비록《同》會員이
아니라 해도 가능권 내에 진입할 수 있다는 면에서 적극 협조하고
지지를 아끼지 않았던 것이다.

　독립협회는 이 같은 정치 사회적 계몽을 통해 民衆이면 男女老幼
를 불문코 영접할 자세가 확립되어 있음으로써 民衆 속에 뿌리박고
자주적 호국의 선언도 서슴지 않았다. 그들은 「밖으로 자립하여 國
權의 상실을 막고 안으로 자주하여 典章 법도를 遵行하며 官民의 협
력으로 國權의 自主를 기하자」고 구국 선언을 上疏文의 형식을 따서
절규하였다. 지도자와 民衆과의 관계가 가장 밀착되고 獻議 6條 같
은 國政의 방향을 제시하였던 것은 萬民共同會의 民衆集會였다.

　民衆은 지도자에 앞서 정부의 外勢 의존적인 정치·군사·경제 정책
을 규탄하고 그 代案을 제시하는 등 國政의 自主性·自強性을 확고히
할 것을 강력히 촉구하였다. 오히려 몇몇 되지 않는 지도자의 미온
적인 건의나 民衆의 회유 같은 나약한 지도력보다는 국민을 대표할
수 있다. 民衆의 의지 있는 건의가 더 효과적이고 성공적이었음을
우리는 독립협회의 例에서 명확히 엿볼 수 있었다. 立憲議會 民主主
義를 주장하여 韓國 近代史에서 최초로 近代議會민주주의 사상을 제
창하는 성과마저 기록할 수 있었던 것이니 民衆의 힘이 얼마나 위대
하였고 실효성 있는 存在形態인가를 知悉케 하는 것이다. 그러나 독
립협회를 해산케 한 반동적인 皇國協會를 만든 것도 보부상 등, 특
별무뢰배 등 民衆의 집합체였다는 사실이 民衆, 그것의 선택적 평가
가 필요하다는 것을 새삼 터득케 되는 것이다. 무릇 民衆의 참된 평
가는 「선택적 존재」와 그들이 사회정의, 자유, 진리, 양심을 구현할
수 있을 때 긍정적인 면에서의 민중 의식을 운위하게 되는 것이다.
민중의 존재 의미도 그렇게 되면 변질 내지는 약화되는 현상을 빚게

된다는 지식인 못지않은 限界性을 드러내놓게 된다. 독립협회는 고종으로 하여금 협회원이 立憲共和制를 실시케 할 것이라는 황국협회의 참소에 따라 3년 만에 解散되었다. 더욱이 利權 양도에 적극 反對하여 난관에 봉착한 歐美諸國의 끈질긴 해체 압력으로 民衆의 이익을 대변하고 國富論을 제기하던 이 협회는 그 운명을 다하였다. 그러나 民衆의 소리였던 자주·민권·자강 사상은 近代的이고 自立的인 입장에서 國民 自主意識을 형성하게 되어 일본이 한국을 침략하고자 할 때부터 침식당한 이래 줄기차게 민족운동을 맥락 있게 펼쳐 갈 수 있는 사상적 기반과 저력을 착실히 닦아 놓았다.

비록 獨立協會는 해산당했다 해도 그 이념이나 목표 그리고 人物은 침몰되지 않았다. 7년 뒤에 大韓自强會나 大韓協會로 맥락이 이어지면서 民衆의 의지는 조금도 흐트러지지 않아 고결하고 생동하는 민족혼을 노출시켰다. 1900년에 줄기차게 뻗어 내려오면서 영향력을 보였던 民衆의 국권회복적인 구국의 의지는 愛國啓蒙 운동으로 재현되고 있었다. 여하간 독립협회의 지도자와 民衆은 이렇게 서로 밀착되어 「구국사업」을 추진하였으나 역시 한계라는 벽에 부딪쳐 당장 좋은 成果를 보이지 못하고 말았다.

따라서 愛國啓蒙 운동이라는 확대된 民衆抗爭 형태 속에서 민중의 기여도를 추출해 내는 것은 퍽 時宜한 일일 것이다. 애국계몽운동은 戰爭史的인 구국 항쟁을 제외한 온건적 독립 구국운동이라고 말할 수 있겠다. 애국계몽운동에는 결사, 언론, 교육, 학문, 종교, 여성, 사회 운동 등이 포함될 수 있을 것이다. 일본의 황무지 개척권을 묵살케 한 保(輔)安會는 李相卨, 元世性 등 지도자와 民衆에 의해 주도되었다는 점에서 그 重要性을 돋보이게 한다. 이는 지식인의 다수 참여와 민중의 호응으로 드물게 보는 勝利의 歷史를 기록할 수 있었다. 따라서 끈질긴 개척권 요구를 철회케 한 것이 그것이다. 특히 민중의 가슴을 불타게 한 것은 乙巳條約이라는 外交權 탈취의 신호에서부터 치열해지기 시작한 것이다.

義兵 전쟁이 이때 전국적 규모로 크게 일어났던 것은 무력항쟁의

한 표본이었다. 민중은 5적 암살 계획의 수립과 상소, 언론항쟁, 종교 운동으로 맞섰으며 國債報償 운동이라는 界女老幼의 구별 없는 「범민중」의 동원이 自發的으로 이루어졌던 것이다. 민족 교육이나 국어 국문학 수호 운동, 서북학회 등 각종 결사, 국사 연구, 종교 운동, 여성 운동 등 민족 운동이 꼬리를 물고 나와 지식인의 한계를 의식하면서도 항일 구국의 선봉장이 되었다. 그들은 참여와 지지 호소로 多數 동원 태세에 强點을 간직한 움직이는 正義派―民衆―로서 限界性을 의식하면서도 적극적인 참여 대열에의 재현을 강력히 요구하고 나섰던 것이다. 지식인과 그 존재를 포용하거나 돋보이게 하는 民衆은 「歷史의 압력」이 가중되는 가운데 限界性은 의식하면서도 참여의 폭을 그만큼 크게 넓혀 왔다고 보겠다.

市民革命 運動과 民衆의 參與

일본에 비해 후진성을 면치 못하였던 한국은 마침내 1910년 나라를 그들에게 빼앗겼다. 그러나 우수한 민족 문화와 전통에 바탕을 둔 民族意識이나 民衆의 구국적 의지는 국권을 회복하는 데 자신감을 갖게 하였다. 나라를 찾는 운동은 이미 지식인과 민중 사이에 줄기차게 일어나고 있었다. 독립운동은 그래서 亡國 이전부터 일어났고 自由, 正義, 眞理에 입각해서 규모 있게 봉기되었으며 學問人 즉 知識人이 앞장서고 民衆 전체가 지지하고 참여하였다. 이것은 또 決死的 투쟁이었으며 父子 兄弟까지도 같은 戰線에 나서서 죽을 때까지 항쟁했었고, 3·1운동으로 大同合流함으로써 구국운동은 절정에 달했다. 大韓民國 臨時政府라는 國民 國家를 비로소 형성하였다. 君主國家의 결별로부터 民衆國家의 수립이 우리 國民에 의하여 달성되었다. 이는 國內가 아니라 國外에서 수립된 民間 政府였다 해도 亡命政府가 아닌 正統政府로 간주되어야 할 것이다. 「光武政府」―大韓帝國―이후 실로 20여 년 만에 變化된 국가, 즉 나라의 主人이 君主로부터 國民으로 바뀐 위대한 민중의 승리를 가져온 것이다. 이 운동은 世界 平和를 지향하고 한반도에 平和定着을 기약하였으며 生動하는 歷史의 계기를 만들었던 것이다.

3·1운동 이전에 新民會의 지식인들은 민족주의 교육, 민중의 근대적 자주 의식의 고취를 강조하였으며 民族産業과 文化의 계발 등을 통해 민족 운동에 선편적 임무를 수행하였다. 安昌浩, 李東寧 등 50여 명으로 조직된 신민회는 지식인의 모임이었기에 「民族知性」으로 나라를 찾고 民間政府를 수립해야 함을 역설한 것이다. 그들 가운데 일부가 3·1운동 주역의 하나로 등장하였다. 국외에는 독립 기지를 설치하고 한민족에게 민족 정신, 독립 의지를 심어 주어 國權 회복시 同參 봉기할 것을 다짐하였다. 知識人의 임무가 곧 그 나라를 이끌어 간 기본이 되었고 中心 세력이 되었다는 것은 이 같은 경우를 통해서 역력히 느낄 수 있다. 西北間島 沿海州 일대에 항일 독립의 거점을 확보한 뒤 그곳에서 産業을 일으켜 경제적 토대를 구축하였으며 靑少年을 모아 民族敎育과 군사 훈련을 시키고 모든 한국 민중을 조직화하고 무장화함으로써 獨立戰爭 수행을 원활하게 주선하였다.

한편 국내에서는 1910년 9월 이후부터 천도교의 일부 지식층이 民衆救國 운동을 위해 준비를 게을리 하지 않았다. 그들은 뚜렷한 목표 의식을 가지고 擧事를 진행시켰다. 광범위하게 지식층을 환기시켜 同參 궐기할 것을 다짐하였고 그 뒤를 民衆이 지지하면서 참여케 하였다. 비밀결사를 조직하거나 군비도 마련하면서 일을 착실히 조직적으로 진행시켰나. 그러나 동학 민중운동의 재현을 계획하였던 이네들의 실천에는 外的 여건이 허락지 않아 1919년 「3·1운동」이전에 실패로 끝나고 말았나. 이미 거사계획은 1919년 전에 수차 실천으로 옮기려 했지만 민중과의 호흡이 一致되지 않아 번번이 일본 경찰에 妨害 沮止를 받았던 것이다.

기독교의 지식인들도 서울과 平壤을 중심으로 民衆運動을 계획하였으나 역시 효과를 거두지 못하는 限界에 부닥치고 있었다. 제 1차 세계 대전의 발발과 종결이 이들 知識人을 자극하고 민족운동을 촉진시켜 주었다. 高宗의 毒殺로 인한 아직도 忠君的 「赤子」의 서울 雲

集이라는 여건이 大衆示威 운동을 뒷받침할 수 있다고 성숙된 분위기를 생각하였다. 擧事를 위한 民衆動員은 사실상 공개적으로 용이한 사업이 아니었다. 高宗의 개인적 희생은 그를 흠모하는 民衆, 부녀자, 농민계층들의 참여를 불러일으켰다. 물론 多數民衆이 다 「고종애도」로 一致되지는 않았다. 知識人들은 이 점을 民衆參與의 자연스러운 계기로 삼았다. 특히 宗敎人들의 신앙적 차원에서의 구국적 의기는 높이 살만 하였다. 民族代表라는 사실은 그들이 스스로 民衆의 선봉적 입장을 취한다는 뜻에서 앞장섰고 독립을 선언한 뒤는 平和的 시위를 통해 日本의 철수를 요구하는 미온적이고 무계획적인 약한 항거에 머무르고만 것이 못내 아쉬운 것이다. 그들의 당당한 「自顯被捉」과는 달리 市民意識으로 성장해 온 자유와 정의감에 충만했던 民衆들의 시위는 오히려 이 운동을 열기 있는 운동과 의지와 규모 있는 국민운동의 전통을 수립하게 뒷받침해 주었다. 남녀 노유의 구분이 없는 착실한 民衆, 어떻게 보면 지도자가 없었던 3·1운동 시에는 종교인과 民衆이 앞장 선 國民一市民一운동이었으므르 民間政府가 수립된 것이다. 君主國은 사실상 1910년으로 끝났고 이후 20여년의 空白期一진통기一를 갖고 지식인과 民衆의 의지의 총합이기도 했던 民主共和國이 탄생한 셈이었다.

3·1운동 이후에는 독립 전쟁, 자립 외교, 민족 실력 양성이라는 3大 方向이 지식인 사이에 태동하였고 民衆은 이를 실천으로 옮겼다. 民立大學 설치 운동, 朝鮮物産 장려 운동이 실력 양성을 표방하였으며, 太平洋會議에 外交 후원 등이나 獨立軍, 光復軍 등의 무장 운동이 주로 해외에서 지식인과 民衆과의 밀착으로 이루어졌다.

또 學生 운동이 主로 1920年代를 주름잡았고 各種 爭議가 主로 1930年代를 외치면서 光復을 向해 줄달음쳤다. 臨政의 통합기운과 함께 신간회, 근우회, 신정회 같은 單一黨的 統一운동, 신생활 운동이 민족 통일의 의지와 혁신을 전통적으로 환기하고 맥락 짓게 하였다. 光復 이후 독재의 아성을 무너뜨린 4月革命은 知識人과 民衆과의 협조 지지적 밀착이 자연스럽게 이루어졌고 최초로 정권을 바뀌

게 한 歷史의 승리, 자유, 건재성을 다시 증명해 주었다. 지식인의
한계성 속에서도 民衆의 의지의 成功性은 입증되고 있음이 韓國近代
史가 웅변으로 증명해 주고 있지 않는가. 民衆은 自由와 正義 편에
영원히 있음을 우리는 마음 든든하게 여기고 그래서 어떠한 「독소」,
「변칙」도 제거할 수 있다는 역사적 신념, 자신감, 民衆意識을 갖게
하는 것이다.

3. 開化期의 民衆과 그 意識構造

序 論

開化思想이 韓國에서 胎動한 것은 대략 1870년대 초반으로 잡고
있다. 이 시기는 우리나라가 外勢의 도전에 직면하여 응전하는 一大
轉換期라고 생각된다. 더욱이 이 시기의 외세 도전은 單數的인 强要
가 아닌 複數的인 體制改革까지도 범위를 넣고 압력을 加해 왔기에
우리의 시련이나 고통은 적지 않았다. 開港을 맞이한 이후 이 같은
양상은 더욱 현저하여 政治, 經濟, 社會, 文化 등 각 方面에 걸쳐 傳
統社會의 변혁을 壓迫해 왔다. 즉 東洋的 挑戰 범위를 포함하여 世界
的 質量의 물리적 도전을 소화해야 하는 어려움이 닥쳤던 것이다. 이
렇게 한국 정부에 몰아닥친 외세 도전에 대해 斥邪衛正派들은 民族
史의 정통을 墨守해야 한다는 입장을 견지한 채 주체의식 고취로 철
저한 鎖國攘夷策을 절규하고 同參을 호소하였다. 결국 그네들의 主義
主張은 斥和疏의 義兵抗爭으로 구체화되고 연면히 이어졌지만 開化
派까지도 포함하여 배척의 대상으로 삼았다.

그러나 같은 性理學的인 사상의 기반을 가지고 外勢 도전을 효과
적으로 대처하고 능동적으로 受容하려는 전통파 중에서도 實學사상
이나 東學思想의 영향을 받은 人物들은 民衆意識을 터득하여 開化思
想을 견지하고 진취적 기상을 가졌던 것으로 보인다.

그 가운데 한 類派이기도 한 天道敎人이면서 구국운동에 심혈을
경주한 李鍾一 같은 분의 유고를 통해 활약한 開化期의 人物들은 어
떠한 사상이나 意識을 가지고 活動을 전개하였을까? 즉 그들은 民族

史 발전에 기여하고자 어떠한 사고방식을 가졌는가를 남아 있는 資
料를 통해 그 의식이나 사상적 배경 및 연관성 등을 간략히 살펴보
고자 한다.1)

開化의 意味

開化 사상은 19세기 이후 한국 역사 발전사에 있어서 傳統社會가
市民意識社會로 전환케 작용한 지도 이념이며 인식 체계였다. 그것
은 근대 시민사회 형성에 있어서 주요한 과정상의 문제로 등장하였
다. 1870년대에 開化사상이 태동한 이후 1880년대에 오히려 역사적
주체세력으로 형성되며 그 이후 더 발전하여 改新儒敎的 지식인 사
이에 開化의식과 그 구조가 自强사상으로 성숙되기에 이르고 있었기
때문이다. 더욱이 1900년대에는 근검 독실하고 기술의 精緊과 民生
의 풍족을 주장하는 인식 체계로 이해되어 국권회복 운동으로 연결
되었다가2) 1910년 庚戌國恥 이후에는 이것이 獨立思想의 배경과 근
기로 맥락지어지고 있어 그렇게 간주할 수 있을 것 같다.3) 開化先覺
人士들의 開化에 관한 理想과 그 개념은 그들 나름대로의 의미를 규
정하고 있는 바 李鍾一의 경우 외에 開化에 관한 전문적인 견해를
들어 보는 것이 이해에 도움이 될 것이다. 兪吉濬은 西遊見聞이란
저서 속에서 開化의 等級에 관하여,

> 대개 개화라 하는 것은 인간의 千事萬物이 至善極美한 경역에 抵
> 함을 말함이니 그런고로 개화하는 경역은 한정하기 不能한 것이다.4)

라고 그 의미를 지적하였듯이 천사만물이 完成의 경지에 도달하는 것

---

1) 李炫熙, 서울을 中心으로 한 開化運動 《향토 서울》第35號 서울市史編纂委
員會刊 1977.
2) 《大韓每日中報》 1909. 9. 10 開化本旨.
3) 《東菴日記》 1916. 5. 2 『昔開化思想, 實爲今日連獨立思想, 欲將可復國』
4) 《西遊見聞》 第14編 東京交詢社刊, pp.375〜6

을 지적하였고 日新하고 또 日新하는 것을 기약해야 한다는 것이니, 늘 萬物을 연구하는 최대한의 과정의 연속임을 시사하였다.

尹致昊는 그의 日記에서 開化黨과 관련하여 개화의 의미를

> 새로운 것을 일으키고 옛 것을 고쳐서 恒久한 독립을 도모하는 데 뜻을 두고 있다.5)

고 하여 그의 中心主張이었던 興新改舊的 혁신 이념을 강조하여 개화는 곧 독립에의 강한 맥락적 의지로 연결시키고 있어 默菴의 사상적 인식 체계에 영향을 미친 것으로 분석해 볼 수 있다.

徐載弼은 독립신문을 통해 開化의 의미를 「실상대로 천하의 만사를 진실하게 행하는 데 최대의 목표가 있다」6)고 소신을 피력하고 계몽과 科學 사상·민주 의식의 주입·이해에 심혈을 경주하였다. 張志淵은 皇城新聞을 동해 개화의 주지를 지적하면서,

> 開化라 하는 것은…… 曰開物成務하고 化民成俗을 말하느니라…… 實行開化는 天下萬國의 通同을 규모라 千萬年 閱歷하여도 長久不變하고…… 古今의 형세를 짐작하며 피차의 사정을 비교하여 그 長을 취하고 그 短을 버리는 것이 開化의 大道니라…… 開化라 하는 것은 實狀과 虛名의 分別이 있는 것이다.7)

고 강조하였다. 즉 개화는 서양 모방형뿐 아니라 동양적인 유형으로서의 의미를 나타내고 있는 바 「取長棄短」의 대도를 지적하며 사물의 理根을 궁구하고 勉行不息하면 개화는 따라서 완성되는 것이라고 開化期의 人物들은 계속 그 의미를 심화하고 歷史 발전과 관련시키고 있다는 것을 주의 깊게 살펴볼 수 있겠다.

申采浩는 大韓每日申報를 통하여 그 의미를 정치의 美와 風俗의

---

5) 《尹致昊日記》 (1) 1884. 9. 19. 『盖以開化黨有意於興新改舊, 恒圖獨立…』
6) 《독립신문》 建陽元年 6月 30日字
7) 《皇府新聞》 1899. 3. 8

善이라고 지적한 뒤 無偏無黨하며 上下가 相扶하고 人品이 相和함과 동시에 근검 독실하는 것이 信和의 道理라고 시사하였다. 默菴備忘錄에도 자주 나타나고 있는 애국시인 黃玹 역시 開物成務하고 化民成俗의 경지에 이르는 것이 開化의 본지이며 과정이라고 지적하였다.8)

李鍾一은 開化에 대한 그의 見解를

> 人間의 지혜가 열리고 사상과 풍속 그리고 의식이 역사적 단계와 구조의 발전적 혁명에 따라 발달하는 데 의미가 있다.9)

고 하여 人間의 지혜와 사상, 풍속 의식이 역사적 발전 단계에 따라 발달해 가는 것이 開化의 개념이며 의미이기도 한 것으로 說破하고 있다. 東菴日記에서는,

> 내로는 계몽사상의 영속화로서 자강, 자립, 자주의 이념을 극대하게 나타내는 것이고, 외로는 해외의 새로운 사조와 과학기술 문명을 선별 수용하는 식별력을 가진 것을 의미하는 말인 것이다.10)

라고 하여 자강사상의 확립과 외래문화의 수용 태세를 길러 가는 것을 開化라고 지적하고 있다.

이를 요약해 본다면 開化는 서구적 모델을 추구하는 의미만은 아닌 것 같고 그렇다고 전통과 인습을 전면적으로 否定하는 것도 아닌 것으로, 主體的인 입장에서 歷史的 발전 단계에 따라 「開物化民」하는 진취의 의미를 내포하고 있는 것 같다. 開化의 이념이나 목표도 시대적 발전과 人文的 계발에 따라 그 양상이 달라지고 있음도 並知해야 할 것으로 믿는다.

---

8) 《梅泉野錄》 卷 6 言事疏
9) 《默菴備忘錄》 卷 1 1898. 11. 11
10) 《東菴日記》 1925. 6. 7 『開化何者, 內之則爲啓蒙思想之永續化 以示極自強自立自主理念, 外之則有聞選別受納外來思潮及科學技術文明矣』

開化意識의 成長과 그 思想

① 大韓帝國民力會의 民權思想

沃坡資料에 나타난 開化期의 人物은 상당수에 달하고 있을 뿐 아니라 그들의 開化理念이나 意識構造上의 문제에도 多樣性을 보이고 있다. 먼저 帝國新聞 창간 동인이기도 하며 大韓帝國民力會의 멤버들이기도 한 柳永錫, 李鍾冕, 廉相模 등의 사상과 활동을 손꼽아 볼 수 있겠다. 柳永錫은 培材學堂 출신의 개화 지성인으로 沃坡 李鍾一 자시도 그에 관해서는 「開化人」 운운하고 있을 정도로 놀라운 開化思想을 가지고 있었던 것 같다. 그가 李鍾一을 찾아온 것은 1898년 1월 10일이었다.11) 그는 沃坡와 환담하는 가운데 新聞發行에 관해 소신을 피력하였다. 柳永錫은,

> 신문 사업이란 이미 구미 각국에서 크게 유행하고 있오. 그러나 우리나라는 한미(寒徵)합니다. 그러니 沃坡께서 정부에 건의하여 허가(신문 발행)를 얻음이 어떻겠오.12)

하고 신문 발행의 일을 건의함으로써 開化의 의식을 구체화시켜가고 있는 것이다. 사실상 이때는 독립신문이 발간되고 있는 정도로 신문 사업은 경미하였던 때문에 그의 개화의식은 뚜렷하게 서 있었던 것으로 판단할 수 있겠다. 이에 관해 沃坡는 나라의 개명, 개화는 신문만한 것이 없고 국가의 主人은 민중만한 것이 없다고 主權在民의 市民의식을 나타내 주고 있어 注目을 끌게 한다. 이 같은 新聞 발간의 방향은 창간 때까지 계속 모색되고 있는바 同年 1월 10일 이후 이들은 자주 모임을 갖고 구체적인 熟論 단계에 들어가고 있음을 窺視할 수 있겠다. 즉 1월 11일, 14일, 17일, 이렇게 잇달아 談論을 추진하

---

11) 《久默菴備忘錄》 1898. 1. 10
12) 《默菴備忘錄》 1898. 1. 10. 『柳曰, 新聞事, 旣歐美之各國大流行, 然而我國寒徵, 故以沃坡主張于政府, 以得許可何如』

여 沃坡 자신도 「益加創熱氣紙事業也」13)라고 기록할 정도였다. 이들 新聞 창간 동인들은 大韓帝國民力會員들 뿐만 아니라 以文社라는 국내의 유수한 인쇄소를 배경으로 하고 있어서 시설·장비 등 신문 창간에 유리한 입장을 취하고 있었던 것이다. 결국 以文社 동지들이 沃坡를 찾아가 新聞 창간을 論하고 권유한 것은 그가 지도적 人物일 뿐 아니라 이에 관심을 가지고 있음을 看破하였기 때문이었을 것이다. 東菴도 이들과 함께 수십 차 沃坡를 拜訪하고 新聞創事下에 관하여 談論한 바 있다. 물론 東菴은 어떤 뚜렷한 開化的 理想이나 信念이 있었던 것은 아니고 단지 印刷業者로서 加擔普及했을 뿐이다. 그러므로 그에게서 확립되고 체계가 선 開化理念을 찾아보기란 분외의 일일 것이다. 沃坡를 가까이에서 모시고 따라 다녔기 때문에 그에게서 開化사상 및 시국관에 대해 이해는 가지고 있었던 것 같다.14)

무엇보다도 大韓帝國民力會員 가운데 신문 발간에 가장 영향력을 미친 人物은 開化人 柳永錫이었다. 그의 新聞有用論에는 沃坡도 미상을 수긍치 않을 수 없었을 뿐 아니라 그로부터 開化,思想도 상당 부분 受容하였던 것 같다.15) 이들은 帝國新聞創刊 6개월 전인 그해 2월 9일 신문 창간 및 民權運動의 중심체로서의 모임인 大韓帝國民力會를 조직하고 다음과 같이 부서도 결정하였다.

회장 李鍾一
부회장 柳永錫
간 사 廉相模
고 문 鄭喬, 李建鎬, 李鍾冕, 李鍾文

이들의 주요 활동 목표와 사상은 자료에 따르면 民權의 總合과 對政府秕政을 비판하는 것이라고 그 方向을 설정하였던 것이다.16) 大

---

13) 《同》 1898. 1. 14. 參照
14) 李炫熙, 東菴 張孝根의 歷史意識 《史叢》 第21, 22 合輯. 高大史學會刊 1977.
15) 《默菴備忘錄》 1899. 2. 18
16) 《同》 1898. 2. 9 『將實展事業, 則民權總合及對政府秕政批判爲主』

韓帝國民力會가 조직되었을 당시에 會員이 몇 명이나 되는지와 그
사무실을 어디에 두었는지는 확실치 않으나, 同會의 조직을 沃坡 자
택에서 가진 점으로 보아 당분간은 그곳을 임시사무실로 쓰고 연락
장소화한 것 같음이 자료에 의해서 유추되고 있으며, 2개월 뒤의 會
員은 40명으로 증가되었던 것 같다. 同 會의 기본 인적 구성은 沃坡
를 따르는 以文社의 社員 내지는 동업자들인 柳永錫을 위시해서 李
鍾文, 李鍾冕, 廉相模, 鄭喬 등 40여 명인 것으로 보인다. 이들은 모
두 開化期의 뛰어난 開化思想을 견지하고 있었던 것으로 생각된다.
　柳永錫 등 수명은 다시 同年 2월 18일 沃坡를 찾아와 신문창간
및 그 유용성을 多角的으로 論議하였다. 沃坡는 이에 관해,

　　신문 창간의 일은 마땅히 지금에 이르러 시행해야 하겠으나 자금
　구하기가 어렵고 기술 또한 충분치 못하니 시기를 기다렸다가 다시
　논의함이 어떻겠오.

라고 하여 모두의 찬성을 얻고 더욱 窮究케 한 것으로 보인다.17) 이
들의 모임은 그 뒤 성장하여 신문 창간의 사업을 전담함은 물론 獨
立協會가 해산당하게 되면 同會員 40여 명이 결단코 일어나 그 이
념과 사상을 계승한다는 것을 확인하고 있으며 뒤에 朴殷植, 柳瑾,
李建鎬 등도 追加로 加入하여 활동할 것을 서약한 것 같다. 뿐만 아
니라 同會는 매 주말마다 실학사상과 동학사상 및 교리를 강의하였
는바 이것은 民力을 발전시키고 培養하는 데 첩경이 된다고 기록해
놓은 것을 보면 大韓帝國民力會의 사상적 方向은 민권수호와 국민계
몽에 진력하겠다는 확고한 신념이 서 있는 것을 知悉할 수 있겠다.
大韓帝國民力會는 李鍾一이 主가 되어 다수의 會員과 함께 정부에
상소하여 利權을 확실히 수호할 것을 주장하면서 우리나라의 富强을
잘 지키는 것은 「納忠하고 佞輩를 배척하는 길」이라고 자신 있게 강

---

17)《同》 1898. 2. 19 『余曰, 新聞創刊事 當施至今, 而資難技未到, 故待時期後,
　　再論議其事何乎, 其等曰, 可乃而去』

조하고 있다.18) 이들이 이 같은 民權 사상을 견지하게 된 것은 沃坡 자신이 직접 이들에게 實學 강의를 수차에 걸쳐 터득시켰기 때문이 아닐까 한다. 이들은 8월 8일 제국시문을 창간하기로 하고 7일에 작업을 完了한 뒤 전쟁에 나가는 장군의 심정마냥 흥분을 누르지 못하였던 것 같다.19)

그리하여 마침내 제국신문 2천부를 처음 간행하고 서울 및 地方 주요 도시에 배포하였다. 특히 힘을 쓴 것은 柳永錫과 李鍾冕 등 以文社 관계 인사들인 大韓帝國民力會員들이었다. 이 신문은 沃坡 등이 중심이 되어 開化사상을 보급하고 정책적으로 실현시킬 수 있도록 정부 당국자를 의식하면서 발간하되 「民衆」이라는 市民意識을 강력히 시사하고 있었다. 이 신문은 庚戌國恥(1910) 때까지 발간되었거니와 그 중간에 沃坡는 여러 번 필화사건으로 投獄되었던 일도 있었다. 즉 1904년 3월 22일 金祥演, 張寅根 등과 같이 記事 가운데 「漢城新報에 死刑實況」이라는 것이 문제가 되었던 것이다.20) 그럼에도 불구하고 이들은 沃坡를 社長으로 추대하고 어려운 여건 속에서도 꾸준히 신문을 발행하였던 것이다.

이들 開化期의 人物들은 庚戌國恥 이후에도 자주 모여 마침내 1914년 8월 31일 普成社 內에 비밀결사인 天道救國團이란 애국단체를 조직한 바도 있었다.21)

② 女性解放論과 開化思想

제국신문은 먼저 婦女子를 포함한 民衆계몽과 개화 및 의식구조

---

18) 《同》 1898. 4. 7 『故余主大韓帝國民力會會員多數, 疏于政府, 利權之確守, 以保民國之富强, 納忠排佞輩, 以政府之必然策, 余會員雖有微力寒勞, 專納而守利權乎』

19) 《同》 1898. 8. 7 『帝國新聞作業完了, 職員含余十餘名, 然而余之主任 則經營者兼社員又兼記者, 故每論說將余之執筆豫定, 以서울市內多衆, 大關心事, 爲視注意, 余之心中, 出征將之其然也』

20) 《皇城新聞》 1904. 3. 25

21) 《默菴備忘錄》 1914. 8. 31. 李炫熙著 《韓國近以吏의 再發見》 探求堂刊 1981 參照

변혁에 있었던 것을 엿볼 수 있는 것이다.22) 이 신문에는 李東寧, 李承晩, 梁漢默 같은 애국人土도 관계하면서 자주 논설을 기고해 왔었다.

沃坡는 帝國新聞을 창간하기 7개월 전부터 女性解放論을 개진하고 마땅히 社會參與에 적극성을 띠어서 女性資源의 國家富强化로의 연결이 속히 이루어져야만 비약적으로 발전될 것이라고 역설하였다.23) 沃坡는 開化人 柳永錫과 新聞 창간 문제를 협의하던 중 독립신문에 관하여,

> 민중의 근본을 先導하고 있으나 婦女子 계층의 開化에는 도달치 못하고 있다. 그러므로 생각건대 만약 내가 신문을 창간한다면 반드시 결단해서 부녀자를 계몽하는 신문을 창간하겠다.24)

고 하여 뚜렷한 그의 女性解放의 開化的 의식을 엿볼 수 있어 부녀자들의 社會參與를 다각적으로 검토하고 있었던 것으로 믿어진다. 5월 16일에는 신문을 발간하게 되면 婦女子層을 독자로 선정할 것을 말하고 그것이 곧 女性解放의 主導的 사명이 된다고 說示하고 있다. 沃坡는 6월 8일 朴殷植과 담론하는 가운데 국력 배양의 구체안을 제시하길, 먼저 신문을 창간하고 학교를 설립할 것을 전제로 한 뒤에,

> 또한 여성 등 부녀자를 계몽해야만 합니다.25)

라고 하자 白巖도 수긍하였다고 지적하였다. 柳永錫이 찾아 와서 신문 창간의 일을 협의하였을 때도 沃坡는 확립되고 체계가 서 있는 女性觀을 피력하고 있었던 것이다. 沃坡는,

---

22) 《同》 1898. 8. 15.
23) 李炫熙著 《韓國近代女性開化史》二友出版社刊 1978 參照
24) 《默菴備忘錄》 1898. 1. 10.
25) 《同》 1898. 6. 7 『又啓蒙女性層等婦女子, 朴曰, 其言則是也余亦同見』

　　　나의 의견으로 독자층은 곧 부녀자를 상대로 하는 것이 좋을 것이다.26)

라는 소신피력을 통해 沃坡의 여성관을 엿볼 수 있겠다. 제국신문이
창간되던 그 해 8월초 李鍾冕, 柳永錫 등과 제국신문사 옥내에서 발
간 준비에 분주한 틈을 타 沃坡는,

　　　체제(신문)는 곧, 부녀자 계층을 위해 순 국문, 즉 한글을 사용하는
　　　것이 최대의 긴요한 사업이오.27)

라고 설파하였던 것은 결코 우연한 그의 開化觀이며 女性觀만은 아
닌 것 같다.

　따라서 新聞論調 문제를 논의하였을 때 먼저 부녀자 계층을 계몽
하고 민중의 의식구조를 개혁하는 것이라는 점을 분명히 지적하였
다. 그들의 主旨는 곧 민중계몽으로써 개화의식을 고양시키는 지름
길로 삼으려 企圖하였던 것 같다.

　沃坡는 女性解放論을 강조한 나머지 女性의 社會參與를 제고시키
기 위하여서는 무엇보다도 그것을 主導的으로 이끌어 갈 團體가 조
직되어야 한다는 것을 信念으로 하여 獨立協會 女性會員들의 弘報活
動紙로 제국신문을 선택한 것이다.28)

　그 결과 1898년 8월 이후에는 제국신문을 獨立協會의 女性會員들
의 弘報紙로서 민권운동과 사회참여를 강력히 주장하고 그 타당성과
필요성을 구체적으로 지적하였다. 그의 반응은 대단히 좋았던 것 같
다. 그러나 아직도 女性의 사회진출 현황은 未盡한 상태였다고 하면
서 빈번하게 촉구함으로써 점차 好轉되어 갔다는 것이다. 단지 다수
지식인들이 아직 인식치 못한 것 같아 이를 속히 해결한다면 女性의
사회진출이나 해방은 조속히 달성될 수 있다고 강조하였다. 제국신

---

26) 《同》 1898. 6. 12.
27) 《同》 1898. 8. 1 『余曰, 體制則爲婦女子階層, 純國文(한글)使用,最緊要事也,
　　多曰, 沃坡意見大贊成也』
28) 李炫熙著 《韓國近代女性開化史》 二友出版社刊 1979　參照

문이 여성해방을 주장하여 특히 여성들의 대외참여를 노출시키게 되었는데, 例를 들면 妓妾, 唱妓, 歌姫 庶出女 등 냉소당했던 계층이었다고 했다. 마침내 《同》 10월 11일에는 이 같은 열의가 구체적으로 실현되어 李養成堂 등 부인들이 女學校를 설치하게 되었던 것이다.29)

沃坡의 유고에서는 萬民共同會를 독립협회의 최대 君權 民權의 守護好例라고 전제한 뒤 특히 同女性會員 金女史 등의 참여는 제국신문의 여성 사회 참여를 역설하였던 때문이라고 주장하면서 今世에 와서 女性은 단순히 隱房에 묻혀 살던 풍속에서 지금에 이르러서는 그것을 반드시 깨고 일어나야 한다고 지적하였다. 女性의 才能은 곧 貿本으로서 잠재되어 있기 때문에 그 능력도 심연의 경지에 있을 것이다. 그러므로 그 才能을 발휘하여 國力 배양의 방도로 쓴다면 우리나라의 발전은 명약관화한 형세일 것이라고 강조하였다. 그럼에도 不拘하고 이러한 깊고 높은 사실을 정부 고위 관리 다수가 잘 이해하지 못하고 있으니 국가 발전상 통탄스러운 일이라고 안타까움을 표시하였다.30)

그러나 제국신문은 독립협회 여성회원들의 대변지로 沃坡 자신이 快諾하여31) 女性들의 활동을 뒷받침할 뿐 아니라 護衛策으로서의 언론기관의 입장을 견지하였다. 그것은 女性들의 주장이 곧 국민의 意思와 相合되기 때문인 것이라고 그 자신의 卓見을 피력하였다.32)

---

29) 《默菴備忘錄》 1898. 10. 11 『今日李養戌堂等夫人, 以上疏力奏女學校設立, 下批, 使學部善處而行, 以成就之道, 極盡而完遂也』

30) 《同》 1898. 10. 31 『特參女性會員金女史等之境遇, 則蒙帝國新聞之女性社會參與力記故也, 至於今世 女性單以隱房之俗, 必破至今, 女性之才能, 宿在於貸本, 其能力亦在深淵之境, 故揮才能, 以爲用國力培養之途, 則我國之發展, 明若觀火之形勢, 然而未知悉此事政府高位官吏多數, 可痛可痛之事也』

31) 《同》 1898. 11. 1 『帝國新聞之使命, 則獨立協會女性會員之弘報機關化然, 何則, 女性會員多, 無宣傳紙所以, 雖有獨立新聞, 而未悉展詳事, 故余快諾爲同女性側會員代辦紙矣』

32) 《同》 1898. 11. 30 『以獨立協會之女性護衛策, 爲指我等帝國新聞之機關紙化, 故余叩熱心揭爲女性之活動狀況也, 何故則, 女性之主張, 乃直以國民之意思相合所以矣』

그런데 많은 儒林의 선비들은 이에 관하여 공격하고 질타하였다고 지적한 뒤, 그럼에도 불구하고 독립협회의 여성회원은 실로 여성해방과 여권신장에 기여하고 있다고 기록해 놓았다. 沃坡는 외국 여성의 경우를 들어 비교 검토하되 그들은 지금에 와서는 이미 여성해방과 社會 각 분야의 참여를 선포하였다고 부러움을 표시한 뒤 우리나라는 거의 여성운동자가 없다고 하면서 금반 독립협회의 여성회원이 참여한 것은 실로 경이적이고 특수한 경우라고 칭송해 마지않고 있는 것이다.33)

女性을 계몽하면 국가 자원화로 즉시 연결시킬 수 있고 또 女性의 인격을 존중함은 곧 사람의 心性을 開發하는 문제임을 시사하여 실로 인간의 탐구를 진행시키는 첩경으로서 새로운 史觀의 제시가 되는 것이다. 沃坡에 의하면 女性의 개화시초는 考究하건대 동학사상에서 기인하였다고 했다. 그러나 온 국민들은 아직 인식치 못하였다고 아쉬움을 표하고 요즈음 활약하는 贊養會(곧 順成會)는 큰 의미를 맥락적으로 표하였다고 했다. 그들 女性의 무리는 여성의 해방과 교육을 절규하였다고 하면서 교육은 곧 女性의 계몽과 사회 참여에 있어서 가장 좋은 첩경이라고 하였는데, 그것 역시 東學사상에서 기원하였다는 것을 지적하고 그것이 내부적 발전 史觀의 제시라는 것을 강조하고 있어 주목을 끌게 한다.34)

---

33) 《同》1898. 12. 12 『然而多數封建儒生, 攻擊疾討, 女流獨立協會會員, 實爲女性解放又女權伸張, 聞外國之女性, 至今世, 旣宣布女性解放及社會各分野參與云, 爰比我國, 則全無女性運動者, 故今而 參設之女性於獨立協會者, 實爲驚異的主動女流人士也, 可賀可賀』

34) 《同》1899. 5. 31 『按女性解放問題, 女性啓蒙, 則直連結于國家資源化, 又女性人格尊重之事, 乃全人間之開發其心性問題, 實爲行進人間之探求, 則新史觀提示也, 女性之開化始初, 顧按說,則起因東學思想也, 然而未認織體系全國民階層, 今般活躍之貧養會, 亦大意味示顯, 彼女性群, 以絶叫女性解放及敎育問題提起, 敎育則女性啓蒙及社會參與之最捷徑, 此亦起源爲東學思想, 又此亦內部的發展史觀提示也』

③ 資料에 나타난 人物과 그 思想

沃坡는 金允植과 李道宰, 李商在를 스승으로 모셨던 것 같다. 물론 그 당시의 師弟間이라는 것이 오늘날의 구조적인 관계하고는 차이를 나타낸다고 보겠다. 따라서 그 당시에는 名望 있고 신념이 두터운 學者宅에는 門人이 다수 出入하였던 것 같은데 沃坡가 雲養이나 月南을 스승으로 삼은 것은 그 같은 이유에서였던 것 같다. 沃坡는 일찍이 雲養이 거주하고 있던 서울 桂洞 자택을 往訪하면서 특히 開化사상을 전수받은 것 같다. 그런데 沃坡가 제국신문을 창간할 당시에는 제주도로 종신유배되었던 것이다.35) 李道宰는 1898년 1월 31일 外部大臣이 되었는데 그에 관한 沃坡의 기록은,

> 心齋는 개화 문명인이다. 내가 개화 선진 사상을 전수받았기 때문에 또한 분발하게 되었다. 世界의 일과 구미의 개혁 사상은 터득치 않을 수 없다.36)

고 하여 李道宰 대신으로부터도 개화사상을 전수받았던 것을 알 수 있는데 金允植이나 李道宰 등은 이른바 온건 개화파 인물들이었다.

獨立協會의 民權守護 운동가들인 鄭喬, 李建鎬, 李承晩, 梁漢默 등 開化期 人物들은 沃坡의 개화의식에 상당한 영향을 받았던 것으로 믿어진다.37) 이승만, 양한묵 등은 沃坡와 함께 京城新聞을 창간하였는데 이는 제국신문을 창간하기 직전까지의 언론활동이라고 말할 수 있겠다. 沃坡는 獨立協會會員이 서울 종로에 모여 萬民共同會를 개최하고 러시아 세력의 침투 배격과 利權고수를 절규하고 있을 때 大韓帝國民力會會員 40여 명을 이끌고 同參하여 민권확보와 國益確守를 절규하였으며 그 자신이 급히 연단을 만들고 국권수호와 利權양

---

35) 《同》資料 1898. 1. 23 『余曾往桂洞自宅, 受開化思想, 連師第之機, 故余之開化理念, 專由雲養師矣, 而聞流配于濟州, 心苦不勝, 何時解配乎』
36) 《同》1898. 1. 31 『心齋開化文明人, 受開化先進思想, 故余亦奮發, 不可不知外洋諸事及歐美改革思想』
37) 《同》1898. 2. 1~2

여 반대의 열변을 토한 바 있었다.38) 沃坡資料에서 처음으로 나타나고 있는 사실은 獨立協會의 皇權民權의 강화와 수호를 신념 있게 견지하게 한 막후 人物은 대한제국민력회 등 단체를 조직·활동한 沃坡였음이 밝혀진 것이다.

沃坡는 東學에 入敎치 않았지만 東學에 관하여 이해와 호의를 가지고 있었다. 그것은 女性解放淪의 근거와 開化사상의 연유가 東學으로부터 기인되고 있다고 판단하였기 때문인 것이다. 따라서 東學敎主인 孫兼熙와는 자주 만나 시국관, 경세관 등 다양한 交歡·時局討論이 있었음을 알 수 있다. 3·1운동이라는 民衆운동을 준비하던 10여 년간 孫秉熙와 의견을 교환한 것과 그에게 봉기 등을 건의하였던 것으로 보아 그렇게 친근히 交流하였음을 알 수 있다.39)

沃坡와 義菴이 만난 시초는《同》1월 31일로 짐작되며《同》資料에 의하면 1898년 3월 15일에 沃坡가 東學徒들에게 民權 운동에 참여토록 충고하였다는 기록이 나와 있고《同》19일에도 相談하였다. 이때는 東學 운동의 方向에 관하여 담론한 것 같다. 義菴이,

우리들의 우국심은 다른 교도에 비할 바가 못 될 정도로 높은고로 동학은 애국 종교임이 명확한 것이오. 그런데 정부가 이해를 해 주지 않으므로 더욱 마음이 괴롭소. 옥파가 후원해 줌이 어떠하겠소.

하자 沃坡는,

손 교주의 마음을 잘 알겠소. 나 역시 동학교도들의 활동을 돕고 있소.40)

---

38)《同》1898. 3. 12 『余率大韓帝國民力會會員二十名而到鐘路, 急設壇, 余土壇, 則演說與熱辯曰, 我國之度支部財政及軍部財政, 其外莫給我國之土地于外國人乎, 忠奉我國陛下, 以我國獨立自主權確守之事, 爲總合民力, 則我國之富强民力伸張, 莫如此事成熟之氣』

39) 李炫熙著《韓國近代史의 摸索》二友出版社刊 1979 pp.14~102 參照

40) 默菴備忘錄》1898. 3. 19 『相談孫敎主, 關於東學運動方向, 孫曰我意之憂國心, 未比他徒, 故東學卽愛國宗敎明也, 然而沒解政府, 則益加心苦, 協援沃坡乎, 余

라고 하니 손병희는 기쁨이 가득해서 沃坡의 손을 힘 있게 잡아흔들
고 나서 헤어졌다고 했다.

  沃坡는 그 뒤 4월 9일 義菴宅을 방문하였는데 이 자리에서 義菴
은 동학운동의 최대 방도는,

    민족국가 건설을 실현하고 東洋平和를 기약함에 있는데 반대 세력
    이 많아 마음이 몹시 무겁소. 옥파를 우리 동학교에 영입하고자 하는
    데 의견이 어떻소.

하니 沃坡는,

    좋은 일이고 마땅한 일이오. 그러나 나는 신문 창간을 통해 언론으
    로 협조하고 싶소. 그러니 이것이 더욱 동학운동을 보필하는 것이라
    고 생각되오.

라는 의견 교환이 있었던 것으로 보인다.41) 義菴의 풍모를 표현하되
沃坡는《同》日字 자료에서 『仙骨氣節也』라고 기록해 놓아 그 모습
을 연상함에 무리가 없겠다.42) 동시에 그는 4월 10일자 前示자료에
서 東學의 교리까지 分析批判하고 있어 눈길을 끌고 있다. 그는 海
月이 세상을 떠난 뒤 그 해 12월 19일 제국신문사로 찾아 온 孫秉
熙, 梁漢默과 같이 동학 문제를 논하는 가운데 沃坡의 東學에 관한
의견을 듣길 원하자 그는,

    曰, 熟知孫敎主之內心, 我亦協東學徒之活動, 孫曰, 喜滿而憾余乎, 數分而離』
41)《同》1898. 4. 9『孫曰, 我等東學運動之最大途, 以顯民衆國家建設及期東洋平
    和, 然而多反對勢力, 故心苦尤壓也, 欲沃坡迎入我東學, 何如乎, 余曰, 好也善
    也, 而余以協新聞創刊, 故言論協援之事, 益加補弼東學運動耳…』
42) 孫秉熙의 풍모는 同 5월 3일자에도 기골이 장대한 모습이『以有將計之謀』
    라고 예언적인 評도 해 놓고 있었다. 義菴은 오늘날의 濟世方法은 東學정신
    으로 救民하는 길이 있을 뿐이라고 선언하고 있다. 「眼光如日, 童顔亦平穩之
    氣」라는 표현도 있었다.

　　나의 의견인 즉은 東學운동은 즉시 위국적 종교로서 영향을 미치
며 또 민중구국운동의 시초이기도 하오. 그러므로 나는 동학사상 본
질에 큰 관심을 가지고 있소.… 나는 비록 동학교에 입교치 않았으나
그 종교에 더욱 깊은 관심을 가지고 있으며 이해도 깊소. 실로 민족
종교가 됨 직은 단지 동학교 하나가 있을 뿐이오.

라고 그의 소견을 표한 바 있었다.43)

　뒷날 沃坡가 天道敎會月報를 편집·발행하면서 동학의 교리를 비롯
하여 종교 관계의 글을 다수 써서 게재하였던 것은 이미 이때부터 그
에 관한 깊은 이해와 흥미를 가지고 있었기 때문이었을 것이다.

　이 시기의 人物로 빼놓을 수 없는 開化思想家로는 李東寧을 손꼽을
수 있다. 그가 沃坡를 찾아 온 것은 《同》6월 9일이었다. 30여 세의
장년 지사인 李東寧은 국운이 어디에 처해 있는가 하고 물은 뒤 기울
어져 가는 나라의 형세를 바로 잡는 方途는 무엇이겠느냐고 우국충정
을 개진하고 있다. 이에 沃坡는 먼저 신문을 창간하고 뒤에 학교를 세
워 민중을 계몽하고 인재를 양성해야 한다고 그 方針의 일단을 피력
하였던 것이다.44) 9월 1일에 그는 沃坡를 찾아 왔다. 沃坡는 그에게
독립협회의 민권수호운동으로 신명을 국권수호에 바치는 것은 국민
된 의무로서 合當하다고 말해 주었으며45) 《同》7일에도 찾아왔는데
沃坡는 그에게 제국신문의 논설을 집필케 하여 25일 石吾에 「自强의
方途」라는 제목의 논설을 집필해 가지고 沃坡를 찾아 왔다. 이에 즉
시 신문에 게재하였다는 것이다.46) 李東寧과는 그 뒤에도 빈번히 왕
래한 것으로 보이는바 제국신문의 비상임 논설위원의 임무를 띠고 부

---

43) 《同》1898. 12. 19 『余曰, 余之意見, 則東學之運動, 乃直以影響, 爲國的宗敎,
　　又此民衆救國運動之俶初也, 故余亦大關心于東學思想本質也… 余曰, 雖未有
　　入東學敎, 而關心益其宗敎, 深於理解, 實爲民族宗敎, 則在單有一東學敎也』
44) 《同》1898. 6. 9 『同志李東寧來訪, 李同志三十餘歲之靑年志士, 李曰, 沃坡先
　　生, 國運何在處焉, 傾國之勢, 何方途守國乎, 余曰, 先創新聞後立學校, 以民衆
　　啓蒙及人材養成也, 李曰, 言則合當之高見也, 談笑後去』
45) 《同》1898. 9. 1 參照
46) 《同》1898. 9. 25 『持論說, 關於自强之方途解說文, 歡迎李同志, 乃揭于新聞也』

정기적으로 논설을 집필해서 기고했던 것 같다. 그는 沃坡에게 신문 발간 및 계몽 논설 문제에 관하여 助言하고 특히 婦女子 계층을 위한 기사에 비중을 둔 것에 감명을 받았다고 하였다.47) 그는 10월 28일에 도 「爲國的 方途」라는 제목의 논설을 가지고 온 것 같은데 내용인즉, 민권운동은 반드시 이때가 기원이 될 것이라는 요지의 견해였다.

그는 1899년 1월 25일에도 제국신문사로 沃坡를 찾아와 시국문제에 관하여 담론하였다. 그때 그는 정부가 독립협회 회원들의 활동을 기피하고 탄압한다면 대한제국민력회 회원 다수가 독립협회나 그 회원들을 후원해 주는 것이 어떠하겠느냐고 의견을 교환한 바 있었다.48) 沃坡가 評價한 바와 같이 李東寧의 文章은 名句에 명필이었던 것 같다.49)

그 외에도 沃坡의 자료 속에 나타난 開化期의 人物로는 朴殷植, 鄭喬, 李建鎬, 李承晚, 南官檍, 張志淵, 梁漢默, 趙秉式, 黃玹, 池錫永, 閔泳煥, 咸台永, 韓圭卨, 尹致昊, 洪鍾宇, 南廷哲, 李漢英, 李南珪, 崔益鉉, 趙秉世, 李夏榮, 閔丙奭, 李建昌, 金奭鎭, 金炳始, 朴箕陽, 成岐運, 尹雄烈, 李鍾健, 徐載弼, 李采淵, 朴定陽, 金永悳 등이 있다. 이들의 開化思想에 관하여서는 후일을 기약해 둔다.

開化와 獨立思想의 脈絡

19세기 후반기의 開化사상은 그 영향이 淸이나 日本으로부터의 자극에 의해 연결되고 있다는 說이나 內部 自覺에 의한 實學사상으로부터 맥락지어졌다는 說이 일반화되고 있는데 이의 실증을 제시해

---

47) 《同》 1898. 9. 30 『來社李東寧, 助言新聞發刊及啓蒙論說問題, 李曰, 感銘婦女子層記事比重化也』
48) 《同》 1899. 1. 25 『來社李東寧同志, 歡談時局問題, 推進民權運動問題, 而政府忌我等獨立協會會員等活動, 而然則動員大韓帝國民力會員多數, 以援獨立協會及同會員何如, 李則感激而去』
49) 《同》 1899. 4. 13 『述記社說十餘枚, 亦名文章也, 感其人之流麗文章, 又筆致亦名佳矣』金錫營著 《李東寧一代記.》乙酉文化社刊 1979 pp.80~86 參照

준 자료 중의 하나가 「묵암비망록」인 것 같다. 따라서 實學사상은 開化사상에 영향을 미쳤다고 일단 수긍해야 될 것으로 보인다. 물론 이에 이의를 제기하는 학자도 있는 것으로 알고 있으나 이 같은 자료적 뒷받침이 확증을 준다고 보겠다. 沃坡는 그의 유고 첫 머리에서,

> 朝鮮末期의 실학사상을 오늘날에 재현시킨다면 民權은 부흥될 것이며 前日에 비할 바가 못 된다. 실학사상가들을 망각하는 것은 실로 애석한 일이다.50)

고 하여 實學이 今日再顯論, 즉 開化사상으로의 연결·적용이 곧 民權운동에도 活力이 되고 사상적으로도 영향력을 행사할 수 있다고 먼저 강조해 두고 있는 것이다.

沃坡는 이에,

> 문득 금일에 일을 깨달으니 반드시 主商的 海外派 실학사상을(오늘에) 재현해야 되며 實學은 즉 주로 利用厚生사상을 위함에 있다.51)

고 설파하였다. 그는,

> 오늘날의 임무는 실학의 이용후생사상을 재현하고 창달함에 있는 바 나의 신문 발간 사업 계획은 곧 (실학의) 실사구시의 실천 방법이라는 것이다.52)

라고 實小思想의 재현을 新聞發刊 사업이라는 開化사상의 구체적인 보급으로 연결짓고 있음을 암시해 주는 것이다. 그는 신문발간 사업

---

50) 《默菴備忘錄》1898. 1. 9 『朝鮮末期之實學思想爲今日再顯, 則民權復興, 莫如前日也 而忘實學思想之人士, 實爲惜乎』
51) 《同》1898. 1. 24 參照
52) 《同》1898. 1. 27 『今日之任務, 則再顯暢達實學之利用厚生思想, 余之新聞發刊事業計劃, 亦實事求是之實踐方法之策也』

은 곧 自强思想을 發顯하는 길로서 우리나라의 독립과 强兵과 民權
을 발전시키는 方途라고 기록해 놓고 있음을 보면 그의 사상적 경륜
이나 포부를 읽어 볼 수 있는 것이다.

沃坡의 「實學 즉 開化」라는 公式的 사상 표현이 처음으로 보이는
前示 자료의 대목은 1898년 2월 8일자에 비치고 있다. 즉,

> 금일의 계기는 마땅히 조선 말기의 실학을 鬱興시킬 때이다. 이는
> 즉, 실학사상으로써 開化사상의 이념으로 삼기 때문이며 敎學을 흥케
> 하고 민력을 기르는 好機로써 오로지 성취할 수 있는 기회로 삼아야
> 할 것인데 그것은 신문만한 것이 없다.53)

라는 기록 속에서 역력히 知悉할 수 있겠다. 그 당시의 실학은 民衆의
利用厚生에서 由出되었음을 그는 지적하면서, 각기 그 業을 편안케
함으로써 민권운동의 저력이 되었다고 지적하고 이로 인해 유추하건
대 어찌 자주 독립의 前途를 두려워하겠느냐고 반문하고 있으므로 말
미암아 開化의 이념이 곧 獨立사상이나 그 운동으로 맥락지어짐을 암
시하였던 것이다.54) 따라서 오늘날 긴요한 사업 방향은 實學사상의
개혁적 富國 요소를 再興케 하는 것이고 또한 민중의 차원으로 전개
시킨다면 장차 强大國이 되지 않을 수 없는 것이므로 外國이 감히 조
소하며 압박치 못할 것이라는 확고한 신념을 펴고 있다. 따라서 實學
사상이 맥락지어 준 開化사상은 곧 「富强」을 實現시킴에 生命이 있
고, 최대의 존재 가치가 있는 것으로 평가해 볼 수 있겠다.55)

이를 구체적으로 표현한 것이 실학사상을 현재에 적용시켜 民力을
부흥시키고 民衆의 의식구조를 近代的인 요소로 改造시키는 사업인데,

---

53) 《同》 1898. 2. 8 『今日之機, 當鬱興之朝鮮末期之實學, 此則以實學思想爲開化
之理念, 如興敎學及民力, 以專成之機, 則莫如新聞也』
54) 《默菴備忘錄》 1898. 2. 13 『按至今日 實學思想, 由出民衆之利用厚生, 以各安
其業爲進民權運動之底力, 由此觀之, 則何恐獨立自主之前途』
55) 《同》 1898. 2. 20 參照

獨立協會 운동이 곧 실학사상의 나타내짐이라고 지적하였다. 따라서
우리나라의 전도는 낙관할 수 있다는 것을 첨가하고 있는 것이다.56)

　沃坡의 實學이념 전수는 많은 실학자 중에서도 茶山學에 심취하였
던 것 같으며 牧民心書에 특히 감명이 깊었다고 술회하고 그래서 茶
山을 흠모하게 되었다는 것을 지적하고 있다. 그는 楊平에 있는 茶
山의 本第에까지 방문하여 수삼종의 다산 저술을 借閱할 수 있었던
것으로 보인다.57) 이 같은 일련의 實學사상에의 開化사상 연결은 민
권운동·자강운동으로의 맥락 외에도 學校설립·新聞發刊 등으로 연관
지어 생각하고 있었음이 틀림없는 사실인 것이다. 그 이후의 沃坡
자료 속에서 「閱讀實學書籍」 云云하는 대목을 통해 그렇게 인식·이
해할 수 있기 때문이다.58)

　實學이 開化에 영향을 주었다는 沃坡의 의견이 그가 처음 主張할
때에는 說得力이 미흡하였던 것 같았다. 그러나 1899년에 와서는 이
같은 實學이 곧 開化에 영향을 미친 것이라는 연결의 의미가 학자 사
이에 어느 정도 수긍을 받게 되고 공감케 일반화되지 않았는가 싶
다.59) 따라서 그 자신이 실학 관계의 책을 저술하고 싶은 욕망까지도
피력할 정도였다.60) 實學은 곧 개혁사상과 이념이 풍부하기 때문에
開化사상으로 연결지어진다며 맥락에의 확실성을 누누이 지적하였
다.61) 따라서 開化사상이라는 것도 개혁성 즉 혁명성이 溫存해 있다

---

56)《同》1898. 3. 7 參照

57)《同》1898. 3. 24 『閱茶山著牧民心書, 則果是勞著也, 益加羨望實學思想, 又觀
其人之愛國愛族之理念及思想, 爰余亦追尊茶山學, 以至今再顯其思想, 則不可
不自強主之邦, 故往訪楊平茶山本第, 借茶山著牧民心書等數三種, 歷讀茶山之
政治經濟社會諸分野, 以心尊其學問, 又借貸數種之茶山著述一斑也』

58)《同》1898. 10. 14 『今日閱讀實學關係書籍, 顧朝鮮之末實學,則脈絡開化及自
強思想確乎, 余之營帝國新問, 此關係記錄滿載也, 實學之今日復興, 將復 自強
之理念乎』

59)《同》1899. 2. 14 『今日之際, 再顯實學思想, 則直結于開化理念實現也,多數之
學者,共感此連結之大意』

60)《同》1899. 3. 4~4. 22 參照.

61)《同》1899. 5. 23 『實學叩有改革思想及理念豊富故也』

고 믿고 있었던 것으로 판단해 봄은 틀림없는 사실인 것 같다. 沃坡의 현실 개혁적인 이 같은 이념과 이상 그리고 신념은, 庚戌國恥 이후 독립사상의 선양으로 나타나고 마침내는 3·1운동 같은 거국·거족적인 민족운동을 가능케 뒷받침하였던 것이다.62)

따라서 沃坡는 3·1운동 당시의 민중독립운동의 배경을 사상적인 측면에서 實學으로부터의 맥락을 제시하고 있었다.

제국신문을 창간하던 40대 초기에 나는 유학사상에서 새로운 진취적인 開化사상을 품게 되었다. 그때 나는 실학 관계의 서적을 읽게 되었다. 그 실학사상이 곧 개화사상의 태동을 암시한 것임을 스스로 깨닫고 터득케 되었다…… 開化사상은 분명 실학에서 연유한 것이다. 따라서 독립사상이 開化사상에서의 自强·近代지향성·改革性의 성격을 받아 강한 힘을 발산하였던 것이다. 즉 獨立思想의 원류는 곧 實學사상이다.63)

이라고 하여 開化思想이 實學사상에서 연유하였음을 알게 한다. 따라서 獨立사상에 영향을 준 것이 開化사상이기 때문에 獨立사상은 멀리는 實學사상에서 연유하였음을 알 수 있는 것이다.64)

곧 獨立思想은 實學과 開化사상이 영향을 미쳐 발생된 것이며 東學사상에서의 輔國安民的 이상도 이 사상을 더욱 보강·첨가해 주었다고 생각된다.65)

結　論

以上으로 묵암 비망록에 나타난 開化期의 人物들의 모습과 交流 그리고 그들의 思想的 추이를 살펴보았다. 그런데 默菴備忘錄의 낙

---

62) 李炫熙, 歷史的 意味로 본 3·1 運動 《新人間》 1979年 3 月號 參照
63) 《默菴備忘錄》 1919. 3. 10 參照
64) 李炫熙 著 《3·1 運動史論》 東方圖書刊 1979 參照
65) 《默菴備忘錄》 1898. 1.31 3.6 3.19 3.31 4.9 4.10 各 參照

장, 마멸 등으로 인해 더 많은 人物들의 사상이나 그 성격을 들추어 내지 못함이 못내 아쉽다. 더욱이 지면의 제한으로 인해 이 작은 논문에서는 더 언급치 못하였다. 따라서 稿를 달리할 별편에서 나머지의 그것은 述懷할 것을 기약해 둔다.

첫째, 묵암 비망록에 나타난 開化期의 人物은 대개가 改新 유학자들인 實學인식의 開化思想家라는 공통성을 가지고 民衆意識構造의 개편 등 目標 있는 方向을 제시하고 있었다는 사실을 지적해 볼 수 있겠다.

둘째, 19세기 후반기의 人物들은 대개 獨立協會에 관련되었거나 관계를 가질 것을 희망하고 있었음을 알 수 있어 그들의 開化사상이나 그 의식이 1870년대나 1880년대에 비해 훨씬 구체적이고 이념적이었다고 생각되어 開化의식의 성장을 두드러지게 느낄 수 있다. 즉 그들의 공통적인 開化사상은 富强과 民權의식의 온 축에 비상한 관심을 집약하고 있다.

셋째, 沃坡를 중심으로 한 大韓帝國民力會가 獨立協會 못지않게 開化人들을 수렵하여 民權운동과 함께 신문 창간, 인쇄 시설확충 그리고 실학과 동학의 교리까지도 연구하여 사상적 인식 체계 속에서 독립사상을 견지하고 있었다. 따라서 이들이 주축이 되어 1914년 8월 普成社內에 천도구국단이라는 비밀 독립운동 단체를 조직·활동하다가 沃坡를 정점으로 3·1운동의 원동력이 되게 꾸준히 운동을 구체화하였다고 믿어진다.

넷째, 동학교도들 사이에서는 이미 19세기 말에 민중국가 건설과 동양 평화를 기약하는 확고한 자주적 신념이 서 있었다.

다섯째, 開化期 人物들의 開化사상은 곧 조선 말기의 茶山 등의 실학사상에서 연유하여 맥락지어졌고 영향이 미쳐진 것으로 생각된다. 따라서 開化사상이 20세기에 와서 상실된 국권을 되찾기 위한 독립사상으로 연결되었다고 보기 때문에 독립사상은 곧 實學사상을 그 근거와 소급점으로 하고 있으며 東學도 이 사상에 상당 부분 영향을 미치고 있음을 종합해 볼 수 있는 것이다. 그들은 正體의식이

명백하였음을 알 수 있다. 그러므로 獨立사상은 實學 開化 東學 사
상의 영향을 歷史的 발전 단계에 따라 복합적이고 심층적으로 연면
히 맥락 있게 연결되었다는 것을 알 수 있게 하는 것이다. 이미 開
化期의 人物들은 분명히 민중 의식의 발전을 기하고 있어서 1900년
대의 독립운동가들에게 사상적으로 영향을 미쳤고 行動的인 면에서
외국 세력 축출을 신념 있게 자극하고 북돋아 주었다고 생각된다.

4. 韓國獨立運動史의 反省과
民衆意識의 存在意味

思想界의 세 가지 흐름

1876년 개항 이후 근대 한국은 세계사적 조류에 따른 역사적 충격을 받게 되자 이에 대응하는 韓民族史의 展開가 作動되기 시작하였다. 파란중첩의 韓末史 추진의 사상사적 기반은, 첫째 儒林을 배경한 전통 의식의 고수에서의 反 침략적 斥邪衛正思想, 둘째 민족 신앙과 피지배 농민의 접합으로 격동케 된 反 침략, 反응전의 동학사상, 셋째 實學意識과 연계(連繫)되는 근대화 추진력으로서의 개화사상이었다. 이 세 가지 사상은 각기 한민족과 직결되어 있으면서도 융합, 귀일하지 못하고 민족사에 각기 다른 의의를 投影하였다.

東學系는 東學 혁명에서 소중한 역사적 사명을 자랑스럽게 수행하였다. 그러나 사회 조직은 크게 파괴되고 많은 지도적 인물들을 잃었다. 우여곡절 끝에 그 주류는 20세기 초 天道敎로 개편 발전되고 동학혁명이 있은 지 25년 만에 또 다시 3·1운동의 중요한 일익을 담당하게 된 것이다. 일본의 가장 용의한 대상의 하나는 斥邪衛正系로 경술국치 후인 1914년경까지도 미약하나마 국내에서 활동을 계속했고 또 일부는 만주로 자리를 옮겨 3·1운동 이후 독립군의 일각을 담당하게 되었다.

開化自强系는 韓鮮末에 있어 그 愛國啓蒙運動을 통하여 近代志向意識과 民族意識을 民衆化하는 데 결정적인 원동력이 된 것이었다. 3·1운동에서 표출된 民衆, 특히 그 主導勢力의 의식이라는 것도 여러 해에 걸치는 開化自强의 훈련에서 빚어진 면을 놓칠 수 없을 것이다.

3·1운동은 우리 民族運動史의 넓은 湖水라고 할 만하다. 이 以前의 모든 근대 民族運動의 물줄기가 이리로 흘러 들어오고 이 이후의 모든 근대 민족운동의 물줄기가 여기서 흘러 나가고 있는 것이다. 3·1운동에서 절정에 달한 민중의식, 그리고 그 혈투의 대가로 얻을 强占者側의 의도적 양보로 말미암아 1920년대는 언론, 결사, 문화운동 등 여러 형태로 일본 强占期 중에는 가장 활발한 자주운동이 꽃핀 시기가 되었다. 국외에서 上海의 臨時政府, 만주, 露領 일대에서의 독립운동을 가장 활발하게 뒷받침한 것도 또한 이 시기였다. 3·1운동 이래의 底流를 잃지 않은 채 민족 해방의 그날까지 무수한 저항운동이 지속되었으며, 카이로 선언이나 포츠담 선언에서 韓民族의 獨立이 保障된 것 역시 그 因果關係의 고리는 3·1운동을 頂點으로 한 줄기찬 民族運動과 민중의식에서 찾아야 할 것이다.

이처럼 우리 민족은 만주 일대부터 두만강, 압록강 이남 지역을 판도로 한 朝鮮시대 이후 현재까지 민족 집단의 생존과 번영을 위해서 밖으로 강대한 민족과 생존 투쟁 속에서 문화 발전과 경제 번영을 위한 피의 항쟁을 겪어 왔다. 따라서 우리는 독립투쟁 운동의 밑바닥에 있는 저력이 무엇이고 그 운동을 밑받침한 사실이 어떻게 되었나를 조사 연구하여 민족의 진면목을 찾고 우리가 나아가는 방향과 설계에 있어서 에너지로 삼아야 할 것이다.

開化派의 民衆意識的 再照明

한국에서 넓은 의미로서의 初期開化派가 형성된 것은 1876년의 開港보다 약 10년 앞선 1860년대이었다. 初期 開化派의 思想은 실학사상의 전통을 계승, 발전시키면서 西洋의 科學技術 문명을 채용하여 近代的 부국강병을 實現하고 제도 개혁을 단행하여 자주적 近代化를 달성하고 자주부강한 近代國民國家를 수립함으로써 서양과 일본의 도전을 극복하고 나라의 獨立과 발전을 이룩하려고 한 것이었다. 이에 淸國의 압력이 가해지고 事大派가 탄압을 가해 오자 初期 급진開化派의 일부는 정변을 일으켜서 민중의식을 기반으로 한 개화정책을 단행하려고 하였다. 여기서 初期 급진 開化派는 政變을 추진하는 급진개화파와 정변을 반대하는 온건 개화파로 나뉘게 되었다.

급진개화파의 정변은 일본 무력을 독립국가 형성에 이용하려고 한 판단착오와 정년에 대한 국민적 민중적 지반이 약해 일단 실패하였다.

그 뒤 수립된 온건 개화파의 내각은 甲午 개혁을 추진하여 여러 가지 혁신을 단행하기는 하였으나 이는 처음부터 문제를 가지고 있었던 것이었다.

開化派와 開化思想이 국민적, 민중적 기반을 갖게 되기 시작한 것은 甲午 개혁 후인 1896년 독립신문과 獨立協會 一萬民共同會가 成立되고부터였다. 獨立新聞이 창간되어 민족과 민중의 이익을 대변하면서 국민을 계몽하고 뒤이어 獨立協會가 창립되어 獨立門, 獨立公園, 獨立館 건립과 討論會의 議會局 계몽 활동이 전개되자 비로소 開化思想은 民衆의 思想이 되고 民族的 기반을 갖게 되었다.

이 시기의 世界諸國의 極東政策은 식민지를 획득하여 많은 이권을 빼앗아 갔으므로 우리 민족은 독립협회를 통하여 자주 獨立을 지키기 위한 救國運動을 전개하게 되었다. 개신유교계, 구미계, 여성계의 3가지 유형으로 성립된 독립협회는 萬民共同會를 개최하여 자주독립의 결의를 다짐하고, 독립의 기초를 강화할 自強改革을 달성하려 하였다. 이러한 개화파의 운동은 러시아, 일본, 국내 親露守舊派의 국제적 야합에 의하여 탄압을 받고 獨立協會와 萬民共同會가 해산당함으로써 실패하고 말았다. 이후 開化勢力은 크게 탄압을 받았으나 국민의 각성은 꾸준히 진전되어 을사조약에 의하여 國權을 박탈한 후에는 愛國啓蒙運動으로 나타나 開化思想은 세계사의 추세에 비추어 民衆的 과제를 해결할 능력을 가진 思想이었음에도 불구하고 獨立을 지키지 못하였던 것은 우리나라 近代史에서 民衆의 기수였던 開化派의 세력이 취약한데다가 그들의 국민적, 민중적 기반이 미약하였기 때문이었다.

義兵戰爭과 民衆의 意圖

東學 혁명을 구실 삼아 내정 간섭의 好機를 잡은 日帝는 1895년 淸日侵略戰爭을 도발하여 한반도로부터 淸國勢力을 축출하는 한편 甲午改革을 단행하였다. 이후 日帝의 國母(閔妃) 암살과 親日 각료의 단발령 시행은 守護儒生層의 무장 봉기를 유발하였다. 이것이 곧 초기 (乙未)儒生義兵이다. 初期義兵이 점차 확대되자 이로써 한때 지방 행정이 마비되고 중앙에서는 親日 내각이 倒壞, 새로이 親露政權이 들어서는 정변을 겪기까지 하였다.

그러나 新內閣이 단발령을 철회하고 여러 가지 불합리가 있자 의병의 銳氣는 차츰 꺾이고 말았다. 9개월 남짓 계속된 初期義兵은 여러 가지 面에서 古典性을 보였다. 그 주도세력은 보수적인 지방 儒生層이었고 추종자인 하층 농민의 반일의식은 뚜렷하지 못하였다. 戰術的으로 미숙하였을 뿐 아니라 그 전투력도 아주 연약하였다. 무엇보다도 문제가 된 것은 儒生과 農民간의 신분적 위화감이었다. 대중은 ‘討復守舊’라는 儒生들의 정치 구호에 선뜻 공감을 느끼지 못하였으며 儒生들로서는 抗日意識이 투철하지 못한 農民義兵이 마치 換面 복종자처럼 보였다. 그러나 甲午改革 이후 노골화된 日帝익 侵略的 開化政策은 兩者의 간격을 최단거리로 좁혀 주었다.

1904년 日帝는 露日戰爭을 도발하고 한반도에 종국적인 支配權을 장악하였다. 乙巳條約을 강제 체결하여 韓國의 외교권을 박탈한 日帝는 本格的인 韓國經營에 착수하였다. 이 같은 비상한 상황 속에서 後期義兵 전쟁이 일어났고 그들의 전쟁 구호도 크게 달라졌다. 1907년 韓國軍 항전을 계기로 後期義兵은 전국적인 民族 독립 戰爭으로 확대 발전하였다. 國內義兵의 抗戰은 그 뒤 1915년까지 계속되었으며 間島는 日帝 침략하의 抗日武裝鬪爭基地로 공고히 발전해 갔다. 後期義兵 역시 그 戰鬪力은 劣弱하였으나 廣範한 大衆의 支持 밑에서만이 가능했던 遊擊戰이 奏效하여 막강한 日本軍의 戰力을 分散시키고 持久戰을 벌이는 데 성공하였다.

막강한 日本軍을 맞이하여 勇戰한 後期義兵의 지도층은 兩班과 아울러 平民도 많이 나타나게 되었다. 이 같은 義兵將 身分構成의 變化 없이 後期義兵은 民族的 抗日鬪爭으로 확대 발전할 수 없었던 것이다.

그러나 獨立戰爭으로서의 後期義兵戰爭은 旣成社會體制를 否定하고 새로운 社會體制를 이룩하려는 革命은 아니었다. 韓國과 日本의 동등한 입장에서 국가수호의 의욕이 강하지 못하였으며 아울러 사상의 통일을 가져오지 못하였다. 또한 義兵大將들의 상호정보 교환의 취약성으로 인하여 단합된 총력전을 한 번도 가져보지 못하였음은 反省해야 할 관점인 것이다.

愛國啓蒙 운동에서의 民衆意識

日帝에 의한 國權의 손상-乙巳條約이라는 충격에 의하여 韓末義兵運動과 동시적으로 작열된 民族運動이 韓末愛因啓蒙運動이다. 韓末愛國啓蒙運動은 바로 開化思想의 흐름을 받은 近代運動이요, 自强 國權守護의 民族運動이었다. 實學思想이 開港이라는 역사적 상황과 結付되면서 開化思想으로 轉成되었거니와 開化思想이 急進的으로 推進하였던 甲申政變과 獨立協會의 활동을 통해 그들의 近代民衆意識은 大衆的 基盤을 획득할 수 없었다. 한편 民族運動에서의 民衆動員의 가능성은 증진시킬 수 있었다. 이러한 과정에서 儒敎的 敎養을 가졌으나 時勢의 變遷에 近代的 眼目을 가지게 된 이른바 改新儒學的 人士들의 開化思想과의 接合을 보아 온건 開化勢力의 成長을 가져왔다. 이러한 愛國啓蒙運動의 思想史的 系列性은 愛國啓蒙運動의 전개 면에서 충분히 파악된다.

다각적으로 展開되는 韓末愛國啓蒙運動은 民族的 自立意識의 啓發, 內修外攘에 의한 民族的 營力의 양육, 民族經濟의 育成과 民族文化의 발전을 그 직접적 목표로 한 것이나 그 終局的 目的이 自主國權恢復과 守護에 있었다.

愛國啓蒙運動의 奔流는 皇城新開, 大韓每日申報, 帝國新聞 등의 언

론 활동으로 인도되었다. 이들 新聞이 국민을 상대로 광범위한 愛國啓蒙運動을 편 데 대하여 大韓自强會報를 위시한 여러 學會報는 지식층의 愛國啓蒙熱을 급진적으로 진작하였다.

조직적이고 집단적인 愛國啓蒙運動의 필요에서 獨立協會의 전통을 이어 많은 結社가 조직되었다. 大韓自强會를 위시하여 西北學會, 畿湖興學會 등의 敎育團體나 상업회, 경제연구회 등의 경제단체, 여자교육회, 동양애국부인회 등의 여성단체 등이 그 대표적 예였다. 또한 비밀결사 단체인 新民會나 YMCA, 천도교의 구국운동은 적극성을 띠었다.

愛國啓蒙運動의 展開에서 가장 意義 있는 것은 民族敎育活動이었다. 이에 近代的 敎育이 國民的 土臺 위에 定着하게 되었다. 따라서 이를 통해 民衆市民意織이 擴大되어 나갔다.

대중 계몽의 言論, 學會活動, 靑少年敎化의 敎育活動과 더불어 愛國啓蒙의 다른 형태로 國學運動이 중요시되었다. 內的인 政界의 혼란, 外的이 日本勢力의 침투에 국가적 위기를 느끼게 된 韓末 知性人 사이에 民族史에 대한 비상한 관심이 생겨났음은 당연한 추세였다.

이 밖에 言文一致의 新文藝運動이나 音樂, 演劇을 통한 愛國啓蒙運動도 있었고 大倧敎, 大同敎, 天道敎의 敎團組織을 보아 民族 고유의 신앙 체계를 통한 民族性의 守護의 努力도 愛國啓蒙運動의 일환에서 이해되어야 한다.

民族의 物的 實力의 육성을 위한 産業振興의 노력도 다방면으로 진전되었다. 1907년 大邱에서 始發되어 全國的으로 파급된 1300萬圓에 대한 國債報償運動도 民衆意識의 擴大로 인해 파생한 경제적 國權恢復運動이었다.

愛國啓運動이 치열해지자 統監政治의 탄압을 위한 法規的 拘束이 강화되었다. 1907년에 保安法과 신문지법을 제정하여 言論, 結社, 活動을 탄압하게 되었고 1908년에는 學會令을 공포하여 學會活動을 規制하는 한편 私立學校令과 敎科書 檢定規定을 발동하여 민중의식을 확산시키는 民族史學을 통제하였다. 國債報償運動은 주동자를 공금횡령죄로 몰아 구속하여 愛國啓蒙運動의 隊列을 분열시키고자 획책하였다. 이러한 탄압과 박해에도 불구하고 애국계몽운동은 꾸준히 전개되어 일제하로 연결되었다.

韓末愛國啓蒙運動은 일제 침략 세력과 正面 대결하는 義兵 전쟁에 견주어 民族生存에 대처하기는 소극적인 방법이며 弱者의 몸부림이요, 패배할 수밖에 없는 退嬰的 투쟁이라는 견해가 있을 수도 있다.

그러나 애국계몽운동을 통하여 광범하게 전파된 근대적 민중의식과 義兵 전쟁을 통하여 형성된 反侵略的 투쟁의식의 결부가 日帝의 포악한 식민지 통치책의 강행이라는 새로운 역사적 상황에서 진행되었고, 거족적 반일 독립운동이 國內外에서 격동하게 되어 愛國啓蒙運動은 現代韓國史 속에 발전적으로 승화되어 나갔다.

1910年代의 國內外 獨立運動

나라를 빼앗긴 1910년이 가까워지면서 義兵의 抗日戰이나 애국계몽운동이 다같이 그 熱血과 雄志에도 불구하고 日帝軍警에게 밀려 현실 정치면으로 볼 때 救國運動으로는 의미가 약화되어 나갔다.

그럼에도 불구하고 義兵抗日戰과 愛國啓蒙運動은 國恥 이후에도 계속되어 그 원형대로의 투쟁 의식에는 지속하기 어려운 난관이 가로 막고 있었다. 게다가 항일 의병 전쟁과 愛國啓蒙運動의 同時展開란 서로 抗日運動으로서 보완적인 측면이 없지는 않지만 단합된 抗日運動의 역량이라는 측면에서 볼 때는 힘의 분산을 가져와 보다 통합적이고 효과적 운동방향이 필요하였던 것이다.

이와 같은 배경에서 1910년대는 開化, 즉 愛國啓蒙運動이 개화적 측면에서 진행되었고 抗日義兵은 합일된 理念과 방향이 모색되었으며 동일한 路線의 抗日鬪爭論이 대두되었다. 그 결과 구체적 방안으로 정립되어 간 것이 國外에 獨立運動基地를 설치하고 그를 바탕으로 한 民族의 獨立戰爭論을 구현시켜 보려는 내용이었다. 獨立運動基地란 移住韓國民이 많이 살고 압록강과 두만강의 一衣帶水만 건너면 언제든지 國內進入이 가능한 西北間島와 시베리아 지방에 民族精神이 투철한 韓民族의 集團的 居住地域을 말한다. 그곳을 중심으로 국내동포의 민족의식을 일깨우면서 국내외에 산재한 韓民族의 抗日勢力을 組織化 武裝化시켜 日帝와의 獨立戰爭을 준비한다는 민중적 독립운동의 내용인 것이었다.

이와 같은 獨立戰爭論은 우선 國外의 獨立運動基地가 현실적 중심지라 할 수 있으나 그 기반은 어디까지나 국내에 있었던 점을 주목하지 않을 수 없다. 國內는 日帝의 직접적인 植民地 支配下에 놓여 있기 때문에 제약과 탄압을 받는 면이 컸지만, 가능한 한 開化 운동 一愛國啓蒙運動에서 제시된 民族主義 教育과 民族經濟의 향상, 그리고 民族文化의 보존 연구 등을 통한 民族의 近代的 力量向上과 또한 그를 바탕으로 한 獨立戰爭論의 직접·간접의 참여로 독립운동의 원동력을 삼았다. 獨立戰爭論의 구현을 위하여 國外에 獨立運動基地 설치를 후원하는 일은 우선 1910년 前後에 西北間島에 韓民族의 集團的 大移住計劃의 추진으로 시작되었다. 이에 日警은 이와 같은 계획을 추진하던 民族運動者를 전국에서 600명 이상 체포하여 투옥하였다. 소위 황해도의 安明根事件, 新民會의 梁起鐸事件, 그리고 105人事件이라 알려진 것이 바로 그것이다. 이 같은 탄압에도 불구하고 국내의 비밀결사 활동은 3·1운동이 일어날 때까지 계속되어 國外의 獨立運勁基地 설치를 뒷받침하고 상호 연락을 통해 독립운동을 꾀해 나갔다.

그리하여 1910년代의 國外에의 獨立運動은 西間島, 北間島, 시베리아, 北滿으로 확대되면서 조직화도 이루어졌다. 1914년까지에도 시베리아 블라디보스토크에 본부를 둔 大韓光復軍政府가 세워져 獨立戰爭을 준비하는 조직적인 光復軍의 편성까지도 기대할 수 있었다. 國外에서의 이 같은 獨立運動의 영향이 곧바로 국내에 미쳐 일본 식민지 치하에도 한민족의 민족의식을 바탕으로 근대민중의식을 고조시키면서 민족역량을 배양하는 자극제가 되었다.

國外에서의 獨立運動은 西北間島나 시베리아 지역에서의 활동 이

외에 美洲 지역과 上海를 중심으로 中國大陸에서도 추진되었다.

이렇게 여러 지역에서 獨立運動의 展開가 활발하게 진행되고 조직화되었음에도 불구하고 獨立에로까지 이끌어가지 못하였음은 우선 韓·日 相互 武力이 비교가 되지 않을 정도로 우열의 격차가 있었다는 점, 지휘층의 지휘 능력과 체계에 일원화, 능률화, 강한 의욕이 정비되지 못하였다는 점, 우방의 지지를 받지 못한 채 고립되어 재기를 단절당하는 비운을 맞이하였다는 점에 기인했다는 것을 지적해 둔다.

3·1 運動과 民衆의 進路

3·1運動은 實學 以後 발생한 자각, 비판, 반성의 용단에 의해 民衆 사이에 맥락지어 온 開化, 東學, 斥邪, 기독교 사상을 포함한 自主自立의 전통이 近代性을 띠고 市民의 차원으로 독립을 쟁취하기 위한 민족주체의식의 구체화였다. 이 運動의 계획은 1910년 9월 이후 天道敎가 東學革命에 입각하여 주도적으로 조직 단계로부터 대중봉기 단계로까지 영향을 미치되 일부 선각 개화인에 의하여 1914년부터 서서히 추진하기 시작하여 실현을 보았다.

이러한 3·1운동은 民衆救國運動의 획기적 기원을 수립하였을 뿐아니라 거국·거족적인 입장에서 國內外에 그 영향력이 저력 있게 파급되어 民衆을 기반으로 하여 1945년까지 獨立達成의 信念으로 부단히 매진할 수 있었다.

3·1운동은 1920년 이후 1940년대까지 20여 년 간 國內外에서 각 계층 사이의 민족구국운동을 확고하고 신념 있게 제시해 주었으며 그것이 곧 실력 양성, 외교 자립, 정의 사회구현, 武裝獨立戰爭의 방향감각으로 韓民族의 進路를 지적해 주었다. 이로써 여태까지 정치적 자유의 획득을 주목표로 했던 민족주의가 3·1運動을 계기로 民族의 經濟的 번영 내지 獨立의 지향을 또 하나의 목표로 삼아 이 經濟的 民族主義가 民衆 속에 배양되기 시작하였다.

3·1連動은 民族 民權運動으로 승화될 성격을 지녀 民族的 民主主義와 自主主義의 효시를 이루었을 뿐 아니라 이 運動이 일어남으로 해서 국제적 여론도 환기되어 독립에의 열의와 저력이 전통 있게 표출되어 韓族의 國際的 위치가 새로 부각될 수 있었다.

물론 3·1運動 역시 시대적, 사회적인 여러 제약 조건 아래 이루어진 것인 만큼 거기에는 스스로 運動의 方法에도 결함이 있을 수 있고 運動의 結果에도 限界가 있을 수 있다. 사실상 3·1運動의 지도자층의 기본 사상이 충분히 近代化的인 성격이 반영되지 못하였으며 그들의 투쟁 태세가 적극적인 면에 아쉬움이 있다. 이는 지도자층은 비폭력을 運動의 方法上의 대원칙으로 삼았건만 민중은 반드시 이를 따르지 않고 폭력 시위에 이르는 의식구조 속에서 지점의 수와 비폭력 시위에 그친 지점의 수가 비슷하게 되는 양상을 나타내기도 하였다. 民衆意識 내지 民族主義는 그것을 지도하는 체제적인 이론이나 이상만이 척도가 되는 것이 아니라 그에 못지않게 民族運動을 통하여 실제로 표현되는 民族的 욕구·이념·주장 그것이 중요시되는 것이다.

그러나 사회의 발전은 前代人의 경험을 바탕으로 그것을 밟고 넘어서는 데서 이루어지는 것이다. 우리 歷史에서 만일 3·1運動이 없었던들 韓國 近代史는 어떤 방향으로 갔을까를 숙고하면 이 운동이 우리 民族史에 있어서의 위치를 절감하게 된다. 또한 3·1運動은 祖國의 統一을 염원한 祖國 近代化와 국민 단합의 숭고한 정신적 유산을 영구히 남겨 주었다.

Ⅱ. 3·1運動과 民衆意識

1. 3·1連動과 民衆의 意志
－韓國史에 나타난 民衆運動－

民衆思想의 視覺

獨立意志의 구체화와 思想的 繼起性, 그리고 日帝 强占下의 韓民族의 슬기이기도 했던 1919년 3월 1일(토요일)에 폭발하기 시작한 獨立萬歲運動은 그 以前부터 內在的으로 성숙 발전되어 온 전통적인 韓民族의 自立意志와 그 思想이 구체적으로 실현된 것이며 1945년 8월 15일 民族의 光復時까지 그 의지와 이념은 계승, 유지되었던 것이다. 이를 좀더 구체적으로 擧論한다면 우리의 독립정신은 日帝 당국자들이 언필칭 주장한 대로 3·1운동 당시에 急造되고 우연하게 절규 주장한 「獨立理念의 體系」가 아니고 오래 전부터 민족의 뿌리가 깊었다는 점을 명백히 제시할 수 있는 것이다.

이의 사상적인 배경은 현실에 대한 일대 용단이기도 하였던 自覺·批判·反省을 불러일으킨 16,7세기의 「實學思想」의 근대지향적인 민족의식 자강이념에 있다고 생각한다.

이것이 여러 가지 어려운 고비와 계기를 거치는 동안에 19세기 후반기에 성숙 발전하기 시작한 「開化思想」에 영향을 미쳤다고 생각된다. 이는 人脈·著書·思想面에서 확실히 그렇게 연결되었다고 자료적으로 제시할 수 있는 것이다. 이에 다시 시대적 조류와 세계사적인 발전의 추세에 따라 20세기의 獨立思想으로 大同合流 되어 맥락 지어진 것이다.

이 같은 사상적인 맥락이 복합적으로 흐름에 따라 우리는 獨立思想의 영향은 곧 實學思想으로까지 소급해서 그 배경을 잡아 볼 수 있다고 요약하여 설명할 수 있을 것 같다. 물론 實學思想이 開化사상으로 영향을 미친 사상적 흐름을 인식할 때 1860년대의 斥邪衛正思想과 東學思想·基督教思想에도 이의 영향이 복합적이고 다원적으로 맥락지어졌다고 생각된다. 이것은 각종 資料가 뒷받침해 주고 있어 그렇게 견주어 해석해도 좋을 것 같다.

이 독립사상체계 인식에 영향을 미친 實學思想은 主商的인 海外交流論과 北學派의 理論에서 더욱 농도 짙게 연결되었다고 볼 수 있다. 그것은 人脈에서의 연결 면에서 뚜렷해지는 것이다. 즉 조선후기 實學者들의 君主權 제한론이 韓末 開化思想家에게 혁신이념·철학적 해석방법 등을 전수하여 다시 이들이 20세기의 獨立運動家들에게 近代國民國家 형성을 촉진시켰는바 이를 위한 행동적인 자극을 주게 되었다고 推想해 볼 수 있다. 20세기의 獨立運動家群이 實學과 開化 관계 서적을 탐독하고 師弟·交友관계를 맺음으로써 그렇게 유추해 볼 수 있지 않을까 한다.

즉 조선후기 실학자 朴趾源의 영향을 韓末開化思想家인 朴珪壽가 이어 받고 박규수의 문하에 金玉均·朴泳孝·兪古濬·金允稙 등 범개화계층이 출입하면서 이 사상을 개화와 독립사상으로 연결하고 朴殷植·申采浩·李鍾一·남궁억 등 독립운동가들이 사사하거나 출입하며 지대한 감동감화를 받고 있음을 지적해 볼 수 있다. 또 茶山 丁若鏞 문하에도 李重協·李聚 등의 실학자가 영향을 받고, 다시 그 문하에 南鍾三·李道宰·李沂(이기)등 개화사상가들이 옷깃을 스치면서 훈도 받기에 영일이 없었다. 秋史 金正喜 문하에는 홍선대원군 이 하응·金綺秀·吳慶錫 등 開化革新思想家들이 출입하여 영향을 받았음에서 그 人脈的인 연결은 다원화되고 복합화되었음을 이해할 수 있겠다.

이렇게 人脈이 연결됨에 영향을 미친 매개체는 實學 및 개화관계의 서적이었다. 「해국도지」, 「영환지략」, 「조선책략」, 「이언」, 「연암집」, 「다산전서」, 「담헌연기」, 「북학의」, 「고문비략」 등이 그것이다. 20세기의 독립사상가 및 민족운동가들이 그 같은 서적을 탐독함으로써 독립사상은 더욱 信念 깊게 뿌리를 내렸던 것이고, 전위적 행동에로의 거창한 참여를 스스로 유도·제시할 수 있었던 것이다.

實學思想의 영향이 開化·東學·斥邪思想에 미치고 19세기 이후 정착된 기독교의 博愛·平等·平和思想도 이에 복합적으로 영향을 미쳐 집권층보다는 민중에게 '市民意識' 一民衆意識一을 터득케 하고 이해시키는 방향에서 새로운 의식구조가 형성되게 되었다.

그들은 民族國家 즉 國民國家의 형성을 최대의 목표로 하였다. 따라서 3·1독립운동의 배경은 전통적이고 내재적으로 성숙·발전되어 온 자주독립의 意志가 국제정세의 변화와 추이에 따라 자주적으로 폭발된 독립의지의 구체화라고 지적할 수 있다. 종래적인 관점으로 통용되었던 3·1운동 발발의 배경이 전적으로 「윌슨」의 民族自決主義 원칙에 근거하였다는 것과는 크게 관련이 없다고 저자가 典據를 제시하였는바 이는 이미 여러 紙·誌에서 주장하였다.

民族運動의 展開와 國民國家의 實現運動

3·1운동은 이전부터 태동하여 온 각계각층의 조직과 결사항쟁이라는 民衆運動의 총괄이며, 그 승리의 구체화라는 점을 지적해야 할 것 같다. 그것이 곧 「民衆」 정부의 탄생을 齋來한 것이다. 앞서 언급한 바와 같이 독립사상의 맥락이 외부의 어떤 사조나 계기에 의하여 체계가 세워진 것이 아니라는 점을 강조하였거니와 민중의 독립운동을 일본 등 외세침략 국가들의 지향 의식을 그때그때 전통적으로 연결시켜 왔음을 주의 깊게 관찰해야 할 것이다. 따라서 가까이 있었던 민중운동을 들추어 본다면 1894년의 甲午東學革命運動에서의 反封建과 抗日救國運動을 손꼽아볼 수 있겠다.

이 운동은 비로소 市民意識的 民衆運動으로의 강력한 이념이 제기되고 있음을 보겠는데, 그것은 봉건주의에 반기를 들고 意識의 革命을 구가하였다는 면에서 「革命」으로 불리어지는 것이다. 그해 말경 다시 일어난 이 운동은 抗日救國民衆運動으로 東學敎徒가 선도하였고, 다수의 農民이 뒤따른 民衆救國運動의 전형적인 형태를 취한 지도자 정신이 뚜렷치 못한 민중운동이었다. 이 운동은 實學과 開化思想의 영향을 다분히 받았다는 면에서 東學창도이념과 甲申政變에서의 「國民國家」 형성의 기치가 높이 표방되기에 이른 것이다. 이것이 임시정부의 共和制로 發展하였다.

동학혁명운동 이후의 민중운동은 곧 「義兵戰爭」(1895~1915)으로 표현되는 20년 동안의 斥邪衛正思想의 行動的인 구체화라고 말할 수 있다. 이는 儒生層의 兩班이 선봉장이 되었으나 개중에는 平民出身과 포수 出身의 순수 「民衆계층」이 主導的으로 參與하였기 때문에 우리는 이 「義兵」을 民衆運動의 적극성을 띤 한 사회 계층이라고 지적해 볼 수 있다. 1910年代 후반에 가서도 宗敎人 가운데 몇몇은 쇠잔해지는 「義兵」의 부흥을 아쉬워하고 재기할 것을 절규함으로써 의병이라는 민중운동이 곧 3·1독립운동으로까지 국내외에서 연결되고 있었다는 고귀한 전통을 窺視(규시)할 수 있는 것이다.

이 같은 全國的인 대규모의 民衆運動에 병행하는 독립자주운동으로서는 結社抗爭을 거론할 수 있다. 1896년 이후 3년 정도 萬民共同會로까지 확산되었던 獨立協會의 民權과 國權의 守護 自强運動, 政體의 개혁운동(立憲代議制)은 實學과 開化思想의 再顯으로서 큰 意味를 부여할 수 있는 결사운동으로 조직성에 특징을 두고 있는 것이다. 여기에 贊養會의 女性들이 독립협회자립운동에 대거 참여하였음은 여성개화운동이 救國운동으로의 일대 전환점과 그 가능성을 齎來한 계기였고, 그들의 活動을 뒷받침한 中流 및 최초의 女性啓蒙紙인 帝國新聞의 弘報性은 주목받을 만하다.

또 같은 時期에 李鍾一 등이 조직, 활동한 大韓帝國民力會의 民權守護 및 利權保護의 절규도 民衆運動의 可能性과 成功率을 높였다는 면에서 歷史에서 조명을 받아야 함을 필자는 강조해 둔다.

특히 1905年을 前後로 한 時期로부터 1919年 3月 1日 以前까지 연연히 유지 계속되었던 愛國啓蒙運動과 1910年 以後의 각종 地下的

양상을 띤 비밀결사 독립항쟁은 곧 獨立運動으로의 源流의 배경을 결정적으로 형성하고 후원하였다는 면에서 높이 평가받아야 發展史觀 형성에 도움이 될 것이다. 즉 1904년 東學의 孫秉熙 등이 中心이 된 甲辰開化 신생활운동의 제창과 그 實踐運動의 展開以後 敎育·言論·宗敎運動은 요원의 불같이 거세게 타올랐다.

이들은 한결같이 그것이 民族運動이었다고 자부하였음을 볼 때 힌슬리 교수의 「民族主義와 國際體制」에서 언급한 바와 같이 政治的 忠誠의 民族國家形成단계로의 移轉현상임을 시사하는 것으로 近代國家로서의 意識構造가 形成되어감을 認識할 수 있겠다.

結社運動은 輔安會·大韓自强會(大韓協會)·憲政研究會·新民會·YMCA 등의 特色 있는 民族運動이 연결되었으며 言論運動은 독립신문 이후 帝國新聞·皇城新聞·大韓每日申報·萬歲報·大韓民報 등이 이 운동을 필봉으로 적극 후원하였고 敎育運動으로는 培材·梨花 이후 普成·養正 徽文·中央·大成·五山 등 3천여 개 교가 新式敎育을 통해 독립운동의 역군을 길러 이들이 뒷날 民衆運動의 지도자가 되었음은 意味 깊은 일이었다.

宗敎運動은 天道敎·基督敎·佛敎 등이 각기 신앙의 양심을 들어 救內運動에 적극 참여하였다. 그럼에도 불구하고 1910년 8월 대한제국은 國權이 확립되지 못하여 日帝에 의해 强占당하는 비운을 맛보았다.

그러나 救國意識으로 충만해 있던 民衆들은 「復國運動」을 그해 9월 말부터 구체적으로 추진하고 있었다. 天道敎의 李鍾一 등은 1914년 普成社內에 天道救國團이란 비밀결사를 설치하고 甲午와 甲辰의 민중운동을 再顯하려는 움직임을 보여 이것이 孫秉熙 등과의 연결로 3·1운동에까지 추진되었다.

그 외 獨立義軍府·光復會·朝鮮國權恢復團·國民會·조선산직장려계 등 비밀결사가 이 민중운동을 3·1독립운동으로 결산케 하고 成功과 勝利를 거두게 하였던 것이다. 무엇보다도 3·1운동의 주도적 추진세력은 東學─天道敎徒들에 의한 甲午·甲辰의 民衆運動을 再顯하기 위한 구체적인 움직임에서 찾아야 할 것이고 그들이 基督敎·佛敎·女性

係·學生·儒林들과 제휴 내지는 설득하여 이 運動을 成功的으로 이끌게 하였다.

國民政府의 誕生과 統一國家의 實現

3·1독립운동을 가능케 한 추진세력은 국내외에 걸쳐 時期는 약간 다르나 거의 같은 理念과 方法으로 집결되었으며, 傳統的이고 內在的인 自主自立의 獨立意志가 각계각층의 민중이 대동 합류하여 民衆運動의 승리를 결과하였다.

따라서 1981년으로 3·1 독립운동 62주년을 맞는 입장에서의 視角과 評價를 다음과 같이 내리면서 歷史的 教訓으로 삼아볼까 한다.

첫째, 이 운동은 민족자결주의원칙에 의하여 폭발된 것이라기보다는 뿌리 깊은 民族史의 自主自立의 傳統이 實學·開化·東學·斥邪思想의 융합접촉과정에서 獨立意志로 구체화된 國民國家 實現을 위한 民族自活의 범국민운동이었다.

둘째, 이 운동은 天道教側에 의하여 제 2의 3·1운동(1922)까지 시종 계획 추진된 것으로 甲午東學革命(1894), 甲辰開化새생활운동(1904), 甲寅民衆運動(1914)의 「三甲運動」으로 表現되는 民衆運動의 再顯임을 지적할 수 있겠다.

天道教側에서는 이미 1894년의 東學革命운동 때의 교훈을 되살려 民衆運動은 언제든지 決行하되 大衆化, 一元化, 非暴力을 최대의 방법으로 삼아 그 進路를 결정하였다. 따라서 大衆化라는 意味에서 종교계·교육계·사회일반계층과의 연합을 시도하였으며 一元化에 따라 3월 1일을 기해 이 운동을 전국 각지에 일으키게 하였고 다수의 民衆을 무력으로부터 守護하기 위하여 非暴力의 온건하고 평화로운 방법을 취하였던 것이다.

셋째, 이 운동은 국내에서 제일 먼저 조직 단계로 들어간 이후 上海·中國·滿洲·露領·日本·美國 등지에서도 국제정세에 능동적으로 대처하기 위해 본격적인 「독립운동」을 계획 추진하였다.

특히 滿洲 일대에서의 1918년 戊午獨立宣言書의 발표나 1919년 2월 8일의 東京韓國人男女留學生의 독립선언은 국내 독립선언의 시기를 앞당긴 것 같으며 憲兵警察統治의 억압과 高宗의 독살로 인한 暴崩 등은 국내 민족운동의 시기를 그만큼 촉진 자극하였다고도 評價할 수 있다. 물론 君主權의 부활이 民主共和정부의 출현을 열망하는 반봉건적 시민의식의 결정체였다.

넷째, 이 운동은 정통적인 大韓民國 임시정부를 수립하게 작용하는 데 있어서 결정적인 계기를 만들어 주어 이후 1945년 민족의 광복을 맞을 때까지 27년 동안 국내외의 통제적 사명을 띤 正統大韓政府로서의 민간 정부적 임무를 성실히 수행하며 建國의 理念을 기저로 하게 하였으며 비로소 民族運動의 분수령을 만들었던 것이다.

다섯째, 이 운동 이후 비로소 우리 民族은 進路와 方向을 확정하였던 것이다. 즉 民族實力의 養成·外交自立主義의 표방·武裝세력을 양성하여 독립전쟁을 수행하도록 방향감각을 제시하였다는 점이 주목을 받고 조명되어야 하겠다. 民衆政府의 出現이라는 차원에서 재평가해야 할 것이다.

여섯째, 이 운동은 男女老幼·貧富貴賤·地閥·門閥·學閥을 초월한 大韓人의 全民衆이 격의 없고 조건 없이 총화 단결하여 오직 한 가지의 목표인 「完全自主獨立」을 향해 「獨立長征」을 표방한 민족의 엄숙한 명령이며 自由·正義·眞理를 구현하는 「民族의 廣場」구실을 충실히 감당해낸 것으로서 민족운동 방향감각에 있어서 성공한 大衆自活운동이었다고 생각된다.

일곱째, 이 운동은 한국에서 시민의식을 터득케 하고 민족주의 민중운동의 가능성을 제시하였을 뿐 아니라 아시아 전 지역에 새로운 「民族運動」을 촉진시켰다. 즉 중국의 5·4운동, 인도의 무저항 운동 등을 차례로 촉진케 하여 韓民族의 불요불굴의 저항 精神이 독립정신으로 연결되었다는 실화와 先例를 남겨 주었다. 따라서 世界自由人에게 韓民族의 투지·자립의식·강인성·민족의 우수성 등을 유감없이 발휘하여 여론을 조성하였던 것이다.

　여덟째, 開化女性도 救國運動에 한몫 구실을 한 이 운동은 첫 독립의지의 主體性을 띤 조직화 운동으로 국민 각자에게 이 사상과 이념을 意識化하고 客觀化하며 가치관을 확립시킴이 필요한 것이다.

　또한 건국의 理念을 제시한 면에서 이 정신은 영구히 후손에게 자주 자립단결의 상징을 남겨 주어야 하며 그 정신이 곧 民族中興과 祖國의 近代化로 연결되고 밑거름이 됨을 인식시켜야 하겠다. 따라서 「3·1精神」으로 분단된 祖國의 統一을 그만큼 앞당겨야 하는 歷史的 使命이 의미 있게 수용되어야 할 것이다.

2. 3·1運動, 그 永遠한 活火山

國民國家 樹立運動의 成長過程

① 天道敎側의 擧事

1919년 3·1독립운동으로 폭발하였던 국민국가 성립을 위한 민중독립운동의 계획은 1910년 9월 30일부터 이미 일부 天道敎 교도 사이에 진행되고 있었다. 그러나 그것은 처음부터 3·1운동을 의식한 것이 아니고 신념이 강하면 이것이 곧 나라를 찾는 근본이라는 천도교의 구국적 신앙에 입각하여 대중봉기운동을 동학운동의 재현과 계승으로 실천에 옮겨야 하겠다는 생각에서 그 이후 1919년 3월 1일까지 근 10년간을 준비기간으로 삼았던 것이었다. 그러기에 천도교의 어떤 분은 경술국치 이후 자결자가 50여 명에 이르자 자결보다는 살아서 투쟁하다가 죽는 것이 더욱 효과적이라고 대중시위운동을 주장하되 甲午東學運動(1894)과 甲辰開化革新運動(1904)의 재현으로 천도교측이 솔선해서 속히 독립운동을 실천에 옮겨야 할 것을 구상하였던 것이다. 그러면서 그 방법은 천도교가 중심이 되어야 하는데 이는 전국적인 조직과 유족한 자금에 힘입을 수 있다고 생각한 것이었다.

더욱이 신념과 평등 박애사상으로 뭉쳐 있는 기독교도들을 설득하여 조직적으로 함께 봉기하면 효과적이라는 견해를 피력하고 있다. 따라서 다음 해(1911) 1월 16일 孫秉熙를 찾아가 甲午·甲辰의 민중운동의 재현을 건의하고 있다. 그러나 이에 관해 그는 회의적인 태도를 취하였다. 이에 帝國新聞 창간의 중심 세력이었던 大韓帝國民力會 회원들과 모임을 갖고 시위를 모의함과 동시에 普成社 동지들과도 이 문제를 협의하였다. 동시에 吳世昌權東鎭 등 동지를 초빙해서 협의하는 가운데 보성사 사원과 과거 대한제국민력회원이 결속 연합하여 보성사 중심으로 거사할 것을 1911년 4월 10일까지 협의하였다. 그러나 그해 10월 新民會 사건으로 주춤하다가 1912년으로 접어들었다. 그해 1월 16일 林禮煥 등과 협의하고 농어민 포섭을 위해 그들의 배일감정을 조사하였던 것이다. 이때 日警의 감시가 심해 특히 각자에게 미행을 조심하도록 환기시키면서 범국민 생활운동이라는 비정치성을 띤 민중운동을 보성사 중심으로 추진키로 최종적인 합의를 보았다. 거사일은 일단 그해 7월 15일로 정하였으나 7월 14일 묵암의 선언문 등이 종로경찰서에 압수당하였다.

그는 다시 불교계 인사와 접촉을 시도하여 독립시위운동의 연합전선을 모색하였으나 실패하자 그해 10월 14일 民族文化守護運動本部 결성을 계획하고 同 31일 이를 普成社內에 두고 부서도 결정하였다. 1913년까지 이 본부를 중심으로 강연회를 개화하여 독립사상을 고취하고 무장세력 양성을 위해 무기 구입 문제까지도 협의한 바 있었다. 1914년 8월 제1차 세계대전이 발발하자 일본의 패망을 즉각 기대하고 민중국가수립운동의 성숙기를 맞이하였다고 한 뒤 그해 8월 31일 보성사내에 天道救國團이라는 비밀결사를 조직하였다. 동시에 同 운동본부는 발전적 해체를 기한 것 같다. 그들은 甲午·甲辰 그리고 甲寅(1914)의 연결로서의 三甲運動을 추진하였다. 천도구국단의 첫 사업은 9월에 시작한 제1차 세계대전에 따른 국제정세분석이었다. 그들은 일본이 패전국에 속할 것이라고 판단한 뒤 그럴 때를 대비하여 受權 태세 준비로 선언문을 기초해 두었으나 1915년 9월 7일 발각 압수되었다.

1910년 11월 루스벨트의 내셔널리즘의 한국 적용을 시사한 이래 1912년 그에 대처한 정치적 모임을 결성하기로 강조한 뒤 1916년 보성사가 중심이 되어 당시 원로급 인사와의 교섭을 비밀리에 전개하였다. 그들은 1917년 8월에도 孫秉熙률 찾아가 한국 독립운동의 一件을 說示하였던 것이다. 1917년 1월 민족자결의 문제의식은 터득하였으나 이는 극히 회의적인 것으로 생각하고 일면 무장세력 양성에 주력하고 농어민, 노동자, 商人, 학생들의 범국민적 봉기를 계획하였다. 의암은 묵암 등의 天道救國團 및 吳世昌 등과의 연합계획을 추진하도록 당부한 것 같아 《同》 6月 1日 이후 이 두 그룹은 연합하였다. 그들은 이미 5月 6日 3大 원칙을 결정하였다. 즉, 민중운동은 大衆化, 一元化, 非暴力을 고수하고 9月 9日을 1차 민중봉기일로 지정하였었다. 그 이유는 일본 내의 쌀소동으로 폭동화하고 있었기 때문이다. 戊午獨立宣言文까지도 작성하였다. 그런데 그해 11월 말경 독일이 패배하고 일본 등 연합국의 승리가 확정되어 주춤하였다. 그러나 강화회의가 1919년 1月에 파리에서 열리게 되면 국제정세는 반드시 한국의 입장이 불리하게 돌아갈 것만은 아닐 것으로 판단하였다. 1919년 1月초 在日 독립선언문 초안을 보이자 시기의 성숙에 의견을 같이 하였다.

따라서 천도교 측에서는 1818년 12月 15日의 민중운동 3大 원칙을 「재확인」한 뒤 孫秉熙는 中央中學校팀과 상의하고 천도교의 내부문제를 담당하여 지방의 頭目들을 上京케 하였다. 1919년 1月 高宗이 일제에 의해 독살당하자 개인적 동정심에서 일부 국민 사이의 격분을 샀고 그것이 민중운동의 봉기를 앞당길 수 있게 하였다. 2月 15日 천도교 측에서는 儒·佛·基督敎 측과 學生團 등과의 연락을 완료하고 3월 1일을 택하게 되어 「3·1운동」이 된 것이다.

② 基督敎 측의 獨立運動計剩

기독교 측의 독립운동은 관서지방의 예수장로교와 서울·경기지역의 대한 감리교 계통이 복합화되어 大同合流되었다. 즉 1919년 1월 말 천도교도들이 李昇薰을 만나면서부터 본격화되었다. 1919년 2월 초순에 上海로부터 新韓青年黨의 鮮于爀이 국내와의 연락 임무를 띠고 관서지방에 와서 李昇薰 등과 협의하면서부터 독립운동이 활기를 더하게 되었다. 그 같은 항일의식의 고조는 숭실·숭덕·숭의·숭현 등 각급 학교 및 宣川 등의 교회를 중심으로 독립시위운동의 준비를 진행케 하였다. 그러다가 2월 5일 천도교들의 민중연합운동의 취지를 터득한 뒤 적극 참여키로 결심하였던 것이다. 李昇薰은 2월 12일 상경하여 참가를 快諾하였다. 여기서 이승훈은 기독교 대표로 동지규합을 의논하고 3월 1일로 결정하였다.

서울·경기지방에서는 대한 감리파 지도자가 중심이 되어 남녀 학생을 포섭, 시위운동을 계획하였다. 朴熙道와 尹致昊가 1919년 1월. 하순경 연희전문학교 학생인 金元璧을 중간에 두고 康基德·韓偉鍵·金炯璣·李公厚·朱鈍宜 등 학생들과 독립만세 시위운동을 협의하였다. 뿐만 아니라 서울 예수장로파의 李甲成도 2월 중순경 세브란스 의학전문학교 구내 그의 자택에서 前記男 學生 10여 명을 소집한 자리에서 결정적인 시기가 도래할 때 나서 줄 것을 권유하였다.

③ 學生惻의 獨立運動計劃

학생 측은 1월 하순경 천도교측이 민중운동을 일으킬 준비가 되어 있다는 소식을 듣고 본격화되었다. 朴熙道는 1월 29일경 서울지역 전문학교의 학생 10여 명을 大觀園으로 초빙하였다. 이 자리에서 朱翼은 국제정세를 분석·보고하고 약소국의 독립기운이 조성되는 때에 우리가 궐기하면 성공할 가능성이 있을 것이라고 주장하였다.

더욱이 上海에서 金奎植을 파리강화회의에 한국 대표로 파견하여 한국 독립의 가능성이 더욱 고조되어 감에 따라 행동적인 방향을 모색하던 학생들은 시위운동으로 돌입할 기세를 취하였다. 이에 金元璧 등은 朴熙道와 협의하고 만세 시위운동을 일으키게 될 때에는 조직이 필요함을 건의하여 각 학교별 동원책을 선정, 책임을 지우게 하였다.

강기덕은 西北親睦會를 통해 동원태세를 확인, 확약받고 京城高普의 金柏枰 등 中央高普의 張基郁 등 善隣商業의 李奎宗 등 普成高普의 張彩極, 朝鮮藥學校의 全東煥 등을 통해 2중의 동원조직을 확립해 두었으며, 김원벽은 儆新高普와 京城高普의 朴快仁 등을 통해 역시 2중의 동원조직을 완료, 다짐해 두었고 선언서도 배부하였다. 한편 韓龍雲은 2월말 불교 중앙학림학생 白性郁·金法麟 등 10여 명을 桂洞 惟心社로 초치하고 독립만세 시위의 계획을 설명하니 이들은 결연히 同參할 것을 수락하였다. 여고보 학생도 이 운동에 의연히 계획과정에서부터 참여하였다.

海外 國民國家 形成運動計劃의 過程

① 上海 新韓青年黨의 抗日救國連動

중국에서 독립운동을 계획한 곳은 上海였으며 1918년 8월 하순경에 결정한 여운형·장덕수·김철·조동호 등의 신한청년단이었다. 그 뒤 동 11월 월슨의 특사 크레인이 강화회의에 관해 미국 측의 입장을 전달하였다. 이때 그를 환영하는 대회에 신한청년당의 대표로 呂運亨이 참석하였다. 그는 크레인을 면회하고 독립의 열망을 표하면서 우리의 대표도 그곳 강화회의에 참석케 할 것과 그에 따른 제반 협조를 요청하였다. 크레인은 명확한 답변을 회피하였다. 그러나 黨의 명의로 파리강화회의의 대표에게 보낼 「한국독립에 관한 요망 (1918. 11. 28)서」도 작성하여 크레인에게 그곳 회의에 도착하도록 당부하였다. 黨으로서는 판리강화회의에 파견할 한국 대표로 金奎植을 선정하였고 국내에는 鮮于爀·金澈·徐丙浩·金順愛를 파견하여 군자금 모집과 上海 동지들의 독립열망에 따른 국제정세를 전달케 하였다. 일본에는 趙鏞殷과 張德秀를 露領과 滿洲 일대에는 독립운동 문제를 광범위하게 협의하였다.

1919년 2월초 宣川에 온 선우 혁은 이승훈을 만나 의견을 교환하다가 군자금의 전달을 약속받고 명양에 가서 독립시위운동을 권유하고 上海로 갔다.

2월 초순경 東京에 도착한 張德秀는 上海를 떠날 때, 申圭植으로부터 그곳에서 행할 임무를 부여받았으며, 그는 東京을 경유, 2월 하순 서울로 들어왔다. 한편, 김규식은 2월 1일 파리로 향하였는데, 신한청년당으로부터 그곳에서 활동할 지침 12개 항목의 임무를 수행하도록 부탁받았다. 그의 활동이 당장은 효과가 없었으나 그의 파리강화회의 참석을 위한 파견 사실이 국내외 독립운동의 구실과 촉진제가 되었다는 면에서 주목과 평가를 받는 것이다.

②시베리아·滿洲 – 帶의 擧事計劃

해외의 독립기지로 유명한 곳으로는 西間島의 三源堡와 密山府의 韓興洞이 있었다. 이를 중심으로 민족교육과 독립군의 간부 양성을 위한 기관이 설치되었으며 1914년에는 李相卨과 李東輝를 正·副統領으로 하는 대한광복군정부가 수립되었다.

이곳에서의 독립운동계획은 東三省에서 重光團의 呂準·李東寧 등이 국민국가 성립을 위해 1918년 12월(음력)「戊午獨立宣言文」을 발표한 것이 최초의 일이었다. 이 戊午獨立宣言文은 완전독립을 쟁취하려는 전쟁의 의사가 분명한 과격하고도 民主國家 성립의 의지가 강렬한 내용이 담겨져 있음이 특징이었다.

시베리아에서는 이동녕이 大韓國民議會를 조직하여 독립운동을 계획, 추진하였다. 특히 沿海洲의 대한국민의회에서는 尹海·高昌一 동지를 파리강화회의에 파견하였다. 그 뒤, 1912년 2월 全露韓族會가 大韓國民議會로 개편 확장되면서 윤해·고창일을 이곳 韓僑의 대표로 삼아, 파리뿐 아니라 국제연맹과 약소민족회의 등에도 파견함으로써 上海 신한청년당과의 연합활동을 모색하였다.

③ 美洲地域의 獨立運動計劃

이곳에서의 民衆정부운동은 1913년에 로스엔젤레스에서 안창호 등이 興士團을 조직함으로써 본격화되었다. 윌슨의 민족 자결주의 원칙이 비공식적으로나마 알려진 1916년 5월부터 이 소식에 민감하게 대응한데다가 제1차 세계대전의 전후처리를 위해 파리강화회의가 개최된다는 고무적인 소식은 더욱 이들의 독립의식을 자극하였다. 따라서 大韓國民會에서는 1917년 10월 朴容萬을 世界弱少國 民族同盟會議에 한국 대표로 참석케 하여 한국의 식민지적 현실을 호소하고 독립해야 함을 역설토록 하였다. 여기서 전후 自決權 주장의 근거를 마련하였다.

1918년《同》12월 1일 安昌浩가 중심이 되어 在美韓人全體代表者會議를 소집하고 1919년 1월 18일부터 파리강화회의에 파견할 한국대표로 李承晩·閔瓚鎬·鄭諾景 3人을 선정하였고 군자금으로 30萬圓을 모집하기로 결정하였다. 뉴욕일대에는 新韓協會가 조직되어 11월 말 이후 독립결의서와 진정서를 미국 국무성과 주요정객들에게 전달하였다. 李承晩 鄭諾景 등은 大韓人國民會中央總會 명의로 1919년 2월 월슨 미국 대통령에게 독립을 호소하였고 徐載弼도 「이브닝 레저」誌의 「베네딕트」 기자와 상의하여 한국문제를 세계여론에 호소케 하여 민주국가건설의 의욕을 북돋았다.

④ 在日 韓國同胞의 獨立運動計劃

이곳에서는 한국의 지식인층이 영국인이 발행하던 「재팬 애드버타이저」(The japan Advertizer)지 1918년 12월 15일자에 실린 「한국인들 독립을 위한 주장」 기사에 고무를 받은 이후,《同》18일자에는 약소민족들의 발언권 요구에 관한 기사에 다시 한번 충격을 받고 敵治를 거부하고 민중국가 수립을 계획하였다. 年末을 전후로 한 학생들 모임 이후 다음 해 1월 6일 조선 YMCA회관에서 한다. 막후 유학생들은 실행위원으로 崔八鏞·田榮澤 등 10명을 선출하였다. 막후에서 이를 위해 진력한 崔元淳·卞熙瑢·崔承晩 등이 있었는데 이들은 동지규합, 장소물색, 군자금 조달, 국내와의 연락, 학생운동 방향결정에 공헌하였다. 그들은 「朝鮮青年獨立團」을 결성하였다. 2월 7일 國·英·日의 3개 국어로 독립선언서와 결의문을 등사하였다. 日本文의 民族代表召集請願書를 천여 매 인쇄하여 2월 8일 모두 3가지의 선언문을 각 요로에 발송하고 그날 오후 2시경 YMCA 회관에서 약 400명의 남녀 한국유학생이 모인 가운데 「2·8독립선언」을 실행하였다. 이로 인해 40여 명이 즉각 체포되었다가 실행위원 11명 중 9명이 주모자로 판명되어 최고 금고 9개월의 징역을 언도받았다. 이 운동은 국내 3·1운동에 촉진제 구실 중의 하나로 기록될 수 있으며 그 뒤 2월 12일에는 李達 등 수십 명의 유학생이 日比谷 공원에서 시위를 계속하였으며 2월 19일에는 卞熙熔·崔承萬 등 9명이 역시 같은 장소에서 시위운동을 결행하려 했으나 不如하고 말았다. 이 같은 제2의 2·8·獨立宣言은 그 뒤에도 계속되었다.

특히 黎明會 주최의 3월 19일 한국인의 독립성취를 위한 모임에서 卞熙瑢·崔承萬 金雨英·徐相國·金俊淵·姜宗爕 등은 「朝鮮人의 獨立을 希望하여 朝鮮은 도저히 同化키 不能하다」고 당당히 진술하였다.

國民國家 樹立을 前提로 한 3·1運動과 그 展開

독립운동을 보다 효과적이고 대중적으로 확산·파급시키기 위해서는 동시에 이 운동의 필요성·성격·방향·이념 등을 전달하는 방법으로 선언서, 즉 「독립선언서」가 요청되었다. 원로정객 및 지도자와의 수차에 걸친 교섭에 실패한 천도교 측 중진들은 민중운동 3대 원칙에 따라 우선 基督敎와의 연합을 모색한 것이다. 천도교와 기독교를 연결함에 공로가 있는 사람은 흔히 알려진 대로 崔南善인 것 같으나, 실은 신민회 때의 동지이기도 했던 언론인 출신의 李鍾一의 숨은 공로가 이승훈과의 원만한 연락을 취하게 함에 기여했던 것이다. 따라서 이종일의 전보를 받고 상경한 이승훈에 의하여 조직·자금 등을 통해 관서지방 기독교인들과의 연합모색이 순조롭게 진행되었다. 이중일로부터 2월 12일 상경 연락을 받은 이승훈은 宣川에서 늦게 연락을 받고 상경하였다. 서울에 온 이승훈은 기독교 측과의 대동합류를 권고받고 13일 귀향하여 교계 대표급 인사와 상의하고 합의를 보았다. 이승훈은 2월 17일 다지 상경하여 서울·경기 지역의 기독교계 중진을 만나 천도교 측과의 합류교섭을 대찬성하고 봉기할 것을 다짐하였다. 기독교 측은 2월 22일까지 천도교 측으로부터의 자금조달을 통해 대동연합전선을 펼 것을 찬성하고 3월 1일 오후 2시 파고다공원에서 독립선언서를 낭독함으로써 만세시위운동을 일으키려

하였다. 他敎와의 연합은 2월 10일경 崔麟이 韓龍雲을 만남으로써 그로부터 민중운동의 참여와 민족대표로의 참가를 快諾받았다.

남은 문제는 천교도 측이 기독교 측과의 합의에서 결정을 본 독립선언서의 기초와 인쇄, 그리고 배포·전달의 진행 과정이었다. 崔南善은 自願하여 온건한 내용의 독립선언서를 집필하였다. 그는 2월 11일 독립선언서의 기초를 완료하고 2월 20일부터 인쇄하기 시작하였다. 2월 27일 밤까지 보성사에서 3만 5천매를 완료하여 배포 단계에 들었다.

독립선언서는 이미 1차 인쇄가 완료된 2월 25일 다음 날인 26일부터 천도교·기독교·불교·남녀 학생들에게 전달되었다.

천도교의 印宗益·安商德·金洪烈·李景燮 등에게 전달하여 교구로 배포되었고 기독교 측에서는 李甲成·吳華英·金昌俊·咸台永 등에게 주어 각기 8도를 분담 배포한 뒤 3일간에 거의 전국적으로 배달되었다. 이것은 천도교의 각 교구와 기독교의 교회 불교계는 각 사찰로 배포 전달하였다. 학생 측은 朴熙道·金文珍 등에게 차례로 연결되어 金成國과 강기덕·김원벽 등에게 넘겨졌으며 서울시내 기독교계 여학교에도 배포하여 3월 1일에 여학생을 다수 동원할 수 있었던 것이다.

한편 천도교 측에서는 손병희 등이 동지를 규합하여 15명이 되었고 기독교 측은 이승훈 등이 동지 16명을 선정하였으며 불교 측에서는 한용운이 백용성을 넣어 그 대표를 선정하여 모두 33명이 되었다. 거사일자는 3월 1일로 최종 결정되었다. 2월 28일 가회동 손병희 자택에서 이들은 최종 모임을 통해 인사도 나누고 결의도 다짐하였다. 23명이 모인 이 회합에서 손병희는 이번의 의거는 민족적 지상과업임을 전제한 뒤 총의에 의지하여 성취될 것을 굳게 믿는다고 격려 고무하였다. 이 모임에서 朴熙道의 긴급제의로 만세 장소는 폭동의 우려가 있다고 하자 손병희는 파고다공원에서 明月館 지점 泰和館으로 제의하여 3월 1일 오후 2시 30여 명이 동시에 모일 수 있는 방을 예약해 두었던 것이고 검찰에 自願被捉의 결의를 다짐하었다. 그들은 이제 군주권의 척결을 희망하고 민주적 국민국가형성을 희망하였던 근대성을 보여 민주화로의 進一步함을 시사하고 있었다.

3·1獨立萬歲 民衆運動의 經過

1919년 3월 1일 오후 2시의 태화관은 긴장과 신념과 의지가 함께 교차하는 가운데 민족대표 33명 중 29명이 예약한 방에 모였다. 이 때 독립통고서는 세브란스 의학전문학교 학생 徐永煥에 의해 조선총독부로 제출되었고 이내 파고다공원에 모여 있던 학생들은 만세 장소 변경에 당황하고 강기덕 등을 보내 항의하는 소동도 있었다. 오후 3시 손병희의 제의로 한용운이 독립운동의 경의를 다짐하는 간략한 인사에 이어 그의 선창으로 만세 3창을 고창하였으며 불과 15분만에 전격적으로 낭독식을 끝내고 통고한 대로 경찰이 오자 스스로 체포되어 갔다. 항간에는 이를 보고 자수 운운하는 학자들도 있고, 그들도 독립운동 운운하고 있으나 이는 결코 투항주의적이거나 패배의식에서 나온 비굴한 행동은 아니었음이 필자가 최근에 발견 번역해 공개한 第2 自主獨立宣言文(1922. 3·1)에서도 명백히 나타나고 있다.

그들은 체포되어 가는 도중에 因山에 참석차 상경한 수많은 民衆들을 만세시위케 권유하였던 것을 알 수 있고 체포됨으로써 독립선포의 결의를 보여 민중을 시위운동의 대열로 이끌었다.

한편 파고다공원에서는 2시 30분경 수천 명의 학생단이 당초 계획과는 달리 별도로 독립선언서를 낭독하고 시가로 나가 주요지점으로 시위하면서 독립만세를 외치고 태극기를 흔들었다. 남녀학생들의 독립만세 시위운동에 전국에서 상경, 대기하던 애국 市民·民衆이 이에 가담하여 그들의 독립시위의 의지와 열기는 더욱 고조되어 갔다. 학생과 시민의 「혼성 독립시위 군중」의 시위경로를 보면 일단의 군중은 파고다공원에서 종로를 경유, 서울역전·의주로·정동·미국영사관·이화학당으로 해서 다시 광화문·서대문·프랑스영사관·서소문·소공동으로 진행하다가 충무로 일대에서 日警의 저지를 받고 일단 해산하였으나 다른 군중과 연합하여 또 일단의 모임을 만들어 광화문을 거쳐 大漢門 앞에서 또 다시 독립만세를 고창하였다. 파고다공원 후문으로 나선 학생과 민중들은 창덕궁·안국동·광화문 앞에 서서 대문을 경유, 프랑스영사관에서 독립만세를 고창한 뒤 다시 이화학당·정동·미국영사관·대한문 앞으로 해서 충무로로 갔다가 동대문 방향으로 가서는 그 門上에서 독립만세를 절규하여 전국적으로 확대 파급되었다.

천도교의 지하신문인 朝鮮獨立新聞에서는 그날의 민중시위운동상황을 이렇게 기록하였다.

「震天動地의 萬歲聲, 太華館 萬歲聲이 나자 同時에 塔洞公園에 會在하였던 數萬의 學生이 朝鮮獨立萬歲를 齊唱하면서, 手舞足踏하면서 風蕩潮勇의 勢로 長安을 貫中하니 枯木灰死가 아닌 우리 民族으로 誰가 感泣치 아니하리오. 一刻一刻 增加하난 萬歲聲이 鍾路四街에 至하야는 天地가 震動하였더라」

뿐만 아니라 同 신문에서는 「女學生의 義勇」이라는 기사도 취급하여 특히 官立女學校 학생들로 하여금 기숙사를 탈출, 만세시위운동에 과감히 참여한 것을 높이 평가하고 여성들의 독립시위운동에의 의욕을 북돋아 주었다. 조선총독부 기관지 每日申報는 5일 늦게야 겨우 수십만 명이 참가한 사실을 비로소 논평 없이 간략히 보도하였다.

이와 거의 같은 날 같은 시각인 3월 1일에 平壤·義州·宣川·安州·元山·鎭南浦의 6개처에서 봉기되었고, 다음날은 咸興·遂安·黃州·中和·江西·大同·海州·開城 등 주로 38도선 이북 전 지역에서 차례로 일어났으며 그 이남에서도 3월 중순 이후 1여 년이나 계속되었다. 동시에 해외 각지에서도 이미 국민·국가형성을 위한 독립운동의 계획이 진행 중에 있었거니와 이 소식에 자극을 받아 3월 10일 이후 滿洲·美洲·中國·日本 등지에서도 국내 3·1운동에 호응하여 만세시위운동이 확산되었다. 3·1운동 이후 3개월간의 전국 독립만세 시위운동 상황을 보면 집회 횟수는 1천 5백 42회, 참가 인원수는 2백 2만 3천 89명, 사망자수는 7천 5백 9명, 부상자는 1만 5천 9백 61명, 被逮人員數는 4만 6천 9백 48명이며 소각당한 교회당은 47개소, 소각당한 학교는 2개교, 소작된 민가는 7백 15채나 되었다. 이때 서울의 10개교에서 여학생이 참가한 數字는 1천 9백 29명에 이르고 있다. 이 같은 통계는 이 운동이 어떤 지도력에 의하여 인도되었다는 시사보다는 전 국민이 계층별·남녀별·지역별·학력별·연령별 없이 전부 자발적으로 참여하였다는 市民革命的 의식성장의 면에서 3·1운동은 곧 시민국가 성립운동의 성격을 강력히 시사하는 것으로 평가할 수 있는 것이었다.

國民國家 樹立의 意志

이상을 토대로 하여 다음과 같이 결론을 내려볼 수 있다.

첫째, 이 운동은 근대적 민중의 정치의식이 開化의식에 의해 태동하고 발전한 국민국가 수립을 향해 민중운동으로서의 가능성을 시사하고 있었기 때문에 시민혁명운동으로서의 범국민운동이었다.

둘째, 이 운동은 초기부터 시작하여 民主政府를 탄생케 할 민중국가 연합전선의 형성에 이르기까지 국민에 의하여 국내외에서 자발적으로 폭발하였으되, 그것은 상호보충적 민족울분의 스파크로 인해 가능해진 국민단합과 총화의 창세기적 民族主義 意識成長의 민족독립운동이었다.

셋째, 이 운동은 종교계에 의하여 1910부터 주도되었는데 그것은 동학혁명운동과 개화혁신운동의 정신을 재현하는 입장과 전통적인 사상의 맥락에 의하여 시민의 힘을 바탕으로 해서 일으키고 참여시킨 항일자주독립운동의 분수령이 되었다. 때문에 實學인식의 개화사상이 독립사상으로 연결, 맥락지어진 것이다. 따라서 이 운동은 전통적으로 성숙 발전해 온 자립자주의 이념이 내재적 성장에 따라 발전하다가 국제정세와 高宗의 毒殺사태, 2·8독립선언 그리고 헌병경찰통치의 극렬화로 인한 전 계층의 항쟁의식이 국민국가 설립의 욕구로 응어리져 복합적으로 폭발케 한 것이다.

넷째, 이 운동은 비록 지도자는 없었다 해도 「독립완수」라는 민족 전통의 숙원에 의하여 농어민을 다수 참가시켰고 학생·상인·노동자·공업종사자·교사 등의 계층을 차례로 大同合流시켰으며 종교인으로는 기독교와 천도교인이 가장 많이 참여하였고 불교·유교의 순서였으나 무종교인의 참여는 전체 入監者의 60%를 차지하였다. 학력별로는 尋宗小學校 졸업 이상의 교육정도와 무교육자가 가장 많은 비중을 차지하고 있어 시민운동의 성격을 시사하고 있으며 연령별로는 30세 미만자가 전체 입감자의 반 이상이 됨으로써 청장년층이 중심적으로 참여하였다는 것을 알 수 있다.

다섯째, 이 운동으로 인해 무정부상태에서 민간정부인 正統政府를 탄생시켰으며 비로소 민족운동의 본궤도를 형성하여 독립 쟁취를 위한 민족 진로의 3대 방향 감각을 잡을 수 있었던 것이다.

그것은 민족 실력의 양성, 外交自立의 노력, 무장세력을 양성하는 독립전쟁을 가능케 하였다. 국내에서는 계속해서 보성사 팀이 중심이 되어 제2의 3·1운동을 「무장세력」에 의하여 천도교 단독으로 전개하여 재시위를 기도하였다.

여섯째, 이 운동은 조직적이고 구조적으로 항일투쟁을 계속하였다는 점이다. 지방에서는 정기시장을 항일운동의 터전으로 삼았으며 도시에서는 각급 학교를 통해 盟休 항쟁을 전개하였다. 또한 소작쟁의 노동쟁의 등 근로대중 계층으로 발전되어 나갔다. 각급 직업인의 직장을 중심으로 파업·태업선동·퇴직·결근 등의 지속적인 항쟁을 계속하는 전통을 수립해 주었다고 본다.

일곱째, 이 운동은 「세계혁명사의 신기원」으로 평가된 중국 5·4운동과 4월 6일 인도 무저항 排英운동인 제1차 「사타그라하」운동, 이집트의 反英자주운동, 터키의 민족운동 등 亞·中東지역에서의 민족운동을 촉진시킨 교훈을 던져주어 높이 평가되고 있는 것이다.

여덟째, 이 운동은 이 같은 국내외에서의 새로운 형태로의 민족운동을 촉진시켰기 때문에 분명히 성공한 한국의 민족주의 민족운동의 가능성을 제시해 준 것이었다. 따라서 이 3·1독립운동은 남녀·빈부·

귀천·지벌·문벌·학벌 등을 초연한 「전한민족계층」의 자주자립을 절규한 민중운동으로서의 단합 결속된 성격을 부여할 수 있다고 생각한다.

3·1운동은 實學·東學·開化·斥邪·基督敎·佛敎·性理學的 사상의 복합화 위에서 민중사적 저류에 흐르고 있는 自由·正義·眞理·平和·良心의 근간 정신이 內在的으로 성숙, 발전되어 오다가 1919년 3월 1일 植民地的 현실부정의 강한 형태로 폭발한 시민혁명 의식의 구체화요, 그 성공이었다. 따라서 이 운동은 1919년으로부터 오늘날까지 연면성을 띠고 활기 있게 발전되고 있거니와 君主權의 결별을 고하고 國民國家의 수립을 齋來케 한 市民들의 近代化 운동이며 민족의 統一을 지향한 단합과 自强에의 열도 있는 국민자활 운동이었다.

오늘날 헌법 전문에 3·1정신의 재현을 강력히 시사하고 있는 국민적 열의는 這間의 사정을 웅변 이상으로 각자에게 환기시키고 자각케 하고 있는 것이다. 3·1운동은 그래서 영원한 韓民族의 活火山인 것이다.

3. 우리 民族史에서의 3·1軍動의 位置

近代思想의 脈絡性

3·1운동의 평가와 해석은 해가 갈수록 발전되고 있다. 오늘의 評價와 展望은 내일에 가서는 반드시 自律史觀을 제시, 정립해 나가는 데 있어서 바람직한 供與가 될 것이다.

그 몇 가지를 요약한다면, 첫째 3·1운동을 중심으로 한 독립사상은 가까이는 3백년간 이어져 내려온 實學思想이 開化사상으로 뿌리를 내려 형성되고 체계화되었다. 둘째는 義兵·東學·愛國啓蒙운동으로 이어지는 과정에서 市民革命의식으로 전개되어 왔다. 셋째는 開化운동 이래 싹터 온 國民國家 樹立의 의지가 더욱 구체화되고 그 실현에 자극과 충동을 주었다. 넷째는 민족 唯一黨 운동을 통해 統一國家의 형성을 자극하였다고 본다. 제한된 本稿에서는 이 네 가지를 「3·1운동」 評價의 視角으로 삼고 그 의미를 모색해 보겠다.

3·1連動關係裁判記錄類를 검색해 보면 민족 지도자들의 뿌리 깊은 독립사상을 의도적으로 일축하고 '급조된' 사상이라고 몰아 부치는 경우를 주목해 볼 수 있다. 그러나 독립지사들의 사상 인식체계를 연구해 보면 그것은 분명히 전통사상으로부터 近代革新사상으로 연결된 理念의 맥락성이라는 큰 흐름을 발견할 수 있다.

더욱이 최근에 발견된 몇 가지 자료가 이것을 뒷받침해 주고 있어 크게 주목한 바 있다. 이를 결론적으로 유도한다면 개화사상이 實學사상으로부터 영향 ―人脈·著書·思想體系 등― 받았다는 학문적 성과를 組上에 놓고 볼 때 개화사상은 분명히 독립운동가를 자극하였다고 여러 가지 부분에서 지적할 수 있겠다. 그러므로 행동적 유인을 자극하는 20세기의 독립사상은 곧 17세기 이후 발전한 실학사상으로부터 민족사의 맥박과 함께 힘차게 역사적 단계에 따라 고동쳐 왔다.

초기의 개화사상가―환재·大致·亦梅·秋琴 등―은 茶山이나 秋史 같은 실학자와 직접 간접적으로 交歡 담론하는 가운데 전통사상으로부터 근대사상이 싹트기 시작하였다. 白巖은 19세기 말 직접 茶山本鄕에 가서 그를 흠모하고 학문을 연구한 바도 있으며, 丹齋·白凡도 실학자와 개화사상가를 찾아 영향을 받고 있음을 본다. 따라서 독립운동가가 직접 개화사상과 실학사상을 동시에 兼涉 수용하는 경우도 눈여겨볼 수 있다. 默菴이 "오늘에 이르러 실학사상을 재현시킨다면 國民國家로 형성되지 않을 수 없다"고 설파한 것을 보면 독립사상은 開化사상과 함께 실학사상도 並行 兼知되고 있었던 것으로 보인다. 일제강점하의 實證主義學者들이 앞을 다투어 民族主義를 내세울 때 實學의 정리와 수용을 주장하고 나선 것은 결코 우연한 일이 아닌 것이다.

근대사상에의 맥락은 이 같은 人脈的 연결 외에 <北學議> <湛軒集> <海國圖志> <영환지략> <朝鮮策略> <易言>(이언) <茶山全書> <성호설실> <위암문고> <해학유서> <매천야록>같은 중후한 實學·開化사상 전파에의 매체들이 관심자에게 沒讀 터득케 한 바 있는 것이다.

한편 實學→開化→獨立 사상으로 연결되는 사상적 인식체계 외에 斥邪衛正 사상이나 동학에서의 구국적 민족사상, 그리고 基督敎의 평등과 박애사상도 복합적으로 정리되고 개별적으로 수용됨으로써 범국민주의적 反帝운동에 앞장 설 의욕을 유인하고 자극하였다고 본다. 물론 개화사상과 척사사상은 상호 상극적 대립관계에 있었던 것이 사실이다. 전자는 海外交流·文物수용이라는 世界史的 進運과 보조를 같이 하는 것이었으나 후자는 민족사의 正統性을 墨守 保存해야만 그것이 훼손되지 않는다고 주장하였다.

그러나 국가의 발전과 민족사의 유지라는 차원에서는 同軌를 달렸다. 內修―內治―의 보강이 바로 양 계층 간의 공통성을 던져준 명제였던 것이다. 거기에 19세기 후반 기독교의 전래는 천주교와는 달리 주권의식 평등사상이 시민의식으로 발전·접목되어 새로운 개화 지식층을 흡수함으로써 근대의식이 싹터간 것이다.

3·1운동이 종교계의 선도적 同參으로 합류되고 민중국가 건설로 의욕을 북돋아 저력을 마련한 것은 이 같은 민족사의 슬기와 기지가 그때마다 진폭 있게 작용한 까닭인 것이다. 3·1운동은 곧 實學이 뿌리내린 민족주체의식의 구체화요, 민족주의 의식을 잉태케 한 계기를 마련해 주었다고 본다.

市民革命意識의 歷史的 展開

3·1운동의 사상적 배경을 實學·開化·東學·斥邪 사상 등에서 추출해 낸 것은 독립운동사의 두 가지 조류 가운데 하나인 精神文化史的인 항쟁의 흐름으로 파악할 수 있는 것이고, 다른 하나의 흐름은 의병전쟁·동학혁명·독립전쟁 같은 일련의 武裝戰爭史라는 전형적 행동이라고 보아 대체로 두 가지 흐름이 8·15 이후 民主國民國家가 정식으로 수립될 때까지의 경향으로 지적할 수 있다. 3·1운동의 실체와 성격을 범시민혁명 의식의 구체화라고 규정해 볼 때 그것은 분명 역사적인 맥락을 갖게 되는 것이다. 3·1운동에서 보여 준 숭고한 국민단합적 일체감으로써의 민중항쟁에 관하여 당시 일본당국이나 취체 당사자들은 윌슨의 민족자결주의라는 허망한 논리에 부화뇌동한 경거망동이며 '騷擾事件'이라고 애써 태연한 척 규정하면서 급조된 대중시위라고 '경미함'을 은연중 나타내려고 애썼다.

뿌리가 없는 경거망동이라는 植民史觀적인 설명은 억지이다. 우리의 민중운동은 국난을 이겨내는 과정에서 싹텄을 것이지만 고려 말 대외 저항의 주체로서 발전하여 壬丙 양난을 거쳐 한말 의병전쟁에서 비로소 市民革命의식으로 근대성을 발현하기 시작하였으며 거의 같은 시기에 東學徒 중심의 반봉건 및 항일 구국항쟁에서 혁명성은 더욱 선명해진다. 1895년으로부터 폭발하기 시작한 의병전쟁은 전후

20년을 지나 1915년경에 겨우 진정되었지만 그 여파는 3·1운동의 민족사적 정통성 고수와 함께 결실케 하였다. 그 전쟁은 국내외에 커다란 충격과 함께 자각 반성 그리고 현실 비판의 일대 용단을 내리게 하였다.

국내에는 庚戌國恥(韓日合倂) 이후 지하운동 양상을 띤 비밀결사 항쟁으로 민족국가 건설의 사전준비운동을 활발히 전개케 하는 자극제가 되어 그 주도층 성격도 封建性에서 開化的 신분과 성격으로 전환되고 있는 경향을 나타내고 있었다. 따라서 그들은 「忠君的」 차원에서 「忠國的」 입장으로 바뀌고 급기야는 애국시민적 혁명의식으로 발전하여 國民국가 건설에 대한 새로운 의식을 나타내게 되었다.

한편 국외로 간 의병은 만주·시베리아·중국 일대에 독립운동기지를 건설하고 경제적 기반을 구축하였다. 이들은 세계사적 감각에 따라 近代意識이 싹터 내셔널리즘을 관심 깊게 접촉하고 연구하여 마침내 獨立軍政府라는 民族國家 건설을 추진하여 그것이 국내 3·1운동의 영향으로 인해 정통정부의 탄생을 촉진시키게 하였던 것이다.

이처럼 20여 년 간의 義兵戰爭은 그 사상적 배경이 19세기 후반에 활발해진 斥邪衛正사상이라는 민족의식이었으며 그것이 발전하고 규모와 장비가 現代化하면서 3·1운동으로 시민혁명화한 것이다. 의병전쟁 20년간의 우리 측 희생자는 3·1운동 때의 희생에 비하면 수십 배가 넘는 10여 만 명이었음을 감안할 때 농민이 주축이 되었던 의병참여 계층의 애국의식은 「赤子」라는 관념에서부터 차차 의병전쟁 말기로 가서는 국민, 즉 市民意識으로 바뀌어 가는 추세를 주의 깊게 관찰해 볼 수 있는 것이다. 저항의 주체세력으로서의 市民계급이 곧 歷史의 주인공이 되었다고 본다.

한편 東學徒의 혁명도 그것이 처음에는 「東學亂」으로 民亂의 형태와 성격에서 조금도 발전하지 못한 類型을 보였다.

파괴·구타·시위 등의 전형적 집단항쟁의 모습을 보여 주었기 때문인 것이다.

그러나 第1次의 혁명에서 12조의 弊政改革의 주장을 통해 볼 때

비로소 反封建性의 市民革命意識을 강력히 노출하더니 第2次의 抗日救國抗爭에서는 市民戰爭의 형태로 바꾸어 韓日戰爭의 樣相을 齎來하였던 것이다. 東學徒의 第2次 항쟁에서도 3·1운동 때의 희생자 수보다 십여 배가 넘는 15만 명이 日本軍에 의해 희생당하였다.

3·1운동을 주도했던 종교계의 종파 가운데 東學정신을 계승한 天道敎가 그 당시 선두주자가 된 것은 결코 우연한 일이 아닌 것이다. 저자는 최근의 새 자료를 통해 天道敎가 民間政府와 國民國家形成을 위해 市民혁명의식으로 일관하였다는 사실을 論著를 통해 시사한 바 있다.(拙著 「3·1운동史論」 참조) 3·1운동 이후 3년 만에 天道敎人 단독으로 第2의 독립선언문을 낭독하고(1922) 市民혁명을 계획하였다는 것을 보면 곧 동학정신인 不義·不正·壓制에 항거하는 저항정신이 곧 3·1정신으로 연결되었다고 본다.

日本의 침략 당국자가 「한국을 영구히 지배하려면 먼저 天道敎를 감시하고 그 지도자들을 묶어 놓아야 한다」고 비밀문서에서 지적하고 있는 것을 보면 그들이 제어하기 힘든 종교단체가 민족종교인 천도교였던 것으로 보인다. 義兵이나 東學革命軍은 처음에는 君主認識的 愛國理念에서, 뒤에는 市民意識的 國民政府 형성의 노력으로 발전해 간 것으로 보인다. 특히 천도교 지도자들은 「우리가 노력하여 독립국가가 되면 그 뒤에는 어떠한 국가형태를 취해야 하겠느냐」고 우려하고 있었던 것은 독립운동 이후의 進路와 함께 共和政體 인식적 민주시민으로서의 의식이 투철하였음을 知悉케 한다. 더욱이 光武改革期에 일어났던 愛國啓蒙運動 시기에는 어떠한 정부를 세워야 될 것인가를 곰곰이 생각할 정도였고 1910년대의 秘密結社抗爭에서의 獨立協會에서 주장하던 兩院制的 정치의식이 구체적으로 각 단체의 설립취지서, 公約, 강령, 선언서 등에 여실히 반영되고 있음에 눈을 돌려야 할 것이다. 이 같은 일련의 단체적 항쟁 속에서 19세기 후반기에 태동하던 近代國民國家의 애국시민이라는 혁명국가 건설의식이 구체화되고 행동화되었다고 믿는다. 3·1운동은 이 같은 시민혁명의식의 배경 속에서 가능해진 것을 感知해야 할 것이다.

國民國家 形成의 視角

　近代思想의 맥락이나 市民계층의 혁명의식의 발전 속에서 정치의식
이 성장하기 시작하였다. 그것은 이미 實學者들의 君主權 제한론으로
부터 발단하여 開港 후에는 그의 영향을 받은 開化黨 멤버들 사이에
「君民同治論」으로 발전하고 있음을 본다.

　따라서 이의 성격은 立憲君工制로서 理解될 수 있었던 것이다. 급
진개화파에 의한 甲申政變에서 新政綱領으로 표방한 14개조 가운데
朝貢과 門閥의 폐지, 경찰정치의 실시, 人民平等權의 제정, 人才登用,
財政의 一元化 실현 주장 등은 近代性을 띠었을 뿐 아니라 장차 民
族國家로 지향해 가려는 脫時代的이고 理念的인 전환점의 摸索일 수
있는 것이다. 開化黨의 핵심 멤버가 雨班층이었지만 양반 타도론을
제기한 바 있고, 그 구성원은 中人·軍人·僧侶까지 포함된 超身分的
구성 비율에 주목치 않을 수 없다. 이 같은 주장은 일찍이 實學派-
主商的 海外交流派의 在野的 성격을 띤 현실개혁의 움직임에서부터
연유하였다고 보며, 그것은 開化黨의 정치 방향을 거쳐 東學徒의 혁
명구호로 반영 부각되고 있다. 여기에 이르러 實學派의 주장은 民衆
化로의 실현단계에 접어든 느낌을 주고 있다.

　한편 군주권 제한 주장은 獨立協會-萬民共同會-관계자들에 의하
여 의회개설운동-國會-으로 한층 성격을 선명하게 발전시켜 초기 개
화파들보다 전진성을 보여 주고 있다. 그들은 立憲代議 정치체제를
주장함으로써 '忠君愛國論'으로 기우는 듯 했으나 '제한군주권'의 인
상이 짙었던 것이다. 이를 우리는 입헌군주제라고 하며 그 단계 속에
서 더 발전하지 못한 채 庚戌國恥로 國權을 상실케 되었다.

　애국계몽운동 기간 중에도 光武改革운동을 확실히 발전시켜 사회
경제적 의식의 변화를 가져온 것은 사실이었다. 따라서 국민의 정치
의식이 그만큼 높아져 君主의 무능과 강경한 국권수호 의식이 결여
된 상황을 통렬히 비난하는 일부 開化知識層이 있었다. 그들은 實學
認識的 開化사상가들이었다.

그들이 甲午개혁에도 참여, 그 의미를 수백 건의 개혁안건에 반영시키고 있었던 것이다.

경술국치에 이르는 기간에 韓民族의 구국운동은 비록 君主權의 제한은 주장하거나 찬성해도 國民國家를 실현시키지 못하고 말았다. 의병전쟁이나 단체 및 개인의 항쟁이 대내외적으로 팽배하고 만연되었음에도 불구하고 민족을 대변하고 통제할 강력한 主權국가를 수립하지 못함으로써 日本에 强占되는 비운을 맞이하였던 것이다.

1910년 이후에는 大韓帝國이라는 군주국 자체도 이미 없어진 無政府 無國家 상태에 머물게 되었다. 國權이 형식적으로나마 존속했던 그 이전의 회복운동과 그 이후의 독립운동에는 상당한 차이를 던져 주었다. 1910년 이전에는 국가가 군주형태로 존속하였기 때문에 국권회복과 주권탈환운동이 표면적으로 가능했지만 그 이후는 우리의 정부나 국가는 흔적도 없이 흡수당하고 만 것이다.

따라서 일찍이 實學→開化운동에 참여하였거나 인식하였던 각계각층의 主導的 임무를 수행했던 지도급인사들에 의하여 국민국가, 즉 民族國家의 탄생을 열망하였던 것이다. 그것은 君主가 實權을 장악하고 있을 때보다는 더욱 현실적으로 절실히 요청된 민족적 願望이기도 하였다. 그들 가운데 일부는 「우리가 일찍이 국민국가를 건설하였다면 나라를 빼앗기는 수모는 당하지 않았을 것」이라고 실토한 것을 들어 보면 這間의 사정을 짐작할 수 있겠다. 따라서 1910년 이후로부터 민족의 광복을 맞을 때까지의 독립운동은 君主權의 부활이 아닌 國民國家, 즉 民主政府의 탄생과 그 강력한 사명을 행사할 것을 열망하였던 것이다.

이 같은 여건 속에서 국민국가의 탄생을 직접적으로 마련해 준 것이 市民革命的 정치의식의 총화였던 3·1운동인 것이다. 사실상 3·1운동이라는 民衆운동의 계획은 1910년 말부터 일부 종교인 사이에 태동하고 있었는바 시민혁명적 민주정부 구성을 주장하던 반봉건운동의 재현을 강조함에서 국내외적 여건의 성숙과 헌병경찰적 무단탄압이 高宗의 인산을 기해 폭발한 것이다. 고종 개인의 인간적 동

정이 지방의 백의민족을 충동, 흥분케 하였지만 이것은(고종의 독살
설) 그 수단에 지나지 않았던 것이다. 군주권의 부활이나 황제의 신
임을 요구한 것이 아니었다. 물론 일부 국민은 향수어린 구태의연한
단순심리하에 3·1운동에 참가하였겠지만 그것을 역사적 성격으로 규
정지을 수는 없을 것이다. 대부분의 국민들은 국민국가의 실현이 보
다 바람직한 세계사적 추세요, 진운이라고 믿는 높은 수준의 정치
식견을 견지하고 있었기 때문이었다.

　3·1운동이 준 역사적 의의 가운데 중요한 것은 大韓民國 臨時政
府라는 民主共和制의 수립이라는 전환점의 출발이었다. 1910년 이전
의 입헌군주제 상태에서 民主共和體로의 과감한 이행이었다. 그것은
上海에서만 탄생한 것은 아니었다. 國內의 漢城政府나 시베리아의
大韓國民議會 등 모두 6개의 「國民」 爲主의 「政府」가 출발하였다는
것은 그만큼 온 민족의 國民國家 실현이라는 열망의 구체화인 것이
다. 또한 그 같은 민간정부나 국가의 탄생은 극히 자연스러운 국내
외적인 정세변화에 능동적으로 대처하기 위한 對應措置이기도 하였
던 것이다. 그들은 모든 임시정부가 공화제에 따른 大統領中心的 정
치체제로의 정착을 바라고 있었다.

　경술국치를 전후로 한 시기에 國民國家 수립운동이 꾸준히 대두되
고 있었음에도 불구하고 실현되지 못하였던 것은 일부 개화 계층이
나 의병참여 계층 등의 노력이 온 국민에게 절실하게 긍정적으로 받
아들여지지 못했기 때문인 것이다. 3·1운동에서 보여 준 2천만의 함
성과 참여가 곧 이의 성숙을 실천으로 옮기도록 同參케 한 것이다.
이래서 3·1운동은 復群運動的 성격을 찾아볼 수 없게 되었으며 그
것이 특징이기도 하여 忠君的 차원에서 忠國的 차원으로 발전해 가
고 있음을 시사해 주고 있다.

　上海의 臨政은 많은 문제점을 안고 출발하여 각계각층의 國民代表
會議의 소집 등을 통해 民主정부의 재구성 논의가 풍성하였으나
1923년 후반부터는 안정을 되찾아 27년 동안 亡命정부가 아닌 正統
의 정부로 國務院과 議政院의 民主共和制로서 당당한 國內外的 통치

를 행사하게 세부적인 조직과 운영의 묘를 살리게 된 것이다.

그것은 3·1운동이라는 전통적 自主自立의 맥락과 시민혁명 의식의 발전이 가능케 뒷받침하였기 때문이다.

統一國家의 底力과 課題

국민국가의 樹立운동이 한창 실현되어 君主制에서 共和制로 조심스러운 이행이 전개되고 있을 즈음인 1920년대 중반에 朝鮮共産黨이 조직되는 등 사회공산주의 풍조가 팽만하여 민족운동상에 혼선을 초래케 되었다. 사상대립이나 계급대립적 양상이 나타남에 따라 민족운동은 오히려 당혹케 되고 각종 파업·쟁의·태업 등 새로운 투쟁에의 局面으로 접어들게 되었다. 日本이 노리는 민족이간정책은 이를 바탕으로 약삭빠르게 作動하였던 것이다.

이에 汎民族的 국민국가의 기능을 충실히 뒷받침할 民族唯一黨 운동이 추진되었다. 自活論이나 安協的 合法運動이 모색되어 그 진로결정에 부심하고 있었다.

국내에서 新幹會나 槿友會 新正會 등이 조직되어 기회주의의 배격이나 과감한 대동단결, 신생활운동 등의 표방이 이 시기의 진로모색의 성격을 시사해 주고 있었던 것이다. 이 속에서 민족진영이 다시 주도하여 국민국가 건설을 뒷받침하였으나 공산계열의 파괴 작태로 전후 4년이란 단명 유일당 운동의 막을 내리게 된 것이다. 이 기간에 6·10만세 운동이나 光州학생운동이 지성과 행동성을 겸비한 학생계층의 독립운동으로 1920년대를 장식해 주었던 것이다. 3·1운동에서 보여 주었던 학생들의 혁명적 구국의 力量은 오히려 신중성을 기하였던 기성세대에게 용기와 신념을 불러일으키게 하여 2·8선언 이후 영원한 학생독립운동의 금자탑을 수립해 놓았다고 생각된다.

1920년대 공산운동에 실패한 그들은 1930년대에는 無産勤勞大衆을 상대로 한 침투공작을 펴 이른바 해방투쟁을 전개하였지만 다수의 民主政府를 희망한 국민을 외면한 채 공산이념이나 민족분열 책동에 더 열기를 띠게 됨으로써 民族의 大同團結을 저해하는 결과를 낳았다. 마침내 1930년대 중반에 朝鮮民族革命黨이 좌우합작으로 성립되었으나 연합조건상의 불일치로 결렬되고 나서 白凡 주도하에 韓國獨立運動團體聯合會와 金元鳳 중심의 조선민족전선 연맹의 두 계통이 합쳐 전국연합전선협회로 단일전선을 형성시켜 국민정부의 활동을 외곽지대에서 찬동, 지원하였다. 3·1운동은 민족사에서 이 같은 국민국가형성이란 근대적 정부의 탄생과 통일국가의 저력을 마련했고 경제적으로도 自立으로 전진케 한 힘이 되었다. 오늘날 헌법 전문에 3·1정신을 삽입해야 하는 참뜻을 국가와 민족을 위한다는 위정자는 가슴 깊이 되새겨 통일국가 달성에 매진해야 하겠다.

4. 3·1精神과 人間性의 回復

民主共和制 誕生의 可能性

3·1운동에 관한 평가는 역사적 발전상황이나 단계에 따라 새로운 조명을 받게 된다. 그것은 3·1운동이 상류층 중심으로 봉기됐다기보다는 일반 '민중'이라는 시민혁명적 의식의 바탕 위에서 이루어졌다는 視角이 강력히 대두함으로써 더욱더 그렇게 인정하는 흐름으로 가고 있기 때문이다. 따라서 정치사적인 안목에서 관찰해 본다면 이 운동은 일제에 항거하여 독립 국가를 쟁취해야 한다는 절실한 몸 전체로서의 절규의 최대공약수와 함께 군주국과의 결별을 분명히 했던 순수한 민간정부의 「국민국가」 형성을 개시하였다는 면이 더욱 중요한 의미를 간직케 하고 있는 것이다.

물론 이 운동은 개화사상가들 사이의 개화 목표 가운데 하나로 발전되어 왔거니와 그 뒤 독립협회에서는 이 운동이 발전하여 立憲代議制로 구체화되더니 급기야는 1919년 3월 1일 이후 국민국가 즉 민간정부의 형성으로 민족적 염원이 달성된 셈이다.

이런 점이 근대 정치의식의 성장이라고 볼 수 있으며, 그것이 군주국가시대로부터 國民國家 시대를 導出케 한 것으로 보이기에 3·1운동의 민중사적 조명은 그 어느 때보다 중요한 의미와 관점을 가졌다고 본다.

또한 이 운동은 민중이라는 시민의식의 성장이 구체화되면서 서구적 이념에 우리의 현실을 절충 가미하여 새로운 세계사적인 질서로의 공감대를 형성해 주었다고 믿는다. 그들은 義兵戰爭에서 보여 주었던 척사위정사상이라는 민족사의 정통성을 고수하는 일과 외래민족의 침투로 인한 「고유성」의 훼손을 거부하는 과정에서 성리학적 전통을 바닥에 깔고 시민적 결의로 흔연히 항일운동에 나선 것이다. 1년간의 3·1운동에서 한민족이 8천여 명 정도 희생당함에 비해 20년이나 계속된(1895∼1915) 「의병전쟁」에서 그들은 선비형 전투요원으로서 구국투쟁하다가 10여 배가 넘는 10여만 명이 희생되었다.

그보다 앞선 1890년대 초에 겪은 東學軍의 2차 항일전투에서도 일부 조선관군도 합세한 일본군에 의해 10만 명이 무참히 목숨을 잃어버린 것이다. 그 뒤 1905년을 전후로 한 시기에 애국계몽운동을 포함한 일제침략에 항거하는 수년 동안의 전투형태 속에서 수백 명이 또 목숨을 바친 참담한 피의 항쟁도 있었다. 1919년 3·1운동까지의 민중적인(시민적 입장) 일련의 항쟁이 연결되었다고 우리가 3·1운동을 논급할 때 언급하고 있으니 실은 3·1운동에서의 희생자 수보다 훨씬 많은 것이다.

그래서 우리는 「동학전쟁」, 「의병전쟁」이라는 말을 쓰고 그 주도체를 「민중」이라고 하여 시민혁명의식의 성장과 가끔 연결해서 말하고 있는 것이다. 이처럼 3·1운동 발발보다 20여 년이나 앞서서 자주·자립·자강의식이 근대 개화에 의해 터득되었던 우리 민중은 슬기롭게 자율적인 발전을 거듭해 왔다.

평화적으로 세계사적인 進運에 동참하면서 지하자원의 개발, 공장의 가동, 농업의 근대화, 철도 선박회사의 운영, 교역의 확대, 어업의 발전, 과학기술의 수용 등 일련의 근대화─개화─작업을 추진해 오는 가운데 일본을 비롯한 수상쩍은 외국의 침투가 급기야는 본능적으로 방어의 기능만 발전되어 온 우리 민중을 자극하였다. 「동학·의병전쟁」은 이 같은 침략자를 응징하고 아름다운 금수강산을 지키자는 본능이 獅子吼를 토한 일대 용단이었다.

우리 민족은 결코 영토적인 집착으로 외국을 먼저 침공해 본 적이 없었다. 그러나 민족사의 정통성이 훼손 괴멸 직전에 있을 때 우리는 능동적으로 나서서 대처하고 응징하는 데 철두철미했었다. 그러는 가운데 우리의 民衆意識은 발전하여 시대적 감각에 예민했던 것이다. 나라가 망한 것은 민중의 잘못이 아니라 나라를 이끌어 간 왕과 고위층에 있다고 판단한 것이다. 16세기의 민중들도 倭亂으로 망국 상태에 달했을 때 의병전쟁에 몸 바쳤거니와 그때도 우리 민중은 왕을 포함한 위정자를 응징하는 언행을 보였다.

투석이나 욕설로 「나라의 위기」를 추궁하기도 했었다. 이처럼 우리 민중은 슬기롭고 현명하였으며 정의에 민감하였다. 한국 민중은 1910년 이후 나라가 망한 것은 군주제가 아닌 강력한 민간정부가 통제적으로 책임 있게 「삼천리금수강산」을 고수하지 못했기 때문이라고 격렬히 매도 공격하였다. 고종이나 순종의 서거가 민중의 봉기를 자극한 계기는 아니고 수단과 방법일 뿐이었다. 두 분의 개인적인 죽음의 인간적인 동정은 한민족의 本態性的인 「눈물의 예의」에 불과했다. 그때 그 사람에 대한 통곡은 부녀자 일색이었음에 주의할 필요가 있는 것이다.

오히려 우리의 민중은 두 분 왕의 서거로 확실한 民主정부의 탄생을 희망하고 확인하게 된 셈이었다. 청장년들은 왕의 서거는 역사의 순리이며 이제 독재군주국의 결별을 의미하고 국민국가의 힘을 길러 「강력국민정부」가 온 시민의 자발적인 방위의식으로 집결할 수 있을 것이라는 벅찬 희망과 포부를 갖게 하였던 깃이다.

3·1운동은 민중의 힘의 구체적인 승리요 민주국가의 탄생을 의미한 근대적 역사의 교훈을 던져 주었다. 민족독립국가를 마련해 준 것이고 民主共和制 정부 탄생의 가능성을 열어 주어 광복 때까지 27년 동안 민중의 근대화운동이 국내외에서 저항과 병행하여 감시 속에서나마 자유롭게 전개되었다. 일본 정부의 지도자들은 이 점이 몹시 마음을 편치 않게 한 충격적인 요소였다. 「세기적인 승리」로 표현되었던 이 운동의 의의는 오히려 외국인이 더 그렇게 말해 주고 있다.

「윌슨主義 導火線」은 잘못

　따라서 3·1독립운동은 민족사의 자주 자립이라는 내부 발전적 전통적 자립사상이 역사적 발전단계에 따라 성숙, 발전되어 오다가 외래사조와 국내통치수단인 가혹한 헌병경찰통치의 폭압에 힘으로 부정하면서 저항하고 한국 특유의 직접 식민통치를 거부한 한민족 전체로의 독립을 위한 절규요, 간절한 자립의 함성이었다.

　따라서 이 독립사상은 일제의 야수적인 억압통치가 시작되면서부터 일어나기 시작한 독립자주의 사상적 체계가 아니라 가까이는 적어도 현실에 대한 자각 반성 비판의 일대 용단을 안겨준 實學사상이 발흥하기 시작한 16, 17세기로까지 소급해서 연결해야 하겠다. 따라서 이때 태동한 자강 자주이념이 19세기의 개화사상에 영향을 미쳐 20세기의 독립의지와 그 사상체계로 맥락지어짐에서 독립사상의 체계를 찾아보아야 할 것이다.

　즉 3·1독립사상의 원류는 실학사상을 그 기본으로 하고 발전하여 개화·척사·동학·기독교 사상에까지도 영향을 미쳐 「독립사상」의 인식체계를 다원적이고 복합적으로 형성한 것으로 저자는 보기 때문에 곧 독립사상은 실학사상의 근대지향적인 민족사상·자강사상·국민국가 형성의 이념을 배경과 저력으로 삼고 발전한 사상적 인식체계로 간주해야 할 것이며 民衆意識을 잉태케 한 것이라고 강조해 둔다.

　따라서 종래 3·1독립운동은 「윌슨」이 비공식적으로 일찍이(1916) 주장하였던 민족자결주의 원칙에 영향을 입어 직접적으로 폭발된 것 같이 인식하고 이론을 전개함은 「3·1운동사관」을 잘못 해석한 오류라고 본다.

　왜냐하면 「윌슨」의 이 같은 자국의 영토 처리라는 이론은 제도적인 면이 아닌 이념적인 면에서 뒷날 독립운동이나 그 근거를 마련하기 위한 큰 계기로서의 구실로 우리 동포 가운데 해외에서 독립운동을 행동화 하려던 지사들이 원용하였을 뿐이었다.

　3·1독립운동은 자주 자립의 전통성에 입각해서 일어난 「자율사관

」으로 이해하는 지혜와 총명이 뒤따라야 할 것이다.

이 운동은 동학－천도교의 중진들에 의하여 선도적인 입장에서 동학혁명운동(반봉건 및 항일구국)의 이념을 계승하기 위한 구체적이고 복합적인 10여 년 동안에 절치 부단한 「민중운동」으로 귀결지어지는 독립운동의 연속 속에서 他종교계층과의 연합에 의하여 폭발된 전 국민의 민중운동을 대변한 것이다.

새 자료에 의하면 천도교 측에서의 3·1독립운동은 甲午(동학혁명) 甲辰(개화신생활운동) 민중운동의 재현이며 성공을 재다짐한 시민 즉 민중운동으로 이해할 수 있다. 따라서 3·1독립운동은 천도교 측에서 처음부터 1919년 3월 1일을 의식하거나 목표로 한 것이 아니고 동학운동 신생활운동을 1910년 이후 재현하려는 강렬한 욕구와 의지가 범국민적 민중차원으로 확산 파급 성숙된 자립 자활운동이라고 봄이 타당할 것이다.

이미 1910년 9월 말 이후부터 일부 천도교인 사이에 「復國運動」으로 표현되는 독립운동을 부단하게 기획하고 심지어는 무장독립운동까지도 불사한 결의와 각오하에 죽음을 염두에 두지 않고 이 운동을 추진하였다. 그 뒤 제1차 세계대전의 발발을 기화로 더욱 성숙되어 終戰과 함께 이 운동은 구체화되어 천도교의 손병희를 정점으로 그 막료 사이에 구체적인 움직임이 강력히 추진되어 일어나게 된 것이다.

즉, 천도교는 기독교와 불교, 유교의 여성계 학생들을 조직적으로 포섭 내지는 설유 연합하여 민족대표단을 구성하고 이 운동의 조직체를 형성하여 최초의 주체성을 의식한 단일체를 통해 이 운동을 거국 거족적으로 확산케 치밀한 준비를 끝냈던 것이다. 따라서 이 운동은 국내뿐 아니라 중국 상하이, 만주, 러시아 일대, 일본, 미국 등지에서도 1910년 이후 서서히 자발적으로 필요에 따라 조직화되어 국내의 3·1독립운동을 전후로 하여 폭발 확산됨으로써 마침내 전 세계의 이목을 집중케 되어 일본으로 하여금 대한 식민통치 정책을 외형적이나마 서둘러 전환치 않을 수 없게 하였다.

統一促進의 접착제 구실

3·1독립운동의 결과로 전개된 역사적 현실은 의미가 깊다. 이를 요약해서 그 의미를 집약해 보겠다.

첫째로 1910년 庚戌國恥로 인해 대한 제국이 탈취당해 君主중심의 나라가 없어진 뒤 1919년 4월 해외에나마 우리의 민간 주도의 정통정부(임시정부)가 수립되어 1945년까지 국민주권 국가로서의 명맥이 유지되었다는 점을 지적하지 않을 수 없다.

대한민국 임시정부는 처음에는 그 자체 내외에서의 국가적인 의미의 정치를 총괄하는 통제적 사명을 다 해 나갈 수 있어 3·1운동은 민중운동으로서 분명히 성공한 시민혁명운동이라고 기록해 둠이 뒷날 이 문제를 다시 평가하고 조명해 볼 때 하나의 이정표적인 자료가 될 것이다. 비록 우리의 지도층은 투쟁적이 못되었다 해도 민중운동으로 확장되면서 전투적 성격을 띠었다.

둘째로 이 운동 이후 우리 민족의 진로와 그 방향감각이 잡혀지기 시작하였다는 점이다. 그것은 국내외에 걸쳐 민족실력의 양성 외교 자립주의의 추구, 무장세력의 양성을 골자로 한 독립전쟁론이 팽배해지기 시작하여 이후 이 노력은 실천과 함께 1945년까지 부단하게 맥락지어졌다고 본다.

특히 1922년 3월의 천도교인들에 의한 제2의 3·1독립만세운동의 계획은 제2의 독립선언서의 작성과 함께 이 운동이 계속성을 띠고 역사의 추진력을 고동치게 하였으며 맥박 있는 한민족의 생동성을 과시하였다고 생각된다.

셋째로 이 운동은 남녀노유, 신분의 귀천, 지역의 차이와 격의 없이 民衆이 혼연일체가 된 국민총화의 창세기적 응결이며 성공을 기록할 수 있는 민중의식의 자각이었고 국민국가 설립운동이었다.

따라서 이것은 민족중흥과 근대화의 밑거름이 될 수 있게 연결되는 것이며, 건국의 기본이념이 되는 정치적 유산이기도 하다. 이를 객관화하고 국민 각자에게 의식화하는 국민적 차원에서의 이념 사상 터득이 선행되어 이 정신이 생활화로 연결될 때 진정한 의미에서의 「3·1 독립 정신의 자율사관」이 형성될 것으로 전망된다.

3·1운동은 민중적 차원에서 그 의미가 더욱 깊게 인식되어야 하며 10·26사태 이후 이 정신은 국정의 안정으로 연결될 수 있을 뿐 아니라 황량한 「분단조국」의 통일을 촉진할 수 있는 접착제의 구실이 되어야 한다는 사실을 「3·1 진갑」을 맞이하여 특히 절규해 본다.

그것은 이 운동이 그 이후 중국·인도·터키·이집트 등 아시아 아프리카 지역의 민족운동을 자극 촉진시켜 中興을 일으키게 하였기 때문이다.

5. 횃불 들어 60年

퇴색해 가는 獨立精神

① 韓國觀 재평가의 轉換點

소위 文化政治下의 自主精神 말살 획책의 진상은 무엇인가

1919년 3월 1일(土)에 전국적으로 봉기한 獨立運動은 확실히 「아시아」에 있어서 위대한 민족으로서의 새로운 선구적인 인식의 대상이 되었을 뿐 아니라 西歐人들의 韓國觀을 재평가할 바탕이 될 수 있을 만큼 水準과 格調 높은 민족주의 민중항쟁의 선봉적인 한 轉換點을 가져올 수 있었다.

日帝는 일찍이 帝國主義的 수법을 익혀 自體를 정비한 뒤 臺灣침식에 이어 침한책을 쓴 결과 집요하고 교묘한 수단으로 1900年代初로 오면서 列強을 물리치고 독점지배의 목표달성을 수행하였다. 1910년 8월 한국을 강제로 合邦한 日帝는 3·1운동이 발발하지 않고는 못 견디게 정치적·경제적·사회적 침식과 압박을 자행해 왔으며 그 위에 한 국민의 不斷한 不正·不義 추방과 反帝의식의 고조, 민족자주의식의 총화가 청년학생들의 行動性 및 前衛的 항쟁에 힘입어 급기야는 世界를 진동시킨 3·1독립만세운동을 일으키게끔 成熟의 度를 加熱시켰다. 日帝는 한국을 합방한 뒤 憲兵·警察制에 입각한 武斷政策을 구사하여 많은 애국 志士·烈士·義士들의 손과 입과 귀를 통제하여 강압적인 수단으로 이를 억압하려 하였다.

이는 표면적인 억압이었으나 3·1운동으로 인하여 그 「直接植民」 통치책이 최선의 방법이 아니라는 점을 깨닫고 그해 8월부터는 무단

에서 소위 고등경찰통치인 「文化政治」로 통치방침을 변경 시행하였다.

日皇은 同年 8月 19日자로 10餘條의 勅令을 반포하고 한국 민중의 강렬한 排日항쟁의식을 회유시키기 위하여 武斷정치를 宥和정치로 급격히 표면적으로만 바꾸어 놓았다.

②軍國主義者의 대거 起用

武斷總督인 長谷川好道를 8月 3日字로 해임하고 해군대장인 齋藤實을 그 후임으로 부임시켰다. 총독의 임용 자격은 文官 中에서도 임용한다고 선전하였으나 1945年 해방될 때까지 8명의 총독이 10代에 걸쳐 부임했는데 文官出身의 총독은 하나도 오지 않고 강경 一邊倒의 군국주의자들만 대거 起用發令하였다. 또한 武斷政治의 本質인 憲兵警察制를 폐지하고 普通警察制를 채택하여 경찰을 總督府와 道機構內에 흡수시킨다고 선전하였으나 구호에만 그쳤을 뿐 경찰서는 더욱더 늘고 경찰비도 1930年代 末까지 1919년도 이전의 경찰비의 3倍에 가까운 2천만 圓代를 계속 유지 내지는 상회하고 있는 실정이다. 따라서 경찰과 파출소, 주재소의 수는 4倍가량 증가하고 737개에서 2,784개로 밀정 주구를 더 늘려 「特高」 비밀 통치로서 간악하게 정보수집에 여념이 없었으며 東亞·朝鮮·時事 신문 등 민간지의 발행을 허가하여 언론의 자유를 주는 듯하였으나 혹심한 사전검열제로 인하여 이들 신문은 數百回의 삭제·정간·휴간·발매반포 금지에 폐간까지 당하는 등 실로 형극의 언론운동을 통하여 민족적인 기상을 드높였으며 독립운동자들을 옹호, 후원도 하였다.

日帝는 언로(言路)의 자유를 주는 듯 하면서 실은 표면으로 독립운동 상황을 誘導해 내려는 저의에서 그 같은 간교한 정책을 전개하여 왔다.

또한 教育의 改善을 주장하였으나 文盲정책으로 한국인 교육관의 신설을 억제하는 동시에 한국의 歷史·地理·語學 등의 교수는 엄금하여 민족정신의 말살을 도모하는 동시 소위 황국식민적인 同化정책을 전개하였다.

③독립운동가의 轉向재촉

이 같은 日帝의 소위 文化정책은 표면적으로는 한국인을 위하는 척하고 東洋平和를 표방하면서도 內容的인 면에서는 강력한 武斷정책보다 더 간교하고 전율과 공포를 느끼게 하는 정책이었다. 다시 말하면 文化정책이라는 것은 平和를 가장하고 친선을 앞세우는 고등경찰적인 內面的 武斷정책의 進一步한 내막을 간직하고 있었던 것이다.

한국의 근대적인 의미에서의 民族主義운동은 그 전통적인 근저를 근대적 민중운동의 시초인 東學革命 이후로 잡고 있으나 가까이는 日帝가 한국을 강압적으로 合邦한 이후부터를 들 수 있겠다.

그러나 3·1운동 이후 비로소 內外가 호응하여 분산적 운동이 統一化하고 體系化하였다고 하는 바와 같이 민족운동도 3·1운동을 고비로 하여 치열했다.

二重敵에 대한 진통과 시련

비록 3·1운동 이후 민족운동의 방향감각은 獨立戰爭이라는 武裝的·鬪爭的 구체화와 外交「채널」을 통한 세계 여론화로의 이념구상 및 민족의 實力배양이라는 3大「슬로건」을 표방하고 있으나 前述한 日帝의 눈에 보이지 않는 간교한 內面的 탄압과 저지정책이 독립운동자의 전향·귀순·투항·변절을 재촉하고 있어 一部 독립투사로 당당히 만세운동의 선봉적·지도적 위치에 있었던 저명한 人士가 뒷날에는 변절—本人은 물론 변명하나—하지 않고서는 못 견디게 정신적인 면에서도 위협과 회유정책을 쓰고 있었다.

日帝를 위해서 자신이 조력하는 것이 아니고 스스로 돕지 않고는 견디지 못하게 强迫관념을 넣어주는 수법을 쓰고 있었다.

① 日帝회유에 不斷한 싸움

이에 우리의 先覺지사는 지조와 신념 속에서 오직 「自主 獨立」만을 최대의 이념으로 삼아 간교한 日帝회유 침투작전에 말려 들어가지 않고 굳건하고 毅然한 태도를 견지한 채 우리의 적은 日帝침략자라는 사실을 明白히 천명하고는 독립전쟁을 國內外에서 줄기차게 여러 가지 시각과 방향으로 전개하였으며 최후의 1人, 최후의 1刻까지도 日帝와 싸우겠다는, 그래서 독립을 쟁취하겠다는 독립선언서의 이상과 이념을 퇴색하지 않게 하기 위하여 변절자의 모습을 화형에 처하기도 하였다. 따라서 전통적 민족정신에 입각하여 不斷히 싸워온 애국지사로 인해 퇴색해 가는 독립정신 독립의식을 극복하려 노력하고 이종일처럼 굶어 죽어가면서도 일제 통치에 전향하지 않고 굳은 지조를 지켜 왔다.

여기서 또 하나의 적이 나타났으니 그것은 분열과 赤化침투선전을 앞세우는 共産主義者와의 투쟁이었다. 1920年代로 접어들면서는 「소비에트」를 배경으로 하였던 식민지·半식민지·弱小민족정책에 대한 혁명촉진 및 그 후원이라는 상투적이고 악랄한 假面을 쓴 共産主義系의 赤化침투가 크게 민족운동을 위축시키고 분열의 와중으로 몰아가고 있었다.

② 共産系 분열과 조직 확대

共産主義系의 침투는 우리나라뿐 아니라 세계 여러 나라로 침투해 가고 있었는바 우리나라의 경우에 있어서는 1923~24年을 전후로 최고 절정기에 달하여 각종 적색·사회 思想團體 및 「서클」이 비밀리에 조직되어 이 사상을 침투시켰다. 따라서 이즈음에는 民族主義진영에서는 독립운동의 방향을 정확히 잡지 못하고 암중모색하다가 日帝 및 共産系의 분열과 조직 擴大에 고전하고 있었다.

민족구국운동의 새傳統

이때의 독립운동은 靑年學生들에 의하여 盟休로 명맥을 유지하는 듯 하였는바 그 이후로부터 1926년 6·10 독립만세 운동 때까지 日

帝側에서 조사한 韓國學生盟休 건수는 2백 89건이나 되었다.

이렇게 旣成民族主義진영에서 二重的인 적에 대해 돌파할 엄두를 내지 못하고 있을 때 學生들에 의한 전위적 독립투쟁은 침체한 민족진영을 자극시키고 충격과 자극을 불러일으켰다. 즉 그것이 純宗의 昇遐를 계기로 폭발한 6·10獨立萬歲運動이었다. 이 운동은 세 갈래로 추진되었는데 그 중 첫째가 共産主義系의 영향을 받았던 무리였으나 1926년 6月 9일 一黨이 거사직전에 일망타진됨으로써 사실상 영향을 미치지 못하고 전문학교, 고등학교 學生들 등 두 민족진영계통의 독특한 움직임으로 市街에 그의 기와 기백과 자주정신을 과시하였다.

이것은 共産主義系의 선전 조직 확대를 위한 최초의 국내지식인 상대의 赤化 시도였으나 사전 민족계 청년학생들에 의하여 시종 선제되었으므로 共産세력의 영향과 浸透작전의 효과는 영향을 미치지 못하였다. 日帝 또한 共産주의를 배격하다 보매 學生들의 독립만세운동을 미처 저지하지 못하고 말았다. 따라서 이 운동은 日帝타도와 共産주의이념 및 조직 확대의 극복이라는 二重的 효과를 齎來한 學生運動上에서의 획기적인 사실 뿐만이 아니고 우리 民族運動의 死生을 결판지어 준 어려운 시기에 어려운 여건하에서 민족운동에의 시련과 진통의 계기를 극복한 민중구국운동의 새로운 전통을 수립하였다고 본다.

統一文化의 祈願

旣成 민족지도자들은 그때서야 새로운 방법과 자극으로 그전부터 구상해 온 民族 單一黨的인 성격의 新幹會·근우회·신정회 등을 그 다음해 2月 초와 5月 그리고 6月에 각기 성립시켰다·槿友會라는 자매기관적 별동대적 독립자주계몽 단체도 日帝에 대항하였다. 3년 뒤에 일어난 光州學生 抗日運動도 결코 일시적 민족감정만으로 일어난 것은 아니다. 그 운동의 성숙기는 6·10독립만세운동이 일어나던 해에 조직되었다는 醒進會와 다음 해 발전적 解體뒤 조직된 讀書會 등

에서의 청년學生들의 행동성이 兼備한 운동에의 총화로서만이 可能할 수 있었던 것이다.

　3·1운동 이후 퇴색해 가는 독립정신은 청년 學生들의 행동적 전위적 운동의 결과로 자극 속에서 충격을 받아 이를 극복하고 새로운 민중의식과 집착으로 진통 속에서나마 대결하고 항쟁하여 왔던 것이다.

6. 3·1獨立宣言의 歷史的 再評價

3·1 思想의 背景

日帝武斷治下인 1919년 3월 1일은 우리 한민족이 아시아에 있어서 가장 위대하고 거룩하다는 사실이 비로소 더 소상 명료히 알려진 3·1독립운동 발단의 날이었다.

그럼에도 불구하고 日帝 및 親日分子들은 의식적으로 한민족의 피나는 전통적 절규를 一笑에 붙이려 했다. 따라서 그들은 가증스러운 행동을 통해 殺傷, 放火, 고문, 구타, 태형 등으로 한국민을 괴롭혔다. 또한 그네들은 3·1독립운동의 폭발 要因을 단순히 「민족자결주의 원칙에 부화뇌동한 一部 主見 없고 지각없는 선동자에 의한 일시적 소요사건에 지나지 않는 것」이라고 애써 태연한 척하면서 일축하고 있었다.

이것은 한민족의 自主의식 독립사상을 고의적으로 말살하고 낮게 평가하려는 저의 때문에 나온 궁여지책이었다.

그런데 이 민족자결론이 마치 우리 3·1독립운동 봉기의 직접 영향을 미친 것이라고 말하는 사람들이 아직도 많이 있는데 뭔가 잘못 이해하고 있다고 생각한다.

그러나 사실상 그 당시 「윌슨」의 民族自決論은 日帝治下에 있었던 韓國민족에게는 제도적인 면에서 직접적으로 해당이 되지 못하였다.

다만 2·8독립선언과 韓龍雲의 獄中수기인 「조선독립의 書」(1919~1920) 또는 申錫九의 자서전 등 수개 곳에서는 이 민족자결론에 관한 말이 인용되고 열렬히 환영되고 있다.

그러나 이것은 그네들이 뒤에 平和會議석상에서 발언할 계기와 구실을 찾기 위한 구국적 이념에서의 단서적 표현일 뿐이었다. 따라서 어디까지나 이 자결론은 海外에 거주하던 뜻있는 人士들에게는 더없는 자극, 충격이 아닐 수 없었던 것이다. 그러므로 1919년 2월 8일 「조선청년독립단」 명의로 4백여 명이 모인 조선 YMCA홀에서 절규한 2·8독립선언은 3·1독립운동에 영향을 미쳤다.

즉 2·8독립선언의 대표자 가운데 한 사람인 송계백이 1918년 말경 독립선언에 관한 文案을 가지고 國內로 잠입하여 국내 지도자인 玄相允·송진우·김성수·崔麟·최남선·이종일 등에게 보임으로써 국내 봉기를 한층 촉진시켰다고 생각된다. 이것은 海外의 영향 및 外來思潮的인 힘이라고 하겠으나 실은 그것보다도 國內에서의 전통적인 민족운동과 부단한 國權恢復운동, 民權쟁취운동의 繼起性의 재현 맥락 등으로 지적해야 할 것이다.

적어도 3·1운동이라는 大衆구국 자주운동은 그것이 단순한 外來 사조나 일시적 日帝의 탄압만으로 발발하지 않았다. 그 이전부터의 전통적 민족운동을 살펴보아야 할 것 같다.

不正, 不義 탄압에 항거하고 일어난 3·1독립운동은 그것의 역사적, 전통적 원류를 1894년의 東學혁명으로부터 찾아야 할 것이고, 그것은 그 이후로 獨立協會의 민권쟁취 운동과 1910년 경술국치 전후까지 크게 세 차례 봉기된 義兵전쟁을 전통적 계기성으로 보아야 하겠다.

그리고 그 이후로부터 (1910) 1919년 3·1운동 이전까지는 흔히 武斷治下로 憲兵·경찰통치기인 것인바 이 10여 년 동안 우리의 선조들은 각종 비밀결사 조직을 통하여 국권회복운동을 절규하였던 것이다.

가령 光復會·新民會·獨立義軍府·천도구국단·朝鮮國權恢復團中央總部·國民會 및 平安道 지방에서의 기독교인들의 항쟁 등이 바로 武斷治下에서의 국권회복운동의 重要항쟁이라고 하겠다. 이 같은 민중운동, 국권회복운동 같은 민중운동의 전통성이 곧 3·1운동 폭발의 간접적인 영향을 미친데다가 그해 1월 갑자기 高宗이 일본인에 의해 독살 당함에 대한 일부 부녀자층의 개인적인 동정의 폭발이기도 하였다.

한편 그 발발의 요인을 日本內部의 정치·경제적인 側面에서도 비교 검토해야 할 것이다. 즉 日本은 보통선거를 주장한 소위 「大正데모크라시」의 문제라든가 米정책의 문제 등이 당시 3·1운동 발발과 함께 연구 검토해야 할 중요한 과제라고 생각한다.

日本內部에서도 문제가 크게 일어나고 있었다. 그것은 강경─邊倒的인 軍國主義者들에 의한 점진적인 침략책이 이 운동 발발에도 적지 않은 영향을 미쳤다고 본다. 日帝는 그뿐 아니라 한국 내에서 합방 이후 土地조사 사업과 어장의 독점 등을 통해 농어민을 착취하는가 하면 會社令 등 각종 惡法을 시행하여 노동자·상인들의 울분과 격노를 사게 했다.

이 운동이 일어나자 대다수의 농민·어민·노동자가 가담, 봉기하였다는 것은 결코 우연한 일이 아니었다.

時代精神의 理解

이렇게 國內外的인 제반 객관적 요소라는 무드가 성숙되었기에 3·1독립운동은 터지지 않을 수 없었다. 이 같은 要因의 발발 및 그 평가는 더 기일을 두고 검토 분석한 다음에 객관적 타당성을 제시해야 할 듯하다.

3·1운동의 폭발은 각 계층의 염원과 열의가 총화 되어 굵직한 움직임으로 표면상에 나타났다. 3·1선언은 이제부터는 우리나라가 당당히 독립된 국민주권 국가임을 선포한 것이고 그래서 그 사실을 세계만방에 고한다는 主旨를 명백하게 차명한 것에 의미가 있다.

국내에서의 독립운동계획은 2·8독립선언으로 급진전과 촉진적 영향을 미쳤다 해도 국내는 국내대로 기성 민족지도자들을 中心으로 계획이 성숙되어 가고 있다.

金性洙·송진우, 현상윤 등 中央學校 東亞日報系와 孫秉熙, 최린·오세

창·권동진·이종일 등 天道敎系 등이 처음에는 개별적으로 계획하다가 나중에 合一하였으며 최남선·金道泰·이종일 등의 협조로 李昇薰 등 기독교계와 제휴하고 다시 佛敎系의 韓龍雲 등과 연합하여 2월 27일까지 민족대표 33人의 선정을 끝냈다.

그러나 33人의 임무(실은 29人 집합) 및 그 구성은 非조직적 非체계적이었다. 물론 이것이 이 운동의 특징이기는 하였으나 적어도 민족대표라는 입장에서 보면 그 구성 과정이 너무나 허술하였다는 점을 지적해야 할 것이다.

그리고 독립선언 장소도 처음에는 파고다공원으로 선정하였는데 다시 명월관지점 태화관으로 변경하였다는 것은 학생 측의 운동을 외면한 결과가 되기도 하였다. 요즘 33人 자수설이 나돌고 있으나 그것은 잘못 판단한 결과인 것이다. 여하간 그들은 선언문을 낭독한 뒤 日警에 소재를 통고하고 스스로 당당히 잡혀간 것으로 판명되고 있다.

그러나 그들이 경무 총감부로 연행당할 때 민중에게 미친 영향은 자극적이었다. 그들은 2월 28일 저녁 가회동 손병희 댁에서 처음으로 人事를 나눌 정도였으니 체계적으로 일을 도모하지는 못하였던 것 같다. 따라서 그들은 민족 지도자로서의 지도적 위치를 분명히 부각시키지 못한 것 같다.

상징적인 지도 정신의 발휘를 통하여 이는 거국 거족적인 항쟁으로 발전해 全國的 규모로 化해 갔다.

正義와 平和思想의 具現

3萬 5千枚의 독립 선언문은 2월 28일까지 刷了되어 이종일 지휘하에 그 즉시 각 지방으로 운반되어 같은 시각에 주요 도시에서도 그대로 시행하기로 의결하였다.

우선 운동은 민족대표, 學生, 敎徒가 집중적으로 있는 서울, 평안남북도, 함경남북도, 황해도 등지에서 절규하기로 하고 경기도는 中旬경으로 잡았으며 그 이하는 역시 下旬경으로 잡아 줄기차며 不斷

한 항쟁을 계속 펼 것을 다짐하였다.

그러나 28일까지 선언서 배부를 끝내기는 하였으나 어떤 지방은 상당히 애로가 많기도 하여 複刷하여 현지조달이라는 애국적 노력의 일면도 보여 주고 있다.

3·1운동은 1919년 3월 1일부터 일어나고 있었으나 그 理想, 그 정신은 그 이후로 줄기차고 계기성 있게 민족운동이라는 목표를 향해 일어나고 있었다. 이 운동은 「간디」에게 무저항운동을 영향케 하였고 평화주의적이며 비폭력적이며 대중성을 띤 강력한 민중의식의 발로로 발전하였다. 따라서 우리는 그 정신, 이념 그 사상을 오늘의 시점에서 맥락짓고 재현할 의무와 책임과 사명을 간직해야 할 것이다.

이 운동의 역사적 의의는 바로 그 정신과 그 유산적 입장에서의 理念을 높이 평가 계승하는 데 있다. 당시 外國人들은 한국민을 가리켜 「한국민은 독립할 처지가 되지 못하는 人種」이라고 혹평하였으나 이 운동이 있으므로 해서 재평가하고 있다.

「이집트 및 한국의 독립운동은 人民 자치권의 문제와 함께 더욱 중요한 人民 자치 능력의 문제를 포함하고 있다.

日本으로 하여금 日本人에게 자치를 약속하고 점차 이를 교도하여 진보된 정치사상을 고취함은 바람직하지만 만약 즉시 자치를 허용하면 갑자기 무정부 상태하에 들어 갈 것이므로 日本에 대하여 重大한 위험임은 분명하며…… 잠시 외부에서 文明的 통치를 行함이 세계 일반 이익을 위해 필요할 것이다.」 <뉴요크 타임스 1919. 3. 20字> 라고 하고 있다. 그 밖에도 海外友邦의 신문·잡지들은 모두 한국의 위대한 독립운동을 극구 칭찬, 평가, 재인식하고 있었다. 이 운동 이후 上海에서는 정통정부인 민간의 임시정부가 수립되었다. 이 운동을 분수령으로 하여 國內外에서는 민족운동이 1945년 해방기까지 27년간 연면히 繼起되었다

7. 3·1運動과 女性의 參與

3·1운동은 1980년으로 꼭 61주년을 맞이하였다. 오늘의 현실이 새 시대로의 과도기이며 민족정신의 합일점을 찾아야 할 때라고 파악할 때 과거의 관념의식에서 벗어나 폭넓은 시각조정이 요청된다 하겠다. 3·1운동을 전 민족적 운동으로 이해하는 측면에서 과거에 크게 부각되지 않았던 여성의식화의 흐름과 여성항일투쟁의 맥을 캐 보기로 한다.

女性運動의 性格

우리나라 여성운동은 開化운동과 함께 대두하였으므로 그 발단은 實學사상의 인간성 회복에서부터 찾아보는 것이 순서일 것 같다. 이 같은 사상적 맥락은 東學사상에서 여성의 사회참여와 의식의 중대와 그 解放의 노력에서 결실되었다. 거기에다가 기독교에 의한 평등과 博愛사상이 主權의식으로 발전하여 이 운동을 더욱 內實 있게 보강 해 주었다. 그러나 조직을 통한 여성운동은 1896년 이후 獨立協會에 서의 여성회원들의 구국운동으로 구체화되어 갔던 것이다.

이 같은 여성운동은 제국신문이라는 독립협회 여성회원들의 홍보 활동지를 통해 성장하고 그 영향을 도시 중심에서부터 농촌지역으로 전파시키게 되었다. 더욱이 贊養會(순성회)의 여성근대화 등 수십 개 의 여성단체에 의한 의식의 개발과 사회참여의 필요성이 애국적 차 원에서 모색되었다. 1900년대 초에 暗太島에서의 부인들의 抗租 봉 기와 濟州島에서의 천주교 사건에서의 女狀頭의 진두지휘하에 경제적 해방운동은 열도 있고 규모 있는 조직적 여성 항쟁이었다. 이 운동은 다시 맥락이 연결되어 1907년의 國債報償운동에서 전 여성계층의 실질적인 참여를 불러일으켰다.

大邱의 남일동 패물폐지부인회 등 40여 명의 나라빚갚기 모임에서 誠金이 답지하는 등 구국적인 여성운동으로 近代性을 띠게 되었다.

이보다 앞선 1905년 乙巳조약이 체결되었을 때 韓圭卨 참정대신의 소실이 이를 막지 못하고 들어오자 일갈하면서 「도대체 대감으로 살아서 귀가한다면 국가가 장차 망할 것이며 만약 대감으로서 죽으면 국가의 다행이 이에 더없을 것이라」고 제국신문에서 기사화하고 있다. 사회에서 냉대 외면되던 여성들을 크게 부각시켜 그 「입」을 통해 사회의 부조리와 양반들의 안이한 조국관을 질타 매도하면서 경종을 울리고 있음을 눈여겨볼 수 있다. 군부협관 李漢英의 부인, 趙東潤의 부인, 李斗魯의 부인, 군부대신 李根澤의 부인 등도 모두 自由와 正義를 위해 그 남편의 비겁을 성토하였던 것이다.

이로부터 1910년까지 愛國啓蒙運動에 여성들이 적극 참여하였다. 1910년 庚戌國恥 이후 일제는 한국인을 회유하기 위하여 소위 「은사금」을 주었으나 결성군에 사는 과부 李 씨의 경우는 결연히 거부하고 나무라길 「국토는 전부 빼앗겼을망정 내 마음은 결코 약탈당할 수 없다」고 이를 잘라 거절하였다. 1919년 3월 1일까지 여성운동은 지하적 양상을 띤 채 전통적인 입장에서 맥락 있게 성숙되어 마침내 3·1운동으로 발전되었다. 따라서 3·1운동에서의 女性連動이 부각될 수 있었던 것은 實學·開化·東學·기독교의 여러 자주독립정신을 바탕으로 한 것이다.

3·1 運動과 韓國女性

東京에서 남녀 한국인 유학생 중심의 2·8 獨立宣言이 있을 때 貞信女學校를 졸업하고 渡日 유학하고 있던 金마리아는 역시 그곳에 와 있던 黃에스터와 만나 이 운동을 동지 동원, 독립사상 고취 강연

등으로 협조하였는데 여기에는 金·黃 外 玄德信·鄭慈映·劉炳準·羅蕙錫·노영근·성옥진 등이 여성동지로 참여하였다. 특히 이로 인해 金마리아는 체포되었으나 석방된 뒤 2·8독립선언문 사본을 은밀히 휴대하고 입국하여 3·1운동 직전까지 이의 반포와 국내운동을 촉진하는 데 헌신적인 노력을 경주하였다. 그는 釜山·光州·大邱 등지를 누비면서 독립운동이 일어날 때 즉시 그 지역에서 일어나 민중의 지지가 뒷받침되도록 당부하였다. 3·1운동이 민족사의 내재적 자주자립에의 성숙, 2·8선언, 고종의 독살 등이 복합되어 폭발되었을 때 서울 등의 全女學生과 교사는 시가행진을 하면서 독립만세를 절규하고 君主의식에서부터 國民國家의 실천을 위해 헌신하였고 이어 기생·여공·간호원 등 직업여성도 합류하였다.

천도교의 지하신문인 朝鮮獨立新聞에서는 「官立女學校의」 生徒首唱은 대장부는 당연의 일이어니와 저들의… 高等女學校 生徒들은 우리 신성한 자매를 대표하여 전반적으로 외친다」라고 표현하였고 新韓村에서 발행되는 「自由報」에서는 「吾女子等! 자유의 권세가치가 여하히 高貴한가를 동포는 자각하지 않느냐… 이 자유를 위해 희생이 되리라…오등 여자는 재산, 생명을 희생하여야 한다. 신광채를 放하는 날은 멀지 않다」고 여성의 3·1 獨立運動에의 참여를 촉구하였다.

서울과 지방에서의 여성항일투쟁을 살펴보면 먼저 서울에서는 京城女高普(現京畿女高)의 김숙자·崔恩喜·崔貞淑·金海羅·崔恩心 등이 거사를 계획하다가 발각되어 참여하지 못하였으나 1920년 3월 1일 배화의 金敬和 등이 서울 弼雲臺上에서 독립만세를 고창하였다. 梨花에서는 申마실라 朴仁德 金活蘭 등이 學校內에 비밀본부를 차려 놓고 시내 여학교 學生과 연락을 취해 왔으며 선언서도 배부하였는데 외부인사로는 대한애국부인회를 발전시킨 김마리아와 羅蕙錫이 참여하였다. 梨花의 柳寬順은 死生을 돌보지 아니하고 고향으로 가서 저돌적인 항일운동을 펴 지방민에게 독립운동의 대열로 과감한 참여를 유도하다가 희생당하기까지 했다. 貞信에서는 金마리아와 李娥珠 등이 독립만세를 절규하였으며 50평생을 독신으로 지낸 마리아의 신앙적 애국의지는 놀랄 만하였다. 특히 애국부인회의 조직 활동은 눈부신 바 있었다. 淑明에서는 異恩惠·黃賢順 등이 거사를 계획하였으나 실패하였고 교내 운동으로 확산되어갔다. 진명에서는 李正熙 등이 동교생 400여 명을 이끌고 중앙청까지 진행 시위운동을 계속하다가 체포되었다. 그 외에도 동덕여학교, 부인성경학교, 東幕所在 女學校 및 女工 등이 서울의 여성항쟁을 더욱 빛내 주었으며 대한문 앞에서 민중에게 喪章을 달아주고 혈성부인회와 大同團에 加入 활동하던 李信愛는 유관순, 魚允姬와 같이 3·1운동 1주년이 되는 날 옥중 독립만세 시위운동을 일으켰던 좌절치 않은 백절불굴의 여류 독립투사였다.

주요지방의 여성투쟁사실을 보면 平壤에서는 그해 3월 1일 朴賢淑 吳信道 등이 대한 애국부인회를 중심으로 독립만세를 고창하여 이곳에서의 3·1운동을 크게 고무시켰으며 崇義女學校에 사는 교사 學生 10여 명이 여자동맹회를 조직 항쟁하였다.

開城에서는 3월 3일 이후 10여 차례나 시내 중심지를 누비는 민중시위가 있었는데 충교예배당 전도부인 魚允姬의 선언서 배부로 인해 이곳에서의 독립시위운동은 확대 치열해질 수 있었다.

뿐만 아니라 미리흠 女學校와 호수돈 여학교에서도 여학생 70여 명이 교사의 인솔하에 독립만세를 절규함으로써 이곳의 독립시위항쟁은 여성들의 선구와 지도로 이루어진 것이었다. 이외에 대구 부산 함흥 원산 강계 해주 전주 수원 파주 목포 광주 대전 통영 마산 김해 동래 영천 경주 포항 등지에서도 여성의 독립구국운동은 부단히 이어졌었다.

3·1운동 당시 여학생 대표는 「파리」에서 개최되는 평화회의에 호소문 겸 탄원서를 제출하여 독립을 기원한 長書運動도 전개하였다. 한국의 독립을 호소한 것이다. 네루도 외딸에게 보낸 옥중서한 속에서 한국여학생의 일제 침략자 축출운동을 극구 칭송하고 그 뒤를 따르도록 종용하였다.

女性獨立運動과 國民國家의 樹立

　3·1운동의 의의는 臨時政府라는 國民國家를 수립하여 君主制에서 民主共和制로 지향한 점과 民族進路의 3大方向을 결정하고 추구한 것인바 女性독립운동도 그 같은 방향에서 제휴하였다. 3·1운동에 관련된 男女직업 細分別 被檢者 상황은 男性 1만 9천 54명에 女性은 4백 71명이며, 그중 종교별로는 기독교가 2백 74명, 다음이 無信徒 49명, 天道敎徒는 15명이고 직업별로 보면 교사와 학생이 2백 18명으로 가장 많고 다음이 무직자로 나타났다.

　교육 정도는 교육받은 女性이 4백 71명 중 1백 56명으로 수위를 차지하고 연령별로 보면 25세 미만이 3백 11명으로 피검자의 70%를 차지하고 있다. 특히 여성 被檢者들에게 일제가 가한 야만적인 고문 등 殘酷像은 目不忍見이었다. 그들은 포박 투옥 고문은 물론 능욕, 참살, 상해, 燒死, 나체처형 등 매거키 어려울 정도로 한국인 여성에게 참혹한 형벌을 가했던 것이다. 특히 수원의 제암리와 화수리에서 자행된 30여 명의 한국 남녀 동포의 학살 사실은 전 세계의 평화를 애호하고 자유를 사랑하는 인류를 격분케 하여 일제도 1919년 8월 이후 소위 문화정치라는 고등경찰통치로 외형적 정책 변경을 서두르지 않을 수 없었다. 3·1운동 이후 여성운동은 보다 근대화되고 조직화되었다고 보며, 여기에 투시한 愛國여성도 종교인이 더 많았으며 고등교육을 받은 인물들이 「리더」로 등장하며 개중에는 구미 등지에서 신교육을 받고 돌아온 여성도 있었다. 따라서 여성들도 개별적인 항쟁이 아닌 단결적 모습을 과시하여 각종 모임을 조직하였다.

　4월에 조직된 오현주·오현관 등의 혈성부인회와 최숙자·임득산 등의 大朝鮮愛國婦人會 등이 활동하다가 金마리아를 정점으로 하는 大韓愛國婦人會로 발전적 통합을 하고 군자금 모집 등 구국운동을 전개하다가 해산당하는 시련을 겪었다. 그 뒤 국내에서의 주요활동은 김활란의 교육구국운동, 崔松雪堂 王在德 金貞惠 등의 육영사업, 白善行의 사회사업, 車미리사의 朝鮮女子教育協會 등이 있다.

女性運動의 近代化

　대개 이 때의 여류로는 교육구국운동에 헌신하였음이 특징이니 그것이 가장 자연스러운 「나라사랑」의 길이기 때문이었다. 그 외에도 이에 종사한 주요 여류인사로는 송금선·김필례·엄영신·최매지·남자현·왕재덕·임숙재·황신덕·김영순 등이 있다.

　1927년에 결성된 좌우합작적인 槿友會는 1920년 이후 조직된 여성단체인 경성여자청년회, 기독교여자청년회, 여자고학생상조회·불교여자청년회·천도교내수단·토산애국부인회·대한간호협회·조선여성동우회·경성여자청년동맹·중앙여성동맹 등의 여러 단체를 통합 발전한 강력한 여성계몽적 자립운동을 표방한 여성운동 단체였다.

　한편 미주에서는 1917년 양제현 등이 세크라멘토에서 韓人婦人會를 조직한 이후 1918년 각종 부인단체를 통합 大韓女子愛國團을 결성하였으며, 그 뒤 金惠淑 등이 大韓女子愛國團(1919년 7월)을 조직하여 상당액의 군자금을 임정에 보냈고, 중국에서는 국내에서 上海로 탈출한 金마리아 등이 미국으로 갈 때까지 애국부인회를 확장 독립활동을 폈고, 李華淑 등도 이에 동조하였다. 그 뿐 아니라 露領 滿洲 西歐 日本 등 해외에서도 그곳 거주 여류인사가 함께 대한의 완전自主獨立을 위해 헌신적으로 투쟁하였다. 이처럼 여성운동은 국내외에서 1945년 민족의 광복을 맞을 때까지 국민국가와 민주제도 확립을 위해 의연히 계속되었다.

8. 3·1運動史 研究 어디까지 왔나

3·1運動을 보아 온 눈

　3·1 독립운동은 韓國近代史에 있어서 가장 성숙된 市民(民衆)革命 意識을 바탕에 깔고 전개된 민족 구국운동으로 일본의 압제적 식민 통치에 대해 힘으로 否定하고 나선 2천만 민중의 일치된 함성이었 다. 그것이 일어난 지도 1981년으로 62주년이 된다.

　그 기간 중에 우리는 일본 강점하에 26번의 감격을 맞이하였고 민 족의 광복을 맞이한 이후 35번의 교훈을 기념하였다. 26번을 되새길 때는 아무런 감정의 폭발을 표면으로 노출시키지 못하였으나 35번을 기념했을 때는 민족사의 主體性을 바탕으로 한 민족의 단결을 과시하 면서 민족의 슬기와 독립의 용맹성을 성스럽게 환기하였다.

　민족의 광복을 맞이한 이후 이 운동에 관한 종합적인 학술 연구가 보다 시급히 정립되어야 함을 국사학계 일각에서 논의하던 중 1960 년대에 국사편찬위원회에서 3·1운동을 포함한 韓國의 獨立運動史를 5권의 서술과 자료편으로 대략적이나마 정리하였고, 같은 시기에 원 호처의 독립운동사 편찬위원회에서도 동일한 내용의 서술과 자료를 한데 묶어 20여 권으로 정리해 놓았다. 그 뒤 3·1운동 50주년 기념 논문집을 동아일보사에서 100여 명의 국내외 관계 학자의 항목별 집 필 형식으로 집대성해 놓아 상당히 연구에의 진경을 보여 學界에 주 목을 받은 바 있다(1969). 1979년에는 60주년이 되는 해로 이에 관 해 언론 기관에서는 떠들썩하였으나 학술적인 반성과 정리보다는 시 사적이고 계몽적인 史論 형식으로 몇몇 관련 학자가 집필하거나 강연을 통해 그동안의 연구 성과를 반영하려는 노력을 경주하였다. 성신여대 인문 과학 연구소에서는 관계 학자들의 종합적인 3·1운동의 재평가를 받아 학보에 정리한 바도 있다.

이것은 대체로 공공기관에 의해서 정리되고 집필된 것인바 개인적인 연구업적의 결과로 단행본화한 경우도 적지 않게 있었다.

그동안 출간된 3·1운동 관계의 단행 분류만 먼저 살펴보면 李炳憲 씨의 《3·1運動秘史》(1959), 張道斌 씨의 《3·1獨立運動史》(1960), 尹炳奭 씨의 《3·1運動史》(1975, 문고판), 安東直 씨의 《3·1運動》(1975, 문고판 사정상 절판), 金鎭鳳 씨의 《3·1運動》(1977, 문고판), 鄭光鉉 씨의 《3·1獨立運動史》(1979) 등이 있었고 지금 다룰 저자의 《3·1運動史論》(1979)까지 출간되었다. 특히 저자의 《3·1運動史論》은 3·1운동 60주년을 기념하는 뜻에서 유일하게 저자 나름대로 정리하고 평가하면서 展望 의식을 가져 한 권의 책으로 집대성해 본 것이다. 그러나 현재까지 정리된 저자 나름대로의 연구 관점이라는 제약성과 연구방법상의 비판도 갖게 됨을 먼저 고백치 않을 수 없다. 이와 관련하여 부언하고 싶은 것은 저자가 다른 학자가 쓴 3·1운동 관계의 논문이나 저서에 관해 비판하거나 拙見을 제시하였던 사실이다. 이는 결국 3·1운동을 어떻게 정확하게 판단하고 어떤 방향으로 평가해야 옳게 인도할 것인가 하는 발전적이고 긍정적인 면에서 고충을 함께 나누어 보자는 의견에서 비평해 왔던 것임을 전제하며 혹시라도 해당된 학자가 있다면 충심으로 理解가 있기를 빌어마지 않는다. 단지 어려운 여건에서나마 민중 앞에 서서 市民 혁명적 민족국가 건설이라는 막중하고도 투철한 목표를 향해 매진하려는 우리의 先賢 지사들의 3·1운동에의 참여를 투항주의자 내지는 패배주의자, 小英雄主義者 또는 특정한 人物에 대해 친일파 운운하고 비판하였음에 대한 저자 나름으로의 일관된 견해를 피력하였음을 양해해 준다면 같은 길을 걷고 있는 입장에서 섭섭하지는 않을 것이다.

「3·1運動史論」의 自辯

이 글을 처음 쓰게 한 어떤 월간지 편집자의 주문 속에 「선생님의 저서 3·1運動論의 해제와 연구 관점의 발전을……」이라고 못을 박았기 때문에 저자가 저술한 주관적인 「3·1운동사론」에 관해 해제 겸 그의 內容상의 특징이나 연구 관점을 조심스럽게 전개해 볼까 한다. 왜냐하면 본인의 저서를 본인이 다룬다는 것은 자칫 잘못하면 「팔불출」이 되기 때문이다. 이런 연유로 다른 학자의 본서 서평을 참고삼아 서술하겠다. 그리고 이것은 뒤에 소개할 「韓國近代史의 摸索」이라는 같은 해에 나온 또 다른 필자의 저서와 함께 3·1운동 전후의 사실을 학술논문 17편으로 묶어 놓았으므로 연관해서 설명함이 순서이고 理解에 도움을 줄 수 있을 것이다.

「3·1運動史論」은 모두 7章에 부록으로 第2獨立宣言書 원문과 번역 그리고 그 歷史的 의의를 함께 수록한 4·6판 반양장 325면의 3·1운동 관계 전문서적이라고 말할 수 있다.

서론과 본론의 2장을 빼면 순수한 서술은 5장에 해당된다. 제2장은 「自主獨立運動의 背景과 그 思想」을 주제목으로 하여 3개 절을 실정해 놓았다. 첫째 義兵戰爭의 護國的 理念과 評價, 둘째 韓國獨立思想의 源流와 性格, 셋째 民族意識의 成長과 自立意志를 각기 다루었다. 이 제2장은 3·1운동의 배경으로 3·1운동에 일어나게 된 원인을 흔히 논급되고 있는 윌슨의 민족자결의 원칙론에 전적으로 의지함이 못마땅하여 主體的이고 自生的인 內在性의 동기를 推出코자 기도한 것이다. 따라서 저자는 3·1운동의 배경이 일본인이 언급하고 있는 바처럼 급조된 사상을 배경으로 하지 않았다는 것을 더욱 뚜렷이 학술적으로 강조하고 싶은 것이다. 그 근거는 이미 학술적으로도 증명되고 있듯이 독립사상은 實學사상과 開化사상 그리고 東學사상, 基督敎·斥邪사상까지를 포함하는 자립·자강·혁명·정의·박애 사상을 맥락 있고 歷史的 발전 단계에 따라 연면히 이어져 내려오는 가운데 서서히 확실하게 인식되고 체계화되었다고 믿는다.

이 사실을 저자는 분명하고도 說得力 있게 나타내기 위하여 義兵 抗日 自主獨立精神도 행동적인 면에서 斥邪思想 체계로 맥락지어졌다고 주장하였던 것이다. 그리하여 1910년 이후 1919년까지 소위 헌병 경찰 통치하에서 구체적으로 계층 간에서 성숙되거나 자체 계열 내에서 보다 구체화되기도 하였던 것이다.

제3장에서는 「3·1運動과 天道教」를 다루었는바 이는 4개 節을 포함시키고 있다. 이것은 새로이 발견된 자료에 의거하여 3·1운동의 발전을 天道教의 전신인 東學 혁명 정신의 계승에서 찾아보려는 의도하에 한 개의 章을 설정한 것이다. 이에 의하면 3·1운동의 시작은 이미 1894년부터 태동되었으되 3·1운동을 의식하였다기보다는 동학에서의 「民衆革命運動」을 재현시키려는 歷史的 발전 단계에서의 특정한 작용이 3·1운동으로까지 연면히 전통성에 따라 이어져 나오다가 他 계층간의 연합을 보게 되었다고 유도한 것이다. 거기에는 그럴만한 학술적 자료의 뒷받침이 말해 주고 있는 것이다. 독립 선언식에 전원 참여한 天道教 대표 15명의 독립 의지를 높이 찬양하고 재판관 앞에서의 민족관, 국가관, 시국관이 조금도 움직이지 않고 체계적이었다는 점을 높이 부각시켰다. 이 점은 天道教가 민족 종교로서의 구국적인 차원에서의 사명 의식이 보다 투철하였음을 나타내기 위함이기도 하였다. 종교의 구국적 차원과 그 기능이 발휘되었다고 믿는다.

제4장은 「3·1運動의 展開」와 「大韓民國 臨時政府」를 취급하였는데 4개의 절을 두어 서술하였다. 3·1운동의 전개와 日本의 반향, 그리고 이로 인해 탄생된 民間正統정부로서의 대한민국 임시정부의 조직과 활동을 고찰한 것이다. 3·1운동이 여러 가지 차원에서 평가되고 있어 그 의미가 높지만 그 중에서도 제일 큰 의미라면 무정부의 상태에서 정통정부를 탄생시킴으로 말미암아 해내외에서의 독립을 쟁취하기 위한 통제적 사명이 제 기능을 발휘하게 되었다는 점이다. 오히려 이것이 그 후 26년 동안의 국가와 민족의 번영과 독립을 쟁취하기 위한 전쟁에의 의욕을 북돋웠고 필요성을 절감케 유도하였다

고 믿는다. 외교적인 접촉이나 그것을 통한 「임정」의 승인 문제까지
도 대두할 수 있었기 때문이다.

　제5장은 「3·1運動의 評價」로 역시 4개의 절로 구성되어 있다. 「3·1
운동의 평가」, 「3·1운동을 통해 본 한민족의 자주의식」, 「독립 선언서
에 나타난 3·1정신론」, 「3·1운동을 보는 눈」 등 아마도 3·1운동에 관
한 결론적인 문제 推出에 있어서 중요한 의미 부여와 관련이 있겠다.
3·1운동의 재평가보다 앞으로의 方向設定을 위해 바람직하기 때문이
다. 더욱이 관계학자가 아닌 일반지식인들에게 어떻게 그 의미를 오늘
의 연구 성과를 토대로 해석하고 방향을 제시할 것인가 하는 근본적인
문제 해결에 도달하게 됨으로써이다. 이 장에서는 저자의 연구 견해
와 다른 분의 논조에 관해 서평 형식으로 신랄히 비판하였기에 읽어
본 분이 적지 않았던 것 같다. 결코 내용만을 가지고 평가하였기에
그 外的인 문제는 전혀 손댄 바가 없음을 밝혀 둔다.

　그럼에도 불구하고 이 저서에 관해 서평을 요구받은 원로 대가란
분이 기피하고 있음은 도저히 이해가 가지 않는다. 그 분과 學緣이
있다고 해서 기피한다고 함은 학자다운 태도에 문제성이 있지 않을
까. 제자의 글이 비판을 받는다고 하면 그 원인을 규명하여 저자의
견해에 하자가 있는지 여부를 가려 文字化함이 타당하거늘 일방적으
로 거부함에는 이해가 가지 않는다. 하기는 일본치하에서 그들과 같
이 편안히 공부하던 분에게 가족과 일신의 안녕을 저버리고 독립운
동에 투신하여 국가와 민족을 구하려는 성스러운 獨立戰爭에 종군한
분의 이야기를 평하려는 태도에는 미상불 주저함이 없지 않으리라고
본다. 그러나 「政經研究」, 「韓國思想」 기타 학술지에서 많은 관계 전
문학자가 서평으로 격려하고 있었음을 다행스럽게 여기고 있다.

　제6장은 「3·1運動 이후의 民族運動」을 다루되 그 이후 國內外에
서의 민족운동을 취급하였다.

　특히 일반에 잘 알려지지 않은 「西大門署 사건」을 집중적으로 고
찰하여 용감한 한국인 기자의 우국적 항쟁을 높이 평가하였다. 끝으
로 제2의 獨立宣言書가 갖는 의의를 논급하였다. 그 의의는 흔히 3·

1운동 이후 민족진영의 구국운동이 共産社會主義 영향과 일본의 高等警察的 통치 방식으로 인해 위축되어 저조하였다는 종래의 通念을 깨고 반론을 제시함에 있다. 즉 1922년 3월 1일을 기해 또다시 거국거족적인 독립시위운동을 계획하였다는 것이 분명해지고 보면 이 민족 운동의 계속성이나 맥락성이 한민족의 전통적 자주, 자립에의 욕구가 원래 충만해 있었고 팽배해 있었다는 산증거를 포착하였다고 지적해 볼 수 있는 것이다.

「韓國近代史의 摸索」과 그 意圖

　저자는 「3·1運動史論」을 1979년 5월 펴낸 데 이어 같은 해 7월에는 독립운동관계를 묶어 「韓國近代史의 摸索」이라는 제목으로 다시 저술해 냈다. 이 책에서는 모두 5편 17章으로 분류하여 크라운版 양장 411面의 학술논문을 다루되 저자 나름으로의 3·1운동을 中心으로 한 근대 민족운동 관계를 정리하였다.

　第1·2章을 제외한 나머지 15개 장이 3·1운동과 그에 관련되는 논문들이다. 제3장에서는 「韓國의 獨立思想과 文化運動의 方向」을 서술하였다. 모두 9개의 節로 구성된 제3장에서는 독립사상의 방향을 위시하여 항일결사항쟁, 교육계몽항쟁, 헌병경찰치하의 문화운동, 고등경찰치하의 문화운동, 1920년대 이후의 문화운동, 언론자주항쟁, 학예항쟁, 정신문화운동의 방향 등이 서술되어 있다. 이것은 1900년대 초로부터 1945년까지의 국내외에서의 정신문화운동을 항목별 사실별로 서술하여 3·1운동이라는 행동적인 면 외에 정신사적인 抗日史의 과제를 요약 정리하였다.

　제4장에서는 「新3·1運動論과 그 方向」을 서술하되 국내외에서의 초기 계획 과정에서부터 民衆示威 운동에 이르기까지의 몇 갈래 특징을 제시한 뒤 3·1운동의 전개와 경과 그리고 再評價의 순서로 새로운 감각을 나타내고자 노력하였다. 그 가운데 주목할 것은 3·1운동 계획 과정에 있어서 天道敎徒들의 기여를 높이 평가한 점이다.

즉, 본 서 80면에 의하면 天道敎의 3·1運動 계획은 1910년 9월 30일부터 시작되었는데 그것은 甲午(東學革命)와 甲辰(신생활개화운동)의 혁명 및 개화운동정신의 계승이었다. 처음에는 普成社 팀이 계속 주장해 오다가 1917년 6월 1일 權東鎭吳世昌 등과 연합하여 수차 거사일을 결정하였으나 不如하였는데 1919년 1월초 東京 韓國人 유학생들의 독립선언문 초안과 고종의 毒殺이 직접 자극 고무되어 他敎 및 學生層 기타 大衆을 망라한 민중 봉기를 협의, 3월 1일 독립 만세 시위운동을 일으킨 것이고 그것이 국외로까지 복합적으로 파급 확산된 것이었음을 지적하였다.

3·1운동의 재평가를 이렇게 몇 가지로 요약해서 제시한 바 있다. 첫째, 이 운동은 맥락적인 정치의식이 개화 의식에 의해 태동한 民衆運動으로서의 가능성을 시사하고 있었기 때문에 市民革命運動의 의식을 바탕으로 한 자립 자활의 범국민운동이었다. 둘째, 초기의 계획 과정으로부터 시작하여 민중 연합전선의 형성에 이르기까지 市民에 의하여 국내외에서 폭발되었으되 그것은 상호보충적 자극적 민족 울분의 스파크로 인해 가능해진 국민 단합과 총화의 창세기적 民族主義 의식 성장의 민족 운동이라고 말할 수 있다. 셋째, 實學 인식의 開化사상이 獨立사상으로 연결 맥락지어진 것이 民衆化한 전통 사상을 배경으로 하였으되 그것은 외래사조의 영향이 아닌 內在的으로 성숙 발전되어 온 자주의 전통이 力動的으로 표면화한 것이다. 때문에 국제정세의 국내적 해석과 고종의 毒殺 사태, 독립선언, 헌병 경찰통치의 극렬화로 인한 全階層의 항쟁 의식이 복합적으로 누적되어 민중적 불만을 폭발케 한 것이다. 넷째, 이 운동은 뚜렷한 지도자는 없었다 해도 독립완수라는 민족 전통의 숙원에 따라 농어민을 다수 참가시켰고 學生·商人·勞動者·工業종사자·敎師 등의 계층을 차례로 大同合流시켰으여 宗敎人으로는 기독교와 천도교인이 가장 많이 참여하였고 다음이 佛敎 儒敎의 순서였으나 無宗敎人의 참여 또한 적잖은 비율을 나타냈다. 다섯째, 1910년 이래 무정부 상태에서 근대적인 성격을 띤 國民의 正統政府를 해외에 탄생시켰으며 비로소

민족 진로의 方向을 결정하여 獨立戰爭의 의욕을 증대시켰을 뿐 아니라 海內外에서 통제적 사명을 띠게 함으로써 안정감을 주었고 자신감을 팽만케 하였다. 여섯째, 조직적이고 구조적으로 1945년까지 항일투쟁 즉, 독립전쟁을 연년 지속시켰다. 都農間에 조직화된 민족 운동의 형태를 확정지음으로써 民族國家 형성을 추구하여 나갔다.

일곱째, 민족의 무한대한 저력을 국내외에 과시함과 동시에 일본에 동조하던 세계 제국에게 한국인의 근본적인 독립 문제를 정당하게 평가케 하는 계기를 만들어 주었다. 즉 중국의 5·4운동이나 印度의 사티야그라하 운동 같은 자활책에 선구적 영향을 불러일으켰던 것이다. 따라서 아시아 전 지역의 민족자주화 운동을 촉진시킨 교훈을 던져 주었다. 여덟째, 국내외에서의 새로운 형태로의 민족 운동을 가능케 하였으므로 분명히 成功한 민족주의 운동상의 한 가지 의미를 부여할 수 있겠다.

제5장의 「3·1運動 60周年의 意義와 方向摸索」에서는 제4장의 3·1 운동 관계를 더욱 부연하고 다른 분야에서의 기여도를 집중적으로 다루었다. 즉 1. 사회적 측면에서 본 獨立意志 2. 實學사상의 民族主體化運動 3. 第2自主獨立宣言書의 民族史的 意義 4. 民族運動上의 女性의 位置 등을 다루었다. 독립사상의 배경을 전통 사상에서 推出해 내고 있음은 저자의 독특한 견해이며 學說의 中心 개념이기도 하다. 「3·1운동사론」에서의 언급을 보다 구체적이고 보충적으로 설명하여 제6장에서 논급한 「民族精神의 潮流와 그 方向」을 따로 설정하고 실학·개화·척사 사상을 집중적으로 취급하였다. 민족 운동상에 있어서 소홀히 다루기 쉬웠던 女性의 기여도를 저자는 높이 평가하였다. 그간 민족 운동상에 있어서 女性의 기여도를 논급한 분으로는 丁堯燮·鄭世鉉·朴容玉 교수 등이며 주목할 論著 속에서 다루었는바 저자는 1979년에 「韓國近代女性開化史」라는 국판 500 面에 달하는 여성 문제를 학술 겸 교양서적으로 간행하여 독서계에 선을 보인 적이 있다. 여기서 저자는 3·1운동에서의 각계각층 여성의 기여도를 차분하게 史論과 개설 형식으로 취급하였다.

　제7장에서는 「3·1獨立運動 評價의 限界와 解釋의 問題點」을 다루어 3·1운동 연구 방법상의 異見을 제시하였다. 史料 선택과 그 해석에 따라 애국자가 하루아침에 親日派로 몰리는 경우를 보고 안타까워서 나의 견해를 피력한 것이다. 손병희나 이승훈이 엉뚱하게 평가되고 있어 그에 관한 문제점을 제시한 것이다. 물론 연구 방법이나 평가의 방향이 학자적 연구 태도와 관련하여 자유로운 영역에 해당함은 두말할 여지도 없이 至高하고 당연한 것이다. 그러나 正史料도 아닌 일본 헌병이나 밀정들의 보고문을 그대로 인용하여 애국자의 입장을 난처하게 평가함은 한번 생각해 볼 연구 태도인 것이다. 저자의 前示 3·1운동사론은 國外 자료를 인용·소화한 것보다 國內 資料를 검토·비판하여 응용하였기에 논조 자체도 사회 경제사적 立論의 展開와는 양상을 달리하고 있는 것이다. 이 점이 「3·1운동사론」이 갖는 특징이며 장점이라고 표현하면 자랑일는지 모르겠다.

　제8장은 「1920年代 民族賞力養成의 方向」을 다루었는바 이는 3·1운동 이후 민족 진로 중의 하나인 실력 갖추기 운동의 일환으로 國産品 애용 운동을 강조한 내용인 것이다. 제2의 國債報償運動이라고 할 실력 양성 운동의 첫 봉화와 그 계기를 같은 뜻을 가진 學生들의 모임인 自作會의 국산품 애용운동에서 찾고 있음이 특징이다. 단지 民立大學 문제가 중점적으로 이 저서에는 들어 있지 못한 것은 이 관계의 논문을 미처 수록하지 못하였기 때문이다. 재판을 발행할 때 보충할 예정이다. 제9장은 「日帝被占下 韓國漁民의 漁權守護運動」을 취급하여 농촌 어민의 저항 운동을 각종 통계 자료와 단체를 통해 추적해 보았다. 제10장은 「國民代表會議 召集의 基本目標」를 취급하였는바 「國代」 소집의 배경·이유·원칙·이념·의도·결과를 차분하게 검토하였다. 대한민국 임시정부의 출범이 국내외 獨立志士들에게 모두 승복될 수가 없어서 「國代」를 소집하여 「臨政」의 創造 내지는 改造를 논의한 것인바 이는 1921년 2월에 소집하여 1923년 1월에야 開幕되었으나 5개월간 討論만 풍성케 하였을 뿐 효과를 보지 못한 채 결렬되고 말았다. 그러나 이것이 계기와 자극이 되어 臨政의 지휘 통수권이 강화되

고 자체 정비에 박차를 가하게 해주었다. 3·1운동 이후 민족 운동의 방향도 近代性을 띠어 가는 증거로 평가해 봄이 타당할 것이다.

한편 獨立志士들의 外交的인 독립에의 열망은 김규식을 파리에 파견하거나, 구미 위원부의 설치 등으로 활기를 띠다가 1921년 11월부터 1922년 2월까지 3개월간 美京에서 개최된 太平洋 會議(9개국 대표 참석)에 독립에의 가능성을 걸고 청원과 승인을 요청코자 해내외 동포의 성의와 함성을 한데 모았었다. 이를 구체적으로 학술 논문화한 것이 제11장의 「太平洋會議에의 韓國外交 後援目標」였다. 제12, 13장은 「日帝被占下의 韓國政治史論과 그 方向」과 「韓國近代史의 回顧와 展望」을 다루었다. 일본 강점하에서의 연구 성과와 近況을 설명하고 헌병 통치 고등경찰통치 「臨政」의 위치, 식민 통치의 반성과 전망을 12장에서 취급하였고 근대사연구의 성격과 史料의 해석 문제와 그 方向을 제시한 것을 13장에서 강조하였다. 제14장에서 제17장까지는 李鍾一, 朴殷植 등의 업적을 논술하였다. 특히 朴殷植의 平和思想은 새로운 각도에서 다루어 그의 이 같은 신앙의 범위와 특성이 있음을 學界에 제시하였다.

이상과 같은 내용은 그동안 저자가 계속 단행본으로 出版한바 있는 「韓國現代史硏究」(1972), 「日帝時代史의 硏究」(1974), 「韓國現代史散考」(1975), 「韓國開化百年史」(1976), 「韓國現代史의 理解」(1976) 「韓國近代史의 再發見」(1981) 등에서는 취급치 못하였다. 이상과 같은 몇 가지 저서들 속에서도 3·1운동 관계의 내용이 취급되었으나 새로운 감각이나 연구 방법은 제시하지 못하였다. 따라서 본격적이고 전문적인 의미에서 3·1운동 관계의 史論을 集合시켜 놓았던 것이다.

3·1運動 硏究의 觀點과 展望

韓國近代史의 분수령인 3·1운동사에 관한 연구의 문제점을 지적하는 글 가운데 편집자의 요청 때문에 부득이 저자의 몇 가지 저서를 대상으로 취급하였음을 양해삼아 전제해 둔다.

3·1운동은 우리 근대 민족 운동사의 큰 湖水로, 이 이전의 모든 近代 민족운동의 물줄기가 이리로 흘러들어 오고 이 이후의 모든 근대 민족운동이 여기서 흘러 나가는 것을 실감할 수 있다고 千寬宇 씨는 近代民族의 位置를 설명하고 있다. 金泳謨 씨는 3·1운동의 주도 세력은 하층 중간계급 출신의 지식인에 의하여 평화적으로 인도되다가 地方으로 擴散되고 폭력화함에 따라 민족지도자 중심적 핵심 운동이 小農民, 小商人, 지식인, 手工業者, 勞動者 중심으로 발전해 갔다고 지적하고 있다. 申福龍 씨는 정치 사상적 측면에서 볼 때 民族自生的 歷史意識의 産物임을 제시한 뒤 세 갈래(佛敎, 東學, 基督敎)의 護國信仰이 배타성을 지양하고 行動을 통일함에 있어서의 3·1운동의 의미를 부여하고 있다. 그는 소수의 영웅이 主體가 아니고 無名의 民衆들이라고 주장하고 있다. 金龍德 씨는 社會經濟的 側面에서 이 운동을 甲申政變 이래 民族主義의 發現이며 農土·林野 등 日帝收奪에 항거한 民意의 총화임을 시사한 뒤 그것의 산발적 抗爭이 獨立宣言에 모여 點火된 것으로 보고 있다. 崔永禧 씨는 불길 같은 獨立意志는 韓民族의 깊은 뿌리라고 주장하면서 3·1운동의 발발은 외래적 영향이 아님을 암시하고 있다. 愼鏞廈 씨는 3·1운동의 발발은 민족자결주의와는 전혀 관계없이 일어났음을 강조하였고 李鉉淙 씨는 그와 관련하면서 민족사적 맥락 의식에 따라 봉기된 것으로 판단하고 있다. 金允植 씨는 近代文學史 출발점으로 體系 형성의 기틀을 마련하였다고 재조명하였고 金容稷 씨는 文體性格 등 개혁의 계기를 마련하여 寫實小說과 近代詩를 탄생시켰음을 지적하였다. 黃性模 씨는 史上 첫 民衆 집단 의사로 近代를 향한 王權 결별의 순간이라고 한 뒤 국민 모두에게 國家意識을 심어 주었다고 되새겼다. 崔昌圭 씨는 정치사적 의미에서 민족 봉기를 世界史的 驚異로 평가하면서 暴動으로 보는 植民史觀의 오류를 범해선 안 된다고 못 박고 저항 속의 創造로 近代의 길을 앞당기게 되었다고 했다. 朴忠錫 씨는 政治主體의 民衆이 등장하였음을 시사하고 心情的 次元을 극복하되 그동안의 연구 성과를 보면 결과보다 可能性 등 전체 파악이 미

흡하다고 아쉬워하였다. 鄭世鉉 씨는 近代的 學生 계층을 형성하였고 2·8운동으로 行動化하였다고 했다. 崔東熙 씨는 국민 의식화 작업 15년에 人道的 示威의 原動力이 되었다고 보았고 朴容玉 씨는 女性史的 측면에서 전통적 忠節觀을 극복하고 교육을 진흥하여 지도층으로 부상되고 있음을 지적하였다. 金昌洙 씨는 近代改革運動의 시발점으로 보고 民主共和國의 수립의 계기로 의미를 부여하고 있다.

그 외에도 趙璣濬, 姜萬吉, 申一澈, 尹炳奭, 安秉直, 金鎭鳳, 金鎬逸, 申載洪 등 다수의 학자가 그 史觀 정립에 심혈을 경주하고 있다. 저자의 견해는 첫째, 3·1운동은 천도교의 선도적 민중운동의 맥락에서 이루어졌고 둘째, 實學, 東學, 開化, 斥邪, 基督教 사상의 복합적 영향으로 성립되었으며 셋째, 민족자결 원칙보다는 內在的으로 성숙 발전한 自主自立의 전통이 구심점과 引火黙이 되었다. 넷째, 저항을 통한 開化의 의지로 그 이후 27年間 並行되다가 민족의 광복을 맞고는 그것이 저력이 되어 현대 한국의 近代化를 앞당기게 되었다. 48人의 主導的 봉기가 全民衆 계층 의식으로 확산 파급되어 갔다는 점을 지적해야 한다. 이 운동을 사회제도 및 구조의 산물로 파악하고 평가해야 하며 실증 연구를 통한 확고한 史觀을 제시할 때가 왔다고 본다.

9. 第2獨立宣言書와 民衆意識
- 獨立宣言文의 民族史的 分析 -

序　論

　　國難을 당한 이후 國家 없는 민족은 탈취된 「국가적 상황」을 다시 찾으려는 피나는 노력을 경주해 왔음이 동서고금 여러 나라의 경우 흔히 목격할 수 있는 역사적 배경을 가지고 있다. 20세기 초 우리나라의 경우에도 고달픈 이 같은 역사적 상황은 예외일 수 없었다. 그들에게 가장 절실한 것은 국가의 완전한 회복에 있었으며 그의 방법은 독립을 이룩하는 최선의 과정이었다. 그것을 달성하기 위해서는 독립의지가 충만한 한두 인사로 이루어지는 것이 아니고 국민적 지지와 합의가 뭉뚱그려져야 한다. 이건 가장 기초적이고 상식적인 독립운동의 전개과정인 것이다. 이 과정을 전 민중에게 알리고 호소하며 그래서 찬성과 폭넓은 지지 참여를 불러일으킬 수 있는 신속하고도 설득력 있으며 行動性과 力動性이 동시에 동원될 수 있는 커뮤니케이션이 이루어져야만 所期의 성과를 거둘 수 있는 것이다. 그 민중적 애절한 호소의 구체적 전달방법이 「독립선언서」인 것이다.[1]

　　따라서 이 같은 의미와 입장에서 드래프트된 한국 독립을 위하고 투사에게 고무적인 「힘」과 「열」을 심어 주려는 독립선언서는 그것이 곧 민중적 차원에서 국가회복적 차원으로 격조 높게 전개되어 소기

---

[1] 獨立宣言書는 國內外를 통해 50餘個가 되며 그 성격은 國外의 선언서가 더욱 과격하고 충격적이며 行動性, 力動性이 넘쳐흐르고 있다

의 목적을 달성할 수 있게 되는 것이다. 미국의 독립선언서가 그러했으며 인도, 멕시코 등 여러 나라의 경우에서 이 「매개체」는 큰 초능력적 위력을 발휘할 수 있었다. 특히 세계 독립운동사상 가장 끈질기며 격렬한데다가 최장기적 항쟁을 중단 없이 지속화시킨 운동은 우리나라의 경우 40년 역사가 이를 기록적으로 입증한다고 볼 수 있다. 때문에 빼앗긴 조국의 완전독립을 갈구하는 우리 민족자립의 구체적인 절규와 염원이 가득 채워진 간절한 문서를 「독립선언서」라고 규정짓고 있다. 이 같은 종류의 애절한 독립선언서는 수십 종에 달하고 있으며 그것은 국내외에서 제작·인쇄·반포되었다. 그런데 우리가 독립선언서라고 하면 통속적으로 1919년 3월 1일 서울에서 제작·배포·낭독된 「3·1독립선언서」를 연상하게 된다.2) 그만큼 3·1독립선언서는 모든 독립선언서 가운데 대표적인 것이고 민족사적 견지와 지속적 의미에서 성공을 거두었을 뿐 아니라 효과면에서도 두드러진 경우를 보여주었기 때문인 것이다. 따라서 3·1운동을 전국적으로 파급, 확산시킬 수 있도록 가능성을 부여하였기 때문임은 물론 해외에서의 영향력도 국내 못지않았던 것이다.

그러나 이 같은 「거국거족적」인 민중혁명으로서의 가능성을 제시하여 역사적으로 평가를 받고 있는 3·1운동은 그것이 天道敎·불교·기독교 등 전국의 종교계가 대표하여 인도하였다는 면에서 더욱 「전계층」의 대동참여라는 민중의식을 부여할 수 있음에도 불구하고 1919년 3월 1일 이후 1년 동안 지속되었던 단편적인 민족운동으로 평가받기에 이르렀던 안타까움과 아쉬움이 溫存해 있었던 것이다. 다시 말하면 「지속성」 있고 「부단한」 민족운동으로서의 「열기」와 「항쟁」이 단편적인 저항으로 소강상태를 유지하였을 뿐이었기 때문이었다.

그런데 지난 3·1운동 60주년을 맞이하면서 저자가 새로 발굴하여 세상에 공개한 원문 「자주 독립 선언문」은 그것이 3·1운동 이후 3년

---

2) 李炫熙著 1975 《韓國現代史散考》 探求堂刊 參照

만인 1922년 3월 1일을 기해 천도교인 단독적인 시위항쟁으로 구체화될 찰나에 있었다는 놀라운 의미로 파악해 볼 때 매우 주목치 않을 수 없는 「대항쟁의 지속성」을 웅변 이상으로 대변해 준 쾌사인 것이다.3) 더욱이 이는 천도교인 가운데 그 종교의 직영인쇄소인 普成社를 중심으로 하여 3·1운동의 열기를 재현한다는 聖스러운 취지 하에 단독적인 모의와 시위운동을 전개하려 했다는 끈질기고 지속적인 민족운동의 절규라는 면에서 평가되지 않으면 안 될 것이다. 따라서 저자는 이를 「제2의 독립선언서」라고 명명해 보았다.4) 그러면 이 第2의 獨立宣言書는 무엇이며 그 내용과 역사적 의의는 어떻게 評價해야 할 것인가, 이것을 해명해서 韓國獨立運動史上의 位置와 意味를 부각시켜 보고자 시도해 본 것이 본 小論考의 작성 의도이며 착목한 동기이기도 하였음을 밝혀 두고 그 번역문을 먼저 실리고 원문을 함께 並錄해 보았다. 원문 번역에 약간의 무리가 있지 않을까 하는 저자 나름으로의 의구심과 함께 용기를 내보았음을 아울러 양해삼아 적어 둔다.

獨立宣言文의 內容

獨立宣言文은 곧 우리가 어떠한 역경, 시련, 압제, 신음, 고통 속에서도 그 狀況을 기어이 극복하고 「독립을 선언」한다는 당당한 태도를 보이고 있는 점과 저항뿐 아니라 유구한 文化와 傳統 그리고 平和를 자랑하는 우수한 민족임을 내세우고 있음이 특징이었다.

---

3) 李炫熙著 1979 《3. 1 運動史論》 東方圖書刊 參照.
4) 1922년이 壬戌年이므로 나는 「壬戌獨立宣言書」라고 이름을 붙여 보는 것이 좋을 것 같다

自主獨立 宣言文(번역)

존경하는 天道敎人과 民衆 여러분! 우리 대한은 당당한 자주독립국이며 平和를 애호하는 세계의 으뜸 국민임을 재차 선언합니다. 지난 己未年의 獨立萬歲運動은 곧 우리의 전통적인 독립의 의지를 만방에 천명한 것이고 국제 정세의 順理에 병진하는 자유 정의 진리의 함성이었습니다. 그럼에도 불구하고 日本의 武力的인 압박으로 말미암아 우리의 자유와 평등을 주장한 이 자주독립운동은 몹시 가슴 아프게도 꺾이었습니다. 우리의 지난 民族宗敎界 대표들은 자진해서 일본 경찰에 체포되어 갔습니다. 그것은 당당한 우리의 平和的이고 良心的인 행동으로 독립의 절규를 상징하는 일대 시위운동이었습니다. 그들은 우리 대표를 갖은 곤욕과 무질서한 문초로 위협하였습니다만 우리는 결코 비굴하거나 투항하지 않았습니다. 우리는 마침내 다시 풀려나 자유의 몸이 되었으나 半島 三千里가 모두 감옥이나 다를 바가 없습니다. 우리의 독립을 위한 투쟁은 이제부터가 더욱 의미가 있고 중요합니다. 뜻 맞는 동지끼리 다시 모여 己未年의 감격을 재현하기 위해 天道敎의 普成社 社員 一同은 재차 봉기하여 끝까지 조국의 독립을 위해 身命을 바칠 것을 결의하고 선언하는 바입니다.

아! 우리 민중들은 차마 亡해 가는 聖스러운 나라를 그냥 방치해 두렵니까, 좌절해서는 아니 됩니다. 진실로 우리나라 우리 집을 위해 한두 사람의 지사가 없단 말입니까, 비참하고 슬픈 일이 아닐 수 없습니다. 運이 다해서 그렇습니까, 命이 다해서 그렇습니까, 우리는 일어나야 합니다. 그래서 섬나라 사람은 섬으로 보내고 대한 사람은 대한을 지켜야 합니다. 비록 우리가 지금 압박과 질곡 속에 얽매어 있다 해도 우리는 틀림없이 光復하고 말 것이니 민중이여 안심하고 경건하게 이번의 독립시위운동에 참가하십시오. 우리의 歷史는 반만년의 빛나는 전통과 유서가 있는 것이고 근대적 忠義와 도덕의 根源이 깊은 것일 뿐 아니라 宗敎와 文學이 융창하고 밝아서 그 沛澤이 日本을 살찌게 하였습니다. 그러므로 우리는 그들보다 優位에 있음을 긍지로 알아야 하겠습니다. 우리의 國魂이 건재하고 견고하면 우리는 결코 亡하지 않습니다. 이제 문득 국제정세를 살펴보건대 시급히 도모하여 독립시위운동을 하지 않으면 自存永生할 수 없으며 銳意 抗拒하여 日本을 放逐하지 못하면 결코 발전할 수 없음을 명심해야 합니다. 지금 살고 있는 것은 사는 게 아닙니다.

日本도 己未年 이후 무단적인 憲兵警察統治를 고쳐 유화정책을 쓰고 있으나 이는 高等警察統治이므로 기만당해서는 아니 됩니다. 우리의 절대적인 주장은 오로지 독립이 있을 뿐입니다. 우리 民族의 진로에는 오직 自主獨立이 있을 뿐입니다. 사회주의 풍조를 불식하고 오직 民衆國家 건설에 매진하고 일본의 甘言利說에 기만당하는 간사한 어리석음을 깨끗이 씻어내야 할 것입니다.

민중 각자는 짚자리에 잠자고 창을 베개로 하며 또 끓는 물속이나 불속의 형세라도 흔쾌히 뛰어들어온 누리가 자주 독립되게 하여 日月이 다시 밝아지면 어찌 한 나라에 대한 공로만으로 그치겠습니까. 진실로 후세에 이 말을 전하여 훌륭한 조상이 되어야 할 것입니다. 지난번 비록 미국 워싱턴의 太平洋會議에 거는 독립에의 원대한 계획이 수포로 돌아갔다고 해도 우리의 독립의지에는 변함이 없는 것입니다.

우리의 앞날에는 영광과 행복이 있을 뿐입니다. 어서 이 독립운동 대열에 참여해 주시길 간절히 비는 바입니다.

　　　檀紀 4255年 3月 1日

　　　　天道教 普成社 社長 李鍾一 外 一同

自主獨立宣言文(原文)

爲尊奉天道教人及民衆僉君子! 再宣我大韓則以爲堂堂自主獨立國, 平和愛護之世界首等國民矣. 去己未年之獨立萬歲運動, 乃擧世傳統民之獨立意志闡明, 爲國際情勢之並進順應, 以自由正義眞理之喊聲, 然而因日本之武力壓迫故, 我等絶叫自由及平等, 此自主獨立運動, 則竟爲折痛之心, 我等去民族宗教界代表 以爲自進被逮于日本警察, 彼行動, 以堂堂我等之平和的良心的行動, 爲獨立之絶叫象徵示威運動矣, 彼等, 以亂次問招又加脅威, 以我等代表, 而決爲否抗卑屈又投降矣. 我等遂再解軌, 以遂自由之處所而無異專爲半島三千理監獄也. 我等之爲獨立闘爭, 則 重爲做始. 合意同志, 以再結合, 爲再顯己未年之感激, 吾普成社社員一同, 欲再次蜂起, 以賭身命, 鬪爭于至終局, 決怠又宣言耳.

尤嗟我全域民衆, 忍任他一聖國黑死地, 斷決不頓挫, 爲眞我國我家, 胡無一二人之志士, 無不慘矣'憾矣. 此則運邪命邪, 我等決起. 爰島人乃 歸去島國, 半島人乃墨守半島全域, 雖我等至甌壓桎,必有歸光復, 民衆僉 君子! 同參安虜以今般獨立示威運動, 我等之歷史, 有半萬年光輝之統緖. 不但近代的忠義道德之根源益深, 早已明隆昌宗敎文學, 此沛澤沾漑又肥 盛于日本境域, 爰知自矜我居優位矣. 我國魂健固 則我不爲亡運也..

一朝顧察國際情勢, 非急圖獨立示威運動, 則決不能自存永生, 非銳意 抗拒放逐日本, 則決銘不能深厚發展也. 生以至今, 此非生存自明矣.

日本亦己未年以後, 改武斷的憲兵警察統治, 擧有和政策, 而因此示高 等警察, 決否爲欺誑矣. 我等最主張, 專有獨立, 嵌銘胸裡, 蹶起逐日本于 其本土. 我民族之進路, 惟有白主獨立耳. 以拂拭社會主義風潮, 爲邁進 民衆國家建設, 決以爲淸算日本甘言利說之奸愚謀, 民衆僉君子, 寢苫枕 戈, 又皆赴湯蹈火之形勢 快投期區宇再守歸獨立, 以見天日之復明, 奚但 止爲功於一國乎, 眞宗是有辭說於後世, 爲有卓絶祖上, 去般雖歸水泡美 京太平洋會議獨立遠大期待, 我等獨立意志、 決不變矣. 我國之前途, 有 光榮及幸福耳, 促使同參懇願此獨立運動隊列矣.

檀紀 4255年 3月 1日

天道敎 並成社 社長 李鍾一 外 一同

이상의 번역문과 원문이 함께 공개되어 學界에 비익되는 바 적지 아니하리라고 믿거니와 이는 독립운동을 한층 더 빛내 주고 천도교 측의 우국적 성격을 명백히 부각시켜 준다고 지적할 수 있겠다.5) 그 러면 독립선언문은 어떻게 어떤 과정과 경로에서 제작되었는지를 檢 討해 보아야 하겠다.

獨立意志와 獨立宣言書의 製作 經緯

지금 번역 소개한 「자주독립 선언문」은 말미에 보이는 바와 같이 「

---

5) 李炫熙 1979 「3. 1獨立運動에 關한 硏究, 《誠信女大 硏究論文集》第12輯 參照

천도교 보성사 사장 이종일 외 일동」으로 표시되고 있어 우선 그네들 단독적인 입장에서 이것이 기초되고 제작된 것 같다. 이것은 저자가 정리해 이미 공개 기여한 「묵암비망록」에 의하여 이종일 등 신문개화에 공헌한 왕년의 「제국신문」팀에 의해서 연구, 검토된 뒤에 묵암의 초안에 따라 제작된 것으로 보인다.6)

묵암 이종일은 잘 알다시피 민족대표 33인 중의 한 분이며 천도교 대표 15인 가운데 한 분이기도 하여 동지와 같이 3월 1일 명월관지점 태화관에서의 의암 손병희 등 참여하에 그 자신이 독립선언서를 낭독하고 한용운의 만세 선창으로 간략한 독립선포식을 마친 뒤 투항이나 항복, 패배가 아닌 스스로 당당하게 체포되어 갔다.7) 그는 손병희·오세창·권동진·최인.·이승훈·한용운·함태영 등과 함께 독립선언 관계 인사들 가운데 가장 최고형인 3년 징역형을 선고받았다. 3년을 복역하는 중에 신영구 등 보성사 동지들이 면회 오는 기회가 있을 때마다 이종일은 동지들에게 「우리에게는 오직 독립이 있을 뿐이니 이를 위해 평생을 바칠 각오가 되어야 한다」고 언필칭 은근히 강조하면서 재거(再擧)의 기회포착을 위해 좌절하거나 의기소침하지 말 것을 당부하였던 것이다.8) 용기와 신념을 넣어 주려고 면회 간 동지들이 오히려 이종일로부터 설득을 당하고 용기를 얻어가지고 오는 일이 많을 정도였다. 그는 법정에서도 「기회만 있으면 독립운동을 다시 계속 할 생각이다」라고 당당하고도 의기에 찬 열변을 토하는가 하면 「한일합방을 처음부터 반대하였다」고도 주장하는 등 독립투사로서의 기백과 신념을 지니고 있었던 것이다.9) 그는 감옥 안에서도 변절자가 생기는 것을 보고 안타깝게 여기면서 독립투사로서의 몸가짐에 관해 소신을 피력한 사실도 그의 회고록인 비망록에

---

6) 李炫熙著 1979 《韓國近代史의 摸索》二友出版社刊 第14章 pp.319~330 參照
7) 中福龍, 1975 「3. 1운동사 연구에 있어서의 몇 가지 문제점」 건국대학교 대학원 논문집 제3집 pp.71~84 참조 (以堂堂我等之平和的良心的行動)
8) 묵암 선생의 메모렌둠 참조
9) 李炳憲編著 《3·1運動秘史》 參照

간간이 보이고 있음으로써 용기 있고 철학 있는 신념의 독립투사요, 개화사상가로서의 진취성을 엿보이게 하는 것이다.10) 그는 오세창·권동진·최인·한용운·이승훈·함태영·김창준 등 민족대표(48인 포함)와 같이 3년 만기 징역형을 3개월 앞둔 1921년 12월 22일 소위 가출옥 형식으로 석방되었다.11)

그가 제2의 독립선언서를 제작하여 출옥과 동시에 제3회와 3·1절을 기해 독립시위운동을 추진, 실현시키려 본격적으로 계획한 것은 옥중시절인 1921년 10월 6일경부터였던 것이다. 이날 찾아온 側近동지들에게 만기 출옥이 되는 1922년 3월 1일에는 무의미하게 지낼 수 없으니 무슨 큰일을 일으켜야 되지 않겠느냐고 은밀하게 거사 준비를 암시하되 의암 손병희의 병환도 중하고 하니 우리 보성사 팀이 중심이 되어 단독으로 서울시민을 기반으로 해서 재차 봉기하면 우리 민중의식과 그 기백이 건재, 生動하고 있다는 사실이 일제에게 따끔하게 전달될 것이 아니겠느냐고 권유하였던 것이다. 그가 가출옥한 그 해(1921) 12월 22일 사이에도 몇 번 側近동지들을 만나 거사에 필요한 절차를 의논하고 흩어진 보성사 직원을 다시 모아12) 그들이 선봉이 되어 서울 시민과 합세하여 독립선언서를 낭독하고 만세시위운동을 전개할 것을 옥중에서 구상하고 파고다공원을 그 장소로 물색하였던 것이다. 그것은 그곳이 서울의 중심지이고 항상 시민이 많이 모이고 있으며 더욱이 3월 1일은 비상한 관심 속에 모이는 시민의 수가 급증할 것을 좋은 「디데이」의 조건으로 생각한 것 같다. 따라서 그 자신이 직접 옥중에서 독립선언서의 초안을 작성해 둔 것 같다.13) 물론 이것이 실제로 금반 입수된 내용과 얼마만큼의 가감과 수정이 있었는지는 확인할 길이 없으나 크게 달라진 것은 없는 것

---

10) 묵암 선생의 메모렌둠 참조
11) 3·1소요사전관계문서 참조
12) 동지는 약 60~70명 선인 듯함이 관계자료에 의거 파악되고 있다
13) 原文의 내용 속에서 한국이 文化민족으로서의 긍지와 함께 높은 自立意志가 있음을 엿볼 수 있다

같다.

가출옥한 뒤 1922년 1월 6일 미국 워싱턴에서 개최 중에 있던 태평양회의(군비축소 9개국 참가 회의)가 우리나라 문제를 취급치 아니하고 거의 폐막단계에 이름을 보고 매우 안타깝게 여긴 것 같다.14) 그들 천도교 보성사 팀은 이 태평양회의에 국내와의 한국 동포들이 독립을 열망하는 平和的 문서를 보내면서 국내외적인 성원을 아끼지 않아 상당한 독립의 보장과 언질이 있지 않았을까 하는 기대를 걸고 있었던 것 같다.15) 왜냐하면 개최지와 주최국이 미국(하딩 대통령)이고 英·英·日 등 9개국이 참가하는 가운데 일본 같은 나라가 군비문제를 들고 나왔기 때문에 필시 1882년의 한미수호조약을 믿고 미국이 한국의 입장을 고려하여 가능한 한 「성의」를 보일 것으로 믿었기 때문인 것이다. 그러나 결과는 엄청나게도 다르게 나타났다. 미국에 있었던 민족대표 서재필·이승만 등 5명은 회의장인 백악관에 입장도 하지 못하고 돗자리 펴고 기다렸으니 대한의 독립문제가 상정, 토의되기를 바란다는 것은 너무나도 허무한 희망이었던 것이다. 이종일 등은 이 회의에서 우리나라의 문제가 고무적으로 상정만 된다면 1922년 3월 1일을 기해 독립만세시위라도 간행할 계획이었고 감행할 것을 다짐하였다. 그러나 이 회의는 1922년 2월 6일 우리나라의 피압박상태의 문제와는 관련 없이 소위 강대국의 이해문제를 토의하는 것으로 개막 3개월 만에 폐막되고 말았다.

따라서 이 선언서에 태평양회의가 성과 없이 끝났다는 것을 나타내고 있는 것으로 보면 이 선언서가 제작된 시기는 1922년 2월 6일 이후로부터 같은 해 2월 말일 사이에 최종적인 축조심의와 수정보완이 뒤따른 것 같다. 즉, 이 선언서의 원안은 그가 옥중에 있을 때 대강 초를 잡아두었다가 1921년 12월 22일 가출옥된 이후부터

---

14) 李炫熙 1976 「太平洋會議에의 韓國外交 後援目標」《韓國史論叢》 第1輯 誠信女大 國史學科刊《同》1979 《韓國近代史의 摸索》 二友出版社刊 收錄 第11章 pp.246～275 參照
15) 李炫熙 1980 「朴殷植의 平和思想」《東國史學》 第14輯

1922년 2월 6일까지 계획 추진을 병행하다가 2월 6일 이후 태평양 회의 결과가 밝혀진 1주일 뒤부터 본격적으로 심의하고 수정을 가하여 2월 말일 며칠 전에 일단 완료하여 이를 인쇄하였던 것으로 보인다.16) 그러다가 2월 27일에 일본 형사에게 발각되어 압수됨과 동시에 묵암이 연행당한 일이 있음으로써 이 거사는 수포로 돌아가고 말았다. 그런데 다행인지 불행인지 묵암에게 더 이상의 형벌은 가하기 않은 것 같다.17) 다행인 경우는 묵암에게 신체적 고통을 끼치지 않았기 때문인 것이며 불행인 경우는 그들이 이 중대한 「항거사실」을 소위 문화정치라는 고등경찰 통치책을 시행함으로써 그대로 무마하여 국민에게 미치는 중대한 「파급효과」와 「충격파」를 미연에 방지해 보겠다는 고등책략이 국민적 차원에서 차단당했기 때문인 것이라고 저자 나름대로의 해석을 내려볼 수 있는 것이다. 그가 조직한 비밀결사 천도구국단(1914. 8. 31 창립)의 결의문도 각성한 바 있었던 경험을 토대로 이 선언서를 제작하였을 것으로 보인다.18)

獨立宣言書의 書誌的 接近

앞에서 독립 선언서의 제작 경위와 天道敎人들의 독립 의지를 살펴보았다. 그 속에 담겨진 강력한 韓國人의 獨立意志와 信念은 그 어느 때보다 격렬하고 실제적이며 투쟁적 의식이 보이되 1920년대의 平和운동을 지향하는 성격이 보이고 있다.19) 저자가 명명한 「제2의 독립선언서」는 원문이 「자주독립 선언문」으로 표기되었는데 1922년 3월 1일, 3·1운동 3주년을 기념하는 뜻에서 작성되었기 때문에 이미 논급한 바와 같이 그 해가 干支로 임술년이므로 「임술독립 선언서」로 불러도 무방할 것 같다. 이것이 기재되어 있는 원본은

---

16) 묵암 선생의 에모렌둠 비망록 참조
17) 묵암 선생의 기록 속에서 우리는 1910年代 한국민족의 구국투쟁의 피나는
    의지와 신념을 읽어볼 수 있다(月刊中央 1979년 3.4월호 참조)
18) 同記錄 1914年 8月 31日字 參照
19) 李炫熙 1980 「1920年代 國內 平和運動硏究」《아카데미 論叢》第8輯 參照

한지 두 장의 규모이며 總字數는 757자이다. 가로 21센티, 세로 11센티의 크기인데, 앞장에는 종서로 평균 20행 25자가 기재되어 있고, 뒷장에는 15행 19자가 기록되어 있어 뒷장에는 약간 적은 분량이 실려 있음을 확인할 수 있다.[20]

글씨는 半초서체이지만 보관상 문제점이 있었기 때문인지 좀이 쏠아놓은 곳이 여러 군데 있고 마멸된 부분도 있어 이것을 판독하기에 상당한 시일을 요하였다. 그래서 극히 판독키 어려운 곳은 여러 번 궁리 끝에 글자를 맞춘 곳도 없지 않음을 밝히는 바이다. 비망록에 메모해 둔 초고인 듯한 내용이 간간이 보이고 있어 대조해 본 결과 서로 보충적으로 뜻을 연결할 수가 있었으므로 퍽 다행스럽게 생각하였다.[21]

본래의 선언문은 2월 27일(1922) 인쇄 도중에[22] 종로 경찰서 소속 일본인 형사에게 발각되어 압수됨과 동시에 거사도 不發로 끝났다. 따라서 본래의 원문은 압수되어 남아 있지 않은 것 같으며, 단지 보관을 위해 다시 복사해 둔 것으로 보인다. 때문에 원문을 완전하게 옮겨 놓기까지에는 이 선언문과 비망록을 비교 검토하였기 때문에 비로소 가능할 수 있었던 것이다.[23]

그러나 비망록 속에서도 이 같은 내용이 간간이 나타나고 인용한 구절이 있는 것을 보면 이 선언서의 서지적인 가치는 매우 높다고 생각한다.

글씨는 대단히 급히 쓴 것 같으면서도 달필의 운치를 느낄 수 있는 것이다

내용은 다시 설명 평가하겠지만 한말 의병전쟁시의 격문과 박은식의 「한국독립운동지혈사」나 「한국통사」같은 내용이 복합되어 있고 3

---

20) 同宣言書 원안에는 公開한 내용이 다 들어있지 않아 오리지널과 대조 교열하여 앞에 나와 있는 대로 조립해 놓았던 것임을 밝혀 둔다.
21) 어떤 사람은 이것이 草本이라고 말하고 있는 것은 사실과 전혀 다르다. 잘못 알고 있기 때문에 그 같은 무책임하고 신빙성 없는 말을 하여 빈축을 산 바 있었던 것이다. 저자의 노력과 궁리가 없었더라면 이 내용은 영원히 묻혀 버렸을 것으로 생각된다.
22) 1,000여 매를 극비밀리에 인쇄하고 있었던 것으로 보인다.
23) 묵암 선생의 메모렌둠 참조

·1독립선언문, 만주·노령 일대의 무오독립선언문, 2.8독립선언문을 대량적으로 참고하여 유창한 문장과 書體로 헌걸차게 기술함으로써 충동과 용기 그리고 새로운 독립의 신념을 느낄 수 있을 뿐 아니라 한민족의 문화적 우수성과 자립성을 역사적 흐름에 따라 타당성 있게 주장하였다. 이에 읽는이의 감동을 자아내게 하고 있어 서지학적인 면에서도 자료적 가치가 높다.

民族史的 性格과 意味

2백자 원고지로 9장에 달하는 짧은 원문의 번역문이지만 그것이 지니고, 발산하는 내용은 결코 짧은 것이 아니라고 본다. 이 선언서에서의 호소 대상은 먼저 「천도교인」을 지적하고 「민중」을 의식하고 있음을 눈여겨볼 수 있으며 우리나라가 「자주독립국」임을 천명하여 3·1선언을 재차 확인하고 있는데 이 같은 대목은 「평화를 애호하는 세계의 으뜸국민」임을 선양함에 귀일되고 있다.24) 3. 1선언은 또 「전통적인 독립의 의지를 만방에 천명한 것이고, 자유, 정의, 진리의 함성」이라고 하는 양심의 절규임을 분명히 밝히고 있어 당당한 자주국이라는 사실에 주목할 수 있는 것으로, 독립에 대한 기정사실을 재차 확인하고 있는 것이 특징을 이루고 있다.

3·1당시의 자진 체포를 「당당한 우리의 평화적이고 양심적인 행동으로 독립의 절규를 상징하는 일대 시위, 운동」이었음을 표명하여 「비굴치 않고 투항치 않았다」는 사실에 용기를 귀착시켜 주목을 끌게 한다. 그런데 항간에는 소위 현대사 연구가라는 분들 가운데 일부가 자진 체포를 일러 민족대표들이 자수, 투항, 패배 운운하고 매도 질타하는 무분별한 판단을 내리고 있는바 이 선언서의 공개로 그것이 정당하고도 시민들에게 미치는 파급효과를 계산한 대표들의 의미 있는 행동으로 평가해 볼 수 있는 것이다. 그런 자수 운운한 일부 학자가 독립운동사를 집필하거나 계획 편집에 참여하는 자가 모순적 난센스를

---

24) 註 19 參照

범하고 있음은 개탄스러운 일로 크게 반성을 촉구하고 싶다.

　천도교의 민족대표들이 투옥되었다가 가출옥 형식으로 풀려나왔으나 「반도 삼천리가 모두 감옥이나 다를 바가 없기에」 이종일 등 천도교의 수십 명의 보성사 사원 일동은 재차 봉기하여 「독립달성」의 그날까지 최후의 투쟁을 선언하고 지속적으로 독립운동을 수행할 수 있는 기백을 엿보게 하는 것이다. 이는 東學의 구국적 이념과 민중의식을 계승한 것으로 파악해 봄이 타당할 것 같다.25) 특히 이 강토 전부가 감옥일진대 출옥해 본들 이 암흑 속에서 지상의 낙원이 어디 있겠느냐는 그의 절규는 온 국민에게 항일구국투쟁의 진정한 의미를 각성케 하는 촉진제 구실을 착실하게 제시해 주었다고 보여진다. 그의 강력한 민족독립투사로서의 면모가 이처럼 약여하게 부각되는 것은 이 집약된 짧은 선언서 속에 명확히 조명되고 있는 것이다. 따라서 그는 「기미년의 감격을 재현하기 위해 천도교 보성사 사원 일동이」 봉기하여 끝까지 우리나라의 독립을 위해 신명을 바칠 것을 감연히 결의하고 선언하겠음을 명확히 제시하여 그들의 투쟁 목표가 무엇인가를 얼른 체득할 수 있게 방향을 시사해 주었던 것이다. 그것은 두말 할 필요도 없이 완전무결한 자주독립에 있었던 것이었다.26)

　한때는 일본 헌병경찰의 야만적 탄압으로 일시 위축상태에 함입했을망정 중단된 민족운동이 아니라는 사실을 강조하면서 「좌절해서는 안 됩니다」라고 처절하게 호소겸 절규하였던 것이다. 그리고 「우리는 일어나야 합니다」그래서 日本人은 그의 나라로 축출해야 함을 가장 자연스럽고 당연한 귀결로 유도하여 일제침략자들로 하여금 억지를 쓰거나 더욱이 무장탄압 같은 무모하고도 경악스런 천인공노할 야만적 수법을 스스로 거둘 것을 종용하였다. 평화·자유·정의·진리의 우리나라를 독자적으로 애호 유지하려는 한국민에게 맡기라는 시사적 권유와 세계평화에 병진 순응하는 여유 있고 선진적인 느긋한 자세

---

25) 東學思想學術討論會에서 저자가 발표한 주제 「東學思想 背景과 그 意識의 發展」(1980. 11. 22 於新聞會館) 參照
26) 묵암 선생의 메모렌둠 참조

를 취하였던 점을 우리는 주의 깊게 관찰해야 할 것이다. 우리의 현실은 비참하나 「우리는 틀림없이 광복하고야 말 것이니 민중이여 안심하고」 이 임술년(1922)의 민족운동대열에 흔쾌히 참여해 달라고 강조한 것이다. 따라서 우리 역사의 유구성과 文化의 우수성은 일본을 살찌게 하고 계몽시킬 수 있는 여유가 있다는 것을 재삼 확인하려는 의도를 엿보게 하는 것이다. 시급히 도모해야 함과 동시에 「지금 사는 것은 사는 게 아니니」 독립을 쟁취해야만 사는 게 진정으로 사는 것이 라고 지적하면서 일본의 감언이설에 속아 변절하는 일부 몰지각한 동지들을 규탄하고 그 안타까운 심정을 솔직히 고백하였던 것이다.

태평양회의에 거는 기대가 수포로 돌아갔다 해도 「우리의 독립의지에는 변함이 없다」고 절규하고 우리 전도에는 영광과 행복이 있다는 희망을 국민 각자에게 심어주면서 시위운동대열에 크게 동참할 것을 간곡히 기원하였던 것이다.27)

結　論

이상으로 저자가 발굴해서 공개한 「第2의 3·1獨立宣言書」의 史的 의미를 論하였는바 간략하게 그 요점을 지적하면서 결론으로 대치할까 한다.

첫째, 이 선언서는 1919년 3·1운동이 물리적인 면에서 좌절적 시련을 겪자 실의와 의기소침에 걷잡을 수 없이 빠져 들어가는 민족진영의 모든 뜻있는 人士에게 용기 신념 확신을 불러일으켜주었다. 따라서 1920年代의 민족 진로는 鬪爭과 平和, 무장시위와 실력양성을 동시에 전개할 것을 촉구하였다는 면에서 높이 평가해야 할 것이다. 왜냐하면 그것은 日帝下 韓國 36年史를 능동적으로 보존 유지해 나가는 한민족에게 없어서는 안 될 저항과 개화—근대화—에의 첩경적

____

27) 이현희 1979, 《3·1운동사론》 동방도서간행 부록 참조

요소이기 때문이었다.28)

둘째, 이 3·1운동은 지속적 계기성을 강력히 나타내려는 욕구가 충만해 있음을 엿보게 하였다.

셋째, 우리 역사의 유구성과 文化의 우수성이 일시적인 고통을 극복해서 민족의 영광을 되찾게 할 수 있다고 지적하였다.

넷째는 자유·정의·진리·양심·평화로 가득 채워진 우리나라의 독립 의지 때문에 미구에 필연으로 완전 자립이 달성될 수 있다고 그 개연성을 재차 강조 확인함에서 이 선언서가 지닌 强點으로서의 역사적 의미를 지적해 낼 수 있는 것이다. 그렇기 때문에 우리의 그 당시의 전도는 비록 압제·포학·편협·질곡·강요가 위협적으로 계속 뒤따르고 있다 해도 분명히 고통과 시련을 견디고 극복할 수 있다는 자신감이 넘쳐흐르고 있다고 확신하였던 것이다.29)

28) 李炫熙 1980, 1920年代 國內 平和運動研究 《아카데미 論叢》 8 參照
29) 李炫熙著 1981 《韓國近代史의 再發見》 探求堂刊 參照

Ⅲ. 獨立意志와 民衆

1. 國難克服과 自主獨立精神

國難克服과 自立意志

　東西古今을 통해 어느 國家든 외적의 침입을 당하지 않은 경우가 거의 없었다. 그것은 歷史 발전과 팽창이라는 次元에서 不可避性을 부여할 수 있기 때문이다.

　우리나라의 경우라고 例外는 될 수 없다. 오히려 우리의 유구한 歷史는 國難의 연속이라고 지적하지 않을 수 없을 것 같다. 따라서 古代 漢四郡의 침습으로부터 현대 6·25동란에 이르기까지 危機를 克服하기 위한 국민적 총화와 열의가 한데 뭉쳐져 衆智로 自國과 國民을 守護하여 왔음을 우리는 自矜스럽게 여기고 있다. 國難은 한 나라가 당하는 온 국민의 위기의식을 말하는 것이기 때문에 한 국민은 그 가정을 유지하려는 自立意志로써 혼신의 힘을 바치게 되는 것이다.

　우리의 선조들은 外勢에 의하여 侵略을 받았거나 결정적인 危機에 직면하였을 때 철저히 응징하는 自救策의 일환으로 대항하여 격퇴시킨 史例가 과거로부터 허다했었다. 그러나 우리 민족이 스스로 침략적 意圖下에 군사적 경제적 사회적 목적을 펴기 위해 他國에 먼저 侵入한 例는 없었다. 이 점이 곧 우리 민족의 平和性과 共存性을 屬性으로 하는 장점 중의 하나인 것이다. 이 같은 사실은 우리나라 측의 資料에서보다는 外國側 資料 속에서 頻出되고 있으므로 말미암아 증명이 되는 것이다. 白衣민족으로서의 순수성과 思索하는 민족으로서의 哲學性이 周邊國家들에게 감명 깊게 느껴졌을 것으로 判斷되고 있다.

　그런데 우리나라가 歷史上 자주 國難을 당하였던 이유는 여러 가지 각도와 성격에서 규명되어야 하겠지만 몇 가지로 다음과 같은 점을 들 수 있을 것 같다.

國難의 原因과 그 對策

첫째로 우리나라의 自然的 환경에 대한 동경심을 손꼽을 수 있겠다. 우리나라는 아시아 대륙 東北方에 위치하고 있는 아름다운 半島國으로서 오랫동안 大陸과의 가교적 임무를 담당해 왔다. 따라서 北方대륙의 蘇聯이나 滿洲 같은 광활한 지역에서 무수히 興亡盛衰를 거듭하였던 胡族들이 東南쪽으로의 침략적 군사행동을 취해 왔으며 바다 건너 東南方에는 日本이 자리하고 있어 南北으로 항상 침략의 위기에 놓여 있었던 것이다. 이 같은 위기의식은 近 천년이나 계속되어 와서 蒙古 같은 胡族에 의해서는 한때나마 굴욕을 당한 困憊도 甘受했었던 쓰라린 경험이 있었다. 물론 이때 高麗의 官軍民은 총력 안보 의식 속에서 佛力으로 國難을 克服하겠다는 국민적 自立意志로 40여 년을 抗拒하여 마침내 원상복귀되고 더욱 발전한 新興王朝까지 세우는 데 보탬이 되었던 것이다.

이처럼 大陸과의 架橋구실을 自擔해 온 우리나라는 주변국가들의 生活與件을 비교해 보면 월등한 면을 발견할 수 있는 것이다. 즉 自然的인 조건의 우수성이 주변국가의 눈길을 끌게 되었던 것이다. 그네들에게 침략의 대상이 되어 국민들의 安危가 보장되지 못했던 것은 당연한 귀결인 것이다. 우리나라는 春夏秋冬의 계절적인 구분이 명확하고 기후가 고온다습하여 농경에 알맞을 뿐 아니라, 각종 下資源이 상당량 매장되어 있어 그들의 침략을 誘發케 되었던 것이다.

荒蕪地로 뒤덮인 沙漠 같은 나라나, 추위나 더위가 尙存하는 나라에는 침략의 손이 쉽게 미치지 않고 자원이 풍족하고 山川이 아름다우며 기후가 적절한 지역이 침략의 대상이 됨은 불가피한 일이 아닐 수 없다. 우리나라가 古來로부터 빈번한 外來民族의 侵略 속에 克服의 衆智를 짜내지 않을 수 없었던 것은 우리나라의 自然的 환경의 우수성이 그만큼 주변국가에게 知悉되었기 때문이다.

外敵이 우리의 아름다운 금수강산을 유린하고자 할 때 官軍보다는 學問에 종사하는 민간 지식인―學者―이 더 앞장을 서고 獻身的으로 조국을 死守하려는 의지가 強烈함은 곧 아름다운 조국을 사랑하는 소박한 愛國心의 발로 때문인 것으로 간주된다. 조국을 지킨다는 큰 생각은 작게는 조그마한 가정을 수호한다는 本來的 방어 의식에서 出發한 기본적인 애국심인 것이고 自立意志이기도 한 것이다.

둘째로는 우리 國力의 強弱 상태가 여하한 것인가 하는 문제인 것이다. 우리나라의 自然的인 환경이 주변국가의 동경의 대상이 되었다 해서 항상 침략을 받는다면 살기 좋은 나라는 늘 강대국의 支配를 면치 못한다는 모순 된 결과가 나올 수 있는 것이다.

따라서 生活與件이 주변국가보다 우월하면 할수록 그 원형상태를 保衛할 수 있는 '自強'과 '守護力'이 뒤따라야 한다는 사실을 오늘날의 경우까지를 감안해 볼 때 보다 더 切實하고 시급한 國家的 과업이 아닐 수 없는 것이다. 우리나라가 國難을 자주 당했다는 사실은 우리의 國土가 自然환경적으로 우수하였기 때문이라고 判斷한다면 큰 誤解일 것이다. 그것보다 더 重要하게 분석 비판해야 할 점은 自國의 守護能力 여하를 살펴보아야 한다는 문제인 것이다.

國難의 책임을 侵略國家에게로 돌려 규탄성토의 一邊倒로 나간다는 것은 內部의 책임을 外部로 전가하려는 바람직하지 못한 方法이며 評價인 것이다.

우리 自身이 그에 대한 유비무환적인 充分한 대책을 세우지 못하였을 때 야기되었음을 감안하면 歷史의 敎訓으로는 좋은 경고가 될 수 있겠다. 國力을 충분히 길러놓지 못한 狀態에서 侵略을 당하였다고 한다면 이의 책임 소재는 내부에 있기 때문에 지탄을 免치 못하게 마련인 것이다. 국난의 원인과 책임이 실제로 우리나라 측에 있다는 것을 告白치 않을 수 없다. 공연히 侵略者를 비방하고 응징하는 격분에 앞서 왜 國難을 미리 방지하지 못하였는가를 곰곰이 파악 정리해 볼 필요가 있는 것이다. 그 책임은 국가의 구성원인 國民 각

자에게 있기 때문에 국가의 구성원인 國民 각자에게 당연히 죄책이
돌아가게 마련인 것이다.

셋째로는 有備無患의 사전 대비책이 광범위하게 마련되어 있지 못
하였다는 점을 지적해야 할 것이다. 이 말은 經書 가운데 尙書說命 면
이나 左傳에서 연유한 것인데 歷史上 이 문제에 관심을 가지고 실천
에 옮긴 분은 柳成龍·李舜臣·趙憲 등 여러 선각자가 있다.

柳成龍은 戰守 兩者는 다같이 重要性이 있다고 하면서 海防·守城
의 결의가 다짐되고 실천되어야만 外侵을 예방할 수 있다고 주장하
였다. 뿐만 아니라 각종 방어용 器械의 점검, 食糧의 비축, 군수품의
사전관리 등이 수시로 先行되어야 한다고 지적했다. 壬亂 5년 전 日
本은 우리에게 國交再開를 요청하였다. 이때 柳成龍은

> 「國交再開는 서두르지 않아도 됩니다. 그러나 요즘같이 흉년이 들
> 어 邊方의 防備가 如意치 못한 데 日本이 侵入해 온다면 8道 江山에
> 는 소동이 일어날 것이며 훌륭한 將帥가 없어서 우리에게 不利하면
> 대단히 위태로운 事態가 일어날 것입니다. 더욱이 今年은 忠淸·全羅·
> 慶尙의 3道에 가뭄이 들어 赤地千里입니다.」

이라고 하여 日本의 국내정세를 探索함이 國難예방의 첩경이라고 역
설하였다. 이에 따라 정부는 黃允吉과 金誠一을 각기 正副使로 派日
하여 國情을 탐지케 하였던 것이다. 물론 이들의 相反된 국정 보고로
인해 防備를 게을리하여 7년 동안의 壬亂을 겪었거니와 柳成龍은 北
方野人 침입에 대해서도 「北邊五策」을 건의하였던 것이다.

이보다 앞서 李珥는 時勢不一論(위기의식 강조)을 주장하였고 10
萬養兵說도 적극 권장하였으나 실현되지 못하고 말았다.

李舜臣은 壬亂 6년 전에 造山萬戶가 되었고 다음 해 本鎭에서 조
금 거리가 있는 鹿兒島에 屯田을 설치하자 그것을 관장하였다. 그는
당시 上官인 兵使 李鎰에게

「이곳에 兵力을 증강하고 軍事를 훈련시키지 않으면 장차 國防에

위기를 당하게 될 것」이라고 군사력을 증강하여 國難에 대비케 한 건의는 유명하다. 마침내 이 해 이곳에서 전투가 일어났다. 군사적 취약점을 잘 알고 있었던 胡族이 침입하였던 것이다. 그는 잘 닦은 武藝로 實戰을 펴 적군을 격퇴시켰거니와 그는 다리에 流矢를 맞았다. 그러나 아무도 모르게 화살을 뽑고 전투를 督勵하였다고 한다.

　그 뒤 李舜臣은 白衣從軍하는 등 고초를 겪다가 柳成龍의 천거로 全羅左道水軍節都使가 되어 火器 점검, 各鎭 水軍의 훈련, 군수품의 정비재검, 軍紀의 재확립을 도모하였으며 거북선의 재정비로 24척을 확보할 수 있었다. 壬亂이 발발하여 陸戰에서 朝鮮軍이 거의 連敗를 기록할 때 그는 海戰에서 大小의 20여 전투를 승리로 이끌어 國難을 克服하는데 결정적 구실을 다해냈던 것이다.

　물론 陸地에서의 義兵 僧兵들의 구국운동은 눈부신바 있어 官軍보다 오히려 실적을 더 많이 낸 것으로 기록되고 있다. 그 가운데 趙憲의 有備無患的인 구국열의는 높이 사야 할 것이다. 그는 壬亂 前 우리나라에 온 日本使節의 殺害를 주장하였으나 소식이 없자 주춧돌에다가 그 이마를 부딪쳐 유혈이 낭자하였다고 한다. 이와 같은 과격한 行動을 叱責하자 趙憲은 壬亂 발발 1년 전에 이렇게 대답하였다.

　　　　「明年에는 아마 山 속으로 숨어야 할 것이니 그때 가서는 내 생각
　　　　이 날 것이다」

고 말했는데 다음해 마침내 壬亂이 터지고 말았다. 전쟁이 일어나자 그는 門下生인 李瑀·金敬伯·全承業 등 청년을 모아놓고,

　　　　「내 이 날이 오고야 말 것을 알고 있었다. 이제 우리는 義兵을 일
　　　　으켜 왜적을 우리 강토에서 깨끗이 追放함은 물론 다시는 外敵의 어
　　　　떠한 侵攻도 받지 않기 위해 유비무환의 실제적 방비를 게을리하지
　　　　말아야만 百姓된 道理를 다 하는 것」

이라고 감동적인 연설과 함께 湖西義兵을 일으켜 錦山전투에서 왜적

의 호남 침투를 억제하고 수백 명의 동지와 함께 장렬한 최후를 마쳤던 것이다. 이로 인해 湖南으로 馳走하려던 日本軍의 銳峰을 무디게 한 사실은 유명한 실적이었다.

이처럼 國難의 원인을 세 가지로 요약해 보았거니와 國力의 여하와 有備無患的인 예방시책에 더 큰 관심을 돌렸어야만 원만했다는 점을 지적해 본다. 國力이란 군사적 요소의 充實로만 完備될 수는 없는 것이다. 政治的, 經濟的, 思想的 제반 요소가 상호 補完的이고 긴밀한 유대관계를 가지고 國民的 단합으로 종합화될 때 큰 힘으로 구체화되는 것을 알아야 할 것이다. 특히 國難克服은 정치·군사·경제적 힘만 가지고는 완벽해질 수 없다. 文化的인 우월성과 主體意識, 그리고 思想的인 확고한 愛國心의 신념과 전통이 확립되어 있지 못한 國民은 국가와 민족을 死守할 自主意志가 결여되어 있기에 문제점이 있는 것이다.

따라서 國難克服은 自立意志가 先行되고 국가와 민족을 保衛하겠다는 決死的信念이 확립되지 않고는 도저히 不可能하다는 사실을 다시 한번 강조해 둔다.

單一民族意識의 高揚과 主體性

앞에서 言及하였듯이 自强된 國力은 어떠한 강한 國雄도 쉽게 방어해 줄 수 있는 歷史的 教訓을 알았으며 설혹 外侵을 받았다고 해도 莫强한 國力이 침략전쟁을 승리로 인도해 주는 관건이 되는 것을 우리는 現實的으로 知悉해 온 것이다. 그러나 侵略을 당하기 前에 이를 예방하는 슬기는 오히려 國難克服의 시련적인 승리보다 훨씬 지혜로운 대처 방안인 것이다. 그러므로 앞서 말한 有備면 無患이라는 眞理를 새삼 再論케 되는 것이다.

따라서 有備無患은 곧 國難克服의 意志와 저력으로 연결될 수 있게 되어 왔다는 엄연한 歷史的 사실을 우리가 現代史的으로 계승 유지하여 그 精神과 意志 그리고 그의 價值觀을 未來지향적인 적용의 사례로 삼는 데에 더 큰 의미가 있는 것이다. 이 같은 사실은 國防安保的 次元에서 國民的 認識體系가 확립되고 體質化할 수 있을 때 그 眞價 는 현실적으로 절실한 意味를 示唆할 수 있는 것이다.

　비록 有備無患的인 예방이 잘못되어 歷史上 많은 국난을 겪어왔다 고 해서 우리 歷史의 전부를 國難과 연결해 생각함은 온당치 못한 理解이며 더욱이 그로 인해 우리나라 歷史에 대해 自嘲的이고 幻滅 的이라면 이는 重大 誤謬를 犯한 것임을 명백히 지적해 준다. 이를 토대로 해서 보다 더 용기를 배양하고 民族史의 榮光을 위해 헌신하 겠다는 새로운 각오와 方向이 摸索된다면 이 研究課題의 설정상의 의미가 부여되리라고 생각한다.

　國難은 안 당하느니만 못해도 전혀 당해 본 일이 없는 民.族보다는 강인하고 시련을 뚫고 갈 투지 용기와 슬기가 넘친다는 면에서 오히 려 도약을 위한 저력 設定이라는 면에서 바람직하다고도 생각해 볼 수 있을 것 같다. 그것은 연약한 民族이 갑작스러운 고통·난관·시련 에 부딪쳐 당황·초조·불안해하는 것보다는 실제 경험을 토대로 어떠 한 難局도 突破할 수 있다는 면역성, 자신감과 意志가 그만큼 상대적 으로 길러지기 때문이라 본다.

　우리나라가 古代로부터 現代에 이르기까지 헤아릴 수 없이 수많은 大小의 역경, 시련인 國難을 겪으면서 하나의 특성을 살렸다고 하면 單一民族意識이라는 점이다. 그 單一性이 生命을 바쳐 國家와 民族 을 수호하고 보위해 왔다고 본다. 곧 同胞意識이 兄弟姉妹 감정으로 승화되어 「내 몸 내 가족」을 危機와 死地로부터 救出해야 한다는 순 수한 「한집안」意識으로 저력 있게 하였고 용기와 지혜를 안겨준 것 이다. 이 점이 무엇보다도 우리의 國難을 克服해 오는 데 重要한 정 신사적 요인과 배경으로 저력 있게 作用하였던 것이다.

　血緣的인 「피의 연분」이 地緣的인 「이웃사촌」의식으로 승화되어 社會의식과 同胞의식 속에 國民 개개인의 生命을 희생케 자발적 용 기를 불러일으킨 것으로 볼 수 있겠다. 單一性의 의미는 곧 主體의 식을 가진 韓民族 固有의 전통적인 文化를 창조하여 享有케 하고 時

代的이고 構造的인 면에서 歷史的 발전단계에 따라 건전하게 育成되
었던 것이다. 순탄하고 안일한 歷史 속에서 큰 소용돌이 없이 지내
온 국가나 민족에 비하면 훨씬 自矜스럽고 多幸스러운 일이 아닐 수
없다. 이것이 民族正氣를 高揚시켰으며 主體意識을 싹트게 하여 韓
民族의 不屈한 鬪魂을 培養해 주었다고 믿는다.

뿐만 아니라 우리의 지혜로운 祖上들은 여러 형태의 國難을 克服
하는 과정에서 最後까지 살아남는 민족의 슬기를 모아 시련·당황·초
조·위기 등을 용감하게 극복해 냈다는 嚴然한 사실 앞에 우리들은
또 한번 민족적 자부심을 훈훈하게 느낄 수 있는 것이다.

그러나 그것이 우리 民族이 영토적 집착이나 욕심 때문에 먼저 侵
入하여 國難을 自招한 것이 아니라는 면에서 더욱 堂堂하고 世界史
앞에 자부심을 갖게 하는 점인 것이다. 우리 民族은 남이 侵略하지
않는 限 先侵하는 경우는 없었다. 平和를 애호하고 隣保紐帶를 강화
해 온 우리는 넓게는 世界平和와 좁게는 東洋平和를 주장해 온 민족
인 것이다. 일찍이 安重根 의사가 死刑 직전 獄中에서 東洋平和論을
주창한 것은 결코 그 분 個人的인 意思라기 보다는 平和를 즐기는
民族的 분위기 속에서 우러나온 본래적 平和愛護의 전통적 정신의
發露라 해도 지나친 속단은 아닐 것이다. 이런 것이 모두 單一國家
와 民族이라는 「피의 의미」가 아니고는 느낄 수 없는 것이다.

文化의 同質性과 그 紐帶意識

民族의 정의도 여러 가지로 주장되고 있지만 혈연의 공통성이 강
조되어야 하고 文化의 공동성이 주장되어야 한다. 國民은 制度思想
言語 風俗 道德 文學 意識構造 등을 같이 하는 면에서 民族과는 區分
되어야 할 것이다. 國民은 同一한 國籍을 통한 정치적 공동체의 총화
라고 지칭할 수 있을 것 같다. 그러므로 하나의 다른 나라를 形成하
는 데는 여러 民族이 集成될 수 있으나 한 민족이 수개의 나라를 形
成할 수도 있으니 外國의 경우에서 우리는 實例를 엿볼 수 있는 것이

다. 이런 특수 狀況에 비추어 볼 때 우리 민족은 濊貊族(예맥족)이라
고 하는 單一性에 의해 하나를 根幹으로 해서 지배적 位置를 確保하
였다는 것을 보면 분명히 血緣性에 호소하는 변이 민족의 순수성을
아는 지름길인 것이다. 물론 오늘날에 이르기까지 그 비교적 순수 單
一民族이 어느 정도 單一性을 保持해 왔느냐 하는 점은 多小의 異見
이 있을 수 있다. 허지만 歐美의 그것에 비하면 우리는 순수성에 조
금도 무리가 없다고 분명히 말할 수 있겠다. 물론 異質的인 요소가
우리 民族內部에 浸透했다고는 하나 우리는 이것을 곧 우리 것으로
吸收同化해서 融合하므로 말미암아 單一性을 喪失하지 아니하였다는
것을 강조하고 싶다.

　古代 部族國家時代의 離合集散을 거쳐 新羅에 의한 統一王朝가 形
成됨으로써 하나의 領土內에서 統一되어 單一文化를 마련하였던 것
이다. 따라서 비록 領土的인 面에서의 統一은 不完全하다 해도 單一
民族國家로서 새로운 發展의 토대와 基層은 形成된 셈인 것이다. 그
리하여 밖으로는 民族意識을 宣揚하는 外交政策을 과감히 推進해서
中國과 印度까지 미쳐 海外에 그 기상을 떨쳐 나갔다. 외교적인 交
涉대상 지역으로는 世界를 向한 웅활한 기상을 드높여 유럽에까지도
그 이름이 떨쳤던 것이다. 張保皐같이 中國沿岸 일대를 주름잡았던
海上의 覇者는 그 당시 他의 추종을 不許하였던 것이다. 그의 主體
的 自國保護 의식은 유대의식으로 고조되었었다고 이를 만한 것이
다. 신라 沿海民의 權益응호를 위해 그는 피나는 노력을 경주하였다.
그가 身分上으로 높은 위치에 있지 않았음에도 不拘하고 同胞를 구
출하고 난국을 打開하겠다는 雄志는 身分이 높은 사람들에 比할 바
가 아니었다. 高麗時代 이전까지의 우리나라의 活動範圍는 世界지향
적이었다고 본다. 그러나 契丹女眞 蒙古 등 北方 胡族집단의 南侵的
위협이 日益加重되므로 말미암아 우리 民族의 불요불굴한 海外擴張
의욕은 막히고 실제로 武力的 방패 앞에 오히려 韓半島의 安全을 守
護하는 樣相으로 전환되기에 이른 것이다.

　契丹의 侵入이 있었을 때 徐熙의 외교담판, 楊規의 분전, 姜邯贊

의 龜州大捷 千里長城의 築造 등으로 국난을 막아 우리 민족의 우월
성을 그네들에게 과시하였다. 또 尹瓘의 女眞 정벌과 9城의 축조가
우리 민족의식의 특성 그리고 國民的 국난극복의 실제를 認識시켰던
것이다. 蒙古가 侵入하였던 때도 朴遲 등의 분전이나 大藏經의 판각
을 통한 官軍民의 一致된 국난극복의 민족적 의지가 잘 표현되었고
특히 바다를 배경으로 한 三別抄의 持久的 抗戰은 日帝 40여 년의
抗日獨立 鬪爭을 不斷하게 연결시킨 큰 敎訓이 되기도 하였다.

비록 蒙古의 世界征服이라는 정책에 휩싸여 한때나마 干涉을 받은
바 있으나 고려는 北方胡族의 예지와 용기로 이를 격퇴하고 한민족
의 우수성을 내외에 과시하였던 훌륭한 민족이었음을 自矜스럽게 말
할 수 있을 것 같다. 우리 민족은 失地恢復이라는 宿願사업을 실현시
키기 위하여 北進政策을 꾸준히 추진하는 반면 큰 시련, 역경, 고뇌
를 겪으면서도 民族의 自由獨立을 固守해 왔던 것이다.

麗末鮮初의 外敵—紅巾賊·倭寇·元勢力·女眞—을 격퇴하고 排元政
策을 성공적으로 실현하여 自主權을 회복하고 遼東征伐 등 失地恢復
運動을 편 것은 모두 單一民族의 긍지를 유감없이 나타낸 具體的 行
動이었다.

朝鮮時代에는 儒學의 발달과 각종 생활규범이 제약되어 큰 활동은
못하였으나 대신 文學을 창조하였고 外來文化를 우리 실정에 맞게
受容하였다. 이런 관념은 조선 후기 사회로 오면서 정치적, 사회적,
문화적, 사상적 挑戰을 받음으로써 實學·東學·基督敎 등의 사상적
변형을 초래하였다. 이 같은 近代와 前近代의 갈등, 도전 속에서 近
代化라는 世界史的인 조류에 뒤져 일찍이 발달한 日本에 의해 40여
년 간 침략을 받게 되었던 것이다.

그러나 이처럼 벗어날 수 없는 고난·역경·시련·압박 속에서도 單
一民族의 우월성이 저력이 되어 민족의 정기는 면면히 살아 民族意
識이 高揚되고 자랑스러운 主體性이 독자적으로 나타나 民族救國運
動의 底力이 되었던 것이다. 日本의 末期的인 韓民族 抹殺政策 강요
에도 불구하고 유구하며 傳統이 있는 우리 민족은 文化의 공동성을

통해 오히려 요원의 불길같이 저항의식과 獨立정신을 키워왔던 것이다.

우리에게 民族精神이라고 불리는 民族意識과 主體性이 보다 뚜렷하였기 때문에 남의 나라의 집요한 同化 및 侵略전쟁에 휩싸이지 않았던 것이다. 이것은 우리 民族史가 발전되어 오는 동안 國難이라는 外部的 試鍊과 苦痛을 克服하는 과정에서 더욱 强烈해졌고 成長해서 다른 要素와 區分되었기 때문이었다.

民族의 將來를 期待할 수 있는 無限大한 可能性이 있다고 자부할 수 있는 것은 곧 뛰어난 民族意識과 불요불굴한 主體性이 嚴存해 있기 때문이라고 지적할 수 있겠다. 이런 의식이나 정신은 民族의 獨立이나 自由·平和를 위한 理想을 달성함에 있어서 獻身할 수 있는 與件이 마련됨에서 發揮되는 것이다.

民族의 獨立을 위해 귀한 목숨을 草芥같이 여겼던 男女 義士·烈士·正士 등은 이 정신이 龜鑑이 되는 것이다. 民族의 光復을 다시 맞을 수 있었던 것은 이들의 독립정신이 계속 발휘되고 불타오르고 있었기 때문이다.

民族精神은 主體性을 背景으로 하여 나온 것으로 他民族과 區分되는 特性을 지니고 있는 것이다. 따라서 이는 外部勢力의 壓桎이 深化될수록 더욱 個性있게 노출되곤 하는 것이다. 이 정신은 外勢의 浸透로 敗北意識에 잠겨 있을 때나 劣等感에 빠져 있을 때 外敵의 侵入으로 國家나 個人이 滅亡 직전에 있을 때 發揮되어 정상을 다시 찾게 하는 「民族의 힘」이 되는 것이다. 그렇다고 民族主體性은 獨善的이고 國粹的인 排他一邊倒的 民族主義를 의미하는 것은 아닌 것이다.

우리는 이제 과거의 抵抗主義만을 내세울 수는 없고 그것을 오늘날의 民族中興의 底力과 기층으로 삼아 새 歷史創造 밑에 거름이 되게 連結시켜야 할 것이다.

民族文化의 宣揚과 守護

民族의 主體性은 곧 武力的인 侵略을 克服하는 精神的·思想的 뒷받침만으로 강조되는 것은 아니다. 文化的 침탈이나 民族意識이 전복, 퇴색되는 사상적 침탈에 있어서도 이 정신이나 의식은 부단히 強調되고 主張되어야 마땅할 것이다. 가령 經濟的 侵略도 마찬가지로 主體性과 民族意識에 의하여 예방될 뿐 아니라 克服될 수 있다는 사실을 分明히 알아야 할 것이다.

따라서 國難克服이라고 할 때 얼른 武力的 침략에 抵抗하여 살아남는 용기와 지혜를 高揚하는 경우를 볼 수 있다. 그러나 그것도 물론 重要하지만 歷史上으로 볼 때 外來文化가 종적 횡적으로 侵入하므로 말미암아 우리의 特殊性이나 獨自性이 훼손되는 위협을 받아왔던 것이 사실이다. 그럴 때 우리 민족은 그 독특한 文化, 즉 民族文化를 宣揚시키고 유지하면서 守護해 왔는가 하는 것을 살펴 지혜로운 對處方案을 검토해야 할 것이다.

우선은 이웃 나라인 中國으로부터의 無分別한 영향력 아래에, 그리고 日本文化의 거센 물결 속에 固有한 韓民族의 文化가 抹殺 내지는 용해해 버리려는 危機를 당했는가 하면 近代 外來思潮에 의하여 獨特한 우리의 文化가 위협받았던 경우도 결코 적지 아니하였다. 그것은 오히려 武力的인 侵入보다 더 무서운 힘으로 우리의 民族意識을 抹殺하려 企圖하였다는 面에서 크게 문제삼지 않을 수 없는 것이다.

近代로 오면서 帝國主義 국가들은 政治的인 侵入과 함께 思想 및 經濟的 침투도 함께 敢行하여 우리는 이의 극심한 도전을 받아왔던 것이다. 文化的 國難危機에 대해 우리는 원래가 歷史와 文化의 전통이 뿌리 깊게 박혀 있기 때문에 武力的인 防禦態勢 못지않게 이를 예방해 왔다.

우리의 先賢들은 우리의 民族文化와 思想·制度·經濟·社會를 宣揚하고 守護해서 어떠한 文化的 浸透에도 동요되지 아니하고 오늘날까지 이르게 된 것이다. 이것은 뿌리 깊은 歷史와 文化의 傳統이 아니고는 克服·維持하기 어려운 것임을 知悉해야 할 것이다.

강인한 民族意識이 外來民族의 侵入으로 인해 더욱 强烈해지고 成長되어 간다는 理論과 마찬가지로 우리의 先賢들은 오히려 더 잘 대처했고 克服해 냈으며 위협에 자극이 되고 免疫이 되어 독특한 우리의 民族文化를 發展·維持시켜 왔다고 생각한다.

우리가 우리의 歷史에서 自矜스럽게 여기고 있는 民族文化라는 것은 수천 년 동안 우리 民族이 發展해 오는 과정에서 서서히 이룩된 民族文化이기 때문에 쉽게 外來民族의 사상이나 文化가 侵襲해 왔다 해도 同化된다든가 아니면 위기를 만나 文化가 퇴색될 수는 없는 것이다. 우리의 民族文化에는 바로 우리의 思想·文學·意識이 담겨 있어 고유한 민족의 예지와 얼이 차분하게 잠재해 있는 것이다. 그러므로 他國의 民族文化와는 嚴然히 區別될 뿐 아니라 오랜 역사와 전통 때문에 그 特殊性·普遍性이 노출되게 마련인 것이다. 그러나 그 같은 特殊性이나 普遍性은 절대 불변적일 수는 없다. 歷史가 바뀌고 民族이 다시 계승하는 과정에서 外來的인 要素도 加味 複合됨으로써 初期文化의 어떤 內部的 性格과는 다른 發展的 樣相을 보이게 마련인 것이다. 우리는 그와 같은 과정을 한 민족 한 국가의 發展的 次元의 문제라고 규정하고 있는 것이다.

아무리 훌륭한 文化라 해도 當時代性으로 斷絶되고 만다면 아무런 의미가 없는 것이다. 고려의 靑磁文化나 조선의 한글 文化가 그 시대에 그대로 묶여 있다면 民族文化로서의 의미를 喪失당하는 것이라고 믿는다. 청자나 한글이 오히려 그 後代的인 性格을 發揮하므로 인해 그 存立과 宣傳의 效果가 있는 것임을 알아야 할 것이다. 民族文化는 하루아침에 이루어진 것이 아니다. 그 시대마다 새로운 要素가 加味되고 料理될 때 停滯性을 떠나 윤활성을 나타내고 청신함과 진취성·발전성을 드러내놓아 世界史的인 유대에 비견할 수 있게 되는 것이다.

民族文化가 生成發展해 오는 과정에서는 수많은 外來的 要素로부터의 도전을 받고 시련이 침투해 오며 異質的 요소가 共存의 실마리를 찾으려 企圖한 것을 유심히 보았다. 그때마다 우리의 민족문화는 流動的이 아니고 固有性을 지녀 동요나 퇴색을 강요당해도 요지부동이었음을 천만 다행스럽게 생각하고 있다. 오히려 外部로부터의 심한 갈등·도전·타협을 받음으로써 더욱더 융통성 있는 보편성·특수성을 다짐받을 수 있고 그런 과정 속에서 우리의 民族文化는 時代性에 따라 外來要素를 吸收하여 우리 실정—감각·풍토·사상·제도—에 맞게 受容해 왔던 것이다.

日本이 우리를 侵略하였던 때까지 民族文化의 抹殺이나 同化를 세차게 强要해 왔다 해도 이에 굴복하거나 同化 감각을 배격한 것은 그만큼 우리 民族文化의 本質이 확고부동하게 定立되고 體系化되어 있었다는 것을 증명해 주는 實例인 것이다.

따라서 民族文化는 갖은 시련과 압박 그리고 同化에의 强要를 감수해야 했던 어려운 여건과 조류 가운데서 生成 發展하면서 강인하게 存續하고 維持되어 간다고 말할 수 있겠다.

日本이 우리나라를 송두리째 집어삼킨 뒤 그것을 學術的으로 合法化하기 위하여 「植民史觀」이라는 것을 만들어 우리의 歷史와 전통을 무기력하게 하였다. 스스로 韓民族이 되었음을 부끄럽게 여기도록 날조하고 훼손해 왔다. 따라서 어떤 韓國人은 外國人 행세까지 하였다는 난센스的인 逸話 속에서 그 심각성을 窺規할 수 있다. 日本의 御用學者들을 動員해서 莫大한 예산을 낭비하고 韓民族은 文化創造의 能力이 없으며 歷史的으로 敗北投降的 生活을 영위해 왔다고 허위로 왜곡 선전하였을 뿐 아니라 우리나라의 文化는 이웃 나라—中國·印度·日本—의 영향으로 이루어졌기 때문에 獨白性이 결여되었다고 의식적으로 거짓 주장하였던 것이다. 이에 관해 日本被占下의 우리 學者—獨立運動家—들은 이를 學術的으로 공박하기 위하여 많은 뛰어난 著書를 通해 변증하고 오히려 日本의 文化가 韓國의 文化의 모방 내지는 영향하에 形成되었음을 考證하였던 것이다.

傳統文化와　外來文化의　調和

　民族文化는　原來　形成時부터　그대로　유지해　온　것이　아니고　歷史　發展段階에서　民族의　특수성을　나타내고　外來要素라　해도　우리　민족　성격에　맞는　主體性을　加味하여　選別受容하고　섭취하여　우리　것으로　만드는　데　그　存立形成의　價値가　있고　性格이　주어지는　것이다.　따라서　우리는　이를　歷史的　현실에　적용시키고　時代性을　複合시켜　조화　있게　再構成함으로써　民族의　性格을　推出해　냈으며　民族史　發展에　補益될　수　있는　個性을　간직하게　하였다.　따라서　훌륭한　文化로　發展시키고　到達케　함이　어느　程度인가를　區分해서　檢討함이　先決조건이라고　생각된다.

　이　같은　과정을　거친　뒤의　우리　民族文化를　살펴보면　外來的　要素가　多分히　混在한　것　같으나　우리의　그것은　분명히「韓國的인　獨自性」이　살아　움직이고　있음을　엿볼　수　있겠다.　그것이　우리의　民族文化의　根幹이며　實體이고　本質이기도　한　것이다.　우리가　비록　漢文化圈에　屬해　있다　해도　吏讀(이두)를　통해　漢字의　음과　뜻을　우리　식으로　표현해　온　것을　注目할　필요가　있다.　이는　世宗大王의　訓民正音　頒布　때까지　自主的으로　우리가　民族文字化해　왔다고　自矜스럽게　생각해도　좋을　것　같다.

　이때　창제된　한글　文化야말로　民族文化의　獨自性·優秀性을　明白히　증명해　주는　實體인　것이다.

　思想的인　面에서　볼　때　佛敎·儒敎가　外來的　宗敎나　學問으로　생각되지만　그것이　우리나라에　傳來된　이후는「우리　宗敎」「우리　思想」으로　化하여　民族文化의　한　形態를　이룩하였던　것을　注意할　필요가　있다.　佛敎가　印度에서　발생하였으나　우리나라에　들어와서는「韓國佛敎化」되었던　것이다.　元曉·義天·知訥　같은　분들이　우리　현실에　맞게　理論을　體系化하여　한국불교로　成長할　수　있게　하였다.　석굴암·고려자기·대장경·화약　등은　모두　民族文化의　精髓로「우리　것」의　스타일을　증명해　주는　것이다.

儒敎의 경우도 우리나라에 들어와서는 退·栗時代의 「韓國儒敎」로 轉換되어 民族文化의 요체를 形成한 것이다. 「韓國의 實學」도 한국적인 自覺·批判·反省이라는 勇斷에 의하여 이루어진 것이며 東學은 西學에 대한 民族主體 意識을 강력히 발산하고 胎動된 것이다. 특히 人間性의 회복—資源의 活用化 등을 강력히 示唆하였다는 면에서 보면 우리의 民族文化는 이때에 와서 人間性의 구실이 보강 強調되고 活性化되며 力動的 저력을 바탕으로 하였다는 사실을 吟味해 볼 수 있겠다.

民族文化는 곧 民族의 獨自的 文化를 基盤으로 하여 儒佛道敎와 東學·天主敎·基督敎까지를 포함하여 外來文化와 접촉 융합하는 史的 단계와 과정을 거치는 사이에 形成된 것을 보이는바 外來的인 것과의 접촉 융합이 있었다 해도 우리의 普遍性·特殊性·獨自性이 뚜렷이 부각되고 있다는 것을 거듭 강조한다.

이 같은 우리의 民族文化의 일부가 古代이래 계속 國難속에 위협을 받아 소각되는가 하면 奪取 당하는 國變도 겪었던 것이다. 그런 과정 속에서 우리는 文化鬪爭의 國難克服을 겪어왔던 것이다.

開港 이후 開化 의식과 近代문명의 섭취운동이 싹트는 가운데 民族啓蒙운동을 일으켜 民族文化의 新局面을 나타냈다. 이것은 自律的인 開化 開明운동으로 民族文化의 再構成을 눈앞에 둔 시기였는바 그것을 宣揚함과 동시에 제국주의 국가로부터 守護하는 열의로 구체화되었던 것이다.

따라서 1905년 이후 40여 년 간 우리는 日本이라는 제국주의 침략에 대항하면서 一面 무력 他面 精神文化史的인 爭抗을 게을리하지 않았다. 우리 민족의 강인성·저항성·開化性 등은 이때 더욱 단단하게 成長하였다고 본다. 즉 民族主義運動은 이렇게 하여 成長하였고 近代的 감각을 띠게 되었다.

더욱이 日本의 각종 民族 文化 말살책에 따라 우리는 우리의 文化를 守護하기 위하여 生命까지도 草芥와 같이 버리지 않을 수 없었다. 言論·敎育·學會·結社·文藝·學術·社會운동·女性·少年少女운동·독서운

동 등 각종 民族文化 守護를 위한 저항운동을 펴 왔으니 이는 우리가
光復을 맞이할 때까지 연면성을 띠고 온 민족 전통문화의 선양이며
총화이기도 한 것이다.

獨立精神의 堅持와 脈絡의 重要性

우리의 유구한 民族史를 통해 外敵의 侵入을 당하였던 武力的이고
文化的인 國難으로 先賢들은 어떻게 슬기롭게 대처하고 克服하는 지
혜를 보였는가 하는 대략적인 사실을 史例別로 검토해 보았다. 따라
서 이 項目에서는 結論的으로 그간의 줄거리를 要約해 보고 獨立自
主精神을 어떻게 견지해야 할 것인가를 展開해 볼까 한다.

民族史를 통한 國難克服史는 오늘과 같은 時點에서 啓精神發을 위
해 바람직한 敎訓이여 경각심의 資料가 된다고 생각한다.

앞에서 살폈듯이 우리의 國難克服史에는 두 가지의 큰 흐름이 있음
을 살펴보았다. 하나는 武力的인 侵略에 비해 克服하는 민족구원의
방법과 다른 하나는 文化的인 外勢의 침투에 대해 民族文化를 外敵
으로부터 守護하였던 방법이었다. 따라서 이 두 가지 克服의 方向은
우리 民族史의 영광과 찬사를 돌리기 위한 民族救援의 歷史를 示唆
하는 것이다. 대체로 國難克服史라고 할 때는 어느 한 方向에만 치
우쳐 言及함은 균형을 잃을 論法이라고 지적할 수 있다. 그러므로
文武의 兩者가 다같이 危機로부터 구원되어 왔음을 說明해야 할 것
이다.

우리의 先賢들은 漢民族이나 北方의 胡族(契丹·女眞·蒙古 등)의
침입을 받았을 때 슬기롭게 대처하여 이들을 물리칠 수 있었다. 우
리 민족이 이 같은 힘을 발휘할 수 있었던 저력은 自主意志와 獨立
精神이 충만해 있었기 때문인 것이다.

그들은 이렇게 獨立意志를 나타냈던 것이다.

「우리의 國土는 우리가 묻힐 땅이다. 이곳을 지키지 못하면 이 나
라의 국민이 아니다. 우리는 곧 自立과 獨立의 의지를 지녀야만 끝

까지 살아남을 수 있다」고 강조한 점을 들어보면 이미 古來로부터 先賢들은 自立意志나 獨立精神이 가득 차 있었다는 狀況을 엿볼 수 있겠다. 이런 굳건한 움직임은 南으로 日本이나 近代로 오면서 歐美 세력의 강인한 挑戰과 시련을 겪는 과정에서도 유감없이 나타나 國家와 民族文化를 守護하는 결의를 보였던 것이다.

우리는 이처럼 몇 천 년을 두고 外敵으로부터의 侵略을 받았을망정 우리 민족 스스로가 領土的 집착에 따라 先侵한 사실은 없었음이 곧 우리의 傳統的인 平和愛護 사상이 충만해 있다는 증거가 되는 것이다.

平和性과 共存同樂性의 韓民族이었음에도 불구하고 빈번한 外侵을 받은 것은 우리 國土의 아름다운 환경과 生活與件이 强點으로 알려져 동경의 대상이 되었기 때문인 것이다. 따라서 地理的 好條件으로 인해 거듭 大小의 周邊國家로부터 侵略을 받아 왔던 것이다. 이 점이 우리로서는 괴로움의 연속으로 大陸과의 架橋的인 입장에서 甘受해야 하는 地理的 여건을 無視할 수는 없는 것이다. 우리 역사가 수천 년 동안 성장 발전해 오는 시기에 大小의 侵入은 상당수에 달하였다. 이렇게 거듭되는 國難에도 불구하고 그때마다 우리의 上下國民은 自立정신과 獨立 의지로 민족의 우월성과 傳統性을 견지하고 그 정신을 발휘하여 國家를 守護하였고 민족을 保衛하였다. 이것이 곧 민족을 구원한 것이고 文化를 發展시켜 간 「歷史的 狀況」을 定立 設定하였던 것이다.

그러나 오히려 國難으로 인해 우리 民族이 나약함에서 강렬해질 수 있었고 原始形態의 民族文化가 시달림과 外來要素에 의해서 補強 활발해지고 진취적인 기상을 갖게 되었음은 그런 와중에서도 다행스러운 경우가 아닐 수 없었다. 시련이나 도전은 그 당시 겪는 입장에서는 심히 괴로우나 돌이켜 보면 發展的 도정의 비약을 던져줄 수 있다는 사실을 엿보아야 할 것이다.

6·25동란으로 인한 戰爭의 참화는 어떤 分野이건 타격이었고 치명적이었다. 그런 와중에서도 전쟁의 여파가 구석진 都市를 일약 國際舞臺로 부상시켜 비약적인 발전을 거듭하게 했고 그곳 市民의 意識

構造를 재편성케 한 地域開發도 가져온 것을 감안하면 國難이 가져온 참화라는 어두운 그늘만을 생각하는 단순성은 버려야 할 것이다. 視野를 넓혀 전쟁의 참화 즉 파괴가 번영을 齎來케 한다는 역사적 사실을 감안해 본다면 國難을 넓고 깊은 發展에의 자극·촉진제로 연결해 보는 것도 한 위로의 방법이 아닌가 생각된다. 强大國이 된 나라의 과거를 살펴보면 본래부터 强國이라는 타이틀을 가지고 나온 것은 결코 아니다. 資源이 부족한 곳에서 興起한 나라의 경우에도 민족적인 단결과 內部的 결속에 의해 超克하고 强大國으로 발동을 하였던 사실을 우리는 눈여겨보았던 것이다.

統一文化의 達成과 自主精神

우리의 오랜 歷史를 볼 때 國難을 당한 시기의 國內정세를 살펴볼 필요가 있는 것이다. 事例別로 보면 거의가 國內 정치질서와 가장 법도가 混迷하고 소용돌이쳐서 國力이 弱化되었을 때 外侵이 招來되었다는 것을 주목해야 한다. 또한 社會의 조화와 정치세력의 균형이 깨어졌을 때 그리고 國家의 진로가 혼미하거나 民族의 哲學이 뚜렷하지 못하였을 때 外敵은 철저하게 침략적 마수를 뻗쳐 왔다는 사실을 看過해서는 안될 것이다. 그런가하면 上下國民의 단결이 깨지고 民族의 生活이 문란하고 소극적이며 체념적일 때, 그리고 無事安逸과 사치 방종이 混在하였을 때 國難은 으레 찾아왔었다는 것을 감안해 보면 오늘의 우리 자세는 어떻게 긴장하고 정립해야 하겠는가 하는 점을 사색치 않을 수 없겠다.

內憂外患이라는 표현이 그것을 웅변으로 말해 주고 있는 것이다. 壬亂·호란 기타 外亂에서부터 6·25의 그것까지 우리 國力의 弱化와 混迷가 이 같은 엄청난 國難을 自招하지 않았던가. 우리가 무엇보다도 火急히 해야 할 일은 몇 가지가 있을 것 같다.

첫째로, 獨立自主精神을 견지해야 할 것이다. 수천 년 동안의 우리 歷史를 볼 때 우리 民族 전체가 自立정신이 철저하게 들어있었다면 흩어지거나 弱化된 모습을 보이지 않았을 것이다. 獨立과 自主의 의식이 必要하다는 것은 知悉하면서도 이를 實踐으로 옮기지 못하였기에 그 같은 엄청난 國難을 스스로 불러들이게 된 것이다. 무엇보다도 國民 각자에게 우리나라와 우리 겨레는 내가 지키고 守護해야 하겠다는 철저한 관념이 體質化되어야 할 것임을 강조해 둔다.

아무리 個個人의 國家守護의 결의가 잘 정비되어 있고 與件도 完備되었다 해도 이를 집행해 가는 國民 각자에게 독립정신이 결여되어 있다면 이는 卓上空論밖에는 되지 않는 것이다. 요는 국민 각자가 얼마만큼 그 國家를 「내 것」 「내 몸」이라고 생각하느냐에 따라 국가수호의 농도는 나타나는 것이다. 곧 國民된 各者가 自立정신, 獨立의지가 여하히 굳건한가에 따라 그 국가와 민족을 保衛할 터전이 마련된다는 사실을 認知해야 할 것이다.

둘째로 國難을 내 스스로 막는다는 지혜가 定立되어야 하겠다. 우리나라가 國難으로 인해 강인해졌고 外侵도 막아 내는 능력이 길러졌다고 言及하였으나 다시는 그 같은 쓰라린 歷史가 반복되어서는 아니 될 것이다. 6·25 같은 國難을 끝으로 우리나라에서 다시는 절대로 전쟁이 再發되지 말아야 할 것이다.

제아무리 國難克服의 지혜와 용기가 있다 해도 다시는 우리나라에 전쟁이라는 慘禍가 再發되어서는 아니 될 것이다. 우리 先賢들의 피와 땀이 거름이 되어 지켜진 우리의 금수강산이나 찬란한 民族文化를 우리가 계승하여 그네들이 미처 이룩하지 못한 遺業을 우리 자신이 完遂해야 할 것이다. 우리의 覺悟와 使命은 곧 이 과업을 완수하여 祖上에게 부끄러움이 없게 하고 앞으로의 世代에게 榮光된 祖國을 고스란히 물려주는 것이다. 教育憲章에 나타난 바와 같이 民族中興의 歷史的 使命을 이 땅에서 전개해야 하고 自立獨立의 자세를 확립하고 人類共榮에 貢獻해야 하는 것이다.

그 길이 곧 앞으로 닥칠지도 모를 國難을 예방하는 첩경이 된다고 생각한다. 오늘날 우리의 주변정세는 결코 우리가 安逸만을 追求할 수 없게 不安感마저 도는 것이다. 個人이건 國家이건 生存權을 발전

·유지시키기 위해서는 國內外的 도전을 극복해야 하여 굳건히 우리의 自主自立 태세로 과감히 행진할 때 가능하다고 믿는다. 現代의 國難은 과거와 같이 主로 정치적 위협에만 있는 것은 아니다. 경제적 침략이나 文化的 浸透도 결코 소홀히 취급할 수 없는 國難에 準하는 위기인 것이다. 따라서 우리가 오늘날 國難을 극복한다는 것은 單數的이 아니라 複數的이라고 생각한다. 즉 政治的인 면 外에 經濟的으로 自立·中興하고 文化的으로 우수한 사회를 건설하여 정치·경제·문화 그리고 社會力의 증강으로 先進國 대열에 끼어들게 된다면 어떠한 國難도 克服할 수 있다고 확신한다.

셋째로 統一文化를 成就시켜야 할 것이다. 우리나라는 日本의 압박에서 벗어난 지 近 40년의 시기에 왔다. 光復을 맞이한 것이 그런 긴 시일인 셈이다. 그러니까 分斷된 조국이 放置된지도 그토록 오래 되었다는 것이다. 거의 우리가 日本의 支配를 받았던 시기와 비슷하게 되었다.

하나의 젓가락을 꺾는 것보다 두 개의 그것을 꺾는 것은 어렵고 세 개의 그것을 꺾기는 더욱 힘이 드는 것과 같이 分斷된 國土의 統一이 곧 우리 민족의 잠재 능력을 發揮케 되는 것임을 알아야 할 것이다. 分斷된 채로 비극이 더욱더 계속된다면 韓半島는 자칫 잘못하다가는 두 개의 異質的인 성격으로 平行線을 달릴 위기마저 있는 것이다. 統一文化의 달성만이 異質感을 좁히고 同胞意識, 즉 民族意識을 强烈하게 발휘할 수 있을 것이다.

現代의 國難克服은 곧 南北間의 갭을 줄이는 統一 지향에 있다고 해도 과언이 아닌 것이다. 물론 이것이 현실적으로 대단히 難題임은 두 말을 要치 않으나 文化的인 分野에서부터 對話가 트이기 시작한다면 北韓 공산집단이 제아무리 侵略的이고 위장평화론자라 해도 說得力에는 봄눈 녹듯 풀리지 않을까. 우리는 계속해서 인내 속에서 對話의 테이블로 그들을 불러 統一의 실마리를 풀어야 할 것이다. 우리가 당면한 과제는 국가와 국민이 총력적으로 단합하고 國論을 統一하여 民族의 中興을 이룩하는 길이라고 보며 온 國民이 이에 自

發的으로 參與할 때 그것은 可能하리라고 본다.

歷史의 敎訓을 통해 國家가 내 個人, 個人이 곧 國家를 構成하는 一分子라는 생각을 갖게 하여 애국애족하는 마음을 견지할 때 우리의 현실은 보다 풍요로워지고 이웃을 승복감동케 할 것이다. 국가와 민족이 곧 나의 운명, 나의 생명과 直結되고 그의 存亡이 나의 存亡과 直結된다는 마음을 국민 모두가 가져야 한다. 獨立自主정신을 견지하고 어제의 敎訓을 오늘에 되새겨 새로운 國民된 覺悟와 決意로써 번영된 내일의 조국을 건설하겠다는 의지를 다시 한번 드높여야 할 것이다.

2. 大韓民國 臨時政府의 指導意識
- 民衆自立國家의 形成 -

序　論

　大韓民國 臨時政府는 1919년 3월 1일 국내에서 3·1운동이 일어남을 계기로 그 해 4월 上海에 수립된 통합 一正統政府로서 君主國家로부터 國民國家로의 실제적 민간 정부의 탄생을 강력히 시사한 우리나라 근대 정치사상의 획기적 계기를 마련하였다는 면에서 그 존립 의의가 자못 큰 것이다. 大韓民國 臨時政府는 大韓帝國의 수립(1897) 이후 庚戌國恥(1910)로 인한 국가 不在의 공백 사태 이래 10년 만에 정통정부로서 뿐 아니라 民間政府로서의 면모로 새로운 近代性을 띠고 수립됨으로써 맥락지어져 1945년 민족의 광복시까지 上海로부터 重慶에 이르기까지 6개처의 해외 각지로 移動하는 가운데 27년간 통제적이고 공존적인 민주와 단결, 次元 높은 자유와 도의적 자긍 속에서 憲政을 유지해 왔던 것이다.1)

　그러나 上海에 수립된 大韓民國 臨時政府는 초창기부터 光復을 염원하는 같은 獨立志士들로부터 직접적이고 간접적인 도전을 받아 위기에 봉착되어 있었다. 국내에서 3·1獨立示威運動의 결과로 성립된 「臨政」의 수립이 政治史的 의미에서 正統性을 띤 정부의 탄생이라는 최대의 결과를 가져온 것은 큰 成果 中의 하나라고 지적하겠지만,2)

---

1)　秋憲樹編 《資料 韓國獨立運動》 Ⅰ.1971 延世大出版部刊 pp.281~283
2)　李炫熙, 3·1 運動에 關한 研究 1979 《誠信女大研究論文集》 第12輯 誠信女大 人文科學研究所刊 참조

독립 선언이나 示威만으로는 韓國의 獨立이 달성되는 것은 아니기 때문에 分散된 民衆의 獨立熱을 통제하고 이를 실천할 수 있는 行政 機構가 요청되어 이를 위한 민간 정부의 수립이3) 당시를 전후해서 각지에서 6개의 임시정부로 나타났다.

그것은 1919년 露領에 大韓國民議會(4. 2), 上海에 大韓民國 臨時政府(4. 13), 워싱턴에 漢城政府(4. 23)와 서울·平安道에 朝鮮民國 臨時政府(4. 10), 新韓民國政府(4. 7) 그리고 기호지방에 大韓民間政府(4. 1)의 탄생으로 나타나고 있다. 그러나 서울과 平安道지방에 수립되었다는 2개의 정부는 傳單上의 案으로서의 정부이고 기호지방에 수립되었다는 것은 個人의 기록상에 나타나는 정부이기 때문에4) 활동 사실이 명확치 못하다. 단지 3·1운동 이후에 數個處에서 독립운동을 통제하고 행정 기구를 담당할 민간 정부의 탄생이 필요하였다는 공통적인 특색을 지니고 있었음을 엿볼 수 있는 것이다. 따라서 前示한 앞의 3개의 임시정부가(露領, 上海, 漢城) 실제적으로 통제적 사명을 띠고 발전하다가 하나의 정통정부로 통합되었으니 1919년 9월에 上海의 大韓民國 臨時政府가 改憲의 형식으로 露領의 임시정부를 흡수 통합하고 法統을 존중하여 漢城政府를 다시 흡수함으로써 單一性을 띤 大韓民國 臨時政府가 上海에 최후로 정리 통일되어 통합 작업은 끝나게 된 것이다.5)

그러나 上海에 통합된 大韓民國 臨時政府는 그 수립 初期(1919~24)에는 同志間의 심한 반발과 도전으로 創造와 改造를 논의하는 國民代表會議의 召集이 임정 요인을 포함하여 中國 각처에서 줄기차게 요청되어 5개월간 會議가 진행되었던 일도 있었다.6)

---

3) 金龍國, 大韓民國臨時政府의 樹立과 初期의 活動 1969 《3·1운동 50주년 기념논집》 東亞日報社刊
4) 李鐘一, 《默菴備忘錄》 1925. 1. 10. 趙東杰, 大韓民國臨時政府 1976 《한국사》21 국사편찬위원회 간행 pp.201~207 참조
5) 洪淳鈺, 漢城·上海·露領臨時政府의 統合過程 1969 (3·1운동 50주년 기념논집) 東亞日報社刊
6) 李炫熙, 國民代表會議 召集問題 1975 《白山學報》 第18號 白山學會刊

　이 사실은 비록 正統政府로서 大韓民國 臨時政府가 출범은 하였지만 해외 독립지사의 충분한 의견을 완전히 통일하고 설득력 있게 諸般정책을 승복시킬 수 없는 약체 정부였음을 시사하는 실례인 것이다.7) 그러므로 「臨政」 27년사의 歷程은 5차례의 임시헌법의 개정을 통해 그 指導體制를 당시 실정에 맞추어 구축해 나가게 된 것이고 그에 따라 헌정 체제도 달라질 수밖에 없었다. 다만 망명지에서의 독립 기구에 불과한 대한민국 임시정부의 臨時憲法典을 보편적인 유권 해석으로서의 憲法이라고 지칭할 수 있을지 하는 것은 논쟁의 여지가 많다는 것을 전제로 해 둔다.

　前後 5번에 걸친 헌법의 개정 보완 속에서 집행되었던 민주공화 정체로서 「임정」의 지도체제의 특성과 그 변천 상황을 추적해 봄으로써 「臨政」의 憲政史上에서의 의미도 추출해 낼까 한다. 헌법이란 한 민간 국가의 정치 질서의 총화이고 기본 治國의 法典으로서 제정자 및 개정자의 정치 이념과 정치적 현실을 知悉할 수 있으므로 여러 개의 憲法典은 매우 중요한 의의를 지니고 있다고 볼 수 있겠다.

　본 소론은 「臨政」의 憲政을 통해 그 지도체계의 정치사적 의미와 성격을 천명해 본 것이다. 즉 제1차 개헌인 통합정부의 大統領制, 제2차 개헌인 내각 책임제로서의 國務領制, 제3차 개헌인 집단 지도체계의 國務委員制, 제4차 개헌인 主席制, 제5차 개헌인 主席 및 副主席制의 변천 과정에서 그 성격을 밝혀 볼까 한다.

大統領指導制

　서론에서 언급한 바와 같이 실질적인 우리나라의 대표적 臨時政府는 워싱턴의 漢城政府, 上海의 大韓民國 臨時政府, 露領의 大韓民國議會 등 3개 처가 있었다. 그러나 분산되어 통일이 없는 입장에서의 항일투쟁은 효과를 거둘 수 없게 되므로 각처에서 필연적으로 임시정부의 통합이 논의되었다.

---

7) 李炫熙 著 《韓國近代史의 摸索》 1979 二友出版社刊 pp.200～203

따라서 1919년 4월 露領政府는 上海 政府와 접촉하여 통합을 모색하였으며8) 이 시기에 漢城政府 수립에 따라 李承晚이 워싱턴에서 執政官總裁事務所를 두고 독립 활동을 전개한다는 소식을 듣고 3자의 통합이 광범위하고도 실질적으로 이루어지게 되었다.9) 그러나 세 갈래의 임시정부 측에서 통합 문제를 진지하게는 논의하였으나 사실상 타협이 잘 이루어지지 않았다. 露領政府에서는 거리적으로나 한국 교포의 우세한 분포로 보아 滿洲와 露領 지역이 독립운동에 적합하다는 점을 그곳 근거지의 유치 조건으로 내세우고 있었으며10) 上海政府에서는 국제적인 중심지가 못 되므로 우방과의 타협이나 후원 문제에 난점이 있어 不可하며 오히려 上海가 그 中心地가 되어야 한다고 주장하였다.11) 이에 비해 漢城政府는 그들의 조직이 3·1운동의 본거지인 한국 서울에서 이루어졌고 13도 대표가 전체 의사를 집약한 민간 정부이기 때문에 그 장소는 불문에 부치더라도 正統性은 漢城政府案을 기본으로 해야 한다고 각기 상이한 주장을 전개하였다.12)

이 같은 상이한 주장이 계속되는 가운데 露領 정부와 上海 政府가 극적인 합의점에 도달하였으니 李承晚이 미국에 체류하면서 上海臨政의 大統領 칭호 문제로 논란이 일고 있을 때인 5월 하순, 安昌浩가 上海에 도착한 뒤 7월 초 양보와 타협하에 이상의 두 정부가 정통정부로서 漢城政府로 통합 흡수되었다. 그 주요 합의점은 첫째 上海와 露領에서 설치한 정부들은 一切 해소하고 국내에서 13도 대표가 창설한 漢城政府를 계승할 것, 둘째 정부의 위치는 당분간 上海에 둘 것, 셋째 上海에서 설립한 정부가 실시한 행정은 유효임을 인

---

8) 《朝鮮民族運動年鑑》 1946 p.7
9) 朱輝翰編 《安島山 全書》 1963 pp.213～215.
10) 李延馥, 大韓民國臨時政府의 成長過程 上 1970 《慶熙史學》 慶熙大史學會刊 pp.91～99
11) 金榮秀, 上海 臨時政府의 憲政에 關한 硏究로 1975 《論文集》 第2卷은 第2號 忠南大 社會科學硏究所 刊 p.185
12) 洪淳鈺,·前揭論文 pp.902～905

정할 것, 넷째 정부 명칭은 大韓民國 臨時政府로 할 것, 다섯째 현재의 閣員은 일제히 총사퇴하고 漢城政府가 선임한 閣員들이 정부를 인계할 깃 등이었다.13) 이에 따라 9월 6일 露領 國民議會는 재적의원 5분의 4가 上海 임시 의정원에 편입된다는 전제하에 그 영도자였던 李東輝의 제안으로 전원 일치의 해산을 결의하여 上海 임시 의정원으로 單一化된 셈이었다. 즉 8월 18일 이후 제6회 임시 의정원 회의에서 臨時憲法改訂案과 臨時政府改造案을 상정하여 통과됨으로써 확정지어졌던 것이다.14)

임시 헌법 개정안은 上海 정부의 10개조의 임시 헌장을 보충하고 행정 각부를 漢城政府의 모형으로 구성하는 전문 8장 57조의 헌법안인바15) 그 골격은 大統領만 임시 의정원 회의를 통해 선출하고 각 國務員은 새로 뽑힌 대통령이 임명하며 그가 주권을 행사하도록 짜여 있는 것이다. 뿐만 아니라 행정 각부의 6개의 부서를 漢城政府가 짜놓은 7部 1局으로 변경하고 임명도 그에 준하자는 것이며 종래 대통령의 명칭을 집정관 총재가 아닌 「大統領」으로 확정하겠다는 내용이었다. 따라서 통합 정부의 지도체제는 대통령 중심제로 확정되어 9월 11일 새 헌법이 공포되고 李承晩이 대통령에 선출되었다. 대통령에 당선된 李承晩은 그 당시 워싱턴에 있었으며 국무총리 李東輝가 9월 18일 上海에 도착하여 李東寧(內務總長), 李始榮(財務總長), 安昌浩(勞動局總辦), 申圭植(法務總長), 盧伯麟(軍務總長), 文昌範(交通總長), 朴容萬(外務總長), 金奎植(學務總長) 등과 같이 11월 3일 내각 취임식을 거행함으로써 통합된 단일의 大韓民國 臨時政府가

---

13) 金元容 著 《在美韓人 50年史》 pp.458~459 참조. 秋憲樹, 臨政의 外交에 關한 研究 1973 (延世論叢》 10
14) 臨時議政院 記事錄 第6回(9月 6日字)
15) 大統領 中心指導體制의 헌법 개정안을 여러 讀會의 심의과정을 거쳐 9월6일 통과되었는데 皇室優待條項(7條)을 새로 넣어 58個條가 되었다. 초안에는 삭제되었던 舊皇室優待 조항은 심의 도중 趙琬九의 주장으로 부활되었다. 이는 봉건 의식이 완전 척결되지 못한 이유와 함께 민심 수습·회유에 의미가 있는 것이다

탄생한 셈이었다.16)

大統領 中心의 指導體制인 第1次 改憲의 의미는 安昌浩의 표현과 같이 통합된 單一政府로서의 지도체제가 그 뚜렷한 性格이라고 지적할 수 있겠다.17)

대통령 중심의 지도체제를 출범시킨 대한민국 임시 憲法은 어디까지나 統一된 憲法典으로서 前文 8章과 58個條의 근대 성격을 띤 기본 법전으로 이후에 개정된 어떤 형태의 헌법보다 우수하고 모범적이며 민주적인 내용을 담고 있었다. 왜냐하면 이후의 헌법들은 어려운 상황 속에서 우리의 독립운동에 상응하도록 개정되었기 때문에 粗略하거나 人物 爲主的 성격을 면치 못하였기 때문이다.

임시 헌법은 前文에서 지적하고 있듯이 임시 헌장을 기본삼아 본 임시 헌법을 制定해야 云云한 것으로 보면 개정보다는 그 의미가 制定이라는 표현이 그 내용의 성격과 견주어 볼 때 時宜한 표현인 것이다. 前文은 3·1독립 선언의 서두를 그대로 인용한 다음 국민의 대표기관인 議政院에서 10개조의 헌법을 기본으로 하여 새 헌법을 制定한다고 지적하였다.18) 그 구체적인 내용을 보면 總綱(1장), 人民의 權利義務(2장), 臨時大統領(3장), 臨時議政院(4장), 國務院(5장), 法院(6장), 財政(7장), 補則(8장)으로 구성되어 있어 韓末의 君主制 성격에서 엄격히 구별되어 自由主義와 民主共和制의 순수 國民國家의 형성을 입증해 줌에 있어서 近代的 성격으로 알차게 집약되어 있는 것이다. 따라서 이는 近代憲法의 체제로서 그 진로와 방향을 명확히 제시하고 있는 것이다. 그러나 우수한 憲法에 비하여 기약 없는 民族光復의 전조가 막연해짐에 따라 임시정부로서는 비현실적인 문제점도 가지고 있었다.

---

16) 李炫熙 《日帝時代史의 研究》 1974 三珍社刊 pp.131~134

17) 國史編纂委員會編 《韓國獨立運動史》 제3권 1967 국사편찬위원회간행 pp.444~445 참조

18) 洪淳鈺, 上海 臨時政府의 正統化過程 1968 《新東亞》 3月號
　　朴性鳳, 海外獨立運動과 臨時政府의 地位 1965 《韓國思想》6 韓國思想研究會刊
　　申載洪, 大韓民國 臨時政府의 外交活動 1973 《史學研究》22 韓國史學會刊

未久에 개정하였던 제1, 2조에서 全人民을 구성원으로 한 것과 제2장 人民의 權利義務, 제6장 法院 문제 등이 그 대표적인바 현실성으로 지적되었음을 거론치 않을 수 없는 것이다.

여하간 대통령의 권한을 규정하거나 그 성격을 나타내는 항목으로는 제1장에서 大統領의 主權行使를 규정하였고 제3장에서 임시 대통령은 국가를 대표하는 행정수반이며(11조) 그 권한으로는(15조) 委任命令, 國軍統帥權, 官吏任命權, 緊急命令發動權 등 12항의 넓은 권력이 부여되고 있다.

주목되는 것은 三權分立의 형태를 취하고 있는 것으로써 法院의 편제법관의 자격(43조), 사법권의 독립(45조), 사법관의 신분 보장(46조), 재판의 공개(47조) 등이 헌법에 명백히 규정되어 있지만 法院의 조직은 臨政下에서 法條文上의 기능 이상은 접근치 못하였다. 임시 헌법 중에 삭제된 부분도 있었는데19) 개헌의 동기가 사실상「分散政府」를「統合政府」로 실현시키기 위한 의지의 집약에 있었으므로 강력한 지도력의 발휘와 함께 國民國家로서의 서구형 民主制를 지향하려는 의지가 반영되었던 것이다. 그런데 구체적으로 李承晩이, 大統領의 칭호를 합리화시키기 위한 것이기 때문에 개정된 헌법의 정부 형태는 그 당시 실정에 맞게 대통령 중심 지도체제를 채택한 것이다. 그러나 실제로는 그 당시 大統領은 미국 워싱턴에 체류하고 있었고 內閣은 上海 臨政에 있었으므로 명칭만 대통령 중심 지도체제일 뿐 실질적으로는 내각 책임제나 다름이 없을 정도로 대통령 중심 체제가 못되어 대통령과 내각과의 의견 마찰은 부단히 계속되었다. 따라서 미봉책으로 대통령 중심 체계와 내각 책임제의 절충식이 채택된 것으로 볼 수 있다. 당시 국무총리는 韓人社會黨 당수로서 소련의 볼세비키와 제휴하고 있어 李承晩을 포함하여 순수 민족진영으로부터의 이념적 갈등과 반발이 臨政方向에 적지 않은 혼선과 마

---

19) 特殊階級의 否認(8조) 中「男女 貴賤貧富」의 語句와 國際聯盟에의 加入(7조) 生命刑, 身體刑, 公娼制廢止(10조)의 2개 조항이 삭제되었다. 삭제 이유는 申翼熙에 의해 실현성 있게 설명되었다.

찰을 불러일으켰으므로 이 같은 침체 국면에서 벗어나기 위해 여러 가지 진통을 겪었던 것이다.

또 하나의 특징적인 요소는 임시 대통령의 임기가 명시되어 있지 않은 점이다. 그것은 종신직을 시사한 것이 아니고 安昌浩의 의견대로 光復을 위한 독립운동 기간 중에는 임시 대통령이나 국무총리는 경질되지 않아야만 소신껏 강력한 리더십을 발휘할 수 있기 때문이었다. 光復 이후 이 같은 성격의 대통령 중심지도체제는 제1공화국인 大韓民國 憲法과 유사점이 많아 그 母體가 된다고 볼 수 있으며 부분적으로는 상이점이 많으나 1980년 10월 22일 국민 투표로 확정된 제5공화국의 헌법 제정 정신에도 맥락지어지고 있음을 엿볼 수 있겠다.[20]

內閣責任指導制(國務領制)

이같이 대통령과 내각 간의 거리와 이념상의 차이 등으로 혼선이 자주 일어나 행정상의 능률이 오르지 않자 제2차의 改憲을 통해 國務領制인 내각 책임 지도제가 우여곡절 끝에 시행되었던 것이다.

李承晩은 大統領으로 재임 6년간(1919~25) 외교상의 중요성을 이유로 미국에 주재하여 上海 임시 정부에는 6개월간(1920년 12월~1921년 6월) 집무함으로써 上海 政街에 분란이 일어날 때마다 대통령의 강력한 리더십이 요청되어 美京의 대통령 李承晩에게 적절한 지시를 요구하게 되고 대통령이 현지 실정과 乖離感을 갖게 하는 지시가 내려질 때는 의정원을 중심으로 하는 上海 政局에 혼란과 방황만을 초래하는 결과를 가져왔다. 李承晩은 미국에 체류하면서 極東의 정치는 그의 결재를 받아 國務院이 담당하고 美洲 지역의 정무는 歐美委員部가 집행한다고 하며, 美洲 지역까지 관할하고 있었던 國務院과 의견 충돌이 있었다. 특히 독립운동에 있어서 생명과도 같은 財政 문제를 취급함에 있어서 物議가 빚어졌다. 臨政樹立初期에는 交通局과 聯通制의 실시 등으로 인해[21] 國內로부터 人口稅와 각

---

20) 第5共和國 憲法 參照

종 의연금, 즉 軍資金이 국내외 女性들의 참여로까지22) 확대되어 送金되었지만 일제의 탄압으로 격감되자 臨政의 재정은 하와이 교포의 人口稅와 愛國金에 의존하는 비중이 컸었다.23) 그러나 1920년 2월부터 李承晩은 大韓人國民會 中央會가 갹출하여 재무부로 송금하던 恒式을 고쳐 歐美委員部가 이 업무를 맡고 애국금 갹출도 그가 고안해 낸 公債票發行을 우선적으로 시행하였다.24)

이에 따라 軍資金을 취급함에 유리한 입장에 있었던 李承晩은 外交活動費 명목으로 그 자신이 적의하게 명분을 부쳐 專擅히 投入함으로써 사실상 上海政府의 送金은 거의 중단 상태에 이르러 운영상의 어려움을 빚게 되었다. 이 같은 군자금 송달의 의혹이 그곳의 李承晩과 上海에 있는 李東輝 사이를 어색케 하더니 급기야는 대립과 갈등으로 구체화되고 말았다.25) 李東輝는 李承晩이 독립운동 과정에서 미국 대통령에게 당분간 위임 통치를 청원한 사실을 구실로 大統領辭退運動을 전개함으로써 대립은 상대방을 실각시키는 등 노골화되었는데 李東輝 자신은 공산주의자로 지목되어 臨政에 소련 자금의 차관 등으로26) 물의를 빚어 兩 李氏의 암투는 결국 두 사람의 과오만 폭로된 셈이고 임정은 그만큼 弱化될 수밖에 없었다.27) 이로 인해 內閣은 혼란에 빠져 次長級 人士들의 임시 대통령 불신임에 이어 總長級 人士들의 사표 제출 파동을 불러일으키는 등 내각이 동요를 일으키게 되어 대통령의 강력한 지도력을 통한 수습만이 요청될 뿐이었다. 당시 대통령은 上海에 도착되어 있었으나 사태는 유동적이었다. 이에 임시 의정원은 李承晩 임시 대통령으로 하여금 수습에

---

21) 李炫熙 著 《韓國現代史硏究》 1972 同和文化社刊 pp.211~215 參照
22) 李炫熙 著 《韓國近代女性開化史》 1978 二友出版社刊 「女性獨立運動」 參照
23) 人口稅는 20세 이상 男子로 1年에 金貨 1圓 臨時政府令 第1號 臨時徵稅令 財務部令 제1호 人口稅施行細則
24) 金元容 著 前揭書 1974 獨立運動史 資料集 所收 再引用 pp.820~821 參照
25) 李延馥, 初期의 大韓民國 臨時政府 1970 《慶熙史學》 第2輯 pp.86~98
26) 《韓馨權의 手記》 pp.70~72
27) 金俊燁. 金昌順 共著 《韓國共産主義運動史》 Ⅰ 1967 高大亞細亞硏究所刊 pp.181~182

임하도록 하여 李東輝는 사퇴하고 일찍이 민권 운동에 간여한 내무 총장 李東寧이28) 총리 대리로 집무를 하다가29) 申圭植 법무 총장이 代攝하고 李東寧, 申圭植 盧伯麟, 李始榮, 孫貞道 5人을 국무위원으로 임명하였다. 이승만은 美京에서 1921년 11월 이후 3個月이나 지속하여 會議하던 9個國 參與의 太平洋會議에30) 대비코자 1921년 5월 20일 上海를 떠났다.

한편 노동국 총판으로 上海 정부에 관여해 오던 安昌浩도 1921년 5월 17일 平民의 신분으로 무엇을 해야 하겠다는 퇴임 소감을 끝으로31) 정부 직책을 사퇴하고 임시정부의 改造를 주장키 위해 國民代表會議 召集을 제창하였다.32) 國民代表會議에 관해서는 저자가 이미 前示 저서 속에서 논급한 바와 같이 임시 정부에 불만이 있는 각지의 독립지사가 한 곳에 모여 정부 조직을 전면 내지는 부분적으로 창조하거나 개조하자는 의미로 上海로 각지의 대표자를 소집한 것이었다. 1923년 1월 會議를 개막하여 100여 지역 단체에서 120여 명이 참석하고 1923년 1월 개막 이래 발전적인 의견을 교환하여 전후 5개월에 걸친 100여 회의 會議를 진행시켰으나 「말의 盛宴」으로 끝나고 말았다. 더욱이 지도급 인사들인 李承晩, 李東輝, 安昌浩의 訣別은 臨政의 지도체제와 그 意識을 문란케 하였을 뿐 아니라 臨政 자체의 방향 감각을 둔화시키고 말았다.33)

國民代表會議의 결렬로 인한 혼란 상태를 수습하기 위한 계책으로 임시 대통령과 국무원의 불신임 결의 그리고 임시 의정원 의원 전원의 교체와 改憲이 강력히 주장되는 등 부산한 움직임을 보였다.34)

---

28) 《默菴備忘錄》 1898. 10. 20〜11. 20
29) 金錫營 著 《李東寧先生 一代記》 1979, 乙酉文化社刊
30) 李炫熙, 太平洋會議에의 韓國外交 後援問題 1976 《韓國史論叢》 第1輯 誠信女大 國史學科刊 前示 《韓國近代史의 摸索》에 再收錄
31) 朱輝翰 編著 前揭書 pp.579〜589
32) 李炫熙 著 《韓國近代史의 摸索》 1979 二友出版社刊 pp.200〜215 《同》 《3·1運動史論》 1979 東方圖書刊 p.286
33) 孫世一, 大韓民國 臨時政府의 政治指導體系 1969 《3·1운동 50주년 기념논집》 東亞日報社刊 pp.918〜920

그 가운데 1923년 第11次 臨時議政院에서 大局刷新案이 上程 통과
되었으나 國民代表會議의 결렬과 함께 임시 헌법의 개정을 포함한
改憲案도35) 실현되시 못하고 말았나.36) 이 같은 각종 수습책에 대해
李承晩은 고집을 보이면서 반대하고 이듬해인 1924년에는 中央 정
부와 정면충돌하는 등 타협점을 보이지 못해 대립되어 있던 臨時議
政院은 同 6월 李東寧을 임시 대통령직무 대리로 선출하였다. 그 뒤
同 12월에는 다시 우리나라에 영원한 平和 정착을37) 특히 강조한
바 있으며 민족 사학자이기도 한 朴殷植을 第2代 大韓民國 臨時政府
의 임시 대통령으로 선출함으로써 李承晩은 임시 의정원의 不法을
힐책하는 등 노골적인 불만과 인신공격까지 加하였다. 이어 임시 의
정원에서는 마침내 1925년 3월 13일 大統領彈劾案을 상정하였다.
그 제안 이유는 헌법 제14조의 선서, 제39조의 법률 및 명령의 國務
員副署 제11조의 대통령의 국가 대표, 정부 총람, 법률 공포 등의
위반, 임시 의정원(대통령을 선출한 기관임)의 노골적인 부인 때문이
었다. 3월 23일 審判委員會에서 최종적으로 대통령의 면직안이 통과
되었으니 추대된 朴殷植이 同日字로 당선되었고 취임 선서와 組閣의
동의를 받았던 것이다. 따라서 李承晩은 물러나게 되었고 李東寧 임
시 대통령직무 대리 이래의 비상조치가 개헌으로 확정되어 3월 30
일 정부 제안의 國務領 지도체제인 內閣責任指導制의 제2차 개헌안
이 임시 의정원을 통과하여 4월 7일 公布됨으로써 두 번째의 지도
체제가 바뀌게 된 것이다.

　따라서 내각 책임 지도체제인 國務領制에 따라 初代 李相龍 국무
령 이래 梁起鐸, 安昌浩, 洪震, 金九에 이르기까지 5代에 걸쳐 이 지
도체제가 계승 유지되었고 金九 국무령시에는 國務員이 尹琦燮·李圭

---

34) 在上海日本總領事館警察部 前揭書 1922年 6月 19日字 참조
35) 골자는 임시 대통령 지도체제를 폐지하고 그 권한을 國務院과 臨時議政院에 分
　　配한다는 것이었다.
36) 《獨立新聞》 1923. 5. 2
37) 李炫熙, 朴殷植의 平和思想 1980 《東國史學》 第14輯 東國史學會刊

洪·金澈·吳泳善·金甲　등이었다.

　　제2차의　개헌은　前文　없이　6章　35個條로　구성되었는데　그　내용은　大韓民國(1장),　臨時政府(2장),　臨時議政院(3장),　光復運動者(4장),　會計(5장),　補則(6장)으로　광복운동을　위한　규범이　명시되어　있는　점이　특색이라고　할　수　있다.　이에　따라　임정의　지도체제는　大統領制가　폐지되고　國務領이　최고의　책임　통수권자가　되는　내각　책임제로　變更된　것이다.

　　그　구체적인　내용을　보면　대통령과　國務院을　통합하여　臨時政府로　했고　임정은　國務領과　國務員으로　구성된　국무회의의　결정으로　행정과　사법을　총괄케　하며　국무령은　임시　의정원에　대해　책임을　지고　국무령과　국무원은　임시　의정원에서　선출케　함으로써　의회와　행정부를　유착시켜　능률적이고　단합된　國力의　조직화를　기한　것으로　풀이된다.　더욱이　國民代表會議　召集으로　인한　臨政의　弱化를　金九의　강력한　리더십으로　재강화케　할　수　있는　법적이고도　제도적인　장치가　이룩된　셈이었다.　國務員의　법적　지위도　상승되어　법률　명령의　公布,　그　제안　등을　발의할　때는　連署로　하며　관리　임면권도　國務領이　집행하되　국무회의의　의결을　거치게　함으로써　중진급　人士가　결여된　임정의　집단　지도체제로의　전환을　암시하는　단계적　조치로　해석해　볼　수　있겠다.

　　국무령의　임기는　3년으로　하되　再選을　허용하였다.　권력의　남용을　억제하자는　실무적　경험에서　바람직한　제도의　변천일　수　있다.　「대한민국은　光復運動　중에는　광복운동자가　全人民을　代表함(제3조)」이라는　새　항목을　넣어　이　헌법의　적용　범위를　광복운동자,　즉　독립운동자로　규정한　사실을　주목해　볼　수　있고,　그들은　납세·병역·징발에　응할　의무가　있으며　선거권　청원권도　광복운동자에　국한시키고　있다.38)　독립운동이　임정　최대의　활동　목표인　만큼　이후　개정되는　헌법에는　이　사실을　명문화함으로써　적용되며　1944년　최종　임시　현장

---

38)　《臨時議政院議事錄》,　《朝群民族運動年鑑》　참조

에 명백히 정의지어지고 있다. 법원이 폐지되고 국사법이 폐지되고 국무회의가 행정과 함께 국사법을 겸섭하게 되었다.

그러나 이렇게 제도적인 면에서 내각책임제로 개헌이 이루어졌음에도 불구하고 중진급 독립지사의 소극적 참여 내지는 상호간의 분열 대립으로 인해 고민에 빠지게 되었으니 이 시기가 임시정부 27년사 가운데 沈滯期(1925~31)에 해당하는 어려운 시기였다. 따라서 국무령이 되었던 李相龍도 곧 사임했고 梁起鐸과 安昌浩도 自退함으로써 일찍이 볼 수 없었던 위기의 시기였음을 知悉할 수 있는 것이다. 이리하여 집단 지도체제인 國務委員制를 채택하는 제3차의 개헌이 실시되었던 것이다.39)

集團指導制 (國務委員制)

2次 改憲으로 나타난 國務領 지도체제는 임시 의정원에서 선출하였던 李相龍·梁起鐸·安昌浩·洪震 등이40) 사임하거나 자퇴함으로써 난관에 봉착하였다가 1926년 12월 14일에 金九가 國務領이 된 뒤 尹琦燮 등을 신내각으로 임명하고 宋秉祚 임시 의정원 의장과 같이 3차 改憲을 착수하였다. 그 이유는 2次 개헌인 내각 책임제가 不合理하며, 비현실적이었기 때문이었다. 즉 1人에게 책임을 지우는 國務領 지도체계로는 다수의 의견을 반영하기 어렵고 또 다스림에 있어서도 문제점이 許多하여 한 사람이 책임지는 국무령제를 폐지하고 國務委員制인 集團指導制를 채택하였다.41) 그러니까 3次 改憲案(大

---

39) 李炫熙 著 《韓國史大系》 8 1973 三珍社刊 PP.135~136 朴永錫, 日帝下 在滿韓人社會의 形成 一石洲李相龍의 活動을 中心으로― 《韓國史學》 3 1980 韓國精神文化研究院刊

40) 洪震이 1926년 7월 7일 國務領이 된 뒤 組閣하였는데 이것은 2次 개헌 이후 1년 만에 신헌법이 실시된 셈이었다. 그는 9월 27일에 정부 시정 방침의 3大 綱領을 발표하였다. 그것은 非妥協的 자주독립운동의 진작, 全民族 大黨體를 건립, 各 被壓迫民族과 大聯盟을 체결하여 우방의 후원을 획득하자는 것이었다. 그러나 활동의 부진과 군자금의 곤란으로 총사직하고 말았다

41) 金九 著 金九自叙傳 《白凡逸志》 1968 白凡先生 記念事業協會刊 p.287

韓民國約憲)이 발의된 셈인데 尹琦燮의 案이 부결되자 金甲, 李圭洪, 黃義春 등으로 約憲起草委員會를 다시 구성케 하여 임시 약헌을 1927년 2월 15일 第16回 임시 의정원에서 통과시켜 3월 5일 公布하였다. 이것이 곧 3次 改憲으로 國務委員制인 集團指導體制로서 정부의 수반을 폐지하고 집단지도제로 14년간 다스리게 될 법제적 뒷받침이 된 것이었다.42) 이에 따라 4次 개헌에 따른 정부 각료는 主席 李東寧, 內務長 洪震, 外務長 趙素昂, 軍務長 李靑天, 法務長 李始榮, 財務長 金九, 秘書長 車利錫, 參務長 柳東說이고 無任所에는 曹成煥, 安秉祚, 趙琬九이었다. 國務委員은 李東寧, 金九, 李始榮, 趙素昂, 洪震, 安秉祚, 柳東說, 趙琬九, 曹成煥, 車利錫, 李靑天의 11명이었다.43)

臨時約憲의 경우는 모두 5장 50 個條로 구성되어 있는데 前文은 없다. 즉 總綱(1장), 臨時議政院(2장), 臨時政府(3장), 會計(4장), 補則(5장)으로 구성되었는바 제1차의 개정 헌법보다 소규모이지만 제2차의 改憲 때보다는 현실성에 비견하여 보완한 점이 눈에 띈다. 따라서 15개 조항이 증가한 것은 현실 문제에 주안점을 둔 것으로서 君主制的인 잔재가 훨씬 청산되고 民主共和制的인 民衆意識의 성격이 농후하게 나타나고 있는 것이다, 金九의 말과 같이 「모든 국무위원은 권리에나 책임에나 平等이었다.…… 종래의 모든 분리를 일소할 수 있었다44)」고 하여 보다 民主的 지도체제로의 전환이 이루어졌음을 엿볼 수 있겠다. 집단 지도체제의 會議體로서 정부의 수반인 대통령·국무령·국무총리제를 폐지한 3차 改憲은 國務委員이 국무회의를 조직 운영함으로써 정부가 구성되었던 것이다. 따라서 國務委員이 국무를 총괄하고(28조) 임시의정원에 대해 책임을 지며(29조) 그 임기는 3년으로 정하고 재선의 여지가 주어졌다.(34조) 主席은 국무위원의 互選으로 선출되며 특별한 권한이 주어지지 않아 「주석은 위원들이 번차

---

42) 前揭 《朝鮮民族運動年鑑》 1927. 3. 5
43) 第31回 《臨時議政院會議錄》 參照
44) 金九 著 前揭書 p.288

례로 할 수 있는 것이므로 매우 편리하여」 문제될 것이 없었던 것 같다.45) 국무위원은 2개월 이상 집무하지 않으면 자연 해임된다는 규정을 주어(34조) 그 성실한 근무 자세를 촉구하여 집단 지도체제로서의 책임과 의무의 性格을 잘 부각시켜 주고 있다. 金九 자신도 尹奉吉의 投彈義擧와 관련되어 嘉興 등지로 오래 피신하다가 이 조항에 저촉되어 李東寧과 함께 그 직을 해면당한 사례도 있었다.

한편 제2장의 임시 의정원 章에서 의정원의 지위가 월등하게 提高되고 있는 점이 특징이라 지칭할 만하다. 종전의 헌법에서는 정부가 國會를 召集하는 것이 상례로 되어 있으나 이번 개헌의 경우에서는 의정원이 會議를 열도록 규정하고 있으며(9조) 「대한민국의 최고 권력은 임시 의정원이 이를 가짐(2조)이라」고 천명하고 있다. 이는 독립운동 추진 기관의 약화를 반영하는 것으로 간주될 수도 있는 것이다.46) 따라서 이것은 제1차 개정 임시헌법이나 제2차의 개정 임시헌법에서 각기 대통령의 권한 확대와 대한민국의 임시 정부 통치를 규정한 것보다 강한 내용을 담고 있는 것이다.

또 한 가지의 특징은 「…장차 독립운동자들의 大同團結體인 黨이 완성될 때에는 국가의 최고 권력은 黨에 있다」(2조 但書)는 것인데 이는 超政府的 性格을 띨 單一政黨의 리더십을 고대한 것으로 풀이 될 수 있겠다. 헌법 개정 조항에서 「본 헌법의 개정은 임시 의정원에서 總議員 3분의 1 이상 또는 정부의 제안으로 3분의 2 출석 및 출석원 3분의 2 찬성으로 함. 광복운동의 大團結인 黨의 완성시에는 此黨에서 개정함」(49조)이라고 규정하여 民衆의 저력과 의지를 조국 광복에 집중시키고자 의도한 혁명성을 읽어볼 수 있는 것이다. 이는 소련이나 國民黨의 以黨治國의 현실로 민국 혁명을 성공적으로 이끌어가고 있음에 적잖이 영향을 미친 것으로 類推해 볼 수 있겠다. 따라서 이 같은 구상으로 單一政黨 結成 운동은 실질적인 면에서 추진되어 1927년 11월에는 韓國唯一獨立黨促成會 各地 代表聯合會가 열

---

45) 金九 著 前揭書 pp.287~288 참조
46) 孫世一 前揭論文 p.923

렸는데 이보다 앞선 1920년 10월에는 北京에서 大獨立黨組織北京促成會가 조직되었고 이어 上海, 廣東, 武昌, 南京 등지에도 각기 독립촉성회가 결성되는 등 그 분위기가 무르익어 갔다. 국내에서 新幹會[47]와 槿友會[48]가 민족 단일당적 성격을 띠고 결성된 것은 이 무렵(1927년 2월과 5월)이었다.

唯一獨立黨 결성을 통한 민족 力量의 집결운동은 共産主義者들의 妨害工作으로 인해 당장은 성과를 거두지 못하였다. 그 뒤 1930년 1월에 와서 安昌浩, 李東寧, 金九 등의 主動으로 韓國獨立黨이 조직되어 臨政의 기본 정당이 되었다. 그러나 임시 約法이 기대하고 있던 것보다 폭넓고, 실제적인 光復運動의 大團結인 唯一黨의 성격에는 많이 接近치 못하였다.

한편 이 헌법에서 「光復運動의 者」 章은 폐지하고 선거권의 규정은 임시 의정원 章에(5조), 의무 규정은 總綱 章(4조)에 삽입시켰으며 軍法會議를 예비(45조)하고 있음도 특징이라고 지적할 수 있다.

3차 개헌은 1927년 3월 5일 공포 이래 4월 11일부터 본격적으로 실시되어 1940년 10월 主席 지도체제 개헌으로 變更 적용될 때까지 14년간 존속한 비교적 오랫동안 유지된 헌법으로 국무령제의 金九 내각이 퇴진한 뒤 李東寧, 金九, 吳永善, 金甲, 金澈 등이 國務委員에 선출되어 실제로 집단 지도체제가 이루어진 것으로 볼 수 있다. 그러나 실제로 일정의 移動期(1932~9)에 걸쳐 있는 때였기에 滿洲事變(1931) 이후 이동하여 杭州(1932), 鎭江(1935), 長沙(1937), 廣州(1938), 南海 柳州(1938), 綦江(1939), 重慶(1940) 등지로 피난하였으며 재정 궁핍으로 큰 곤경을 겪었다. 金九의 자서전에 나타난 바와 같이,

---

47) 李炫熙 著 《韓國開化百年史》 1976 乙酉文化社刊 pp.194~196
48) 李炫熙 著 《韓國現代史의 理解》 1976 瑞文堂刊 pp.145~151,《同》前揭 《韓國近代女性開化史》, 朴容玉著 《韓國近代女性史》 1975 正音社刊

「이렇게 하여 정부는 자리가 잡혔으나 경제 곤란으로 정부의 이름
을 유지할 길도 망연하였다. 정부의 집세가 삼십 원, 심부름꾼 월급
이 이십 원 미만이었으나 이것도 낼 힘이 없어서 집주인에게 여러
번 승사를 겪었다.… 나는 임시 정부 정청에서 자고 밥은 돈벌이 직
업을 가진 동포의 집으로 이 집 저 집 돌아다니면서 얻어먹었다.…
나는 이들의 집으로 다니며 아침, 저녁을 빌어먹는 것이니 거지 중에
는 상거지였다.49)

라는 표현 속에서 臨時政府의 궁핍한 재정 상태를 엿볼 수 있다. 이
같은 어려운 사정이 위협하고 있음에도 불구하고 13년간 임정의 집
단 지도체제(1927~40) 속에서도 광복을 위한 활동은 지속되었다.
즉, 韓國獨立黨의 조직과 李青天의 高麗革命士官學校설립(1928), 三
均制度의 건국 원칙 발표, 李青天의 한국독립당군 등이 中國人 義勇
軍과 연합하여 유격전을 강화하였다.(1931) 李奉昌·尹奉吉의 투탄에
이어(1932) 애국운동 洛陽軍官學校에 韓人訓練班을 설치키로 합의
(1933)했고, 洪震 등의 新韓獨立黨이 조직(1934)되었으며, 金九 등
韓國國民黨의 조직 (1935), 中日戰爭을 계기로 南京에서 韓國光復戰
線(金九)과 朝鮮民族戰線(金元鳳) 등이 연합체를 조직(1937)했고 光
復軍 총사령부 설치(1940) 등이 이 기간 동안에 있어서 臨政의 주요
광복 활동이었다.

그것은 비록 강력한 指導體制는 확립되지 못했다 해도 祖國의 光
復을 열망하는 한국 민중의 공동 목표를 向한 救國意志가 이 같은
혁혁한 成果로 구체화된 것이었다.

主席指導制

國務委員制인 集團指導體制로 임시 정부의 진로가 재정비되었다고

---

49) 金九 著 前揭書 p.288
　　李鍾學, 大韓民國 臨時政府 軍事制度에 關한 研究 1975 《亞細亞學報》 11
　　秋憲樹, 中日戰爭과 臨政의 軍事行動(上同)

는 하지만 1920년대에 臨政의 활동은 뚜렷치 못했다. 1930년대로 오면서 독립운동계에는 큰 變化가 일어나게 되었다. 滿洲事變, 上海事變, 中日戰爭을 거치는 동안 中國의 해안 지역과 북부가 日本軍의 위협을 받게 됨으로써 中國政府도 重慶으로 피난케 되었고 大韓民國臨時政府 역시 중국 내부의 정치적 상황에 따라 여러 번 그 본거지를 移動치 않을 수 없었다. 그럼에도 불구하고 投彈으로 李奉昌, 尹奉吉이 일본 침략의 수뇌부를 응징함으로써 韓中兩國民에게 光復에의 열의와 신념을 불러일으켰다.50)

그러나 이 혁혁한 義擧로 인해 임정관계의 지사들은 쫓기는 입장이 되어 上海 프랑스 祖界를 따라 杭州 등지로 피신 유랑하지 않을 수 없었다.51) 臨時政府의 집단 지도체제가 사실상 본래의 기능을 발휘할 수 없었던 것은 이 때문이었다. 피신해 있던 安昌浩가 체포, 본국으로 압송되었던 것은 그 좋은 例였거니와 臨政은 蔣介右 정부의 협조를 얻어 재미교포의 군자금 조달도 편의를 제공받을 수 있었을 뿐 아니라 中國人 군관 학교에 韓國人 청년들이 훈련을 함께 받을 수 있는 기회도 주어졌던 것이다.

한때 5黨 통합으로 政府의 폐지론도 비등했었지만 1935년 嘉興을 기점으로 재정비하였고 2년 뒤 中日戰爭이 일어나자 對日獨立戰爭을 치를 軍事委員會가 조직되었으며 「韓國光復戰線」을 결성함으로써52) 臨政 산하의 군사 기관으로서 명실상부한 정규군이 이루어져 전시 체제로 전환할 수 있었다. 비록 「정착정부」는 아니었다 해도 光復 운동을 뒷받침하고 통제적 사명을 띤 민간정부의 독립의지의 충만으로 평가해야 할 것이다. 1938년 長沙에서 軍事學編修委員會가 설치 운영되었으며 마침내 1940년 9월에는 韓國光復軍이 결성됨으로써 臨政의 정규 항일 독립군이 창설된 셈이니 이는 義兵 이래의 모든

---

50) 李康勳 著 《大韓民國 臨時政府史》 1975 瑞文堂刊 pp.174~190
51) 李康勳 著 前揭書 pp.217~226
52) 이는 韓國獨立黨(조소앙), 韓國國民黨(김구), 朝鮮革命黨(이청천) 의 3黨 통합 체였다

무장 세력의 現在的 맥락으로 평가해 볼 수 있겠고 光復軍總司令部
가 설치 운영되었다.

이 같은 臨政의 군사 행동은 金九의 통수공직하에 이루어지게 되
었는데 그는 1935년 5黨 통합으로 「임정」이 위협하에 놓이게 되자
韓國國民黨을 결성, 그 기반이 되게 했고 새로이 한국 국민당 등 3
당을 재정비 통합하여 韓國獨立黨(韓獨黨)이라는 臨政의 唯一黨을
결성하였다. 1940년 重慶으로 이동한 臨政은 10月 臨時議政院을 통
해 光復軍에 대한 中國政府와의 조약 체결 촉구, 그리고 大元帥府新
設 등의 결의를 실행하였고《同》10월 9일 임시約憲을 개정함으로
써 14년 동안의 國務委員制인 集團指導體制는 끝나고 이제 主席 지
도체제로의 전환을 눈앞에 두었다.53)

이에 따라 국무위원회 主席은 金九가 선임되었으며 國務委員으로
는 李始榮, 趙琬九, 趙素昻, 車利錫, 朴贊翊, 曹成煥이 선출되었다.
이들은 대체로 각 부장도 겸하였는데 內務에 趙琬九, 外務에 趙素昻,
軍務에 曹成煥, 法務에 朴贊翊, 財務에 李始榮, 秘書長에 車利錫, 참
모총장에 柳東說, 고문에는 宋秉祚, 洪震이 각기 선임되어 4次 개헌
으로 主席 지도체제가 이루어졌다.

4次 개헌의 동기는 임시 정부 행정부의 地位를 향상시키고 金九
의 영도력을 막강하게 제도화시키려는 의도가 다분히 반영되었다.

그것은 第32回 臨時議政院에서 1940년 10월 8일 통과시켜 9일
정부가 公布한 것으로 4次 개헌인 大韓民國 臨時約憲이었다.54) 이는
前文이 없고 5章 42個條로 구성되어 있다. 總綱(1장)에 이어 臨時議
政院(2장), 臨政(3장), 會計(4장), 補則(5장)으로 구성되어 있는데 3次
개헌안보다 8개조가 감소되었지만 구조상의 變動은 거의 없는 실정
이었다. 이의 특징은 國務委員會의 主席을 임시 의정원에서 선거하
고 國軍의 총괄과 대내외로 임시 정부를 대표하게 되었다는 점이다
(27조). 전시 체제하에서 主席의 위치를 국가 원수로서의 지위로 확

---

53) 金榮秀, 前揭論文 p.192
54) 第32回 《臨時議政院議事錄》 참조

립하고 국군 통수권을 행사할 수 있는 강력한 영도자의 지위를 보장해야 되었던 것이다. 이에 따라 金九를 주석으로 하는 내각이 앞에 나열한 바와 같이 조직되어 主席 中心 指導 體制로 보장되었던 것이다. 단지 광복 운동자의 대단결인 黨의 규정이 삭제되었는데 이는 유일당 운동의 지지부진을 반영하는 것이었다.55) 그 외에 民主共和國이란 國體표시가 삭제되었고 國權이 主權으로 變動되었으며 國務會議가 國務委員會로 고쳐졌다. 국무위원의 2개월 궐석 시 해임되는 조항(34조)도 삭제되었다.

이들이 光復運動에 임하는 자세나 그 이념은 大韓民國 建國綱領 속에 반영되고 있다.56) 이미 임시 정부는 滿州事變 직전 조소앙의 제창으로 三均制度의 건국 원칙을 천명하였는데 이것은 政治, 經濟, 敎育의 三均제도로 均權, 均富, 均學의 民主共和國의 福祉國家를 지향하고 있었던 점을 주목해야 할 것이다.57) 이 建國綱領은 1944년의 5차 개헌 정신과 광복 후 헌법에도 반영되었거니와 그 내용은 全 22項으로 구성되었다. 즉 總綱(1장)에 이어 復國(2장), 建國(3장)의 22項인 것이다. 첫째 總綱에서 민족공동체로서의 韓國의 의미를 최고 조직체로 규정하였으며 건국정신을 三均제도에서 찾았고 土地의 國有化, 殉國先烈의 遺志, 3·1운동과 臨政 수립과의 불가분의 관계 등을 포괄적으로 설명함으로써 임시 정부의 정통성과 三均제도가 한국 건국이념과 직결된다는 그들 나름대로의 自尊的 건국 정신을 강조하고 온 국민의 단결을 호소하고 있다. 특히 金九 主席의 정통적 민족주의의 신념과 그 이상이 잘 반영되고 있음에 주목치 않을 수 없으니 主席 중심적 지도체제의 강인성, 항일성 등을 知悉할 수 있는 것이다.58)

---

55) 洪淳鈺, 大韓民國臨時政府의 第五段階 憲法 文案에 관한 硏究 1974 《論文集》 第13輯 東國大刊 參照
金得柱, 大韓民韓 臨時政府의 國際的 地位 1975 《亞細亞學報》 11
56) 《韓國獨立運動史》 5 1969 국사편찬의원회 간행 p.47
57) 이는 孫文의 三民主義에 의한 國民政府 建國大綱과 유사하였다
58) 金九 著 前揭書 參照

　　그뿐 아니라 復國의 실천 방침과 그 의지가 명확히 엿보이고 있는
바 3기로 분류한 그 내용은 첫째 독립의 선포와 함께 임시정부와
의정원을 수립하고 血戰을 계속하겠다는 군사적 방침이 엿보이고 있
으며, 둘째 일부 국토를 탈환하고 黨·政·軍의 구성과 국제적 이해
증진 그리고 그 지위를 획득하겠다는 世界史的인 유대 의식이 반영
되고 있고, 셋째 平等과 自由 의사로서 각국 정부와 정상적인 조약
체결로 교외 수립을 강화해 나가겠다는 자립의 의지가 보이고 있는
3단계였다. 建國의 단계도 역시 3단계로 추진할 것을 표방하였다.
첫째 中央의 정부와 의회가 三均제도의 강령과 정책을 추진하는 과
정, 둘째 三均제도의 헌법을 실시하여 선거가 이루어지고 민주적인
문화생활이 보장되는 과정, 셋째 건국에 대한 기초적 시설이 상당
수준 성취될 시기라고 표현하여 민주적이고 복지적인 새 국가의 건
국을 이상형의 모델로 삼고 있었던 것이다.

　　그 외에도 건국에 따르는 민주적 절차와 제도적인 원칙이 규정되
어 있어 이를테면 建國綱領은 광복운동과 함께 나라를 다시 찾았을
때의 제도적인 受權 기관으로서의 골격까지도 구비하려는 원대한 이
상을 설계하였던 것이다.59) 뿐만 아니라 독립운동자를 이 독립운동
대열에 모으기 위한 국민적 노력의 일단이 반영되는 의미에서 전시
체제를 명분 있게 이해시키고 그 참여의 폭이 넓으면 넓을수록 그만
큼 조국의 完全무결한 독립이 속히 달성될 수 있다는 점을 시사한
것으로 평가해 볼 수 있겠다.

主席 – 副主席指導制

　　主席 지도체제가 어려움이 많았음에도 불구하고 14년이란 세월
속에서 임시 정부는 해외에서 독립운동의 통제적 사명을 띠고 발전
해 1940년대 초까지 국내외에 걸친 눈부신 치적을 쌓아왔다.

---

59) 李炫熙 著 前揭 《日帝時代史의 硏究》 pp.142~143

더욱이 1941년 6월에 와서는 韓中關係가 보다 밀착되고[60] 12월 8일 太平洋戰爭이 일어나자 對日宣戰聲明書를 선포함으로써 무력으로 獨立戰爭을 실현시킬 것을 결의하였다. 이 속에서 임시정부는 1910년의 한일합방 등 불합리한 조약을 무효로 선언함으로부터 시작하여 「한국, 중국, 西太平洋으로부터 왜구 섬멸을 위해 交戰을 전개할 것이며 민주 진영의 승리를 祝願[61]한다」로 끝맺고 있었다.

한편, 世界大戰이 고조되자 國民政府는 臨時政府를 승인하였으며 미국에 있던 李承晩을 歐美外交委員會(워싱턴 소재)의 위원장으로 임명하여 외교 활동을 전개케 하였다.[62] 이 같은 분위기에 따라 1942년 7월에는 光復軍에 대한 中國정부와의 타협이 이루어져 군사적 활동이 훨씬 용이해졌으며 재정적으로 궁핍해 있던 실시 정부에 군자금이 원활히 돌아가 임시 정부 수립 이래 최대의 活況을 기록하였다.[63] 더욱이 1943년 카이로에서 美·英·中의 3 巨頭가 전후 문제를 토의하게 되므로 이를 계기로 외교 활동을 벌여 카이로 회담에서 전후 한국 독립안이 가결되어 독립을 향한 청신호로 간주하였다.

이러한 조국 광복의 밝은 전망은 새로운 정치적 상황을 만족시킨 法制的 뒷받침이 절실히 요청되어 5次의 改憲이 대두되었다.

이에 따른 헌법기초 위원으로 趙素昻, 趙擎韓, 柳子明, 申榮三, 朴建雄, 崔錫淳, 崔東昨의 7人이 선임되어 1944년 10월 공포되기까지 1여 년의 기간을 갑론을박 하다가 1944년 4월 22일 第36回 臨時議政院에서 約憲改正完了案이 통과되어 副主席制가 신설된 것이다.[64]

조소앙과 박건웅 위원의 열변이 있은 뒤 통과된[65] 이 헌법에 따라 國務委員會의 主席은 金九와 신설된 副主席에는 金奎植이 선임되었고

---

60) 韓中文化協會(회장 孫科, 부회장 金奎植, 趙素昻)의 결성이 兩民族의 文化 교류를 돈독히 유효하게 했다
61) 柳光烈 編 《抗日宣言·倡義文集》 1975 瑞文堂刊 p.276
62) 金九 著 前揭書 p.267
63) 金九 著 前揭書 p.268 (思想彙報) 第4號 pp.145~147
64) 第36回 《臨時議政院議事錄》 參照
65) 孫世一, 前揭論文 p.928

國務委員으로는 여러 독립지사가 보강되었다. 즉 李始榮·趙琬九(재무부장), 曺成煥·車利錫(비서장), 黃學秀·趙素昻(외무부장), 張建相·趙擎韓·金若山(군무부장), 柳林·成周寔·金明濬·朴質翊·申翼熙(내무부장), 崔東旿(법무부장), 崔錫淳(문화부장), 嚴恒燮(선전부장), 李象萬(검사원장), 柳東悅(참모총장)의 19명이었다.

5次 개헌은 前文과 7장 62개조로 성립된 가장 방대한 헌법으로 주요내용을 보면 總綱(1장), 人民의 權利義務(2장), 臨時議政院(3장), 臨時政府(4장), 審判院(5장), 會計(6장), 補則(7장)으로 구성되어 있다.

5차 개헌의 특징은 主席의 권한 强化와 副主席制의 신설이었다. 主席은 기득 권한 外에 中央 각 기관의 主務責任者를 그의 제청으로 국무위원회에서 任命하는(43조) 등의 권한이 추가로 부여되었다. 副主席은 국무위원회에 列席하여 발언할 수 있고 표결권은 없지만 主席 유고시에 그 직무를 대행하게 되어 있었다(33조). 副主席으로 선임된 金奎植의 경우는 독립운동의 결속과 역량을 집중하자는 정치적 효과도 고려하였을 것으로 보인다.66) 한편 이때 개정된 헌법에서는 行政府를 國務委員會와 行政連絡會議로 구분하여 국무위원회는 임시 의정원에서 선출하는 국무위원들로 구성되며 復國과 建國의 方略 예산 결산 宣戰 그리고 講和軍務에 관한 사항 등을 의결하는 정책 결정 기관으로서 임시 의정원에 대해서 책임을 지는 일방 그 정책을 집행하는 행정 사무는 主席의 추천으로 국무위원회에서 任免하는 각 부장들의 연석회의를 갖게 하는 이른바, 二重 구조의 형태를 취하고 있음이 특징이었다. 司法權은 中央審判院, 지방 심판소 및 기타 특종 심판위원회 등의 기관에서 섭렵 집행하게 규정되었으며(45조), 각급 審判기관은 법률에 따라 민사·형사의 심판과 혁명자 징계처분에 관한 사항들을 일괄 관장하도록 규정해(48조) 놓고 있어 사법 업무의 한계와 그 기능을 합리적으로 처리하고 있음을 엿볼 수 있겠다.

무엇보다도 신 헌법에서는 光復運動者의 개념을 明文化하고 있는

---

66) 李庭植 著 《金奎植의 生涯》1974 新丘文化社刊 p.117 日本內務省編 《特高月報》1944年 11月號 71~72號 재인용

점이고 광복운동에 해독을 끼치게 되면 광복운동자의 자격을 상실함 이라고(8조) 규정하여 독립운동자의 특권과 함께 변절이나 다른 직업으로의 전환을 상당히 억제하고 있는 듯한 인상을 풍기고 있다.67)

이 개정된 臨時憲章으로 여러 가지 문제된 政治勢力間의 타협이 이루어진 셈이며 終戰 직후에는 光復軍의 활동을 더욱 강화하여 主·副席 지도체제의 마지막 독립을 위한 굳은 의지와 결의를 엿보게 하고 있다. 특히 李範奭으로 하여금 國內 진공작전을 전개케 하였으나 1945년 8월 15일 민족 광복을 맞이함으로써 실천으로 옮기지 못하고 말았다.68) 국제간의 승인을 거두지 못한 臨時政府는 그 임무를 끝낸 채 1945년 11월 이후 해산되다시피 하고 그 요인은 개인자격으로 귀국하고 말았다.

비록 임시정부의 독립전쟁 준비는 실제로 전쟁을 수행하여 민족의 광복을 가져온 것은 아니었다 해도 임시 정부 27년 동안의 각종 피나는 독립에의 노력을 경주해 온 대통령 중심체제 이후 主副席 지도체제에 이르기까지의 민족 지도자와 그들을 따르는 애국시민 그리고 이외 각 지역에 산재해 있던 愛國指導者들의 光復運動으로 인해 식민지 지배체제의 시기를 그만큼 단축할 수 있었던 것이다. 그것은 지도체제와 그것을 뒷받침해 온 각종 憲法이 그 方向을 제시하였고 민족의 진로를 思想的으로 안내해 주었다고 믿어진다.

結 論

이상으로 소략하나마 大韓民國 臨時政府 27年史의 指導體制 및 그 意識 관해 각종 자료와 논설을 토대로 그 성격과 역사적 의미를 살펴보았다.

以上의 立論의 展開를 토대로 다음과 같이 요약함으로써 결론에

---

67) 孫世一, 前揭論文 p.930
68) 金九 著 前揭書 pp.351~356
　　李鉉淙, 光復軍聯隊의 印度派遺과 活動狀況 1975 《亞細亞學報》 《朝鮮解放年報》 pp.151~153

대신하고자 한다.

① 大韓民國 臨時政府는 고귀한 3·1정신으로 표현된 자유, 민주, 평화, 도의, 난결, 공존의 소산으로서69) 탄생한 그의 최대의 성과로 한국근대사의 한 시기를 劃할 수 있고 현대 憲政史의 새로운 章을 열어 놓았다.

② 따라서 통합된 「臨政」은 君主國의 지도체제로부터 순수한 民間, 즉 國民國家의 民主共和制的 지도체제로 전환되어 민주정치사의 획기적 계기를 만들어 놓음으로써70) 1880년대 급진 開化派人士들이 주창한 國民國家의 염원이 이 시기에 와서 達成되었다고 平價할 수 있겠다.71)

③ 「臨政」 27年史의 憲政的 指導體制는 1919년 정부수립 이후 大統領指導制(1次 改憲: 大統領中心, 1919》 → 內閣責任指導制(2次 改憲: 國務領中心, 1925) → 集團指導制(3次 改憲: 國務委員中心, 1927) → 主席指導制(4次 改憲: 主席中心, 1940) → 主席·副主席副(5次 改憲: 主·副席中心, 1944)로 특징 있게 변천되어 1945년 8월까지 議會中心的 合議制로 운영 지도해 왔다.72)

④ 漢城政府 露領政府 上海政府가 원만히 타협하여 「大韓民國臨時政府」로 통합하고 통치상의 문제점은 介在되어 있었으나 1919년 9월 11일 58조의 1次 改憲으로 李承晩을 大統領으로 하는 近代性을 띤 大統領 中心의 민중의지적 지도체제가 확립되었다.73)

⑤ 大統領 中心制는 실제 운영 면에서 보면 財政 行政上의 문제점이 許多하여 비능률적 지도체제가 드러나 1925년 4월 7일 全文 35

---

69) 秋憲樹, 大韓民國 臨時政府의 政治史的 意義 1980 《韓國史學》 3 韓國精神文化院刊 p.60

70) 李炫熙 著 《3·1運動史論》 1979 東方圖書刊

71) 李光麟 著 《開化黨研究》 1973 一潮閣刊

72) 洪淳鈺, 韓國獨立運動과 그 遺産 1973 (논문집) 원호처 독립운동사 편찬위원회 간행 第2部 pp.11

73) 秋憲樹, 獨立運動의 外交史的 考察 1975 《논문집》 원호처 독립운동사편찬위원회 간행 第2部 pp.15~27
金鎭鳳, 3·1運動의 展開 1980 《韓國史學》 3 韓國精神文化研究刊 pp.28~29

조의 2次 改憲에 따라 國務領制인 內閣責任制로 전환하고 金九 등이 國務員을 이끌면서 혼란을 극복하고 국내외의 독립운동의 통제적 사명을 띠면서 운영해 나갔다.74)

⑥ 1人에게 책임을 지우는 國務領 지도체제는 不合理하다고 해서 國務를 총괄하는 國務委員制인 集團指導體制를 채택하여(1927년 3월 5일 전문 50조의 3次 改憲) 李東寧, 金九 등 10여 명이 집단 지도자로서 14년간 臨政을 통치하였고 그 가운데 韓獨黨의 기온 정당을 두어 혁혁한 독립운동의 성과를 거둠으로써 그 건재와 光復의 염원을 과시하였다.75)

⑦ 「臨政」은 유랑하는 가운데서도 中國政府의 협조로 활기를 되찾아 1935년 嘉興을 기점으로 재정비하고 「韓國光復戰線」을 결성, 구축함으로써 戰時體制로 전환되었으며, 1940년에는 光復軍을 정식으로 두어 무장 독립전쟁을 전개하여 1945년 8월까지 우방과 연계하여 국내 진공작전을 전개하였다. 특히 金九가 다시 등장하여 韓獨黨을 결성, 唯一政黨이 되게 하였고, 國家 원수로서의 主席이 되는 1940년 10월 9일 全文 42조의 제4차 改憲(임시약헌)으로 개정하여 三均制度를 국정에 반영하는 등 강력한 大韓民國 政府로 성장해 나갔다. 金九의 영도하에 무장적 독립투쟁이 국내외와의 연결하에 近代的 성격을 띠고 발전해 왔다.76)

⑧ 韓國의 독립 기운이 조성되자 1944년 4월 22일 全文 62조에 달하는 5次의 개헌(임시헌장)에 따라 主·副席 여석책임 지도제로 전환됨으로써 보다 더 실질적인 民主方式에 의한 지도제가 채택되었으니 金九, 金奎植 등 20여 명의 單一팀이 광복 때까지 臨政을 이끌어 왔으며 光復 이후 오늘날까지 이 당시의 憲政이 그대로 맥락지어 왔

---

74) 金九 著 前揭書 參照
75) 李炫熙 著 《韓國現代史散考》 1975 探求堂刊 pp.115~117 《同》 《日帝時代 史의 硏究》 1974 三珍社刊 pp.140~145 各 參照
76) 《독립운동사》 第4卷 1972 《임시정부사》 독립운동사편찬위원회 간행 pp.64 7~649

다고 評價할 수 있겠다.77)

  ⑨ 臨政 27年史는 5次의 改憲을 통한 각종 통제적 지도체제 구비
에도 불구하고 해내외의 한국 동포를 만족하게 민주적으로 통치함에
있어서 合理的으로 승복시키지 못하였고 人物爲主的, 즉 爲人設官의
형태가 남아 있는 것 같아 아쉽다. 더욱이 민주적 방식과 合理性을
주장, 표방하고 있음에도 불구하고 여러 부문의 정치적 업적 중에
地閥, 門閥, 學閥 등을 시비하는 파벌 의식이 완전히 청산되지 못한
점은 비판의 대상이 되리라고 믿는다.

  민주 복지 국가를 지향하는 近代的 의회 방식을 택하고 合議制를
시행하는 마당에 舊皇室 우대를 주장하는 복고적 보수적인 의식 구
조가 아직도 混在해 있는 것 같음은 불식해야 할 조악한 정치적 유
산이 아닐 수 없는 것이다.78)

  한편 民主와 共産主義者와의 투쟁에서 과감하게 共産分子들을 척결
하지 못한 점도 아울러 발전적 비판의 대상이 되어야 할 것 같다.

---

77) 李庭植 著 《金奎植의 生涯》 1974 旁丘文化社刊 pp.117~119
78) 李炫熙, 植民政治·大韓民國 臨時政府의 政策 1978 《韓國史論》5 國史編纂委員
　　會刊 pp.37~42

3. 槿友會, 어떤 여성 단체인가

設置의 背景

우리나라의 여성운동은 개화 운동과 함께 대두하였으므로 그 발단은 實學 사상의 인간성 회복에서부터 찾아보는 것이 순서일 것 같다. 이 같은 사상적 맥락은 동학사상에서 여성의 사회 참여의식의 증대와 그 해방의 노력에서 결실되었다. 거기에 기독교에 의한 평등과 박애 사상이 주권 의식으로 발전하여 이 운동을 내면적으로 착실하게 추진시켰다. 그러나 조직을 통한 여성운동은 독립협회에서의 여성 회원들의 구국운동으로 구체화되었다. 그의 홍보 활동지였던 제국신문을 통해 계몽과 애국운동을 동시에 폈으며 그것이 도시 중심에서 농촌으로 파급되어 갔다. 더욱이 贊養會라는 단체를 통한 수십 개의 여성근대화 운동 이후 사회 참여 의식의 계발과 계몽적 차원으로 여성 운동의 방향이 모색되었던 것이다.

동학 혁명에서의 여성의 참여, 암태도에서의 조세 저항의 열기를 기록하더니 국채 보상 운동에서의 여성운동은 전 민중계층으로 확산되어 계급을 초월해서 근대성과 참여의 폭을 넓혔다. 이것은 1919년 3·1운동 이전까지의 여성운동의 개별성과 단체성을 시사한 개화 운동이었다. 그러나 1910년대로 들어서면서 여성의 개화 운동은 개인의 해방만을 주장하거나 세계성을 띠지 않고 구국적 차원에서 단결과 저항의 양면성을 보였다. 3·1운동에서 여성의 참여와 그 기여는 전국적인 규모로 발전하여 독립운동상에 여성이 차지하는 비중이 그만큼 컸음을 결과케 하였으며 인구의 반을 점유하는 여성 인구의 구국운동으로의 흡수가 보다 더 중요하계 논의되었던 것이다. 따라서 3·1운동 직후 국내외에서 大韓愛國婦人會를 비롯한 여성 독립운동 단체가 비밀결사성에서 대담하게 노출되는 과감성이 보였던 것이다. 그러나 金마리아 등이 주동적으로 참여한 애국 부인회가 목표 설정을 통해 실천 단계로 옮아가 국민 국가를 형성시키려는 저변적 노력을 기울이려는 찰나에 내분으로 그 모임이 와해된 불운을 맞이하였던 것이다. 그것은 여성 단체 구성원 간의 반목, 질시, 주도권 문제 등이 원만히 풀려 나가지 못한 후진성을 그대로 나타내 주었기 때문으로 지적되고 있다. 그만큼 세련된 조직이나 이념의 극대화가 이루어지지 않았음을 단적으로 노출시킨 결과였다. 1920년대로 오면서 국내외에는 민족주의 운동과 함께 공산사회주의의 풍조가 만연되어 민족 운동상에 문제점을 던져주었던 것이다.

따라서 이 기간 중에는 애국적 학생들의 맹휴가 그 항쟁의 명맥을 유지하다가 1926년 6·10 독립만세운동으로 절정기에 이르렀다. 이것이 자극이 되고 설치의 분위기를 성숙시켜 1927년 2월 일제치하의 최대 유일당 운동인 좌우 합작의 新幹會를 탄생시켰다. 같은 해 5월 이 회의 자매기관적이며 별동 행동대적인 임무를 담당해야 할 여성운동의 통일적이며 단일당적인 구국운동과 계몽운동의 필요성에서 槿友會라는 좌우 협동적인 여성 단체가 형성된 것이다.

1924년 4월 이후 몇몇 사회주의자 가운데 유력한 여류 정종명·주세죽 등 30여 명의 발기로 부인의 해방과 대동단결을 절규하면서 5월 10일 「조선여성동우회」를 창립하고 1925년 1월 21일 화요회·북풍회의 지도하에 조원숙·김영희 등은 「경성여자청년동맹」을 조직하였다. 한편 서울 청년회파는 이에 맞서서 1925년 2월 21일 박원회·김보준 등이 「경성여자청년회」를 조직케 후원하여 남성 측 항일운동에 조력해 오다가 다음 해인 1926년 元東.京 여자 유학생 이현경이 귀국한 후 3월회파의 주요 멤버인 동지 황신덕 등과 함께 다시 1월회파와 서로 유기적 연결하에 강성여자청년동맹과 경성여자청년회의 대표자가 극적으로 회합하였다. 그들은 "우리 여성운동도 이제는 통일적이고 혁신적인 계획하에 구국운동을 실천해 가야 할 것이다. 분산적인 현재의 입장에서는 「힘」이 부족하며 많은 신여성의 성의 있는 참여의 폭이 그만큼 확대 파급되지 못할 것 같으니 아무 조건 없이 뭉칩시다. 발전적인 해체와 함께 통일을 위해 새로운 단체의 간판 하에 새 출발합시다."우리 여성들의 이해관계와 주도권 문제를 떠나 그해 12월 5일 중앙여자청년동맹이라는 새로운 간판을 달기까지의 구국적 차원에서의 해체와 단합으로 인해 후진성을 탈피한 여성운동도 이 단계에 와서는 근대성을 보여주었다. 그것은 6·10독립만세운동 같은 학생 맹휴의 최고 절정을 기록하였던 대규모의 단체 움직임에 스스로 반성하고 자기를 희생할 줄 아는 자각의 계기가 마련되었기 때문이었다. 더욱이 1927년 2월 20일 신간회가 조직되면서 미국이나 일본 등지에서 유학하고 돌아온 시대적 감각이 앞섰던 여류 인사가 거의 다 망라되어 여성 민족단일당의 조직을 구상하게 되었다. 그들은 「범여류의 집합체」의 성격을 띠고 1927년 5월 19일 오후 4시 서울 인사동 중앙유치원 사무실에서 청신하며 의욕이 넘쳐흐르는 신여성 20여 명이 모인 가운데 槿友會의 창립발기회를 개최하고 5월 27일 YMCA 대강당에서 창립총회를 개최함으로써 최초의 공식적이고 「여성일색」의 여성 대동 단합적 모임을 결성하게 되었던 것이다.

女權伸張의 進取性

槿友會라는 명칭은 「대한의 벗」이란 성격을 강력히 표현하되 그 속에는 여성 단체의 통합성이 강력히 노출되고 있음에 따른 대동단결이라는 민족 통일의 이념이 넘쳐흐르고 있었던 것을 우리 여성은 명심해야 할 것이다. 근우회는 창립 이후 소멸된 1931년 5월 전후까지 4년 동안 신간회의 자매기관적이면서 그 행동과 실천 강령을 따르되, 여성들의 국가 유용성에의 복귀와 기여를 의식하고 있었다는 데 특징이 있는 것이다. 뿐만 아니라 민족의 광복을 위한 독립국가 형성에는 이념이나 사상을 떠나 우선 우리나라의 「민족정부」가 탄생하여야 된다고 믿었다. 그들은 군주제로부터 민주공화제로의 정착과 뿌리를 내려야 한다는 생각을 여권의 신장과 함께 구체적으로 논의하였다. 김활란·유각경 등 민족계와 황신덕·박원희 등 사회계의 혁신여성 20여 명이 주동이 되어 결성을 본 槿友會는 4년 동안 50여 지역의 지회와 7천여 명의 회원을 확보할 수 있었다. 이제 그들의 통일적 힘은 일본의 식민통치정책을 부정하고 독자적인 투쟁과 함께 남성들과 어깨를 나란히 할 수 있도록 능력의 수준이나 의식의 선진성을 보였던 것이다.

창립총회에서 채택된 강령을 통해 원대한 계획을 실천코자 했던 槿友會의 성격은 곧 분산의 시대에서 단결의 의지로 승화하고 토착화시키자는 열의를 구체화시키고 있다는 점이다. 槿友會로 발전적 해체를 통해 대동단결을 실현시킨 좌·우익적 성격을 띤 여성들의 진로는 곧 구국적 방향이라는 공동의 목표 의식을 위해 개인과 단체의 이해관계를 외면해 버렸던 것이다. 이렇게 여성운동의 방향 모색은 첫째 국가적 차원으로 발전되어 「공고한 단결을」 기약하게 되었으며, 둘째로는 「지위 향상을」 도모한다는 여성 자신의 권리 신장을 다음 단계로 수반케 하였던 것이다. 따라서 민족 국가의 형성과 여권 신장이라는 독립운동적인 성격으로서, 여성운동의 근대화를 추진시켰다는 것을 알 수 있게 한다. 국가의 장래가 여성 자신의 후진성 탈피보다 최우선하였다는 데에 찬양의 의미가 내포되어 있었다.

이를 위한 행동 강령으로는 7가지를 열거하고 있다. 그것은 거의가 여권 신장이라는 여성운동의 근대성을 나타내고 있음에 주목하지 않을 수 없다. 여성에 대한 사회적, 법률적 차별의 철폐를 주장하여 사회 참여 폭을 넓히겠다는 것과 民·刑事上의 남녀동등권을 주장하여 실학 이후 명실상부한 인간성의 회복을 촉구하고 재확인하고자 노력하고 있음을 알게 한다. 조혼폐지와 함께 결혼의 자유를 부르짖고 있다. 이것은 1894년 갑오개혁 이래 제도적으로만 어느 정도 개혁을 보였을 뿐 인습을 중요시하는 봉건적 분위기 속에서는 이루어질 수 없었던 그것을 타파하려는 욕구의 표시로 보아야 할 것이다.

인신매매나 公娼의 폐지는 人間性의 재확인을 열망한 것이며 도시 및 농촌 부인의 경제활동의 사회적 보장을 희망하여 여성도 경제 활동을 보장받고 넓히자는 의미로 받아들일 수 있겠다. 그것은 또한 경제적 민족주의 운동의 전진과 효과를 기대하고 민족 기업 육성에의 기여도를 의식한 것으로 놀라운 참여의식이며 그 폭의 진동을 느낄 수 있는 것이다. 따라서 여성의 경제생활 추구가 濟州人「만덕」의 자본축적 이후 재차 시도해 본 경제입국의 의지로도 해석해 볼 수 있는 것이다. 여성의 사회 참여가 여성 분야 이외에까지도 파급되고 수행할 수 있다는 가능성을 던져주는 것으로 槿友會의 행동 방향이 근대성에서 현대성으로의 과감한 이행과 봉건적 인습에의 탈피를 의식하고 있음을 암시하는 것이다. 따라서 인류 사회의 불합리함을 해결하려는 강한 욕구가 여성 문제에서부터 시사되고 있음을 그들은 자각하고 사명의식으로 간직하고 있음을 알 수 있게 한다. 槿友會의 창립 취지서가 그것을 포용하고 있어 그렇게 해석하고 평가함이 타당할 것 같다.

한국의 여성운동도 이제는 세계사적인 시각이나 발전 추세에 보조를 같이 할 수 있게 되었다고 주장하여 비록 나라는 일본에 강점되었다 해도 이에 조금도 불편하게 느끼지 아니함을 애써 강조하고 있는 저의를 十二分 터득해야 할 것이다. 우리의 생활 도정에 가로 놓여 있는 모든 질곡을 분쇄하자는 전투성과 민중의식이 강하게 나타나는 동시에 세계적 혁명의 이념을 계승하여 일본 침략에 정면으로 도전해야 한다는 당위성과 절대성을 설정해 놓고 투쟁의 방향을 명확히 천명하고 있다. 그 운동은 구두선으로 끝나서는 절대로 안 된다는 지속성, 실천성을 보여「앙칼진 대한 여성」의 이미지를 만끽할 수 있다.「전반적」으로 여성운동을 구국적 차원에서 전개해야 한다는 애국적 이념이 바탕에 계속 침잠해 있으면서 역사적 계기에 따라 표면으로 노출되어「민족의 힘」이 될 것을 서로 다짐하고 있는 것이다.

民族國家 形成의 熱望

우리나라에서 君主制를 서서히 고쳐 國民國家를 실현하기 위한 개혁운동은 이미 19세기 후반 김옥균 등의 개화당을 중심으로 추진되었다. 이 국민적 과업은 그 뒤 독립협회의 민권운동에서 구체화되다가 1919년 3·1운동 때 실현되었다. 그러나 그것은 해외에서의 대한민국 임시정부라는 정통 정부였던 것이다. 국내에 민간 정부를 세운다는 것은 곧 일본 정부를 이 땅에서 쫓아내는 것을 의미하는 것이므로 그것이 당장 용이한 「독립사업」이 될 수는 없었다. 여성들의 이를 위한 독립운동, 즉 전통적인 君主制의 부활이 아닌 개화파의 國民國家 실현을 달성코자 한 개혁운동인 민족 국가를 수립하려 백방으로 주선하였다. 3·1정신을 다시 계승하여 일어난 6·10만세운동에 직접적인 자극과 계기가 동시에 일어나 「이 역사적 세계적 혁명에서 낙오될 수 있겠느냐」고 반문하면서 槿友會 설립의 취지를 밝히고 있는 것이다. 그러니까 뜻있는 여성들의 대동단결을 촉구하고 설립된 근우회는 전 여성을 포용·흡수함은 물론 민족의 지상과업이라 할 수 있는 國民國家 수립을 위해 끝까지 싸울 것을 밝히고 있는 것이다. 한국 여성의 전투적 결의가 이 취지서에서처럼 강경일변도로 나타나고 있는 것은 일찍이 볼 수 없었던 전체 여성의 의지의 총화이기도 하였다. 그것은 「실로 우리 자체를 위하여, 우리 사회를 위하여」 진로를 모색함을 분명히 하고 모든 한국 여성의 力量을 뭉쳐 전국적인 규모로 전개할 것을 확실히 다짐하였다. 국민 국가의 형성은 국민의 일치된 요구요 세계사적인 추세임을 들어 내외가 대세에 순응하고 병진하는 「역사적 소리요 대세」임을 노출시켜 「전원 출발」의 참여 의식을 고취하였다. 그들은 선언서에서 「우리 여성은 각 시대를 통하여 가장 불리한 지위에서 있어 왔다. 사회의 모순은 현대에 이르러 대규모화하였으며 절정에 달하였다」라고 하여 여성의 지위 향상을 표방하면서 식민지적 통치의 모순이 이때에 이르러 더욱 커졌음을 지적하고 전 여성이 앞장을 서서 국민 국가 형성에 심혈을 경주할 것을 선언한 것이다. 그렇게 되면 역사는 「분투의 필연적 승리를」 약속하고 보장해 준다고 승리의 역사, 영광의 쟁취를 필연적인 사실로 인정하는 여유마저 보이고 있다. 전 여성의 대동 참여에의 호소와 지지가 전제되기 때문이었다. 따라서 모든 대한 女性의 진정한 뜻은 역사적 배경의 이해에 의해서 파악할 수 있는 것이기 때문에 女性의 임무가 결코 「편협하게 국한될 것」이 아니라고 국민 국가 형성 과정에서 여성의 물심양면에서의 기여도가 크게 점유되고 작용할 것임을 지적하였던 것이다. 그들의 투쟁의 안목은 국민 국가 형성이라는 民主共和制 실시로 끝나는 것이 아니고 「세계 인류 전체를 위하여」 분투하게 되는 행동이 될 것을 결의함으로써 그들의 여성운동 정신에는 세계 평화의 정착이 깃들어 있음을 강력히 전제하고 있는 것을 엿보겠다. 이를테면 權友會 결성의 이념은 민족적 지상 과업인 국민 국가의 형성과 세계 평화의 정착이라는 철학성이 부여되고 있었던 것이다.

여성 단체를 만들어 「감투 안배」로 끝나겠다든가, 해외 나들이를 위한 사교장으로 전락시켜 버리려는 가벼운 의도, 그리고 의식적으로 출세 도구화하려는 「정신 나간」 지탄의 대상과는 전혀 거리가 먼 숭고하면서도 선구자적인 사명 의식에 불타고 있었다. 국민 국가 수립을 시작한지 50여 년이 된 이 시기에 한국 여성의 새로운 전통 유지나 발전적 실현 운동에 우리는 고개 숙여 찬양치 않을 수 없는 것이다. 이념 사상을 초월하여 전 국민이 한 자리에서 웃고, 숨쉬고, 떠들 수 있는 우리만의 민주 정부, 국민국가의 실현을 위해 싸우는 통일된 여성 단체로서 독립운동의 정신과 함께 계몽운동의 성격을 농도 짙게 노출시킨 것이 바로 權友會였다. 그러므로 權友會는 민중 의식이 담겨 있었고 민중의 손에 의해 발전되어 나갔으며 민중이 주도하였던 것이다.

女性團體의 統一理念

　신간회가 통일이념을 달성하려는 유일당운동으로 발전되어 가고 있고 같은 시기에 신생활의 표방과 대동단결을 목표로 창설된 新正會의 독립운동에 따라 槿友會 역시 개별 운동이 아닌 대동단결이라는 여성 통일의 운동이 곧 국가 재건의 통일운동으로 발전해 나간 것이다. 槿友會의 발전은 외국에서도 관심 있게 관찰하였고 해외 지회를 통해 협조의 무드를 조성하였던 것이다. 따라서 「부분적으로 분류되어 있던 운동이 全線的 협동전선으로」 조직된다는 전투 의식을 불어넣어 이 운동은 비로소 「광범하게 또 유력하게」 나아갈 수 있음을 길조스럽게 내다보았던 것이다.

　통일을 위해 분열 정신을 극복하고 우리의 협동 정신으로 하여금 더욱더 공고하게 전진해 가는 것이 한국 여성의 의무임을 우리 여성은 지금으로부터 50여 년 전에 이미 이를 통해 밝혀 나아갈 길에 등대가 되게 하였다. 그렇게 하기 위해서 각종의 불합리인 봉건적 유물과 현대적 모순을 과감히 제거해야만 가능하다는 것을 나타내 반봉건의 기치가 높이 세워진 것이 이 당시의 여성운동의 방향 설정이 되었다는 것을 알아야할 것이다. 「槿友會 중심의 통일적 공론의 여성운동을 외면하고 회피 낙오된 여성은 반동층에 속하는 여성만일」 것이라고 단호히 규정하여 「탈락 여성」에게 민족의 이름으로 엄중 계고하고 있음을 엿볼 수 있다. 누가 槿友會의 여성 독립운동과 계몽운동을 소극적이며 이념 투쟁으로 끝난다고 겉핥기식 해석을 내려 이해를 강요한다는 말인가. 그들은 「조선 운동은 거의 분산」되어 있음을 안타깝게 여기고 「통일된 조직이 없었고 통일된 목표와 지도 정신이」 결여되었음을 지적하고 「그러므로 그 운동은 효과를 충분히 내지」 못하였음을 스스로 반성하고 비판하였던 것이다. 여성운동의 統一과 團結을 가장 중요시 여김은 그 뜻이 이에 모두 귀착하게 될 것이다. 여성운동의 통일적 출발과 종점을 그들은 槿友會에다 초점을 맞추려는 노력을 기울였던 것이다. 그래서 그들은 이렇게 외치지 않았는가. 「일어나라!

오너라! 단결하자! 분투하자! 조선의 자매들아!」라고.

槿友會는 이 같은 견지에서 독립과 계몽운동을 전개하였으며 어떠한 고난과 위험이 뒤따른다 해도 일천만 자매의 힘으로 오늘의 「역사적 임무」를 수행하겠다는 비장한 각오와 그 영향을 분명하게 제시하여 전 女性의 대동단결은 물론 국민 국가의 형성을 위해 몸 바칠 것을 다짐하였다.

그들은 통일된 힘을 발휘하여 독립운동의 대열에 낄 때 「여자는 벌써 약자가 아니라」고 의미 있게 「악」을 쓰며 날카롭고 야무진 전원 출발의 기백을 국민 앞에 제시하는 원대한 이상으로 나라의 장래를 공고케 해 주었다. 비록 그것이 당장 물리적 방해로 인해 저상당하는 한이 있더라도 출범하던 1927년을 전후로 하는 시기에는 희망과 용기와 신뢰감을 듬뿍 안겨 주었다. 민족 앞에 역사의 뒤안길에 우리 女性이 마음 든든하게 통일적으로 그 운동을 수습한 적이 언제 있었던가. 그래서 그들의 「여성 스스로 해방하는 날 세계가 해방할 것」이라고 하는 역사의식의 투철성을 우리가 엿봄으로써 오늘날 女性 단체를 조직하고 활동하려는 분들에게 50여 년 전의 「선배 언니」가 외친 기막힌 절규를 작은 귓속에 오랫동안 간직해야 할 것이다. 비록 4년이라는 「4살 근우회」였지만 그때 그 단체의 출범은 분명 통일의 의욕, 단결의 고착성 등이 넘쳤고 여성의 날 제정을 비롯한 경제 활동, 무지타파 등 교육 활동, 반봉건 운동 등 정치, 경제, 사회, 문화 운동에까지 광범위하게 전개하여 우리 국민의 나라를 찾고 역사를 보존키 위해 열과 성을 다하였다. 오늘날 女性은 여성 단체의 설립 정신을 구국적 차원에서 지키고 계승해 나가야 할 것이다.

4. 韓國 學生運動의 性格

學生運動의 背景과 推移

우리나라는 歷史上 國難을 當하였을 때나 기타 위급한 일이 돌발하여 안위가 경각에 處해 있었을 때 많은 憂國愛族 志士 烈士義士들이 자기의 목숨을 초개 같이 던진 일이 한두 번이 아니었다. 그 中에서도 특히 청소년 知識層의 爲國活動은 눈부신 바 있었다.

1910年(韓日合邦)으로부터 1945年(光復) 사이의 日帝侵略下韓國 36年史에서는 學生들의 救國運動이 더욱 현저하였다. 19세기 후반 이후부터 西勢의 東漸 경향이 뚜렷하였을 무렵 英國印度와 中國을 침식하는데 열중하더니 우리나라에까지 침식의 마수를 편 일이 있은 뒤 西歐欺人들의 東洋 진출은 현저하고 非常한 움직임을 보였다.

그 가운데 東洋에서는 日本이 먼저 帝國主義的인 手法을 美國으로부터 익힌 뒤 近代化를 표방하고는 西歐人의 각축장이 된 韓國을 침식하기 시작하였다. 그네들의 노골적인 侵韓政策은 韓國에서의 宗主權을 고집하던 淸國을 20여 년 만에 전쟁 수단으로 制壓하더니 20세기 초에 와서는 露國의 侵韓마저 沮止한 뒤 급기야는 많은 烈士, 義士, 志士, 義兵들의 抗爭을 진압하고 1916年 한국에서의 독보적인 存在로 化한 다음 主人公으로 등장하게 되었다.

이로부터 10餘 年間은 寺內總督에 의한 헌병경찰통치로 韓國民은 그 生命을 송두리째 奪取當하였던 것이고 그네들의 간악하고 침략적인 軍國主義 정책에 휘말려 숨조차 크게 쉬지 못하고 만 것이다. 그러나 1918年 이후 世界의 自由化 風潮가 약소민족에 서광을 안겨다

준 美國大統領의 自由主義理念下에 모든 被支配 민족들이 하나 둘 獨立하기 시작하였으며 이 大勢에 발맞추어 당시 日本 東京에서 學生들 자신이 2·8獨立宣言을 發議하였다. 월슨의 주장은 東京유학생에게는 고무적이었다. 獨立宣言의 계획은 志士들이 더 많이 생각하고 實踐하려 하였다. 그러나 行動性이 결여된 知性人을 가장 排擊하였던 뜻있는 學生들은 단연 先頭에 서서 그들의 목표가 무엇인가를 알고 싸웠다. 自己 自身들의 굳은 理念과 意志로써 目標 있는 行動을 展開하였던 것이다.

學生 운동은 이렇게 목표와 理念과 實踐力이 구비되어야 하는 것이고 正義와 安當性 있는 볼륨의 運動이 되어야 하는 것이다.

이것은 곧 그 해(1919) 3·1運動으로 直結될 수 있었다. 그리고 그날 孫秉熙 등 民族代表 29人은 獨立宣言書를 낭독하고 萬歲운동을 일으켰으나 行動性이 兼備된 學生層에서는 파고다公園에서 정정당당히 獨立萬歲를 절규하고 「韓國은 이제 完全히 獨立하였다」고 선언하고는 南大門 鍾路 大漢門 등 市內 中心地에서 물결치듯 示威行進하여 數10萬名의 知性學生들의 參加로 獨立萬歲운동은 高潮에 達하였다.

지난번에 저자가 봉직하고 있던 國史研究機關에서의 國家事業으로 전개한 全國 各地의 地方檢察廳에 所藏되고 있는 刑事裁判原本中 日帝時代에 해당하는 判決文 가운데 獨立運動에 관계되는 기록을 처음 全國的으로 약 數個月에 걸쳐 調查 발췌 수집하였었다.

獨立運動史를 執筆하는 4名의 編史官의 一員으로 참가한 지난 번 저자의 民族記錄의 발췌와 調查 및 史料의 蒐集은 대단히 民族的 과업이라고 자부하고 싶다. 各地方의 地檢 倉庫에서의 不便과 逆境 속에서 그래도 무엇인가 「韓國學」을 研究한다는 저자로서는 긍지와 使命感을 느끼고 일하던 가운데 現在까지 알려지지 않았던 희귀한 이 方面의 第一史料도 많이 發見 발췌할 수 있어 나대로의 희열감을 맛볼 수 있었다. 아마도 우리의 손이 닿지 않았다면 영원히(?) 民族運動의 산 記錄은 햇빛을 보지 못하고 말았을 것이라 생각하니 더욱더 使命感에 대한 애착을 느낄 수 있었다.

全5卷으로 예정하고 분담집필한 韓國獨立運動史가 旣히 發刊되었으나 이번 民族記錄의 발견과 再檢討로 旣執筆에도 部分的인 修正과 補强이 必然的으로 뒤따라야 함을 직감적으로 느낄 수 있었다.

이것은 國家 기관에서 發刊한 實錄的인 獨立運動史임에도 修正을 不可避하게 하는 것이지만 이미 나와 있는 몇몇 個人명의의 저술인 韓國獨立運動史는 상당한 修正과 增補로서 사실의 正確과 私情으로 기울어진 歪曲을 고쳐야 하리라고 본다.

이와 같은 새로 발견된 資料에 의해서 獨立運動史가 다시 執筆되어야 함은 두 말을 要하지 않거니와 그 가운데 6·10萬歲運動에 대해서도 상당한 修正이 있어야 하겠고 執筆의 方法과 檢討도 있어야 하겠음을 우선 말해 두지 않을 수 없으며 運動의 方向感覺을 새로 찾아야 할 것이다.

六十萬歲運動을 보는 視角

全國 各地의 地方檢察廳에서 前記한 判決文을 발췌·검토하였는바 그 중에서도 특히 서울地檢에서의 判決文 가운데 6·10萬歲운동에 관한 判決文에서는 새로운 사실을 發見할 수 있었다.

勿論 6·10萬歲운동의 主謀者가 李柄立, 朴河鈞, 李先鎬, 李東煥, 朴龍圭, 李天鎭, 郭戴炯, 黃廷煥, 柳冕熙 등 延專生, 中央高普生, 中東高普生, 城大生(서울大) 등임에는 큰 差가 없다. 그러나 그네들의 구호가 그 時代의 社會相과 思想上의 眞面目을 반영해 주고 있는 것이다.

또한 경고문이나 傳單에서도 正義와 鬪爭의식이 너무나도 뚜렷하며 强烈하게 나타나고 있었다.

6·10萬歲운동은 該資料에 依하건대 두 가지 계통의 움직임으로 나타나고 있음을 보겠다.

하나는 民族的인 自覺에서 出發한 운동이되 民族主義사상의 영향이며 다른 하나는 社會主義 계통을 통한 獨立운동의 일환으로 日帝의 쇠사슬에서 逸脫하자는 사상이다.

그러나 궁극의 目標는 前者나 後者나 모두 우리나라의 獨立을 우리 학생들 손으로 完遂하여 보자는 거룩한 自立 의식에서 나온 것임을 알 수 있었다.

1926年의 이 운동은 순수한 學生層을 中心으로 한 운동이라는 點에서 3·1운동과는 약간의 규모와 성격 면에서 다름을 알 수 있고 1929年의 光州學生 獨立運動과도 차이를 나타내고 있다.

따라서 우리가 일반적으로 계획과 擧事가 始終如一하게 學生들만에 의한 組織的 非暴力的 愛國的인 獨立運動으로 폭발한 것은 드물지 않았을까 한다.

社會科學大辭典 東亞日報 등에 나타난 격문과는 달리 奴隷教育의 「撤廢」 또는 「日本帝國主義의 打倒」, 「帝國主義의 撲滅」 같은 격렬한 抗日鬪爭의 구호는 얼마든지 발견할 수 있기 때문에 과거 發表된 激告文인 「朝鮮은 朝鮮人의 朝鮮이다」 등의 온전한 구호는 거의 찾아볼 수 없는 그런 격렬한 구호가 일본인 손에 의해 기술된 判決文에 소상히 그리고 구체적으로 기술되어 있다.

韓國現代史 가운데서도 獨立運動史나 日帝時代史를 學術的으로 體係 있게 論文化하는 데는 가장 史料的 價值와 事實의 正確性을 기할 수 있는 刑事裁判原文이 절대로 必要한 資料가 되는 것이다.

소위 昭和年代에 있어서의 學生運動의 경향은 多分히 社會主義的인 색채가 농후함을 알 수 있는바 이는 제국주의를 타도하여 이 땅에서의 속박의 멍에를 벗어나기 위한 方便으로서의 一般的인 手段에 不過한 것이다.

그와 같은 思想과 理論을 가지고, 惡意에 찬 主義를 展開 感化시키려는 者는 極小數에 지나지 않았다.

다시 말하면 民族 社會 兩大 사상적인 조류 속에서 學生獨立運動과 一般的 救國運動은 끈기 있고 줄기차게 목표 달성을 위해 매진하여 1930年代 이후로부터는 本格的인 學生運動의 궤도로 향해 光復에 그날까지는 투쟁의 목표가 一致하였다.

1919年의 學生獨立運動과 1929年의 光州學生運動 사이에 돌발한

6·10萬歲學生獨立運動은 순수한 學生운동으로서는 가장 승화된 救國運動인 것이다. 1929年의 光州學生운동이 新幹會의 후원을 받았다면 6·10萬歲운동은 그와 같은 배경이 전혀 없는 순수하고 격렬한 學生抗日運動인 것이다.

그 뒤에도 學生운동은 줄기차게 폭발하였으나 6·10萬歲운동 때처럼 규모나 성격 면에서 特記할 만큼 순수하고 조직적인 경우는 흔치 않았다.

따라서 저자는 3·1운동과 光州學生운동과의 교량적인 임무로써 6·10萬歲운동을 評價한 그 이론에 異意를 표하는 동시에 學生抗日救國運動으로서는 가장 승화된 운동의 性格으로 보아야 한다고 主張하고 싶다. 더욱이 6·10萬歲學生運動은 日帝 침략의 總本山인 서울에서 폭발하였다는 데에 큰 意와 價値가 있다는 것이다. 光州學生 운동이 全國的인 규모라는 면에서 높이 評價하는 데는 異意를 제기할 여지가 없겠으나 地方에서 폭발하였다는 점과 순수한 學生들만의 운동으로 始終하였다고 볼 수 없기 때문에 이것이 높이 評價를 받게 되는 것이다.

6·10 萬歲學生運動에 관해서는 最近에 수립된 資料에 依據하여 學術論文으로 完成, 발표하였지만 우선 在來的인 과소평가에서 脫皮하여 역사상의 重責의 論證을 새로하려는 意圖下에서 말해 둔다.

學生運動의 方向

여하간 우리나라의 學生운동의 方向을 여기서 速斷할 수는 없으나 적어도 日帝侵略下 36年間에 가졌던 志士的 烈士 義士的인－國士的－ 立場에 입각하여 역사의 한 순간을 창조해 나간다는 굳은 의지와 理念으로 운동을 展開해야 한다는 것이다.

4·19學生運動은 그것이 순수한 學生운동이라는 관점에서라기보다는 國民的인 立場에서 취해진 革命이기에 이 운동과는 성격을 달리할 수 있다. 그러나 그 당시의 學生運動은 분명히 鬪爭의식과 목표

가 뚜렷했으며 妥當性 있는 理念도 제시하였기 때문에 건전한 學生운동이 되었던 것이다.

學生운동은 그것이 크게 말해서 民族的인 自覺과 大悟 속에서 出發해야 하는 것이다. 3·1運動, 6·10萬歲운동, 光州學生운동, 反帝동맹체 같은 것이 다 그러했다. 따라서 그것은 政治的인 면에서는 궁극적으로 失敗하였다 해도 精神史(民族史)上에서는 크게 「클로즈업」되어 民族史 앞에 당당히 부각시킬 수 있었던 것이다.

學生들은 現 時點에서 當面 과제가 무엇인가를 냉철히 비판 검토 分析하여 그 과제와 목표를 위해서 맡은 바 직분에 서서 正義와 人道에 立脚 任務를 遂行해야 할 것이다. 과거의 學生 운동이 지금의 學生운동의 관점과는 다르나 後進的인 要素가 없어지지 않는 한 學生運動은 再三 고려되어야 할 것이다.

모름지기 現代學生은 자기 것을 正確히 판단하여 活用할 줄 아는 主體性에 민감해야 할 것이며 正體의식과 時代精神에 투철해야 한다. 그러기 위해서는 外國을 理解하되 不斷히 「韓國學」을 硏究하여 민족문화의 우수성과 民族的 긍지를 터득해야 하겠다.

5. 韓國現代史　研究의　課題
-1978年度의　研究方向-

研究의　性格

「回顯와　展望」의　평가　범위　설정이　세분화되어　近代　중에서　이를
다시　1910년을　중심으로　그　이전을　近代로　보고,　그　이후를　現代로
편의상　구분하여　취급·검토하기로　하였음을　밝혀　둔다.　그러니까　日
帝下의　韓國史에　관한　전반적인　論著가　그　대상이　될　것으로　생각한다.
　그럼에도　불구하고　이　기간(1978年)에　관련된　업적인　論著는　적은
편이　아니다.　그것은　반드시　순수　韓國史에　관한　연구로만　채워진　것
이　아니기　때문이다.　特殊史의　연구　성과가　오히려　더　주목을　끌고　있
는　것을　보면　日帝下의　韓國研究는　韓國史學　外的인　연구　성과가　이
時代를　理解하고　그　方向을　補充　모색하는　데　큰　비중을　차지하는　것
으로　示唆되고　있다.　이　時代를　연구·정리한　單行本類가　10여　권에
달하고　있으며　學術論文이나　一般論說을　종합해　보면　약　20여　편에
달하여　活氣　있는　研究의　성과를　立證해　주고　있는　것이다.
　그의　特徵을　論及한다면　첫째로　日帝下에서　韓國人의　自活을　위한
方向設定을　추구하고　있으며,　둘째로는　경제적　自立을　위한　農民의
존재　형태를　主體的　입장에서　추적하였고,　셋째로는　이　시대를　슬기
롭게　살아간　각　분야에서의　指導의　力量을　발휘한　人物들의　사상과
업적을　찾아　평가하려는　方向이　모색되고　있다는　점을　지적할　수　있
겠다.　넷째로는　獨立思想의　源流　파악　및　抵抗運動이　전에　없이　각　분
야에　걸쳐　深層的으로　연구되고　있다는　점을　먼저　지적해　볼　수　있다.

研究의　成果

　　먼저 1978年度의　發行으로 기록된 이 방면의　單行本類를 손꼽아 본
다면 朴永錫 씨의《萬寶山事件研究》(亞細亞文化社), 姜萬吉 씨의《分
斷時代의　歷史認識》(創作과　批評社), 金光洙 씨의《韓國基督敎受難
史》(韓國敎會史研究院),《同》《韓國民族基督敎百年史》(韓國敎會史研
究院), 전택부 씨의《한국기독교청년회운동사》(정음사), 鄭光鉉 씨의
《三·獨立運動史》(法文社), 金景來 씨의《愛國歌와　安益泰》(聖光文化
社), 崔民之·金民珠 씨의《日帝下 民族言論史論》(4月書閣), 李鉉淙 씨의
《近代民族意識의　脈絡》(亞細亞文化社), 李炫熙의《韓國近代女性開化
史》(二友出版社) 등이 있다.

　　《萬寶山事件研究》는　副題를「日帝大陸侵略政策의　一環으로서」라
고 한정하였듯이 만보산 사건을 둘러 싼 日本의　大陸政策과 연관지
어서 이 문제를 深層的으로　研究한 1978년도의 귀한　學問的 수확 중
의 하나로 손꼽힌다. 朴교수의　學位論文이기도 한 본서는 1931년 7
월 吉林省 長春縣 西北 40里에 위치한　萬寶山이라는 한적한 촌락에
서 韓國農民과 中國人間에 야기된　紛爭을 그 사건에 관련된 韓·中·
日 3國과의 문제를 검토한 학술 연구의 집대성이다. 이 사건은 中國
人과 韓國人 개인 사이의　家屋月貰 문제가 크게 번져 日本까지 끼어
든 결과를 가져온 국제분쟁거리가 된 것으로 정책적인 문제를 야기
시켰다. 따라서 그　紛爭의 핵심은 3國 間의 경제적　利權인「土地商
租權問題」로 귀착하게 되었는데「萬寶山事件」은 이와 같은 분쟁의
일단으로 日本의　大陸侵略政策에　利用되었다. 이　單一테마를 연구한
朴교수는 그간 체계적으로 수편의　學術論文을 써서 발표한 뒤 이를
더욱 보충하여　論文集을　完成시켰다. 이 책은 모두 6個　章과　緒論,
結論 그리고　附錄으로 짜여져 있는데 국판 294面　洋裝本이다. 목차
를 보면 제1장은　萬寶山事件의　歷史的背景, 제2장은　萬寶山事件의
經緯, 제3장은　萬寶山事件으로 인한　朝鮮에서의　中國人排斥事件, 제4
장은　朝鮮에서의　中國人排斥事件으로 인한　在滿韓人의　自衛活動과

中國에서의 排日運動, 제5장은 萬寶山事件과 朝鮮에서의 中國人排斥
事件이 日本에 미친 影響, 제6장은 萬寶山事件과 朝鮮에서의 中國人
排斥을 圍繞한 中·日 間의 外交交涉 등으로 구성되어 있다.

　萬寶山事件이 종래에도 이 방면 관심자에게 알려진 바가 없지 않
았으나 저자 朴교수가 비로소 日本의 造作으로 理解되거나 평가되었
던 단순하고 평면적인 評價의 수준에서 깊이 있게 연구하여 日本의
大陸侵略에 연관되었던 在滿韓人의 역사적 입장을 설명해 줄 중요한
사건임을 밝혀냈다(同 p.217). 日本은 中國侵略을 위하여 韓國人의
對滿移住를 꾸몄으며 中日 兩國의 신경을 자극하여 在滿韓人 支配의
정책을 취한 점을 국내외적인 資料를 다수 섭렵해서 方向을 제시하
고 모색하였음은 놀라운 학문적 성과인 것이다. 따라서 日本의 大陸
侵略政策의 本質과 方向이 闡明되어 문제의식의 파악이나 立論의 展
開에 說得力이 나타난다. 단지 用語의 難解나 主體的인 입장에서의
적용도 문제가 잘 풀렸으면 하는 극히 말단적인 아쉬움이 있을 뿐
勞作으로 조금도 손색이 없는 이 해(1978년도)의 學問的 수확이라
아니할 수 없다.

　《分斷時代의 歷史認識》은 姜교수의 史論集으로 그간 姜교수가 정
력적이고 예리한 비판적 안목으로 歷史의 現在性 문제 등을 다루는
가운데 써놓은 주옥같은 글을 單行本으로 모은 것이다. 모두 14편의
格調 높은 글의 時代的 성격을 구분해 볼 때 現代에 속한 것은 獨立
運動의 歷史的 特性(pp.142～199)인바 이는 亞細啞研究 第59號
(1978. 1)에 다른 이 方面의 研究成果와 함께 실렸던 것을 再錄한
것이다.

　씨는 이 論文에서 近代獨立運動史의 方向을 抗日運動과 民族運動
으로 나누어 취급하되 民族運動에 더 力點을 두어 검토하였음이 특
징적이라고 말할 수 있다. 따라서 獨立運動을 민족운동적인 측면에
역점을 두어 생각해 볼 때 近代民族國家 수립 과정 중 노력의 일부
임이 추출되고 있는 것이다. 씨는 이 近代民族國家수립운동을 1876
年 門戶開放期로부터 잡고 있다. 그렇게 되면 甲申政變 때 開化黨의

改革目標인 民族國家樹立 노력과도 연관될 수 있어 주목과 흥미를 끌 수 있을 것 같다. 이 점은 대단히 괄목할 제안이며 학문적 연구 성과라고 아니할 수 없다. 왜냐하면 이때 君主權의 한계를 제어하려 하였던 開化派의 혁신 사상적 경륜이 이를 뒷받침해 주었기 때문인 것이다.

그러나 1910년까지 이 운동은 군주권 제한 운동의 범위를 크게 벗어나지 못하였다고 지적하였는데 그것은 정치의식이 민중에 구조적으로 정착 안주하지 못하였기 때문이 아닐까 한다. 그는 植民地로의 전락을 反封建運動, 즉 국민혁명운동이 일어나지 못함에 연유하였음을 지적하여 說得力을 보이고 있다(同 p.197, 亞細亞研究 p.42) 국민 국가 수립 운동은 1910년 이후 抗日運動과 함께 진행되었는바 3·1운동의 民族運動的 次元에서의 성공은 나 역시 동감으로 여겨 이에 관한 史論을 펴낸 바 있다.(《3·1運動史論》 東方圖書刊 1979) 따라서 國民國家의 수립은 1919년 4月의 大韓民國臨時政府의 政體形態로서 입증이 되고 있으므로 단순한 亡命정부가 아닌 正統정부로 보고 있기에 국민 국가의 수립 시기는 3·1운동 직후로 봄이 타당치 않을까 본다. 1925년경에 와서 國民代表會議의 결렬로 민족 운동과 항일 운동의 영도적 위치를 상실하여 독립운동 단체로 전락하였다고 지적하고 있다(同 p.198). 國民代表會議는 주지하다시피 改造派와 創造派의 풍성한 말(言語)의 향연만을 기록하였을 뿐이었는데 이것이 크게 자극이 되고 고무가 되어 「臨政」의 발전적 계기를 마련케 하는 전환점을 가져와 오히려 國民國家 형태는 1945년까지 발전되고 명맥이 유지되지 않았나 싶은 생각이 든다. 臨政은 그 뒤에도 산하 단체를 영도하면서 외곽적인 힘을 통해 民族運動을 전개하고자 企圖하였음을 상기할 필요가 있고 光復軍의 편성을 통한 對日宣戰布告나 聯合軍과의 공동제휴적인 國內 進入作戰企圖 등으로 착실히 「正統性」 있는 국민정부로서의 임무를 수행해 나간 점을 지적해 볼 수도 있겠다. (李炫熙著 《韓國近代史의 摸索》 1979)

獨立運動의 性格은 1920년대와 1930년대가 각기 歷史的 立場을

달리하고 있음을 많은 자료나 論著 속에서 엿볼 수 있겠다. 씨는 이 것을 잘 규명하기 위한 노력의 일단을 보여 주고 있다. 民族唯一黨 運動이나 民族聯合戰線運動을 지적하고 있는 것이 그것이다.

그런데 씨가 引用하고 있는 자료가 상당 부분 金正明이나 姜德相 의 편저 속에 나오는 것을 볼 수 있어 韓國側 자료의 개발이 무엇보 다도 시급하다는 것이 학문적 연구를 위해서 간절하기 때문에 한마 디 展望을 겸해서 發言해 둔다. 日本統治期의 理解는 民族運動과 開 化—近代化運動이라는 양면적 방향에서 검토되어야 할 것이다.

《韓國基督敎受難史》와 《韓國民族基督敎百年史》는 동일 저자의 이 방면 연구의 결정판이라고 지적할 수 있겠다.

앞의 저서는 크라운판 280面에 달하는 力著이며 모두 4편으로 分 類叙述하였는데 제목이 말해주듯 日本統治에 基督敎的 抵抗을 풍부 한 자료를 섭렵하면서 立論을 무리 없이 전개하였다. 이 책에서는 日 本植民統治에 저항하되 3·1독립운동 이후부터 民族의 光復을 맞이할 때까지 기독교의 민족적 항쟁과 殉敎 受難의 과정을 살피고 있다.

뒤의 저서는 국판 175面에 달하는 기독교 100年史를 추적 고찰하 되 모두 6편으로 구분해서 서술하였다. 그 내용은 한국기독교의 초 기 선교사업으로부터 시작하여 敎會의 形成, 發展, 殉敎. 再建, 聯合 등의 과정을 민족적 입장에서 深層的으로 論究한 주목할 저작이다. 韓國基督敎史는 일찍이 金良善 씨에 이어 閔庚培 씨가 여러 편의 論 著를 통해 이 방면의 개척적인 뛰어난 理論을 도입하면서 업적을 學 界에 내놓은 바 있었는데 이번에 金光洙 씨에 의하여 다시 敎會의 形成과 受難의 歷史가 차분히 整理되어 기독교가 韓國開化에 미친 영향을 고찰하면서 민족의식 고취에 기여한 면을 다각적으로 事例를 通해 고찰하였다. 그런데 枝葉的인 문제이기는 하나 用語의 점검과 순화가 뒤따라 주었으면 더욱 충실해질 수 있었을 것이다. 과연 기독 교가 「民族宗敎」로 평가받을 수 있을 정도로 그 저서에서 說得力과 호소력이 相符할 수 있을는지 하는 아쉬움이 없지 않다.

《한국기독교청년회운동사》는 YMCA의 발전상과 그 특성을 現代

史的 측면에서 照明하고 이것을 통해 獨立運動의 一面을 論究하였다. 이는 모두 9부로 분류 서술하였는데 1899년으로부터 1945년까지 近 50年에 걸친 한국기독교 청년들의 국가관, 민족관 등을 시대별로 집중 고찰하여 歷史的 감각을 적절히 반영해 준 것으로 믿는다. 이 역시 1978년도의 귀한 이 방면 업적 중의 하나임은 틀림없다.

《三·一獨立運動史》는 「判例를 통해서 본」이라는 副題가 붙어 있는 것과 같이 씨가 이 방면에 오랫동안 종사해 온 전문가라는 입장에서 일단 경청할 내용이 있는 것으로 평가되고 있다. 3·1운동 때 독립운동에 가담 활동하다가 체포된 多數人士들의 法院의 判例를 통해 민족운동의 性格과 그 기여도를 유려한 문장력을 통해 學界에 제시해 놓고 있어 現代史 연구자에게 많은 관심거리가 되고 있다. 단지 歷史性이 더욱 강조되었으면 싶은 생각이 든다.

《愛國歌와 安益泰》는 애국심을 불러일으킨 安益泰 선생의 생애와 사상을 6장으로 나누어 서술한 人物연구의 단행본이다. 그의 요람기, 성장시절, 미국시절, 구라파시절, 주유시대 등의 순서로 기술하였는데 단지 이 방면의 人士들과의 비교 검토도 뒤따랐으면 훨씬 좋아졌을 것이다.

《日帝下民族言論史論》은 크라운판 704面에 달하는 거창한 勞作으로 일본 통치에 대해 言論的 次元에서 항쟁한 민간신문 3개 지의 사설과 기사의 논조와 민족 기자들의 愛國活動을 모두 7章으로 분류 서술하였다. 이 방면에 몇 편의 논문을 쓴 씨는 日本治下의 「文化政治」와 民間 3大 신문의 사회 계층적 성격을 풍부한 내외의 자료를 인용해 가면서 날카롭게 비판 공격하면서 立論을 전개하고 있다. 동시에 理論鬪爭時代의 言論과 文化事業 시대의 言論의 方向과 性格 그리고 정치적 狀況과를 비교 검토하고 있다. 日本統治末期에 와서 言論의 시련기를 서술하되 그 치부까지를 적나라하게 신랄히 비판하고 있어 읽는 이를 함께 흥분케 하는 文章의 묘도 보이고 있다. 다만 民族言論임을 自他가 공인하는 특정 신문에 관한 무차별적 공격이나 비판이 과연 어떤 결과를 가져올 것인가를 곰곰이 뒤돌아보았으면 하는 생각을 갖게 한다.

《近代民族意識의 脈絡》은 부지런하고 정력적인 씨의 몇 권에 달하는 近代史 관계의 편저서 중 力作으로 손꼽히는 연구 성과로 평가할 수 있겠다. 본서는 크라운판 430面에 달하는 방대한 내용을 義兵 및 日本統治下에서의 宣言文 聲明文으로 가득 채워놓았다. 義兵의 檄文은 사실상 그 내용을 파악하기가 힘 드는 것인데 漢文에 능한 편저자의 손을 통해 평이하게 우리말로 번역되어 韓末 斥邪衛正思想과 그 전위적 행동을 이해함에 크게 기여한다고 생각된다. 李範允의 義兵規則과 奇宇萬, 李正奎, 柳麟錫, 崔益鉉, 李康年 등 40명에 달하는 義兵將의 간절한 내용의 倡義文을 각종 文集·日記 등을 통해 수집 번역해 놓았다. 또한 高宗의 義兵蜂起의 激勵密旨와 義兵將의 護兵精神과 自律呼訴, 對政府及官員警告文 등을 게재하여 義兵理解의 첩경을 제공하였을 뿐 아니라 國難克服의 理念을 알차게 일깨우고 있는 점은 높이 평가될 수 있겠다.

제2부에서는 獨立宣言과 獨立鬪爭의 遂行, 그리고 國內外에서의 각종 宣言文을 광범위하게 수집 소개하여 이 방면 성격 연구에 길잡이가 되게 하였다고 생각된다. 版을 거듭할수록 새로이 發見 發掘되는 檄文 내지는 宣言文, 취지서, 결의문, 성명서 등이 添補되었으면 더욱 알찬 民族意識의 脈絡이 충실해지리라는 기대를 모든 관심자와 함께 지켜볼 수 있겠다.

《韓國近代女性開化史》는 국판 500面에 달하며 近代 우리나라의 女性이 어떠한 과정을 겪으면서 걸어 왔는가를 학술적 측면에서 고찰하였다. 모두 11장으로 구성되었는데 서론과 결론 그리고 제5장까지를 제외하면 나머지 5개 장은 現代에 해당하는 내용인 것이다. 그것은 제6장 日帝侵略期의 女性抗日 救國運動, 제7장 日帝被占期의 女性抗日鬪爭, 제8장 3·1運動時의 全女性抗日鬪爭, 제9장 3·1運動을 이끈 韓國女性, 제10장 3·1運動 이후의 女性救國獨立運動 등인바 저자는 韓國女性開化의 胎動을 實學運動으로부터 소급하여 主體的이고 內部的으로 찾아보려는 방법을 시도하였다. 그것은 文學 藝術作品

속에 나타나는 人間性의 恢復을 들어 女性의 解放도 인정함으로써 開化性을 연관해 볼 수 있지 않을까 싶은 생각에서 가설을 제시한 것이다. 단지 중복되는 면이 있고 吳小波 등의 숨은 人物들의 開化 운동 등 더 보충하였으면 싶은 것이 솔직한 비판일 것 같다. 그리고 제10장을 더 보충하였으면 싶은 생각이 앞선다. 부록으로 삽입한 27 面의 女性史關係 參考文獻은 이 방면 관심자에게 길잡이가 되리라고 생각된다.

그 밖에 南基正 씨의 《日帝의 韓國司法府侵略實話》(育法社), 金宇鍾 씨의 《韓國現代小說史》(成文閣), 趙東一 씨의 《韓國文學思想史試論》 (知識産業社) 등 特殊史로서의 뛰어난 力作들이 1978年度의 現代史를 側面에서 빛낸 저작물이었다.

民衆意識의 存在意味

現代史의 연구 동향은 두말 할 필요 없이 獨立運動史의 추구로 요 약될 수 있다. 이에 관한 研究論文으로는 먼저 亞細亞問題研究所 창 립 20주년 기념 학술회의(1977)를 마무리하는 수 편의 연구 성과가 있다. 姜萬吉 씨의 前示論文인 「韓國獨立運動의 歷史的性格」 등이 《亞細亞研究》 통권 제59호(1978.1)에 수록되어 1978년도의 연구 업 적으로 간주하고 검토해 보았다.

金泳謨 씨는 「獨立運動의 社會的性格」이라는 論文을 통해 독립운 동의 성격과 특징을 규명하였다. 이것은 1905년으로부터 1945년에 걸친 40여 년 간에 實刑이 언도된 독립투사의 활동의 배경 분석을 통해 그 발전적 성격을 고찰한 것이다. 그것은 義兵·3·1運動·社會運 動·海外獨立運動에 종사한 독립투사를 분석의 대상으로 삼되 京城地 法·大邱地法·光州地法·公州地法의 初審에서 有罪가 확정된 人士를 연구의 대상으로 삼아 고찰한 것이 특징이다.

따라서 조사대상 인원은 同期間에 2,823명이었음을 밝히고 있다. 義兵戰爭期에는 遊擊戰中心의 獨立戰爭임을 밝혔으며 參加年齡層은

20代가 전체의 **24.1%**로 가장 많은 것으로 나타나 청년層의 「젊음의 항쟁」임을 알 수 있게 하였다. 활동지는 全羅·慶尙까지도 포함되고 있어 종래 京畿, 江原, 忠淸 中心的 分布狀況에 변화를 초래하여 修正을 要하고 있다. 參加 姓氏는 金氏가 **22.8%**로 가장 많았고 農民이 **21.8%**의 參與로 나타나 小市民的 階層의 성격이라고 제시하면서 反封建·反政府의 身分解放運動의 특징이 있다고 지적하였다. 3·1運動 때는 20代와 30代가 다수 참여한데다가 書堂 및 가정교육을 받은 被訴者가 **21.5%**로 首位를 차지하고 있다. 동시에 3·1運動은 민족 지도자가 默火하였으니 農民(**75.6%**)이 가장 많이 참여하였으며 商人, 知識人, 勞動者의 指의 순위로 나타나고 있음을 밝혀 종래의 학설과 큰 차이가 없다.

  社會運動期의 抗爭에서는 1920年代와 1930年代가 가장 많은 참여의 비중을 보이고 있으며 小作爭議와 勞動爭議의 투쟁적 성격을 추출해 내고 있다. 이는 최근 趙東杰 씨의 《日帝下 韓國農民運動史》(한길사 1979)라는 방대한 力作 속에서 잘 비춰지고 있다. 이 시대의 獨立運動은 참여 면에서 共産·民族兩陣營이 각기 **50%**씩의 비중을 보이고 있는 것으로 나타나 있어 주목케 한다. 이 시기의 참여 年齡層은 20·30代로 전체의 **44.6%**를 차지하고 있으며 주거지는 1920年代에 嶺南이 **34.8%**로 가장 많고 서울(**19.0%**), 湖南(**17.4%**)의 순서이나 1930年代에 와서는 湖南, 서울, 嶺南의 순위로 분석되고 있다. 이를 통해 金교수는 民族運動의 성격을 抗日民族 解放運動인 동시에 身分과 階級解放運動임을 주장하였다. 따라서 民族主義의 발전 성격을 보이고 있는데 開化的으로 近代化되는 면도 통계적으로 분석 고찰하였으며 日帝下의 民族主義運動이 단순한 抗日運動이라기보다는 近代化=開化해 가는 의식 구조의 발전도 엿볼 수 있지 않을까 하는 생각을 갖게 한다. 이 점에 관해 씨에게 질문해 보고 싶은 연구 方向이기도 하다.

  申一澈 씨의 「韓國獨立運動의 思想史的 性格」(亞細亞研究 第59號)은 1905년 이후 1945년까지의 독립 투쟁의 名分을 검토하되 日本統治의 本質을 인식하고 독립한 이후의 민족관, 국가관, 애국관 등 사

상사적 추이와 성격을 규명하였다. 씨는 많은 새로운 資料를 섭렵한 뒤 分析的 고찰을 시도한 새로운 연구 방법을 제시하였다. 義兵運動을 斥邪思想, 自强論的 愛國啓蒙思想, 民主共和國인 民族國家像의 定立, 1920年代 民族主義思想의 展開, 社會主義의 展開過程, 新幹會의 民族主義, 滿洲內의 民族思想, 1930年代 社會民主主義的 傾向 등을 다루었다. 韓國獨立運動의 思想史的 연구를 그만큼 정착시키고 문제 의식을 던져 준 勞作으로 손꼽아야 할 것이다. 이와 관련된 論說로 陳德奎 씨의 「3·1운동의 政治史的 認識」(新東亞 3月號)이 발표되어 학계의 주목을 받았다. 이는 그동안 3·1운동 評價의 상반된 주장을 씨의 정치사적 관심에서 비교 검토 조명하면서 새로운 理解를 위해 民族指導者의 任務와 獨立宣言書의 獨立運動上에서 기여된 면을 다루었다. 씨의 方法論的 제안은 상당히 설득력이 있다고 믿어 傾聽할 점이 하나 둘이 아닐 것으로 생각한다. 이는 씨의 다른 論文 「일제초기 친일관료 엘리트의 형성과 성격 분석」(현상과 인식 제2권 1호)과 함께 읽어 보면 좋은 비교가 되리라 본다. 이 논문은 朝鮮總督府의 對韓國民 회유정책 및 친일관료 형성의 성격과 그 과정을 정확히 고찰한 것으로 보아 씨의 학문 추구의 진지함을 엿보게 함에 無理가 없겠다. 한편 씨의 또 다른 논문인 「斥邪衛正論의 民族主義的 批判認識」(韓國文化研究院 論叢 제31집)을 통해 斥邪論의 새로운 인식을 시도하고 있음에 수긍이 가는 면이 많다. 단지 政治史的인 고찰에 치우치는 전공 부분의 의식이 나타나고 있어 歷史學徒들에게는 얼른 理解가 뒤따르지 못하는 아쉬움도 없지 않아 있다.

崔根茂 씨는 全州 일대에서 열심히 學生抗日 獨立運動 관계의 자료와 실제로 관련된 多數한 人士들과의 면담을 통해 이 방면의 論文을 정리하여 발표하고 있어 1977年度의 現代史研究 업적을 취급할 때 그 노고를 치하한 바 있거니와 이번에 다시 「被侵下의 抗日運動」(전주 교육대학 논문집 제14집)을 발표하였다. 1920年代의 全州 高普의 盟休, 日人校長의 배척, 비밀결사 湖南會 사건 등을 다루었다. 用語의 妥當性 여부에 더욱 신중하였으면 좋았을 것이다. 이는 이

방면에 또 다른 論文을 씨로부터 읽어 보아야 하기 때문에 「더 나은」 論文의 발표를 촉구하는 뜻에서 添言해 둔 것이다.

金二兌 씨는 「日帝의 敎育干涉과 民族敎育의 展開」(적십자산호 제1집)라는 논문에서 日本侵略을 敎育的 側面에서 국권회복운동이라는 次元으로 논구하였고 吳甲均 씨는 「白巖 朴殷植의 敎育思想」(청주교육대학 논문집 제14집)이라는 논문에서 白巖의 교육구국운동을 그의 다수한 論著를 통해 구명하였다. 徐淵昊 씨는 「日帝末期의 國民演劇論」(서울産大 論文集 제11집)이라는 이색적인 글을 발표하여 國文學者다운 硏究의 방향을 설정하여 現代史에서의 연극이 차지하는 비중을 소상히 그의 특유한 문장으로 추적 고찰하였다.

金明昊 씨는 「趙潤濟의 民族史觀에 대한 新考察」(韓國學報 제10집)이라는 學術論文에서 陶南의 민족사관을 國文學史에 끼친 공로와 업적을 통해 차분히 고찰하되 歷史 연구와 비교 검토하여 관심을 끌게 하였다.

이처럼 個人에 관한 연구는 활발히 진행되었는바 제21회 全國歷史學大會(5, 26, 27)에서 李章熙 씨의 黃玹의 사상 연구와 李炫熙의 李鍾一에 관한 論究는 그 가능성을 보여 준 하나의 시도적 작업 과정이라 할 수 있겠다. 따라서 個人硏究를 위한 紀念事業會도 결성되었으니 李鍾一, 李東寧, 金中建 같은 분의 一生을 기리는 집중 연구의 모임이 관심자를 중심으로 하여 활발히 진행되어 가고 있다. 李東華 씨의 「夢陽 呂運亨의 政治活動」(創作과 批評)에 이르기까지 現代史에 巨跡을 남긴 人物의 연구는 보다 진지하고 공정한 자료적 뒷받침 속에 이루어지기를 기대해 본다. 李炫熙의 「묵암 이종일 선생의 생애와 사상」(新人間 제360호)도 그런 면에서 기여하지 않을까 싶은 생각이다. 따라서 이종일을 추모하는 학술회의(8·31)도 개최하였다. 그의 생애와 업적(李丙燾), 言論人(崔埈), 民族思想家(李炫熙), 宗敎人(崔東熙)으로서의 李鍾一을 고찰하는 집중학술 발표를 그가 餓死한(1925. 8. 31) 이후 반세기 만에 추모 겸해서 가진 바 있었던 것이다(李炫熙, 《韓國近代史의 模索》, 1979, 二友出版社 참조). 또

申采浩를 기리는 강연(6·15)도 있었는데 그의 史學(金哲埈), 民族主義思想(申一澈) 등을 관계 전문학자가 진지하게 검토한 바도 있었다.

朴文鎬의 遺稿가 발견되어 韓末 이후의 歷史를 이해하는 데 큰 도움을 주고 있다. 金마리아의 연구도 《나라 사랑》 특집호(제30호)로 다루고 있다. 이 특집호에는 정충량 씨의 「김마리아의 생애와 사상」, 이현희의 「김 마리아와 민족독립운동」, 박용옥 씨의 「대한민국애국부인회와 김마리아」, 김영삼 씨의 「여성 지도자 여성 교육자로서의 김마리아」, 전택부 씨의 「소래 마을과 기독교와 김마리아 일가」등의 논문과 김영순·신의경·백학복·오현주 제씨의 김마리아에 관한 일화와 그 주변 이야기를 들려주고 있어 그를 理解하는 데 도움을 주고 있다.

經濟自立 研究의 方向

이 시기의 본격적인 經濟문제를 다룬 勞作으로는 金容燮 씨의 「韓末 日帝下의 地主制―事例 4: 古阜 金氏家의 地主經營과 資本轉換―」(韓國史研究 제19호)와 李鎬澈 씨의 「日帝侵略下의 農業經濟를 形成한 歷史的 背景에 關한 研究―農民의 社會的 存在形態를 中心으로―」(韓國史研究 제20호 및 제21, 22호) 등이 있어 학계의 주목을 집중시키고 있다. 앞의 논문은 古阜 金氏家가 大地主로 成長함으로써 資本家로 발전하는 과정을 다양하게 회귀하면서도 많은 기본 자료를 섭렵, 이를 통해 정연한 立論을 전개하고 있음을 눈여겨볼 수 있겠다. 그것은 종래적인 地主制가 일본의 資本主義 경제체제로 재편성되는 과정을 시사하는 것이었으며 近代化 과정을 추적한 것을 의미하는 내용인 것이다. 뒤의 논문은 日帝下 農業經濟를 형성한 背景을 고찰하였는바 諸說의 檢討 등을 통해 그 방향을 모색하고 있다. 그는 日帝統治前後의 농업경제를 보는 시각을 제시하되 金容燮, 安秉直 등 諸 교수의 연구 성과와 그 내용의 특징 등을 지적하고 있다. 일제 침략하의 농업경제를 규정한 歷史的 背景을 조선 후기와 開港을 전후로 한 시기에서 찾고 있으며 그에 따르는 농업 구조·토지조사사업, 농민의 社會的 存在形態 등을 광범위하게 취급하고 있어 문제 파악과 그 의식을 분명하게 설정하고 있다. 近來에 드물게 보는 勞作으로 평가될 수 있으며 다음의 작업을 더욱 기대하게 된다. 農民問題에 관해서는 《日下韓國農民運動史》라는 주목할 연구論著를 내고 계속 이 방면 업적에 독보적 빛을 發하고 있는 정력가 趙東杰 씨가 「朝鮮農民社의 農民運動과 農民夜學」(韓國思想 16)을 발표하여 다시 한번 學界의 관심을 모으게 하고 있다. 씨는 同論文에서 朝鮮農民社의 문제를 민족의식 및 農民의 近代化의식과 비교해서 검토하였으며 夜學의 운영과 교육 내용을 상세히 서술하고 그의 閉鎖 과정으로 이 문제를 끝맺고 있다. 따라서 農民夜學의 굳건한 민족의식과 그 사상이 검출되었으며 3·1운동 이후 발전하여 더욱 확대되어 갔음을 趙교수는 강조하고 있다.

그것은 小作爭議 등 농민운동의 지원과 민족교육운동의 배경과 고무에 의해 深化 整備되어 갔음을 명료하고 간결한 文章으로 說得力을 제시하면서 주장하여 공명감을 용출케 한다. 더욱이 立論展開에 무리가 없이 深層的으로 서술되고 있어 감동까지 주고 있다. 따라서 1930年代 民族運動에 活氣를 불어넣어 준 결과를 가져왔다고 지적하고 있다. 또한 言論機關에서의 歸農 촉구까지도 지원을 받을 수 있었음을 연결 고찰하였다. 브나로드운동과의 성격을 달리 인식하고 있음은 깊은 연찬의 결과로 주목케 하는 바 있다. 단지 日帝下의 民族運動을 전면적으로 이와 연결해서 논리를 전개시키고 있는 듯함은 자칫 農民夜學의 存在를 不安케 할 소지도 없지 않을 듯싶은 것이 솔직한 심정이다. 여하간 문제의식 제시나 파악에는 일관성 있는 學界의 큰 수확임에 異論의 여지를 허락지 않는다. 한편 《韓國思想》 16에 게재된 《默菴備忘錄》이나 《天道敎靑年會報》 같은 자료의 개발은 學界에 보탬이 될 것으로 본다.

그 외 申一徹 씨의 「抵抗的 民族主義의 韓國的 展開」(韓國思想 16), 李延馥 씨의 「우리나라 近代 歷史敎育史 硏究」(서울교육대학논문집

11), 洪淳昶 씨의「新民族主義의 形成過程」(東洋文化 18), 李基白 씨의「新民族主義史觀論」新民族主義史觀과 植民主義史觀」(《韓國史學의 方向》一朝閣》 등 주목할 論文이 發表되어 이 방면 연구에 기여하는 바 크다는 것을 말해 둔다.

이상으로 소략하게 現代史 관련 論著 50편을 살펴보았는데 1977年度에 비해 質量的 發展上이 뚜렷하다는 점을 말해 두며 기타 論及되지 않은 이 방면 연구가의 論著는 저자가 세밀하게 다 조사하지 못함에 연유함을 양해삼아 말해 둔다.

이 같은 연구 결과에 따라 1979年度의 現代史 연구는 그 人口가 저변으로부터 늘어났으며 업적도 그에 비례되고 있고 1980年代의 업적은 더욱 밝게 나타날 것이다.

Ⅳ. 歷史意識과 近代化 그리고 民衆

1. 韓國史를 통해 본 歷史意識

史書編纂과 歷史認識

우리나라에서 역사의식이 특징 있게 書冊으로 集大成된 것은 4세기경 百濟 近肖古王 때 高興에 의한 「書記」라는 不傳의 歷史書일 것이다. 그것은 文字가 사용됨에 따라 국가적인 편찬 사업이 행해짐으로써 그 成果의 하나였는바 벌써 그 당시의 위대한 「國力의 歷史的 狀況」을 기록으로 보존하여 후세에 傳하려는 강렬한 顯現 의식이 충만해 있음을 엿보게 하는 것이다. 그 뒤 新羅에서도 6세기경 眞興王 때 居柒夫에 의하여 「國史」가 편찬되었으며 고구려에서는 7세기 초 嬰陽王 때 太學博士 李文眞이 「新集」 5권을 수찬하였는바 이는 국초의 「留記」 100권을 다시 증보 첨삭한 개정된 국사였던 것이다.

이상과 같이 국사상의 정확한 역사의식이 기록으로서 집대성된 것은 3국이 다같이 國力이 한없이 極盛하고 팽창하였을 때 편찬되었다는 공통적 특색을 가지고 있는 것이다. 이들 史書가 비록 지금은 전해지지 않는다 해도 金富軾의 三國史記 속에 전해져 오고 있음을 볼진대 이것이 韓末의 歷史敎科書 편찬의 지침과 그 의식으로 맥락지어지고 있는 것이다. 우리는 여기서 3국의 각기 다른 역사의 편찬이 강력한 중앙 집권적 귀족 국가 건설의 의지를 구체적으로 나타내 주고 있음에 주목해야 할 것이다. 더욱이 이 같은 歷史 서술의 기본 방향이나 그 의식은 中國의 그것과는 판이한 성격에서 출발되고 있음이 특징이기 때문에 한국 특유의 독자성을 형성해 왔다고 생각한다. 물론 당시 교육 기관 등에서 中國의 古典이 중심이 되어 인재 육성에의 자료로 쓰여진 것은 숨길 수 없는 사실이다. 한국적인 忠孝信勇의 정신이 그대로 살아나고 의욕을 북돋아 주어 이를 테면 花郎徒의 구국의식을 뒷받침해 주었음을 우리는 지나쳐 버릴 수 없겠다.

3국의 역사의식은 儒·佛의 정신적, 종교적 前進에의 발전으로 연결 승화되어, 온 국민에게 主人 의식과 책임 정신을 불러일으키면서 단일민족 통일로 민족적 위업을 달성케 하였다. 그리하여 고려 때에는 직접 국가에서 「歷史的 現況」을 보존 유지하기 위한 발전 의식에서 11세기경 顯宗 때 7代의 「高麗實錄」이 편찬되어 이후 실록편찬의 先例를 남겼으며 이 같은 官撰 의식으로서의 歷史 편찬은 의식 있는 學者 文臣을 자극하여 그에 의해 個人的 史書 편찬의 중후한 성과를 민족 앞에 제시할 수 있었던 것이다. 유교적 史觀의 正史인 3국사기 외에 毅宗 때 金寬毅가 編年通錄이라는 역사서를 저술하였다고 하며 覺訓이 海東高僧傳을 지었는데 전자는 현존치 않고 후자만이 일부가 남아 그 당시의 역사를 이해하고 그 의식을 터득케 하고 있다.

그 이후에도 그 당시의 「역사」를 보존하고 강성한 국가의 모습을 교훈적으로 전하려는 욕구는 전통적 史書편찬 정신에 따라 연면히 맥락지어져 내려오고 있다. 애석하게도 지금까지 전해지지 않는 서적으로는 古今錄(원부 13세기), 千秋金鏡錄(정가신), 本朝編年綱目(민지), 史略(이제현) 등이 있으나 史略에 게재되었던 史論만이 남아 있을 뿐이다. 이들 史書들은 유교의 도덕적 합목적을 합리주의로 해석하고 그 실천력을 국민 앞에 제시하고 있어 역사를 정치의 모범으로 삼으려는 강점을 보이고 있다.

이에 비해 《三國遺事》나 《帝王韻記》등의 史書는 우리나라와 역사를 檀君으로부터 서술하기 시작하여 그 方向을 정통성과 유구성으로 파악하려는 새로운 시도를 보이고 있어 주목치 않을 수 없다. 이것은 시대적 관념과 깊은 관련을 갖고 있음에 주목치 않을 수 없다. 즉 외적-몽고-의 침입으로 위기의식이 고조되었을 때도 강성했던 시대의 모습을 전하려는 의도에서 역사를 서술하였던 視角과는 달리 민

족 앞에 높은 긍지와 신념을 제시해 주고 용기를 환기시킴에 이 의
식은 크게 기여했던 것으로 商量해 볼 수 있겠다.

實學派의 主體意識

고려 시대의 歷史意識은 5세기 동안의 自國 保衛를 충실히 지탱
케 하는 데 정신적으로 위안을 주었을 뿐 아니라 놀라운 文化민족으
로서의 성과를 기록해 놓았다. 그 전통은 朝鮮王朝史 형성에 영향을
주었으되 儒敎―性理學―의 테두리 속에서 지도 이념으로 발전하였
다. 조선 초기의 역사의식은 그의 건국이념과 토착 유교―성리학―
정치를 확립하고 발전시키는 정신적 支柱로서 매(每) 시대와 감각에
따라 적응되고 자극을 주어 왔다. 가령 世宗의 爲民政策이나 世祖의
國防强化 정책 같은 일련의 국가 발전에의 전기를 모색하고 國民 일
체의 自主 의식을 확립한 것 등은 역사의식이 자기 나라 발전의 기
본 요소로 심층 있게 적용된 경우였다.

그러나 14세기 이후의 이 같은 역사의식은 17, 18세기에 와서 크
게 변화하는 경향을 보이고 있다. 즉 實學派 학자들의 史觀이 그 주
류를 형성하고 있었다. 그들은 조선 초기의 史學에 대해 반성과 비
판을 가하면서 새로운 역사의식에 입각한 연구 방법론을 모색하였
다. 역사의식의 전개 과정, 그리고 유교적 윤리나 그 지도 이념으로
서 파악하는 방법을 지양하고 歷史를 창조하고 力動性 있게 하는「
모티브」를 外的 요인이 아닌, 韓國史 내부 자체에서 찾아보려는 심
층적 自律史觀을 견지하게 되었다.

이들 實學派 학자들은 역사가 유학의 倫理, 名分, 實踐이라는 의
미와는 스스로 구분되고 政治로부터 독립되는 학문이라는 사실을 강
조하였다. 그러니까 조선 초기의 역사의식 속에 포함되어 있는 歷史
學은 정치 이념이나 그 지도 능력으로서 복합적으로 이해하였지만
실학과 학자들의 경우에서는 역사학은 정치와는 분리되는 하나의 독
립된 특수 學問으로서의 自律性을 의식하게 되었던 셈인 것이다. 더

욱이 그네들 學者의 世界觀을 변화케 한 意識의 擴大는 中國을 통해 유입된 西洋科學技術文明이었다. 종래 韓國史의 動因을 中國中心的이라는 고정관념으로부터 퇴색케 한 큰 계기는 우리 학자들이 비록 간접적이었지만 西歐文化와 접촉하면서 각 국의 獨自性, 特殊性, 客觀性 등에 대한 이해가 깊어졌던 것이다. 세계를 보는 눈이 크게 변화하였다는 것이다. 따라서 역사의식 면에서 거의 통속 관념에 사로잡혀 있던 華夷思想은 빛을 잃게 되었고 우리 역사의 발전은 自國中心的 경향을 띠게 되었다. 중국이 세계에서 가장 중심이 되는 中華의 관념이 실학자들이 科學技術文明을 수입함으로서 실증적으로 거부되었고 그간의 사고방식이 얼마나 편협했으며 무의미했던가를 스스로 터득할 수 있었다. 星湖같은 사람도 중국 중심 사상에서 탈피하고 한반도 중심적 史觀을 견지하고 自律性을 최대한 부여해야만 중국 문화의 變型으로서의 韓國文化로 이해하던 종래 관념에서 과감히 벗어날 수 있다고 주장하였다. 順菴도 이에 따라 中國에서만 사용되던 正統論을 우리 역사 서술에서도 그대로 적용하여 韓國歷史의 체계화를 시도하였다. 中國中心 史觀에서 韓國中心 史觀으로 이행하려는 움직임이 이들 實學者의 투철한 자각, 반성, 비판 정신에서 비롯되었던 것이다.

이 같은 自覺 현상이라는 일대 비판적 용단은 實學者들의 개혁의식과 「民本思想」에서 출발하였기 때문에 우리는 實學思想이 「近代性」을 띠었고 발전에의 전기를 마련한 것이라는 사실을 분명히 깨달아야 할 것이다. 따라서 그들의 農業, 商業, 考證的 개혁 의식은 온 국민에게 국가 발전이라는 역사의식을 갖게 하였으며 民衆意識을 고취하는 근대화의 계기를 마련하였던 것이다.

비록 實學派의 이 같은 주의 주장이 당시 불우한 입장에 놓여 있던 그들의 정치적 허약성 때문에 집권당인 老論 일당 전제주의자에게 전부 受納되지 않았다 해도 그들의 개혁과 발전, 理想과 實際라는 역사의식은 곧 前後의 상황에 큰 변화를 齋來케 함에 力動性을 지녔다고 평가할 수 있다. 실학파의 史觀은 좁게는 史學을 近代方法

論으로 유도하였고 넓게는 當時代的 民衆에게 自覺, 自立, 自主의 이념을 심어 줌에 기여하였던 것으로 연결시켜 볼 수 있다.

따라서 그네들은 韓國史 발전을 前近代的 고성 관념이나 그 체제에 강한 반발과 변화를 유혹하고 자극하여 근대적 안목과 세계관을 견지하게 하는데 참신성을 부여하였다고 본다. 전통과 근대의 교량적 임무로서의 역사의식을 터득한 계층으로서 국가와 민족의 장래를 위한 이념으로 연결하고 있었다.

이 같은 近代性의 견지는 곧 19세기 開化派의 자강사상과 自立의식으로 연결될 수 있었다. 따라서 開化派의 자강 이념은 實學이나 東學의 개혁성을 이해하고 그것이 국가 발전에 기여하는 면을 분석하였으며 現今의 시대는 君主制에서 國民國家的 共和制로 전환되어야 한다는 의식을 가지고 정부를 설득하면서 外勢징후를 경계하였다.

民族史學派의 救國方略과 民衆意識

한국사에 나타난 歷史意識은 實學派 開化派의 자각 자강의식에 이어 日帝侵略下 民族史學派의 民衆을 위한 국가 死守的 민족문화 수호 정신에서 빛을 다시 발하고 있다. 그들의 노력에 의하여 각계각층의 국민들은 자국의 역사를 이해하고 긍지로 여기면서 최후의 목표인 조국 광복을 기원하고 있었다. 빼앗긴 조국을 다시 찾는 방법은 무력시위와 정신문화사적 항쟁으로 대별되거니와 이들 獨立戰爭 대열에 끼어든 투사들은 民族史學家들의 자국 역사의 건재성, 우수성, 강인성 제시에 자신감을 갖거나 긍지를 견지한 채 그 업무에 충실할 수가 있었다. 이들에 의하여 全國民에게 歷史意識이 보급되고 신념을 갖게 하였던 것이다. 白巖·丹齋·湖岩·爲堂 등 같은 분들이 민족사학자인 동시에 언론인이고 독립투쟁에 직접 앞장섰던 분들로 영원한 韓國人像을 후세에 남겼던 것이다. 그들은 조국의 완전한 독립은 民族傳統, 민중 의식의 회복과 그 문화의 선양, 응용에서 찾아야 한다고 외쳤다.

　일제 침략하에서 이들의 각종 주장이나 저술을 통한 민족의식고취
는 의기소침, 방황, 실의, 좌절, 자포자기, 갈등 속에 있는 민중을 붙
잡는 데 공헌하였고 그들로 하여금 우리 역사에 눈을 뜨게 하는 데
직접적이고 효과적인 계기를 마련해 주었다.

　白巖은 魂魄의 역사의식을 민중 앞에 제시하였다. 그는 혼은 정신,
역사이며 백은 국가, 物體라고 파악하고 백은 죽어도 혼이 살아 있
으면 나라는 반드시 일어나며 침략자를 추방하는 힘이 생긴다고 광
복에의 신념, 의욕을 충만케 하였다. 따라서 그는 역사의식은 魂이라
고 理解하면서 그 밑거름이 되는 것은 國敎, 國學, 國語, 國史라고 「한
국통사」 결론 부분에서 강력히 제시하여 국내외 동포에게 자신감을
불러일으켰다. 혼은 곧 역사를 움직이는 원동력으로 여기고 절대로
의기소침하지 말 것을 강조한 뒤 血史에서 우리가 반드시 빼앗긴 조
국을 다시 찾을 수 있는 자신이 있는 것은 역사적 史實이 충분히 이
를 증명해 준다고 외쳤다. 역사의식은 이렇게 좌절, 절망 속에 허덕
이고 있는 民衆에게 의욕을 북돋으며 자신감을 팽만케 하는 정신 요
법이기도 하였다.

　爲堂도 「5천년 조선의 歷史」를 生動케 한 힘이 바로 「얼」, 즉 「고도
리」라고 주장하면서 「얼이 빠져서는 안 된다」라는 경계를 소홀히 하
지 않았다. 丹齋는 花郎徒의 사상이 한국의 주된 역사의식의 원동력이
된다고 理解를 돋우어 주고 있다. 화랑도의 郎家思想이 그의 한국사를
보는 史觀이기도 하였다. 湖岩은 歷史 의식의 재료는 「朝鮮心」이라고
규정하였다. 그리하여 「조선심」은 곧 우리 文化의 유구성, 전통성, 우
월성을 측정하는 기준이라고 파악하면서 영웅 성군의 업적을 찬양하
고 中國이나 日本의 사상과는 달리 우리의 文化는 분명히 독자성과
특수성이 있다고 湖岩全集을 통해 行과 行 속에서 웅변하고 있었다.
固有文化의 「엣센스」를 추구케 하는 일이 역사의식을 높이는 것이며,
온 市民에게 그 정신을 불러일으켜야만 우리는 當時代的 난제들을 극
복하고 해결해 나갈 수 있다고 외치면서 올바른 장래를 設計하려면
각국의 역사를 심층적으로 비교 연구해야 한다고 강조하였다.

民衆意識의 寄與

　대체로 民族史學派의 일관되고 공통적인 歷史意識과 민중의식의 원동력은 民族精神의 정확한 파악과 그 함양에 있었다. 그리하여 주장은 각기 다르게 나타나고 있지만 한 가지 분명한 공통점은 나라를 다시 찾는 일은 투철한 국가관, 민족관의 견지에 있고 그것을 活性化—實用化하는 데 있다고 강조한 위대성에 歸着되고 있다.

　8·15광복 이후 이 같은 역사의식은 그대로 第1共和國의 창조정신으로 연결되어 왔다고 본다. 그러나 共和國이 발전함에 있어서 일제 침략하에 견지되어 왔던 민족 구국의식이 자칫 「時勢」에 따라 변질되거나 퇴색하는 느낌을 주고 있음은 경계해야 할 일이다.

　우리는 압박, 탄압 속에서 얻어진 값진 역사의식과 민중의식을 자유민주주의 시대에 富國意識으로 연결하고 승화시켜야 한다.

　역사적 사명의식을 소홀히 하고 반대급부적 지엽 문제에 유혹당하는 안타까운 오염 현상을 직면하게 되는 것을 극히 경계해야 할 것임을 다시 한번 다짐해 둔다. 우리의 역사의식은 수준 높은 民衆意識과 傳統文化 속에서 싹터 生産性 있는 文化創造 정신으로 恒時 연결 승화될 것이라고 굳게 믿는다.

2. 韓國史上에 나타난 民族自主意識
- 民族史의 發展性論과 民衆의 機能 -

自主論

韓國史에서의 자주성에 관한 다양다기한 해석, 평가도 종래적인 기준이 아닌 재인식·재해석·재평가의 안목으로 성장 발전하기를 기대한다. 따라서 현대적 해석 평가 방법으로 본 한국사에서의 自主性論에도 종래적인 견해는 불식되어야 할 것임은 두말 할 나위도 없다.

을지문덕·서희·강감찬·이순신·곽재우·유인석·이청천으로 연결지어지는 호국의 인맥들의 경우에서도 국난의 극복이라는 슬기와 예지를 그 분들의 단독 명예로만 돌릴 수는 없는 것이다. 그들 巨本 뒤에 숨어서 선혈을 뿌린 영광과 시련의 대열에게도 찬사와 강의를 표해 재조명하는 금도를 보여야 할 것이다. 역사 속의 자주의식은 聖君·名將을 뒤에서 조력한 많은 숨은 인사들—民衆—의 시련 고통 속에서 추출·평가해야 할 것이다. 이른바 사회·경제적 측면에서의 역사 연구 경향에 따라 이들 民衆에게 조명이 내려질 것으로 보인다. 自主性論은 현시점에서 종래적인 견해와 평가에의 방법을 달리하여 진정한 민족의 주체가 무엇인가를 민중의 기능과 결부하여 음미해야 할 것이다.

開化論

한국사에서 우선 2천 년간의 史實을 놓고 볼 때, 古代史일수록 큰 사실들이 적음을 눈여겨볼 수 있다. 그것은 근대사일수록 허다한 사실이 있음으로써 대조되기 때문이다. 현대의 역사는 근대사 중심적으로 연구해야 한다는 역사 철학자의 의견을 감안하지 않는다 하더라도 우리 현대인의 생활양식과 가치 관념이 유사한 입장에서 보면 당연한 추세와 경향이라고 찬동하고 싶다.

근대로 오면서 自主意識은 곧 自强 사상과 開化 이념으로 특징지어 있음을 일별해 볼 수 있다. 이 같은 자주사상은 동양 사회의 세력 균형에 있어서 보존하기 난처한 문제가 아닐 수 없었다. 특히 삼국 시대의 경우가 그 같은 범주에 부분적으로 연관이 되어 있었다.

고려 시대는 비교적 자주의식이 강렬하여 對蒙抗爭의식에 이르기까지 국난극복 정신을 발휘해 왔다. 조선 왕조의 양반사회 하에서는 밖으로는 자주적 정치·문화의 형태를 취해 왔고 안으로는 전통문화 수호·유지·발전에 남다른 별의를 보여 저력적으로 발전할 수 있었다.

그러나 16세기 말 壬辰倭亂과 17세기 중엽의 丙子胡亂 등으로 인하여 평온하였던 자립사상은 변질되어 尊周大義論과 華夷思想으로 전락해 버리고 말았다. 그것은 주자학적인 지배질서 속에서 어쩔 수 없는 동양 사회의 위계(位階) 범주를 유지해야 하는 괴로움 때문이었을 것이다.

두 번의 전란으로 인해 사회 경제적 피해 상황은 극심하여 새로운 기운을 찾으려는 사상적 체계가 생겨났으니 이것이 곧 實學사상의 태동인 것이다. 그것은 民族主義(民本主義) 성격을 강력히 나타내 주고 있어서 華夷사상에서 과감히 탈피할 수 있었다. 中華 관념은 한 반도에서도 가능한 창발의식이라고 생각하였다. 地球儀를 놓고 볼 때 中國만이 곧 세계의 중심이라는 사상은 독단이며 편견이기에 보편성이 될 수 없다고 주장하였다. 그들은 반도 조선을 중심으로 하여 세계를 좌우로 놓을 수도 있다는 脫華夷的 관념을 시사하였다. 따라서 그 견해와 평가는 근대지향적인 특성을 간직하였다. 그들의 중세적 계급성의 이탈, 금속 화폐의 유통 상황, 상공업의 발달, 해외 교류를 통한 國富論, 토지 경영형태의 변화 등을 추구한 실학자들의 이론과 新史觀은 可謂 근대지향적이라 아니할 수 없다.

그 의의는 민중사회의 이익을 촉구한 것이니 17세기 이전의 한국사에서의 자주 의식이 국난극복이라는 예지 관념이었다면 이후에는 이것을 포함하여 自强 自主사상으로 특징지어진다고 말할 수 있겠다. 같은 실학자라 해도 經世致用學派인 主農주의적 경향(柳馨遠·李瀷)과 利用厚生學派인 主商主義的 경향(柳壽垣·朴趾源) 그리고 實事求是學派인 考證主義的 경향(金正喜·金正浩) 등으로 구분, 지칭하는바 이 실학사상은 19세기 개항을 전후로 한 시기에 改新儒學者들에게 연결되어 개화사상으로 맥락을 이어 온 것이다.

즉 후기 실학자 崔漢綺·趙寅永·金正喜 등에 의하여 개화사상가인 朴珪壽·吳慶錫·劉大致 등에게 연결지어진 실학은 이 시기에 와서는 개화사상으로 성숙해 있었던 것이다. 곧 개화-개항의 중심 세력은 실학자들에 의한 사상적 맥락성에서 찾아봄이 현명할 것 같다.

그러나 개항을 전후로 한 시기에 국내에서는 해외 교류와 문호.개방을 주장하는 개화파세력과 그것은 민족의 주체성과 정통성에 위협을 받는 자주의식의 침해로 단정하는 華西(李恒老)류의 척사위정파의 대립으로 큰 갈등과 혼란, 시련을 겪게 되었다.

朴珪壽의 영향을 받는 金玉均 등의 급진개화파 세력과 金弘集 등 온건 개화파의 「교류」와 「개방」에 대해 崔益鉉·柳麟錫·李承熙·洪在鶴 등 척사위정파들은 정면으로 대립하였다.

척사파들은 개화파를 「해외통상의 정책은 실로 天下亡國의 기본」이라고 규정 질타할 정도였다. 개화파는 문호를 개방하고 해외 여러 나라와 문물을 교류해야만 부강해질 수 있다는 개방주의적 개화론 즉 自强論을 강력히 주장하였다. 이에 비해 척사파들은 주자학적인 자기 전통을 고수하고 중국을 제외한 해외와 교류하면 이 나라가 장차 오랑캐의 나라로 전락될 것이며 경제적으로도 예속 상태를 면치 못할 것이라고 판명하였다. 이 같은 견해는 물론 개항 이후 30여 년만에 적중한 셈이긴 하나 국수적인 좁은 견해의 한계성을 지적하고 싶다. 이렇게 개화와 척사파들이 서로 심한 갈등으로 대립되어 있었음에도 불구하고 두 계층 간의 공통적인 사명의식은 있었다.

즉, 개화파의 내적인 자강의식의 발로와 척사파의 內修—內治사상은 공통적으로 민족의 자주의식을 선양하자는 爲國的 견해였다. 이 견해는 대원군의 內治改革을 통한 근대 왕조의 결속과도 같았으며, 東學사상에서의 반봉건적 개혁운동과 輔國的 이념, 그리고 3·1운동에 연결되는 항일구국운동과도 일맥상통하는 민족자주의식의 맥락적, 전통적 발로였다. 따라서 비록 개화·척사·대원군의 독특한 이념과 목표 방향의 감각은 다르다 해도 4가지 계층 간의 공통점은 自强-自主의식-富國論의 추구에 있다고 규정지을 수 있다. 따라서 민족의 자강의식은 곧 개화—근대화 의식의 집약이라고 결론적으로 종합해 볼 수 있겠다.

獨立論

開港 百年史 中 제1기에 해당하는 1876년으로부터 1905년까지 30년간은 어느 시대보다 격동기에 해당한다고 말할 수 있다. 개항 이후 안으로 개화척사의 사상적 소용돌이가 휘몰아치고 있을 때, 밖으로는 淸·日이 반도에서 각축전을 전개하여 壬午軍變·甲申政變 등 대소의 분쟁이 야기되더니 급기야는 그로부터 약 20년 만인 1894년에 청·일 침략전쟁을 일으켰다. 여기서 무력으로 승리한 일본이 한국에의 침략적 행동을 취하였으나 러시아의 침략과 위협으로 그 양상에는 변질이 초래되었다. 즉 청일의 대립이 아닌 러·일의 대립으로 격화되었다. 자주의식이 그 어느 때보다 강화되었음에도 불구하고 민족의 운명은 참담하기만 했다.

俄館播遷(1896~97)이라는 主權不在 현상 속에서 자주의식을 고취시키고 민중을 기반으로 하여 民本의식을 고무한 것은 獨立協會운동(1896~99)인바 그것은 19세기 후반기의 대표적인 자주이념화의 구체적 모습이었다.

徐載弼·尹致昊 중심의 서구 시민 사상을 의식·심화시키려는 해외 개화파(기독교계 포함) 세력과 南宮檍·張志淵 중심의 실학사상의 영향을 받은 보수적 자립사상 계열로 이를 확대·심화시키려는 국내개화파[改新儒學者]의 양대 세력 계층과 찬양회 중심의 女性會員 등 3가지 民衆的 부면에 의해 성립된(1896~99) 독립협회의 사상은 세 가지로 요약되고 있다. ① 自主國權 ② 自由民權, ③ 自强改革 사상의 부국강병적 배경에 의하여 이들은 자립과 개화사상을 달성시켜 「完全獨立」할 것을 최대의 목표로 삼고 있었던 것이다.

소위 열강들의 자의적 침략으로 인하여 우리나라의 철도, 광산, 어장, 산림, 항만, 도로 등 각종 利權이 침탈되고 러·일 등이 서로 심각히 대립하고 있는 가운데 先知者들은 이 협회를 통해 「獨立」을 달성시켜야 한다고 다짐하였던 것이다. 독립에 중대 위협이 있을 때 民權에 기초하여 자강을 실현함이 이들의 최대 관심사였던 것이다.

독립협회는 사회 경제의 발전을 나타내려는 기본적인 국민운동으로 市廛의 개편과 주식회사의 창설을 도모하여 시민 계층을 성장케 한 것이다. 일찍이 서구에서는 14세기경 시민계급이 대두하였기 때문에 국가가 그만큼 속히 성장할 수 있어 독립의 기초가 건설되어진 것을 이들은 익히 잘 알고 있었기 때문에 서구를 모델로 한 이상사회 건설에 매진하였던 것이다.

광산 개항장의 무역으로 임금노동자 계층을 형성하여 노동자 민중을 성장시켰는가 하면, 천인을 해방하여 자유민중을 증가·성장시킨 것도 놀라운 성과로 민족 자주세력 형성에 기여한 것이다. 학교를 설치하여 신지식 계급을 형성하였으니, 이들 民衆이 뒷날 역사의 주인공이 될 수 있게 한 것이다.

독립협회 사상은 실학―동학―기독교―개화―척사위정사상에의 영향이 지대하였음을 일별할 수 있는 것이다.

그들은 自主中立外交論·開化自强中立論과 민족문화 발전을 위한 구체적인 실천 요강을 역설하기도 했다. 민족사의 전통적 문화 창달을 고양하기 위한 것임은 두말 할 필요도 없는 것이다. 자유 민권의 주장으로서는 생명·재산의 자유권 강조·人民平等權論·人民參政權論·議會設立論 등이 있는바 이를 통해 국민의 자주권 신장을 기약했던

점은 높이 평가할 자주의식의 선양이었다. 다음은 자강개혁 사상의
실천으로써, 立憲代議政體論·行政財政改革論·新敎育論·産業開發論·
近代國防論·社會慣習改革論 등을 주장한 것이다.

이 같은 자주-자립-독립의식의 발현은 약 3년간 계속되어 萬民
共同會로 연결 활동되어질 때까지 연면히 절규한 독립협회의 자주권
발양의 최고 절정기를 시사한 동시에 史上 그 유례가 없는 민권·자
주권 수호의 큰 흐름이라고 규정할 수 있다. 이에 따라 大韓帝國이
성립되었을 때, 과감히 光武改革운동으로 그 영향이 미쳐져, 자주적
인 개화운동이 실패당한지 13년 만에 재차 실행할 수 있었다. 甲午
改革이 아니라 해도 이 시기에 시작된 8년간 계속된 민중 중심적인
광무개혁운동(1897~1905)은 실제로 큰 성과를 거둘 수 있었던 것
이다. 따라서 이 기간은 소위 세계열강의 세력 균형이 이루어진 것
이니 침략 앞에 民衆을 기반으로 하여 조국을 구하고자 한 것이 독
립협회의 사회사상이었다.

이것이 계기가 되어 러·일 전쟁을 전후한 시기로부터 경술년까지
우리 民衆은 약 10년간 애국계몽운동을 펴서 무력적인 자주권 쟁취와
함께 정신문화사적인 독립사상의 성숙을 기약했다. 즉, 輔安會의 경제
적 민족주의 운동으로부터 크게 발전한 문화애국운동은 憲政硏究會·大韓
自強會-大韓協會·西北學會 등의 지역사회 개발, 新民會·皇城基督靑年
會 등의 독자적 국권회복 운동으로 연결지어졌다.

救國論

개항 백년사 중 제2기인 1905년으로부터 1945년까지 40여 년 간
은 종래 단절, 암흑, 방황, 패배, 치욕의 역사기간으로 규정해 버리
고 있었다. 따라서 한국사의 하한선을 고대로부터 1910년까지로 규
정하려 하였던 것은 이 같은 이유에서였다.

일제 침략하 한국사로 불리는 이 시기는 한마디로 救國(3·1운동,
6·10운동, 11·3운동)과 개화운동(민족문화수호와 선양)기로 인식을

달리하여 주체적으로 평가하고 긍정성을 추출해 내야 할 것이다. 때문에 즉흥적인 저항이나 반발이 아닌 민족의 전통적이고 內在的으로 성숙·발전한 民衆의 力量이 자립의식 속에서 싹튼 의미 있는 항쟁이었다. 그 항쟁 속에서 우리는 전통적 근대화운동을 전개해 나간 것이다. 앞서 언급한 개화와 독립론의 근거가 실학사상으로부터 연유하였음을 밝혔는바 이 시기의 구국론도 그 원류는 실학사상으로부터 였음을 주장하고 싶다.

이는 최근 저자가 발굴해 낸 어떤 종교인의 자료 속에서 여실히 증명되고 있는 것이다. 그에 의하면 일제 시대사의 이해는 실학사상과 개화사상의 재현기로서 보아야할 것이라고 강조하였다. 일제 치하에서 연면히 이어온 독립운동은 곧 실학·개화사상의 뒷받침 속에서 전통 있고 자주적인 기백 위에서 형성되었음을 역사 속에서의 자주의식론을 제기하는 小論에서 우선 규명하고 싶은 것이다.

1910년대에는 箕城구락부, 자립단, 조선산직장려계 등 개화적 양상을 띤 일련의 문화사적인 운동이 경술국치(1910) 직후부터 태동하기 시작하여 그 말기에 3·1운동으로 연결지어졌다.

1920년대에는 민족실력 양성운동으로 民立大學(民族大學)과 물산장려운동(일본상품 배척)으로 지식의 개발을 통한 개화운동과 민족기업을 통한 國富운동으로 그 양상에 현저한 변화를 일으키고, 언론운동(조선일보, 동아일보, 시대일보)도 이를 적극 뒷받침함과 동시에 대중 계몽에 앞장서서 反封建운동을 촉구·고무하였다. 더욱이 新幹會·槿友會·新正會를 통해 한민족은 主體史觀 제시를 위해 각성과 자각·정의와 단결을 절규하고 신 사회 건설과 현실의 합리적 해석이 전제되기도 하였다.

1930년대는 同友會·建中會·一麥會·常綠會·震檀學會·朝鮮語學會 등의 지도적 民衆이 통합과 단결, 한국학 개발로 국어와 한국사의 주체적 이해, 농촌의 지식개발, 민족성 개조론을 각기 지도 이념으로 하여 몽매한 민중을 계몽하였다.

1940년대 초에는 소위 皇國臣民化라는 식민정책에 비방공작으로 침략적 위협을 저지시키고 민중의 사상적 선도를 강조해 왔다. 민족의 광복 이후 우리의 가장 최대의 관심과 목표는 분단된 조국의 완전 통일이라는, 지상명제 해결에 있다고 할 것이다.

이는 개화 백년사의 제3기에 해당하는 시기로서 우리의 임무와 사명감이기도 한 것이다.

3. 歷史의 不滅과 民衆意識의 選擇

머리말

얼마 전 서울産大生 2명이 서재로 찾아와 題目과 같은 원고 청탁서를 테이블 위에 놓고 써 달라는 표정을 지으며 속히 대답하라고 요청한 일이 있었다. 이때 나는 이와 같은 제목이라면 어느 분이 더 좋을 것이라고 그 책임을 회피하려고 했으나 泣訴的 강청에는 속수무책이었다. 이에 나는 學生들보다 역사학을 좀더 공부했고 또 현직이 이 방면에 종사하는 입장이기에 그 수준을 감안해서 써 줄 것을 약속하고 돌려보냈다. 더욱이 나는 韓國史를 전공하였기 때문에 理論史學에 관계되는 哲學的 논리에는 자신이 없어서 더욱 거절에 열을 올렸던 것이다. 그랬더니 학생들 말이 이번에는 韓國史의 입장에서 보는 見解를 비교 피력해 달라고 표변 강청하면서 떠난 것을 보고 歷史學徒의 입장이라는 일반적 원칙하에 평소의 史學的 안목을 展開하는 것으로 이 제목을 소화해 보려 한다.

따라서 어떤 심오하고 놀라운 견해나 理論이 기대될 수 없을 것이라는 限界와 前提下에 歷史의 개념과 기능 그리고 그의 現在性이 가지는 특성을 몇 가지 史例別로 설명한 뒤 韓國史에서의 自律史觀이 民族史 발전에 기여한 면을 검토해 볼까 한다. 일반적으로 상식의 범위를 크게 넘지 못할 것을 미리 양해삼아 말해 두며 이는 내가 서울 産大新聞(1979. 1. 15)에 쓴 「社會的 側面에서 본 獨立意志」 그리고 1978年 5月 16日에 개최된 전농제의 학술강연회에서 말한 「民族運動에 나타난 主體意識」과를 연결 비교, 음미해 보면 더욱 理解

에 첩경이 되고 도움을 줄 것이다. 歷史란 무엇이냐부터 풀어보기로 하겠다.

歷史의 槪念과 現在性

歷史學에 뜻을 둔 지 20年이 지난 오늘날에도 「歷史란 무엇이냐」고 묻는다면 즉각적으로 대답할 체계가 잘 서 있지 못한 자신을 발견할 때가 있다. 這間에 역사학을 전공하여 이 방면에 관한 論著를 발표한 바 있거니와 그렇게 하면 할수록 그 체계 문제는 더욱 어려워진다고 말할 수 있겠다. 그것은 사물을 평가하고 정리하여 展望의식을 갖춘 「史觀」의 정립이 문제되기 때문인 것 같다. 史觀은 반드시 史學徒의 전유물이 아니다. 국민 전체의 「전망의식」이 史觀이기 때문에 미래지향적 方向感覺이라고 말할 수 있으니 歷史는 史觀, 즉 方向感覺이라고도 말할 수 있을 것이다.

歷史라는 말 속에는 「歷史」와 「歷史學」의 두 가지 의미가 있다고 본다. 첫째 歷史는 과거 사실의 現在性을 主觀的 요소로 평가하는 것이다. 따라서 歷史의 교훈이나 감동 감화라고 하는 어휘는 다같이 「歷史」 그 자체와 가깝게 연결되는 것이다. 둘째 이에 비해 「歷史學」은 記錄을 매개로 하는 史料學이라고 말할 수 있으니 그것은 「當時代的 사실」과 「歷史狀況」을 기록으로 남겨 후세인에게 미래를 설계하기 위한 資料로서의 구실을 담당케 하는 것을 시사하는 것이다. 우리가 흔히 성명을 후세에 남긴다든지 歷史가 뒷날 정당하게 심판해 준다고 기대를 걸어보는 것 따위는 이 후자의 歷史學을 지칭한다고 말할 수 있다. 그런데 우리가 일반적으로 歷史를 이해할 때 두 가지의 복합적 의미를 잊고 한 가지 편견에 빠지는 수가 있는 것을 본다. 두 가지의 심오한 이론을 동시에 폭 넓게 理解, 吟味할 때 비로소 歷史의 개념을 터득할 수 있을 뿐 아니라 그의 오묘한 직능을 知悉하여 안도감을 가질 수 있는 것이다. 문제는 歷史學 즉 史料學이라는 둘째의 경우에 그것을 主導할 個體의 사고 능력, 감정, 의지, 신념과 같은 주관적 요건이 혼재해 있음으로써 문제가 남아 있는 것이다. 史料學에서의 문제성은 史實 속에 포함되어 있는 主觀性의 문제와 그것을 주도한 個體, 즉 역사가의 주관 문제가 있는 것이다. 따라서 歷史的 사실에 대한 내막을 알고자 하면 歷史 속의 主體들의 성격과 심리 그리고 信念 등을 분석 비판해야 하며 史料 속에서의 기록자의 주관적 요소를 제거하는 작업이 전제되어야 만이 그 본래의 의미를 터득할 수 있는 것이다.

이 같은 주관적 요소의 제거는 歷史家의 예리한 판단력을 통해서 가능해질 수 있으므로 歷史는 곧 史料學을 포함한 歷史學側에 더 신뢰와 기능을 바랄 수 있다. 우리가 歷史學에 기대하는 성과가 크다는 것은 이 같은 개념이 그 구실을 해 주고 있기 때문인 것이다.

그러면 歷史는 왜 알아야 하며 우리의 現在性과 어떤 관계와 의미가 있는 것일까? 이 같은 질문에 봉착케 되는 것은 歷史理解의 필연적인 터득 과정이기도 한 것이다. 물론 많은 노련한 선배 歷史家도 이 문제 해결을 위해서는 노심초사하고 있음이 사실이다. 그것은 歷史의 哲學的 理解過程과 歷史研究 方法論 그리고 歷史의 現在的 認識體系 등과 관련하여 다각적으로 검토 종합해야 하는 힘든 「작업」이 뒤따르기 때문이다.

그 단서를 풀어보는 기본적인 과정으로 우리는 「歷史의 現在性」을 理解해야 할 것이다. 왜냐하면 歷史는 現實世界와 그 感情 그리고 意識構造 등과 깊이 관련이 맺어져 있기 때문이다. 따라서 모든 歷史는 現在라는 現實性에 역점을 두어 초점을 맞추어 해석해야 할 것이다. 그럴 때에 우리는 歷史의 「역사다움」이 있다고 평가해 본다.

歷史가 歷史家의 전유물화하다시피한 이 현실에서는 당연한 일이다. 가령 정치가가 유권자 앞에서 열심히 득표를 위해 政見을 발표할 때 「나는 歷史의 現實化를 기대한다. 歷史의 교훈이 오늘을 가능케 하였다」라고 열변을 토할 때 우리는 그의 歷史의 現在性 적용의 의식을 엿보고 그럴 때 그는 의식의 자유라는 개념 속에서 歷史의 참뜻을 대중에게 전달하고 효과를 거두려는 계산을 엿볼 수 있는 것이다. 19세기 독일의 유명한 역사철학자이며 로마史의 저자이기도 한

近代歷史學의 형성자「랑케」는 歷史家는 단지 과거에 일어났던 그대로의 사실을 闡明하는 것이라고 설파하여「歷史主義」를 표방하였거니와 과거의 사실은 가장 냉철히 客觀的으로 타당성 있게 관찰 비판하여야 한다고 강조하였다. 이것은 20세기에 와서 다른 歷史家에 의하여 수정 보완되었다. 그것은 과거의 사실이 역사가라는 자연인을 통해 재해석·재평가됨으로써 객관성의 절대성이 인정될 수 없게 편견 감정이 개입되어 있다는 것을 의미하는 것이기 때문이다.

즉 20세기의 여러 역사가는「산 현재」를 보다 중요시 여기면서 歷史의 不滅性을 강조하였다. 歷史는 현재와의 관련을 통해서 해석하고 평가해야 한다는 새로운 史觀을 수립하도록 유도함으로써 바로 歷史의 現在性이 民衆을 바탕으로 하였기에 不滅性으로 연결된다는 것을 시사하고 있었다.「베어드」나「베커」같은 미국의 저명한 史學家들은「歷史는 항상 반드시 다시 쓰여지는 것」이며「歷史는 歷史家의 신념이라」는 持論을 펴서 새로운 조소를 형성하는 데 기여하였던 것이다. 또 새로운 역사학의 方向을 제시한 인텔리 歷史家「로빈슨」은「歷史家」가 인간사회의 진보와 향상에 예민하게 대처하고 반응을 가져야 발전할 수 있으며 歷史의 의미를 터득할 수 있다」고 주장한 바도 있다.「크로체」같은 역사철학자는「모든 역사는 현재의 역사」라고 하여 과거와 현재와의 관련을 의미심장하게 강조하였으며 우리들에게 많이 알려진 역사가「카아」는「역사는 현재와 과거와의 不斷한 대화」라고 설파하였던 반면「토인비」는「歷史的 사실은 과거의 재음미가 아니고 살아 있는(生動性) 現在性에 중점을 두되 그것을 통해 현실 세계의 제반, 모순, 非理, 변칙, 갈등, 不義, 不正을 예리하게 비판해야 한다」고 주장하였다. 또「슈펭글러」는「歷史를 理解함은 곧 現實정치의 得失을 교정하는 큰 기계와도 같아서 그의 생명은 현실에 두어야 한다」고 강조하였다. 따라서 歷史의 의미와 기능은 긍정적인 면과 부정적인 兩面으로 해석되고 있는 것이다.

볼트만은「歷史와 終末論」에서「당신은 당신 자신의 개인의 역사를 관찰해야 한다. 역사의 의미는 항상 당신의 現在에 있다. 당신은 그것을 관객의 눈으로 보려는 자세를 버리고 오직 책임 있는 결단을 가지고 보아야 한다」고 하여 歷史를 보는 눈은 우리 모두의 현재에 있다고 주장한 것을 보면 歷史의 현재성이 현실사회의 발전에 얼마나 중요한 것인가를 알 수 있는 것이다.

이처럼 20세기의 저명한 역사가나 역사 철학자들은 歷史의 의미를 강조하되 그들의 공통적인 특색은 모두 「죽은 과거」가 아니라고, 科學化하는 입장을 강조하고 자신 있게 절규하면서 「살아 움직이고 영향을 주는」 강력한 힘이 있음을 주장하고 절규하였던 것이다. 따라서 역사는 어느 나라를 막론하고 그 나라 「現實社會」를 비판하고 대안을 제시하는 民族史 발전의 방향과 구실을 착실히 현실적으로 수행하여 왔다고 규정지을 수 있을 것 같다.

歷史의 機能과 民衆意識의 不滅

歷史는 그 기능을 최대로 발휘할 때 「클라이맥스」에 달한다. 그 기능은 그래서 그 나라 그 민중 그 사물에게 생명을 주고 신념을 갖게 하며 용기를 잉태케 하는 「불멸의 존재」이기도 한 것이다. 일찍이 「B. 파스칼」은 「팡세」에서 「클레오파트라의 코, 그것이 조금만 더 낮았다면 대지의 全 표면은 달라져 있을 것이다」라고 설파했던 것을 우리는 많이 기억하고 있다. 그것은 歷史의 機能이 그만큼 위력이 있고 순간의 「狀況意識」이 중요하다는 것을 암시하는 말로 해석해 볼 수 있다. 그래서 「A. W. 쉴레겔」은 「歷史家는 뒤돌아보는 예언자」라고 말하지 않았던가. 歷史는 명확해진 경험을 지칭할 수도 있는 것이다. 그 경험 속에서 現實을 창조해 나가는 능력과 기능이 발생하는 것을 우리는 알아야 할 것이다.

歷史는 의무감을 갖기를 진실과 허위는 무엇이며 확실과 불확실한 한계는 어떤 것이고 의문과 부인은 어떤 관계에 있는가를 구별하는 기능을 발휘함이 전제되어야 할 것이라고 「J. W 괴테」는 「箴言과 省察」에서 주장한 바 있다. 이 같은 기능은 분별과 인식의 한계를 규정짓는 구실이지만 지식을 가르치는 데에 더욱 큰 임무가 있다고 본다.

「롤리」는 그의 저서 「世界史」에서 말하기를 「歷史의 목적은 과거의 實例에 의해서 우리들의 욕망이라든가 행동을 이끄는 것과 같은 큰 지식을 가르치는 데 있는 것이다」라고 요약 서술하여 그의 기능이 곧 지식을 교육시키는 임무를 띠고 있는 것을 엿볼 수 있는 것이다. 그 지식을 가르치는 것은 평균적인 수준에서 이루어진 것이라고 「O. 가제트」는 「大衆의 反逆」에서 이렇게 설명하였다. 즉 「歷史는 農業과 같이 높은 언덕에서가 아니고 골짜기에서, 즉 탁월한 인간에서가 아니고 평균적인 사회 수준에서 평범하게 양분을 섭취하는 것」이라는 주장을 우리는 民衆의 機能이 歷史발전에 기여하는 면이 큼을 알게 하는 것이며, 歷史의 무한한 기능과 관련시켜 현재성 위에서 반추하고 비판해 보아야 할 것이다.

韓國史에서의 民衆의 不滅

이제는 韓國史의 영역으로 돌아와서 歷史의 不滅과 民衆의 기능을 한번 살펴보아야 하겠다.

일찍이 韓末의 문장가 학자인 滄江 金澤榮은 망명 중에 경건히 서술한 「韓國小史」 서문에서 歷史의 중요성에 관하여 언급하길

역사 망하는 것보다 더 슬픈 것이 없고 나라 망하는 것은 그 다음이다.(哀莫大於史亡, 國亡次之)

이라고 뼈에 사무치는 경험에서 「歷史의 現在性」을 두고 절실한 한마디를 남긴 것이다. 그것은 나라는 亡하여도 다시 일어설 수 있지만 歷史가 亡하면 나라는 영원히 일어나지 못한다는 기막힌 불멸의 歷史精神을 시사하는 의미심장한 내용인 것이다.

白巖 朴殷植도 亡命地에서 비장한 각오 하에 쓴 「韓國痛史」 서문에서

　　옛 사람이 말하여 가로되 나라는 반드시 멸망할 수 있으나 歷史는
　　멸망할 수 없다. 대개 나라는 形(形體)이고 歷史는 神(精神)이다. 지금
　　한국의 形은 허물어져 버렸으나 神만이 獨存할 수는 없는 것일까?…
　　神이 존속하여 멸하지 않으면 形은 부활할 때가 있는 것이다.… 무릇
　　우리 兄弟는 언제나 생각하고 잊지 말며 形과 神을 전멸시키지 말
　　것을 누누이 바라는 바이다.

라고 설파하여 歷史의 不滅의 성격을 이렇게 강조하면서 歷史가 살
아 있으면 그 국가는 곧 復活한다는 것으로 보아도 歷史의 기능은
중차대한 한 의미를 간직하고 있는 것을 알 수 있겠다.

　丹齋 申采浩 그의 글 속에서 歷史의 의미를 이렇게 말하고 있다.
민족과 歷史는 영원성을 간직하고 있어 그것이 건재하는 한 우리의
전도는 조금도 걱정할 것이 없다. 따라서 歷史는 결코 없어지는 것
이 아니라 단지 人間이 그것을 소홀히 할 때 그가 속해 있는 國家의
歷史는 없어질 수도 있다고 했다. 그러니까 누구나가 다 가지고 있
는 歷史라 해도 그것이 그 기능을 발휘하지 못하게 될 때는 필경 멸
할 수 있음을 경고한 말로 해석된다. 그 만큼 사람은 歷史의 존재성
을 의식하고 보존하며 더 바람직한 미래를 위해 창조하려는 부단한
노력을 경주해야 함을 후세인에게 당부한 것일 것이다.

　近代史 자료 속에서 歷史는 언제나 敗者에게 등을 돌리고 勝者 편
에 서려는 것을 잊어서는 안 될 것이라고 교훈을 주면서, 國魂인 歷史
는 나라와 겨레는 소멸해도 恒存性을 지니고 있다는 것을 역설하고,
그렇기 때문에 歷史를 아끼고 사랑하는 민중적 열의가 확산되지 않으
면 다시 나라와 겨레를 회복하기가 어렵다고 훈계하고 있는 것이다.

　李鍾一은 그의 遺著 備忘錄에서 歷史의 不滅性을 現在性에 두고「歷
史는 결코 소멸될 수 없는 것이다. 歷史는 언제나 동떨어진 어떤 원인
에서 절묘한 결과를 가져오는 것이다. 그렇기 때문에 歷史가 있음은
곧 國魂이 嚴存해 있음을 의미하는 것으로 알아야 할 것이다. 歷史가
망하지 않으면 그 나라는 비록 망했다 해도 곧 소생하는 것이니 魂이
살아만 있다면 무슨 걱정이 있겠느냐」고 歷史의 불멸이 그 나라를 구

한다는 만고의 진리를 그는 굳게 믿고 있었다. 이 사실을 그는 우리 민중에게 전파하려고 각종 문헌이나 강담을 통해 몸 전체로 절규하였던 것이다.

따라서 역사의 이해는 당시대적인 것과 지속적인 것의 의미를 부여하되 전자는 그것이 歷史의 기능으로서 현재성이라는 교훈 감시 편달의 의미를 간직하였던 것이고 후자는 歷史의 不滅이 곧 위기에 처했거나 처하려는 국가와 민족의 멸망 상황을 지속적으로 구출 구제할 수 있다는 民衆의 不滅로 해석되는 것이다.

그런데 西洋人에게서는 歷史를 「도전의 기쁨」으로 표현하는 逆說的 의미를 말한 경우를 종종 볼 수 있다. 「볼테르」는 歷史에 관하여 언급하길 「범죄와 재난의 기록에 지나지 않는다」고 부정적 측면을 지적하였으며 「거짓말의 연속」이 歷史라고도 했다.

또 「A. 프랑스」는 歷史란 「나고 괴로워하고 죽는다는 세 개의 사실의 자각도, 기록도 아니다」라고 담담하게 표현하였으며 「E. T. A. 호프만」은 「歷史家란 과거부터 말해 오는 망령의 무리 외에 무엇이겠는가」라고 반문할 정도였다. 또 「O. 와일드」는 「역사란 단순한 가십의 보따리에 지나지 않는다」고 하는 역설적 의미로 밀어부치고 있으나 이는 전체적인 歷史의 不滅이라는 진리의 가치 기준을 흔들어 놓지는 못할 것이다. 요컨대 歷史의 불멸은 국가와 民衆의 永生을 기능하고 수호하는 진리를 제시해 주는 것이다. 歷史는 곧 科學이고 표현은 文學性을 지닌 것이라고 지적해 볼 수 있다.

韓國史의 認識體系와 民衆의 機能

歷史의 國民的 사명이라고 한다면 종적 횡적인 입장에서 민족사적 교훈을 통해 과거 사실의 再吟味가 아닌 미래 지향적인 設計意識에 달려 있다고 정의 지어 볼 수 있다.

韓國史의 새로운 인식은 여러 학자에 의하여 다양하게 주장되었다. 그의 실마리는 가까이 實學派에 의해 선진적으로 주장한 主體의식의 인식체계에서 찾아볼 수 있다. 主體의식은 正統論 사상과도 연결되어 조선 후기 近畿學派 실학자 李瀷, 朴趾源, 安鼎福, 丁若鏞 등에 의하여 강력히 주장되었으니 그네들의 시기에 와서 새로운 의식의 혁명이 일어난 것으로 믿어도 좋을 것 같다.

이는 조선 초기의 歷史學이 후기 實學者들에 의하여 하나의 學問的 체계로 시도 전환되었다는 것을 시사하는 것이다. 그들은 유교적 지배 질서에서 과감히 벗어나려는 강력한 욕구가 충만해 있었음을 의식할 수 있는 것이다. 이들 학파의 특징은 經世致用에 있었다.

壬辰, 丙子 등 戰亂으로 인한 새로운 비판·반성·자각이 實學을 발생시켰거니와 그들은 歷史를 움직이는 어떤 법칙을 歷史內部에서 찾아보려고 노력하여 自律史觀을 제시하였다. 이것이 곧 새로운 近代 韓國史를 형성시키고 開化의 인식체계를 세우는 단서가 될 수 있었던 것이다. 이들은 역사를 연구하되 史論에서 주목할 결과를 추출해내고 있었다. 성호 이익의 정통론은 三韓正統論에서 출발하여 안정복·정약용의 정통론으로 계승 발전되었다. 소속왕조에 대한 의리와 中國中心的 세계관을 正統論의 主潮라 함에 대하여, 星湖는 우리나라 歷史에서 독특하고 일정한 계통을 확립하자는 의식의 자유에서 이를 강조 역설한 것으로 풀이되고 있다.

즉 단군 조선에서 시작한 우리나라의 歷史를 외적(한사군)의 침입으로 공백기에 처했을 때 그것을 馬韓으로 正統性을 내세운 것이다. 그는 많은 史書를 통해 華夷 사상을 배격하고 한국적 한반도 中心主義를 의식적으로 표방하였다.

더욱이 그가 처한 국내외적 극한 상황은 이 의식을 불식하기 至難한 정치적 굴레가 씌워져 있었던 것을 감안한다면 실로 놀라운 역사의식의 소산이 아닐 수 없는 것이다. 이는 우리나라의 고유성을 인식하고 중국 중심적 고유관념에 회의를 품으며 韓國中心的 이데올로기로의 전환을 시사함과 동시에 世界史的 연대의식을 추구하는 하나의 단계라고도 볼 수 있다. 실학사상을 휴머니티의 잉태라고 칭하고 있음은 이와 같은 이유에서인 것이다. 나는 최근의 저서인 「韓國近

代女性開化史」에서 우리나라 女性의 개화 태동의 시기를 종래와는 다르게 「實學思想의 發展期」로 까지 소급해서 적용하고 그 타당성을 제시한 바 있거니와 이는 실학이 곧 「人間性의 恢復」이라는 大命題를 표방함으로써 그렇게 주장을 할 수 있을 것으로 생각한다.

　성호 이익은 우리나라의 독자성, 고유성을 인식, 강조하고 歷史 서술의 理解도 자주적 서술 방식을 과감히 취해야 한다고 지적하면서 「星湖僿說類選」에서

　　　오늘날 중국이라는 것은 대륙 중의 一片土에 지나지 않는다.……
　　크기는 九州도 하나의 나라지만 적게는 楚와 齊도 하나의 나라임에는 틀림없는 것이다.

라고 자신 있게 그의 소신을 피력하고 전통적으로 내려오던 중국 중심적 관계와 사상을 부정 타기하고 世界觀 속에서 한국의 입장도 중국과 같을 수 있다고 力說한 것이다. 성호 이익의 주체의식은 곧 歷史인식의 기본으로써 時勢에 적응하는 객관적 역사의식이 있어야 한다고 주장함에 있고 萬國平等 사상을 강조하였으며 中國史에 대한 독자적 주장으로 요약된다.

　이 사상은 곧 安鼎福으로 맥락지어진다. 그는 단군 기자의 사실성을 강조함으로써 歷史나 주체의식의 上限線을 높이려는 의식의 자유를 가져 성호의 적극론을 옹호 유지하였으며, 특히 그는 歷史가 性理學의 윤리 따위와는 스스로 구분되고 의식도 다르다는 것을 증명하려고 노력하였다. 따라서 歷史學을 性理學에서 추출하여 獨立된 分野를 개척한 셈이었다. 그 역시 歷史의 기능과 불멸의 의미를 터득하고 現在性도 이해하고 있었던 것으로 보인다.

　丁若鏞은 중국만이 우월한 민족이 아니고 그 주변에 있는 민족-한국 등도 우수한 국가임을 자긍스럽게 내세웠다. 즉 이들 학자는 歷史 파악에 있어서 正統論의 체계화를 확립하였고 현실적 주장으로 우리 민족의 우수성을 「현재」라는 시점에서, 朴趾源은 지구의 球形

說과 自轉說을 피력하여 과학적으로 지구상에는 어떤 특정 국가만이 세계의 中心國이 될 수 없다고 華夷論을 과학적으로 무색하게 공격해 마지않았다. 이제 그네들에 의한 한국사의 주체의식은 世界史的 견해 속에서 형성되어 갔던 것이다.

柳馨遠은

사람은 다 같은 사람인데 어떤 사람은 財物로 삼을 수 있느냐.

고 노비인권론을 거론하여 개선책을 촉구하면서 모든 歷史는 「人間의 歷史」임을 강조하였으니 「랑케」가 「世界史」에서 지적한 바와 같이 「歷史는 人間 자신이 그 연구 대상자이다. 역사에 내재하는 조건의 하나는 歷史가 人間의 일을 파괴하고 이해하고 알리도록 노력하는 일이다」라는 논리와도 일맥상통하여 주목을 끌고 있다. 뿐만 아니라 歷史의 구조적 이해를 위하여 시간적 공간적 문제를 인식하게 되었던 것이다.

柳壽垣은 「迂書」에서 身分差別을 철폐하도록 권유하여 주체 사상은 人權論으로부터라는 우선론을 펴 「人間性의 회복」을 재다짐하였던 것이다.

朴齊家는 主商的 무역정책론을 力說하면서 해외통상을 통한 富强國益論을 제기하였다. 이처럼 실학파 학자들은 非權力層으로부터 독창적이고 현실적인 개혁의 방안을 모색 제시함으로써 民本의식으로 표현되는 주체의식을 강력히 표방하였다.

여하간 그네들의 주장은 비록 史書 저술이 교훈이나 褒貶의 범위를 크게 벗어나지는 못했다 해도 儒學 자체로부터의 독립된 歷史學, 즉 전통적인 한국사를 인식시키려 노력하였다는 점은 높이 평가되는 것이다. 중국 중심적 고정 관념에서 과감히 탈피할 수 없었다는 점도 이들의 긍정적 성과 중의 하나인 것이다. 따라서 그들에 의한 한국사 인식의 체계적 파악과 그 성과 그리고 歷史의 구조적 이해와 평가, 民衆의 機能 등은 실증적 연구 방법과 함께 학문적 체계화 작업 정리로써의 한 경향이라고 지적할 수 있다. 이것이 近代民族史學에 영향을 주어 白巖, 丹齋, 爲堂 등에 연결되었으며 李相佰, 孫晋泰, 崔南善, 文一平 같은 實證史家에 맥락지어져 오늘날의 歷史 연구 경향으로까지 계승되어진 것이다. 이제 앞으로의 인식체계는 「統一史學」이 이루어져야 하지 않을까 하는 내 나름대로의 見解를 피력해 둔다.

맺 음 말

이상으로 머리말에서 밝힌 몇 가지 전제 조건을 부치고 제목에 부응키 위해 내 나름대로의 작은 노력을 경주해 보았다.

이를 요약해 보면 歷史라는 것은 現在性에 생명을 두어 낡고 죽은 과거가 아닌 「生動하는 現寶」에 조명하여 정치, 경제, 사회문화 등 民族史 전반에 걸친 發展에의 감시자, 옹호자, 충고자의 구실을 담당하는 학문적 인식 체계가 아닌가 한다.

따라서 歷史는 歷史家와 사실 사이의 상호 작용의 영구 不斷한 과정의 연속이며 現在와 過去 사이의 間斷없는 대화 충고 감시의 광장일 것 같다.

한편 歷史는 그 지식과 사명의식으로의 기능을 유도 제시하는 것을 중요 임무로 하기 때문에 결코 滅亡하지 않고 위기에서 안전으로, 방황에서 정착으로, 사악과 부정에서 자유, 정리, 진리로의 長征을 저력 있게 인도해 준다고 생각된다. 나라와 겨레는 亡해도 歷史는 不滅한다는 교훈을 남겨 주었음을 우리는 눈여겨 많은 史例를 통해 터득하였던 것이다

따라서 歷史에 대해서 「만일…… 이라면」이라든가 가능성이라는 것을 고려하려는 미련은 부질없는 노력이며 禁物이라고 설파한 「P. J. 네루」의 자서전을 유심히 응시할 필요를 느낀다.

이 같은 世界史的인 관점에서의 歷史의 理解를 놓고 한국사와, 民衆의 위치, 기능, 공헌 등은 어떻게 인식하였는가를 살펴보았다.

韓國史의 인식 체계는 實學者의 性理學의 分離로서 歷史를 독립시키고 한반도 중심적 한국사를 체계화하여 日帝被占下에서 民族史學과 實證史學 社會經濟史學이라는 3가지 분야의 연구방법론을 형성시켜 현대 한국사의 自律史觀을 정립시켰으므로 植民史觀의 불식 위에 그 代案으로 민족주체의식이 충만한 「韓國史觀」을 제시할 수 있게 되었던 것이다.

4. 近代化 過程의 歷史的 照明

近代化와 歷史의 視角

韓國史에서 근대화의 시기를 언제부터 어떻게 파악, 평가해 보느냐하는 문제는 학자들 사이에 論難의 대상이 되어 있다. 따라서 甲午改革(更張 1894)이나 獨立協會의 개혁운동(1896~99)에서 찾아야 한다는 論理를 展開하는 분도 있다. 그런가 하면 大韓帝國의 탄생과 光武改革 시기로부터(1897~1910) 파악해야 한다는 立論도 있다. 여기서 저자는 어떤 歷史的 契機가 그것에 妥當性이 있는가 없는가 하는 是非의 판단을 주안점으로 삼으려 하지 않는다. 대체로 이 같은 歷史的 狀況意識은 그 자체가 韓國의 近代化, 즉 開化와 進步를 향한 大前提임에는 再言을 要치 않는다. 그것은 韓國的 특수성으로서의 共通點을 안고 있음을 不認치 못할 評價의 據點이 있기 때문일 것이다. 韓國近代史의 새로운 章을 열어준 開港은 사실상 그 이면을 고찰해 보면 우리의 自律的인 作用이 아닌 外部的 영향, 즉 國際的 力關係의 所産으로 귀착되고 있기에 얼마만큼 우리 역사에서 自主的으로 近代化에 기여하였는가 하는 것은 未知數일 뿐 아니라 內部的 力動性이라는 次元으로 照明해 보아 무의미할 것 같다.

이 같은 開港은 필시 우리에게 政治와 經濟的 시련을 주었을 뿐 아니라 고정된 意識構造上에 近代化에의 새로운 감각이나 시각을 던져준 셈이 되었던 것이다. 그런데 이 시기에 일찍이 實學을 인식하고 그의 脈絡을 이은 開化思想家들은 19세기 후반에 外勢도전을 능동적으로 대처하고 응전할 수 있는 저력이나 방패는 革新思想, 즉

開化思想밖에는 없다고 생각한 것 같다. 따라서 이들에 의하여 우리나라에 開化思想이 胎動한 것은 開港보다 앞선 1870년대 초반경일 것으로 보인다. 당시 傳統思想인 儒教的 분위기 속에서 혁신사상인 開化思想이 태동할 수 있었던 것은 시대를 앞서 살아가고 있는 몇몇 혁신계 進步主義者들의 신념에 가득 찬 理論과 견해가 그대로 작용하였기 때문인 것으로 유추할 수 있겠다. 開港은 이처럼 일본을 비롯한 일찍이 進步發展한 국가들의 角逐場化를 유도한 셈이 되었다. 이 시기에 斥邪派들이 한결같이 한국의 문호개방을 開門納賊이니 開國必滅이니 하여 反對論을 극력 주장한 것은 민족사의 전통과 기강이 외세의 도전으로 훼손되고 침습당할 것을 우려한 나머지 강조하였던 애국적 이념으로 평가할 수 있겠다.

開港 이후 일본의 지배욕을 공파하기 위한 義兵戰爭이 20년간 부단하게 노출되어 國際的 지지를 호소하였던 것은 斥邪衛正사상의 행동적이고 전위적 이념의 구체화라고 지적할 만하다. 이런 면에서 開港의 의의는 다각적인 검토와 비판이 뒤따라야 할 것으로 믿어진다. 비록 開港이 일부 開港派 인물의 지지와 후원 속에서 이루어졌다 해도 19세기 후반기의 國際社會에 「韓國의 참모습」이 노출됨으로써 국제무대에 등장하지 않을 수 없었다. 어차피 世界史 발전에 일익을 담당할 韓國으로 세계에 그 모습을 부상시켜 드러내놓지 않을 수 없었을 것이다. 그것이 日本의 계략과 淸의 방관적 협조에 의해 이루어졌다 해도 거센 외세의 도전에 응전태세를 갖추어야 할 입장이었기에 당연한 시련이며 감내가 아닐 수 없었다. 開港 이후 한국의 국제적 세력균형은 日本과 淸의 대결로 압축되었다. 그러나 양국의 한국에 대한 입장은 각기 상이한 국면을 나타냈던 것이다. 日本으로서는 開港을 국제적으로 인정케 하고 日本의 한반도 지배권을 강화하기 위한 文書的 보장을 받음으로써 「獨步的 제스처」를 의도적으로 나타냈다. 즉 丙子修好條約 全 12條의 강압적 체결이 그것을 뒷받침해 주었던 것이다. 12개條의 내용은 그 절반이 장차 日本의 韓國支配를 문서적으로 보장받으려는 강렬한 욕구가 내포되어 있기 때문이

다. 따라서 開港의 조약은 不平等할 뿐 아니라 政治 經濟的인 침략을 전제로 한 위협적 內容이 아닐 수 없었다.

당시 우리나라의 두 명의 대표는 이것을 이떠한 의도와 입장에서 받아들이고 서명하였는지 그 저의가 자못 불분명한 것이다. 일찍이 日本이 英國이나 미국으로부터 당한 불평등한 그네들의 開港 조약을 이웃 나라인 우리나라에 재현해 보고자 한 음흉한 외교적 책략임에 틀림없는 것이다. 이를 당시 위정자들은 國際法에 익숙지 못해 日本의 원안대로 거의 無修正 通過, 認知하고 조약을 효력 있게 승인하였던 것이다. 민족사의 시련과 전통은 이미 이때부터 개시된 셈이고 韓民族의 자율적인 近代開化 운동에도 다각적인 제동과 혼미가 뒤따르게 되었던 것이다.

近代化의 과정이 필연적으로 개화과정을 거치지 않을 수 없기 때문에 우리나라 역사의 발전은 개화의 단계에 따라 활력과 자극이 주어진 것을 지나쳐서는 아니 될 것이다. 따라서 그 같은 開化의 과정이 있으므로 말미암아 近代化는 서서히 이루어진 것이다. 아무리 近代化가 빨리 이루어진 歐美 諸國의 경우에서 보아도 도약단계까지는 50여 년이 소요되고 있음을 보면 우리나라의 입장이 결코 落後된 것만은 아니다. 우리의 近代化─開化가 시작된 것이 1870년대 초이고 보면 30여 년이 소요된 1900년대에는 우리의 근대화가 분명히 이루어질 수 있는 소지와 여건이 마련되어 있었던 것이다. 그러니까 소위 先進國의 近代化型이 시기적으로 줄잡아 50년이 소요되었음에 비해 우리는 30년이면 족하였을 近代化가 日本에 의해 좌절되고 더욱이 그 정성스레 쌓아올린 근대화의 塔이 일본에 逆利用당하는 허탈감을 안겨 주었던 것이다.

그러므로 일본의 근대화가 불과 40여 년 만에 이룩될 수 있었으니 이는 분명 韓國의 地下資源 人的資源의 다각적인 영향이라 아니할 수 없는 것이다.

다시 말하면 우리의 자율적인 근대화는 1900년대 초에 형성될 필연성을 가지고 있었음에도 그것을 거의 다 日本에 獻納한 결과를 가

저와 우리의 역사는 상대적으로 낙후와 무질서를 강요당하게 되었다
고 역사적 照明 속에 부각시켜 볼 수 있겠다.

歷史와 民衆

우리나라의 開化는 세 단계로 나누어 생각해 봄이 타당할 것 같
다. 첫째는 1870년대에 싹트기 시작한 開化思想의 노출이며, 둘째는
1880년대에 政府次元으로의 정책 반영이고, 셋째는 1890년대 이후
의 그 普及과 實踐에 있었다. 이 세 단계의 開化發展은 그 주제가
政府的 차원보다는 民衆的 次元으로 취급됨이 특징이라고 말할 수
있다. 물론 그 첫째나 둘째 단계에서는 全民衆的 차원으로 크게 확
산, 적용되지 못한 아쉬움이 있었으나 1900년대 이후에 가서는 全民
衆的 의식구조의 移行轉換性을 엿보게 된다. 開化의 方法上에는 곧
우리의 革新人士들 가운데 급진적 인사와 온건적 인사로 나누어져
있어 그 방향 역시 그렇게 두 가지 類型으로 잡아 평가하는 것이 타
당할 것으로 보인다.

강경 개화파들의 개혁을 궁극적으로 말하면 안으로 제도를 개혁하
여 民衆의 힘을 기르고 밖으로 獨立을 대외에 선포하여 근대화할 것
을 촉구하면서 國民國家 건설에 주력하고 있었던 것이다. 따라서 그
들의 개혁은 곧 民衆의 힘을 토대로 한 민족국가라는 世界史的 進運
에 병행하려는 높은 경륜이라고도 표현할 수 있겠다. 그것은 그 당
시 봉건국가 체제하에서는 상상도 할 수 없는 체제도 전적인 「역적」
과 같은 위험한 「아이디어」였다. 그러나 그 당시 국제적 추세는 君
主의 시대에서 民衆의 시대로 대전환이 이루어지고 있을 때이며 그
것은 곧 資本主義的 발전이라는 이념과 함께 새로운 「이데올로기」를
제시해 주는 것이었다. 급진적 開化派人士들의 개혁이념은 이 같은
世界的 발전의 추세에 따른 韓國 적응의 강렬성을 나타낸 것으로 해
석해 볼 수 있겠다. 급진적 開化派 人士들에게 영향력을 행사한 사
람들이 당시 서구문명의 東洋 축소판이라고도 볼 수 있는 北京 등

대도시를 왕래하면서 見聞한 바와 그에 따른 서적 등 문물을 持入하여 實證的으로 혁신사상을 주입하고 그 타당성, 개연성을 강조함으로써 西歐的 영향력은 적지 않게 미친 깃이다. 즉 朴珪壽나 吳慶錫 劉大致 李東仁 金正模 등의 혁신사상적 영향이 이들 開化黨人士를 감동시켜 같은 양반이면서도 兩班打倒論을 강력히 제기하고 민족국가 건설을 주장하기에 이른 것이다. 이들 급진적 개화파 인사들은 이리하여 金玉均 朴泳孝 등을 정점으로 하나의 비밀서클이기도 한 開化黨을 형성케 된 것이다. 그네들의 개혁이념이나 목표는 民·史 발전이라는 면에서 脈絡져지고 있었다, 즉 일찍이 실학파 인사들이 재야에서 절규·제시하였던 안건들을 開化黨 人士들이 부분적으로 수용 내지는 增補, 첨삭하여 이를테면 甲申政變때 14개조의 新政綱領으로 표방하였던 것을 상기할 필요가 있다. 그네들이 강조한 것은 民衆意識의 실현이 무엇보다도 투철하게 나타나 있음을 눈여겨 볼 수가 있었던 것이다. 그럼에도 불구하고 이네들의 政變이라는 개혁의지의 열의가 실패로 돌아간 것은 民衆의식이 투철하면서도 그들로부터 지지를 받지 못하였다는 점을 지적할 수 있다. 開化의 열의나 그 이념이 重要하였음에도 불구하고 당시 민중들에게 보다 더 철저히 받아들여지지 않았음을 알 수 있다. 개화의 필요성을 역설하였음에도 불구하고 道路 항만 건물 기타 제도에 이르는 정치적 현상은 거의 구태의연하였다는 것이 民衆들에게 설득력을 인식시키지 못하였기 때문인 것이다.

거기에 비하면 급진적 開化派 人士들의 부분적인 참여로 이룩된 독립협회의 民權守護 및 國權 견지의 민중운동에서는 民衆들의 의미를 부여할 수 있는 것이고 비로소 민중이 역사에 참여함으로써 근대화의 폭을 넓히고 中樞的 임무를 수행할 수 있게 되었다.

비록 3년이라는 짧은 기간이었지만 萬民共同會까지를 포함한 民衆의 근대적 개화운동은 괄목할 개혁적 업적과 전통을 수립해 놓았다고 말할 수 있겠다.

한편 온건적인 개화파 인사 金弘集 兪吉濬 金允植 등은 급진파들과는 개화의 方法을 달리하여 국제적 교류를 더욱 강화하고 한반도를 둘러 싼 世界諸國과의 균형 있는 교섭과 함께 개화를 이룩해야 한다는 이론을 제기하였다. 그들은 1894년의 甲午改革에 대거 참여함으로써 民衆의 이익을 대변하는 방향으로 나갔던 것이다. 그러다가 다시 독립협회 이후 그의 전통을 이은 大韓自强會(뒤에 大韓協會)와 大同團 등에 이르기까지 민중운동에 맥락을 이었던 것이다. 결국 1900년대 이후 1945년까지의 기간은 저자가 몇 가지 論著를 通해 강조하고 학문적으로 뒷받침했던 것과 같이 일면 저항, 일면 開化—近代化라는 양면성을 띠고 민족의 전통과 역량을 발휘한 시기임을 알아야 할 것이다. 이 같은 民衆들의 歷史발전에의 참여 폭이 넓어지고 적극성을 띰으로써 우리의 근대화는 민족의 기량과 전통이 저력이 되어 光復을 쟁취할 수 있었던 것이다. 우리는 오늘날의 韓國史의 연구경향이나 그것을 보는 관점, 즉 視角을 「民衆의 力量」에 두고 그 의식구조의 성격을 파악하는 지혜와 자세를 취해야 하지 않을 수 없다.

민족의 광복 이후 오늘날까지의 발전사는 곧 1870년대 이후 生動的인 開化의 의지와 신념이 內在的으로 성숙된 구체화로 볼 수 있다.

또한 우리 民衆史의 눈부신 발전은 그 이후 70여 년 간의 오랜 기간 시련 속에서 끊임없는 외세의 도전에도 불구하고 응어리져진 力動的 에너지의 단계적 기능이 발휘된 것으로 감안해 볼 수 있겠다.

1960年代의 歷史的 評價

1945년 민족의 광복을 맞이한 이후로부터 1960년까지 15년간을 역사적 관점에 의거 照明해 본다면 압박 속에서 해방이 가져온 공허와 허탈이 무질서와 당혹을 자초해 온 사상의 不在, 政治와 未熟, 意識의 混同이 교차되었던 시기로 규정해 볼 수 있다. 물론 이 기간에 역사적 발전이라는 방향에서 질서가 잡혀가고 민주주의가 뿌리를 내리는 전통과 노력이 병행되었음을 감안치 않을 수 없을 것이다.

거기에 外來思潮에 대한 無分別的 수용태세가 소화불량적 정치현실을 노출시킨 결과를 가져온 것이다. 더욱이 북한공산집단의 南北赤化統一의 흉모가 장기적 안목으로 위협을 계속하고 있어 우리의 좁은 國土內의 통일 의욕과 발전의 몸부림에 적지 않은 혼선을 초래하여 민중사 발전을 저해치 않을 수 없었다. 이 같은 혼돈의 와중 속에 流血정권 교체도 있음으로써 그 후유증이 오랜 기간 치유되지 못해 한동안 부작용이 여러 방면에 걸쳐 나타나곤 했었다. 정치적 혼란·무질서 그리고 확고한 지도이념을 실천하지 못하였던 弱體政府가 위기 속에서 방패와 설득의 악순환을 거듭하고 있었던 것이다.

이런 內憂外患的 無政府 상태 속에서 일부 軍人에 의해 새로이 정부가 탄생함으로써 일단 혼란과 무질서 무법과 불법을 고치는 단계로 수습의 길이 희망차게 열렸던 것이다. 우국적인 일부 軍人의 政治介入으로 인해 더 이상 계속될 혼돈은 종식되었고 이들에 의해 새로운 政府가 탄생한 것은 역사적 현실로 보아 「新王朝的」 창세기를 맞게 된 것이다. 이에 따라 새로운 정부의 시정방침이 세워져 젊은 패기와 의욕대로 과감한 정치혁신이 각계각층에 걸쳐 이룩되기 시작하였다. 인습적 舊法이 새로운 시각과 방향에 따라 과감히 개편, 시정되거나 정리되는 예를 볼 수 있었다. 羅末麗初的 大改革이 再顯되었는가 하면 麗末鮮初的 政經의 개혁과 부흥이 세부적 계획에 따라 이루어지기 시작한 것이다.

이 두 가지 계기의 재현이 노출된 것은 역사적 관점으로 보면 王朝의 交替라는 「脫舊執新的」 창조의 의미로 지적해 볼 수 있는 것이다. 제 1, 2차 經濟開發 5個年計劃의 과감한 전개에 따라 많은 시련과 진통이 뒤따르고 있었지만 世界史的 발전의 진운에 따라 우리도 先進國과 제휴할 수 있고 그들과 같이 부흥할 수 있다는 韓民族 특유의 단결성, 협동성, 자조성이 동원되어 무리한 사업 전개에도 불구하고 우리는 승리자의 쾌감을 맛볼 수 있었던 것이다. 1960년대 10년 동안에 이룩한 정치 경제 사회의 발전은 1870년대 이후 90년이 경과하는 동안에 이룩해 놓았던 근대화의 수준을 훨씬 능가할 뿐 아

니라 國際的 次元으로 質量面에 있어서 괄목할 업적을 스스로 완수
해 놓았던 것이다.

　시행착오가 여기저기에서 빈번하게 나온다고 反對論者들의 날카로
운 비판도 없지 않았지만 때로는 그들의 애국적 代案 제시도 있었던
것이다.

　新政府에 의한 경제개발정책은 工業立國이라는 기치 하에 착실히
진행되었으니 1962년에 蔚山工業센터 계획발표에 이은 工業團地로서
의 공정이 진행되어 이후 입지적 조건이 좋은 지역에의 공업단지가
京鄕各地에 세워졌던 것이다. 이것이 곧 우리 경제의 비약적 발전을
거듭할 수 있었던 원동력이 되어 外國과의 차관교섭을 통해 사업확대
고용증대 등 발전의 패턴을 여러 가지로 잡아볼 수 있었던 것이다.

　그러나 1960년대 근대화 과정에는 순탄과 영광만이 있었던 것은
아니다. 대체로 역사의 발전단계에서 그러하였듯이 우리의 1980년대
에는 시련과 고통이 뒤따랐던 것을 기억하지 않을 수 없다.

　對日交涉을 반대하는 民衆들의 항의가 빗발치듯하여 소용돌이가
치더니 급기야는 서울 일원에 非常戒嚴令이 선포(1964. 6. 3)되었으
며 다음 해에는 서울지구에 衛戍令이 發動되었던 일도 있었다. 이
같은 內部的 혼돈은 곧 北傀의 기습을 용인하는 결과를 가져와
1968년 북한 武裝共匪 31名이 서울에 侵入하는 경의할 1·21사태가
빚어졌고 곧이어 美정보함 푸에불로호가 元山 앞바다에서 北傀에 拉
致당하는 불상사가 1월 중에 일어났던 것을 기억할 수 있다. 鄕土豫
備軍은 이래서 4월 1일 大田에서 창설식을 갖고 발족하였으며 기갑
여단도 창설되었던 것이다.

　國土防衛의 결의는 軍部隊로부터 民衆에 이르기까지 확고하게 인
식되고 의무화되었던 것이다. 따라서 어떠한 共匪나 간첩이 출현한
다 해도 즉각 고발 내지는 섬멸할 수 있는 제도적 이념적 장치가 마
련되어 있었던 것은 이 같은 호시탐탐 남침의 기회를 엿보고 있는
北傀가 있는 한 계속될 것임을 시사하는 것이었다. 50여 명의 승객
을 태운 KAL여객기를 拉北한 그네들의 야만적 행동에 이르기까지

북괴의 각종 직·간접적 위협이 가중되고 있는 한 우리 국토방위의
결의는 새삼 확인되어야 할 것이다. 이것은 오히려 우리 발전의 속
도를 더욱 촉진시키는 힘을 발휘케도 할 수 있는 것이다. 왜냐하면
그 같은 위협을 속히 제거하고 극복하기 위해서는 우리 國民이 단결
해서 國力을 배양해야만 한다는 국민적 차원에서의 자발적 覺悟가
절실히 要請되기 때문이다.

　1960년대는 이처럼 경제발전, 외교적 신장 國威宣揚 등이 눈부신
반면 그것을 추진하는 近代化 과정에서 일부의 반대로 인한 시련과
고통도 뒤따랐다는 것을 기억할 수 있다.

　그러나 이것이 발전에의 진통이며 역사진행의 필연적 곡절이기도
한 것이다.

　歷史의 發展的 과정에서 우리는 이 같은 과정을 보아왔던 것이다.

1970年代의 歷史的 課題

　우리는 이제 中進國 대열로부터 先進國 대열로 진입하는 대망의
1980년대를 맞아 희망에 부풀어 있다. 정치나 경제 그리고 사회문화
의 발전도 경제적 성장과 함께 先進型의 내용을 알차게 나타내려는
준비에 우리는 희망과 기대를 걸고 있다. 1980년대는 開港이후 開化
운동을 어려운 여건과 환경 속에서도 꾸준히 추진해 온 역사 맥락으
로서의 「民衆의 힘」이 저력과 배경이 되어야 함을 알아야 할 것이
다. 그러므로 1980년대의 발전된 社會形態는 곧 1세기 전으로부터
피와 땀으로 범벅이 되었던 우리 선조들의 특유한 인내와 노력이 이
제 서서히 성숙되어 결실기에 들어 선 것으로 근대화 과정의 의미를
부여해야 되리라고 믿는다. 역사의 패배에도 민족이 책임을 져야 하
는 것과 같이 역사의 영광에는 민족의 力動的 임무가 크게 작용하여
왔다는 엄연한 史例를 우리 국민은 알고 자부심과 책임을 느낄 줄
알아야 될 것이다. 민족의 지도자가 역량을 발휘하여 국가를 이끌어
갈 때 현명한 국민이 이에 호응하고 지지 대처해야만 그 국가와 민

족은 영광의 면류관을 얻을 수 있는 것이다. 그러므로 국민은 늘 근대화의 역군이며 국가 興亡의 열쇠를 쥐고 있다는 무거운 책임감을 갖는 자세가 더욱 필요한 것이다.

1970년대는 60년대의 정치적 시련을 극복하고 경제적 발전에의 속도를 늦추지 않는 범위 내에서 지속적인 전진을 계속하였다. 새로운 國家保衛와 국민생활 안정을 전제로 한 정치적 안정 위에의 역사 발전이라는 近代化, 즉 祖國中興의 현실을 보다 차원 높게 추진하고 있는 것이다. 더욱이 京鄕 各地에서의 自力自强을 전제로 한 「새마을운동」이라는 힘찬 근대화 과정이 거세게 물결치고 그 같은 운동의 효과가 이를 더욱 정신 혁명운동으로 뒷받침하고 있어 세계사 발전에 우리도 보조를 같이 하게 되었다는 벅찬 감회에 젖게 한다. 일부 인사들의 비판이 없지 않은 것 같으나 비판의 자유와 그 대안이 제시되는 것은 現政府가 그만큼 국민들에게 역사 발전에의 참여의 폭을 넓혀주고 있다는 면에서 바람직한 근대화 과정이 아닐 수 없다.

정부시책에 대한 異見은 그것이 국가와 민족의 장래를 위한 입장에서 얼마만큼 보탬이 되느냐하는 차원에서 검토되어야 마땅할 것이다. 비판은 이와 같은 역사적 발전과 진정한 근대화 과정을 위해서 얼마만큼 밑거름이 되느냐하는 憂國的인 방향을 숙고한 뒤에 행해져야 할 것으로 믿는다.

사실상 1960년대와 70년대의 韓國의 成長은 數字的인 그것을 떠나 분명히 國內外的으로 신장되고 막강해졌다는 것을 분명히 말할 수 있다. 그것은 조그마한 자기 일에도 충실했던 국민들의 국가와 민족의 번영을 갈구하는 열망 위에 가능했다고 본다. 따라서 저자는 역사발전의 시각을 국민들의 임무수행과 그에 수반된 자기의무 충실에서 찾아보고 싶은 것이다.

試鍊과 持續的 發展

1970년대 초 새로운 政治의 이념이 어떻게 보면 역사적 발전단계에서의 시련과 고통 그리고 정치적 소용돌이를 평화적으로 해결하고 국민총화를 다짐해 가는 입장에서 필요한 과정일 수 있지 않았는가 싶다. 그런데 뜻하지 않게 10·26사태가 발생, 시련·혼미·무실서가 뒤따랐었다. 그러나 민중적 차원에서 질서를 회복한 이후 이제 새로이 대통령이 취임하고 國會가 열려 제5공화국인 大韓民國의 발전이 약진과 희망의 1980년대를 향해 중단 없이 전진되어야 할 입장을 내다볼 때 1970년대를 마무리 짓는 우리의 자세는 마냥 기대와 희망 속에 있음을 발견케 된다. 누가 과연 대한민국의 世界史上의 위치를 공고히 부각시키는 데 혼신의 힘을 기울여 기여하였느냐 하는 후세 史家들의 평을 기다리게 되는 현실을 직시할 때 우리는 지금의 현실을 어떻게 運營해야 할까를 심사숙고할 때라고 본다.

8·15의 감격을 다시 맞이하면서 오늘의 발전과 내일의 번영을 구가하고 희망하는 젊고 건강한 대한민국의 근대화를 위해 우리는 무엇을 어떻게 해야 할 것인가를 「나라」를 앞에 놓고 회고해 보았다. 1980년대의 한국의 번영과 국제사적 위치를 확고한 반석 위에 정착시키는 일은 우리 국민이 歷史的 使命意識 속에서 부단히 목적의식을 통해 역사하고 주관하는 데 달려 있다고 照明해 본다.

5. 日帝植民地 時代史의 主體的 理解方法

日帝强占의 性格理解

日帝 被占下의 식민통치라고 하면 日帝 時代의 각 分野에 걸친 制度, 政策, 그 政治的 理念 등의 多角的인 面에서의 檢討를 必要로 할 것이다. 즉 經濟, 社會, 文化 全般을 그 研究 對象으로 해야 할 것임은 물론 그들의 植民政策의 批判, 檢討, 分析, 評價의 綜合的인 把握이 總括的으로 이루어져야 하겠는데, 여기서 한 段階 더 나아가 이 時期에 연면히 이어져오는 우리 民族의 開化抵抗, 獨立에의 意志 역시 그 가장 커다란 脈絡으로 前提되어야 할 것임은 두말 할 것도 없겠다.

이 植民統治史의 基本 性格을 論하는 데에는 크게 세 방향으로 나누어 整理할 수 있겠다. 첫째는 植民地 時代를 우리 民族의 發展的, 肯定的인 二十世紀 前半史로 理解하되 韓國의 意識과 教育文化 面에서의 抑壓된 實情과 貧困에 壓倒된 精神的 狀況에서 行動化한 民族 運動을 相對的으로 把握해야 한다는 것으로 이에 각종 該當 文書의 蒐集, 整理, 分析, 批判, 理解를 提示하며 또한 그 文獻의 制作 年代에 따른 비판을 重要視하고 있는 姿勢이다. 즉, 우리 民衆이 어떻게 抵抗하고 開化에 기여하였는가 하는 面에서의 고찰이라는 점을 중요시하고 있는 것이다.

두 번째는 社會 經濟史的 측면에서 보는 견해로 이 시기를 植民地 商業資本主義 시기로 규정하는 것이다. 즉 18C 중엽부터 19C 중엽까지를 근대의 萌芽期로, 19C 중엽부터 1945년까지를 近代로, 1945년 이후를 現代로 보는 견해인데 여기에 또 다른 보완적으로 19C

末 獨立協會의 民權 守護運動으로부터를 現代로 인식해야 할 것이라는 어떤 학자의 설득력 있는 주장도 있다.

세 번째는 植民史觀의 탈피를 주장하는 것인바, 이는 저자도 다른 저서에서 주장하였듯이 政治的 次元에서의 시정이 필요함을 제시하고 인간성의 현대사에서 추구가 그 첩경임을 시사하는 견해이다.

다음으로 이 시대를 이해하는 방법의 제시로 몇 가지를 요약해 보면 첫째, 구체적인 시기로 그 인식 체계를 세워야 한다는 것으로 이 기간을 抵抗이라는 물리적 측면으로만 보지 말고 近代化―開化라는 精神 文化史的 측면에서 검토되어야 한다는 것이다.

둘째, 이 기간의 이념적 본질을 고려하여 모든 자료의 비판 검토, 분석의 정확한 평가가 고려되어야 한다는 것인바 물론 여기에는 우리 측 자료도 포함되는 것이다.

셋째, 이 시기 용어의 통일을 기하고 각종 사건을 「운동」이나 「義擧」로의 주체적 명칭에로의 승격이 필요하다는 것 등으로 요약된다.

대체로 日帝被占下 36年史의 시대 구분의 명칭은 1910∼1919년까지를 憲兵警察統治期, 1919년∼1931년을 高等警察統治期, 1931년∼1945년을 大陸侵略期로 나누고 있는데 日帝에 의한 통치 기간의 대략적 요점만을 간추려 보면,

그들은 나라를 탈취한 후의 한국에 대한 施政方針, 즉 統治요령으로 韓國은 日本과 차별하여 통치하며 일체 정무는 武官總督이 독재하며 정치와 정치 기구는 간단하게 한다고 밝히고 있는 것을 알 수 있다.

또 위 시정 방침에 의한 「朝鮮總督府 設置에 관한 件」에

① 朝鮮總督府에 總督을 두어 委任의 범위 내에서 陸海軍을 통솔하여 일체의 政務를 총괄케 함.

② 統監府와 그 소속 宮署는 당분간 存置하며 조선총독의 직무는 통감으로 行케 함.

③ 종래 한국 정부에 속한 관청은 內閣 및 表勳院을 除하고는 조선 총독부 소속 관서로 看做하여 당분간 存置함.

④ 前項의 官署에 在勤하는 官吏는 舊韓國政府에 在勤中과 同一하게 取扱함.

등으로 明示되어 있으며 또한 중추적 기능을 담당하는 朝鮮總督府가 얼마나 효율적인 특수 기구인가를 알 수 있는 예로 「朝鮮에 施行할 法令에 관한 件」을 들 수 있다. 그 조항을 살피면,

第一條: 朝鮮에서 法律을 要하는 事項을 朝鮮總督의 命令으로 규정함을 득함.

第二條: 前項의 命令은 內閣總理大臣을 經하여 勅裁를 請함이 可함.

第三條: 臨時緊急을 要할 경우는 조선 총독이 直히 第一條의 命令을 發함을 得함.

이렇게 모든 政策에 있어서 효과적인 그리고 事後裁可的인 특수한 독재 체제를 갖추고서 그 통치 기구로 중앙, 지방 행정기구는 물론 사법, 치안, 자문 기관 등을 계획적으로 조직하였으며 또한 鐵道局, 土地調査局, 通信局, 稅關 등의 명목으로 조직적인 경제 약탈을 감행해 나갔던 것이다. 다시 말해서 조선 총독부의 전체적 성격의 평가를 내리면 조선 총독부는 治安 爲主와 掠奪 本位의 軍政 組織으로 지휘하되 警務總監이 총독 책임 하에 일체 政務를 감독하는 최고 기관으로서 韓國 民衆 위에 군림하고 있었던 것이다.

憲兵警察統治의 理解

다음으로 그들의 탄압 기구를 살피면 武斷統治의 핵심 기구인 憲兵警察로 헌병경찰제도는 군사 조직인 헌병이 경찰권을 장악하고 경찰 조직과 연립하여 그 長이 최고 치안 기구인 警務總監部를 비롯한 경찰 조직의 長을 겸임하는 一元的 二元組織이며 헌병경찰은 치안경찰뿐만 아니라 司法行政 및 一般行政에도 널리 作用하여 韓國 統治의 주역을 담당하였던 것이다. 우리가 이 時期를 헌병경찰통치기라고 평가하는 이유도 여기에 있다.

헌병경찰의 만능적인 기능 수행의 예는 말할 수도 없이 많으나 생

략하고라도 그 만능적 수행을 위해 그 수단으로 卽決審判權이 부여된 점은 놀랄 만하다. 그러나 3·1운동 이후는 헌병경찰제도를 일반 경찰제도로 변모시켜 소위 文化政治라는 것을 내세우는바 이것은 外形上의 變化 즉 과거의 헌병이 경찰로의 변모에 불과한 것이며 오히려 사생활로부터 사상의 탄압에 이르기까지 치밀한 査察의 강화를 강행한 것으로 내가 이 시기를 가리켜 高等警察統治期라 하는 이유는 바로 여기에 있다.

統治機構와 理念의 理解

헌병경찰 못지않게 그들의 탄압 기구로 다음에는 司法 機構이다. 즉 이는 총독정치의 보조 기관에 불과하였는데 사법권의 독립이 무시되고 일반행정 관서와 같이 중앙행정 부서의 일부로 총독에게 직속되어 法官의 人事 등이 총독의 재량에 맡겨져 法官의 신분이 보장되지 않은 상태에 있었으며 1936년도에 전국 7개 소에 설치한 保護觀察所는 韓民族의 새로운 탄압기구로 식민통치에 비협조적 사상가를 무기한 구금하는 탄압기관이 되었던 것이다. 그리하여 1940년까지의 구금자 수가 4551명에 달하였다고 한다.

그리고 마지막으로 軍隊에 의한 탄압인데 이는 한국 통치에 있어 大支柱로서의 구실을 담당한 것으로 소위 文化政治 時期에도 日本의 駐韓軍事力은 계속 증강되고 있었던 것이다.

그러면 여기서 그들이 가장 계획적으로 치밀하게 수행해 온 경제 약탈 정책을 간과할 수 없겠는데 그 약탈기구를 대강 살펴보면 총독부 5部 中 農商工部, 度支部의 2部와 직속 관서로서의 鐵道局, 通信局, 臨時土地調査局, 稅關, 專賣局, 營林廠, 平壤鑛業所, 勸業農場, 土木會議, 工業傳習所 등 경제약탈을 위한 現業기관을 들 수 있다.

그러나 여기서 주목할 만한 것은 그들의 경제 수탈은 총독부기구를 통한 것보다는 半官半民의 정책회사가 더욱 큰 임무를 수행하였다는 점인데 그것은 유명한 東洋拓殖會社를 비롯하여 金蟲組合, 殖

産楔, 各種 銀行, 各種 産業組合 등이 그것이다.

앞에서 살펴본 바와 같이 정치, 경제, 문화, 사회면에 있어서 다각적인 그들의 침략상으로 말미암아 일제하 우리 민족은 많은 고통과 시련 속에서 헤어나지 못하였음을 잘 알 수 있다. 그러나 연면히 이어진 개화, 독립사상이 저항 정신 속에서 싹트고 있었는데 바로 여러 형태의 민족 운동이 그것이다. 또한 저항에서만 그친 것이 아니라 활성적인 주체적으로 民衆의 기능을 理解하는 인식체계로의 시기였음을 알 수 있다.

대체로 1910年代~1945年 사이의 민중운동의 2大 조류는 무력 대중 봉기와 정신 문화사적 저항을 들 수 있는데, 전자는 의병전쟁, 3·1운동, 학생운동이 그것이고, 후자는 독립사상의 고취라든가 新文化運動 그리고 민족의식의 환기 등이다. 그러면 여기서 이 시기를 실학, 개화에 이어지는 내재적 독립기라 보는 입장에서 몇 단계로 나누어 그 저항 의식을 고찰하여도 무방할 것으로 생각된다.

우선 1910년대의 民族運動과 그 양상을 살펴보면 이미 말한 바와 같이 헌병경찰 통치하의 항일 구국운동과 3·1운동이 그 대표적인 것인데 이 시기의 조선총독부의 對韓 식민정책은 무단적 통치체제로 1912년 3월 조선 형사령과 민사령의 공포, 부동산 등기령《同》증명령의 공포로 형사, 민사 문제 등에 대한 조정, 또 驛屯土特別處分令의 공포로 토지에 대한 점령, 겸병 등을 合法化하는 등 많은 권리를 탈취당하였던 시기였다. 그러나 무엇보다도 이 시기의 3·1운동은 이 시기뿐만 아니라 이후의 모든 민족운동의 전기를 마련해 준 계기가 된 점으로 그 의의가 실로 컸다. 그리고《同》4월 13일 上海에서는 임시정부가 탄생하였는데 正統政府로서 民主共和制라는 民主主義에 입각한 政體로 三權分立의 형태를 주장하고 있었다.

그러나 독립운동의 장기화 구성원 전체의 불승복, 亡命性을 면치 못하는 완벽한 행사집행의 불능이라는 한계성을 가진 것이 몹시 아쉬운 점이다. 초기에는 「國民 代表會議 召集」을 제기하는 등 막후에서의 부단한 노력을 보였으나 결국은 결렬되어 버리고 말았는데 이는 비록 성과를 거두지는 못하였다 하더라도 우리 민족의 통일적 公論의 現實과 독립운동의 最良한 방침을 수립하기 위한 국민적 열망의 표현이라는 점에서 그 의의가 자못 크다고 할 것이다. 또 臨政의 독립구국운동의 실제적인 方針으로 聯通制交通局의 설치, 작탄 항일운동, 외교교섭 광복군 활동 등은 매우 주목되는 특수한 사실이다.

다음으로 1920年代를 살피면 먼저 民族實力養成運動으로 朝鮮物産獎勵會의 活動, 民立大學의 設立 의지 등을 들 수 있고 民族主義 自活運動의 擡頭로 敎育, 政治, 産業的 大結社가 그것이다. 그러나 이 노력도 결국엔 社會共産主義側의 집요한 방해 공작과 民族陣營側의 통일된 확고한 이론의 결핍으로 성공하지 못하고 말았다. 이외에도 6·10만세운동, 新幹會의 組織과 抗爭, 槿友會의 結成과 文化運動, 光州學生 抗日運動 등의 민족운동이 전개되어 왔다.

한편 日帝는 1920年代를 한국 지배 체제의 확립기로 삼아 고등경찰통치를 전개한 뒤 1930年代로 들어서면서부터는 한국을 거점으로 대륙 침략 정책을 전개하여 군수기지화하는 정책을 전개하고 있음을 알 수 있다. 이 시기에 日章旗 抹消義擧와 修養同友會의 조직적 항쟁 등은 그 代表的 민중운동으로 꼽을 수 있다.

1940年代에 들어와서는 日帝는 米內光政 내각을 구성하고 경제 수탈을 강화하더니 드디어는 세계 정복의 戰列을 정비하기 시작하였는데 특히 基督敎徒의 항쟁은 괄목할 만하다. 그리고 府民館 投彈義擧 또한 光復의 염원을 그대로 노출한 최후의 민족운동이었던 것이다.

抵抗과 開化意識의 理解

위에서 살펴본 바와 같이 日帝 被占下 우리 민족은 그들의 침략 정책에 대항하여 자주의식과 독립사상을 계속적으로 발전시켜 抗日 투쟁의 차원에서 머물지 않고 개화사상으로 그 정신이 연결되어 갔음을 알 수 있는데 여기서 부언해야 할 중요한 사실은 이 항일 투쟁이 단순한 투쟁적 한계성에 머문 것이 아니고 민중의식의 발로, 정치의식의 발전, 교육 자강사상의 계승 의욕, 국가와 세계의식의 고취 등으로 연면히 이어지고 있다는 사실이다. 즉 日帝下의 한국사가 우리 민족의 동면 시기가 아닌 지속적 개화의 추진, 성숙되는 주체적 인식의 발전 시기였음을 이해하는 것이 36年間의 韓國史의 主體的 理解方法인 것이라고 결론지을 수 있겠다.

Ⅴ. 現代人의 發展意識과 民衆의 意志

1. 8·15光復과 民衆意識

　민족의 광복, 歡喜의 그날을 맞이하여 흥분하던 시절을 맞본 이후 오랜 세월이 흘러갔다. 우리는 다시금 지난날 흥분의 도가니 속에서 희열하던 때를 회상하면서 過去史를 돌이켜 보아야 하겠다. 그것은 우리가 더 나은 「現實」과 미래를 만들기 위함에서 教訓的으로 삼아야 하기 때문이다. 10年이면 江山도 變한다는 말이 있으니 30年 이상이면 아마 세 번 이상 變하지 않았나 한다. 現在라는 狀況이 力學的 原理에 따라 두세 번의 변모를 달리했다. 그러나 우리는 민족의 광복 30여년 동안 무엇을 했단 말인가. 이제 그간의 逆理的·歷史的 순환의 理論을 엿보아 모순 된 歷史의 부정적 「作用」을 과감히 척결해야만 하겠다.

日帝의 白衣民族 抑壓

　韓末 韓半島에 있어서 어지러운 風雲의 歷史를 스스로 교묘히 속이고 利得을 取한 日帝는 列强의 勢力을 制壓하고 半島를 獨占하기에 이르렀다. 모든 經濟權을 손아귀에 넣기 시작한 日帝는 1905년에는 教權마저 박탈하는 묘책을 부렸다. 이때쯤에는 韓國의 운명도 거의 마지막 단계였기에 흔히 日帝 36년이라 하지 않고 40年 통치라고도 한다.

　그로부터 5년 뒤인 1910년 8월 29일 日帝는 소위 合法的인 併合을 宣言하고 列强에게는 不可避한 保護조치라고 의도적으로 왜곡 선전했다. 이로부터 우리는 정식으로 壓迫과 갖은 박해 위협을 甘受하지 않으면 아니 되었다.

寺內총독은 武斷정치의 명수로서 1910년 7월 韓國으로 부임하여 무력적인 헌병경찰 통치하에 植民地 보루를 공고히 구축하는 데 혈안이 되었다. 모처럼의 好機를 놓칠세라 그는 血眼이 되어 마구잡이로 그들의 계획에 따라 정치경제의 침략을 진행시켜 갔다. 武力과 야비, 기만과 위협 속에서 헌병경찰통치의 10년은 지나갔다. 그러나 여기에 좌절, 의기소침 속에 갇혀 있을 韓民族이 아니었다. 그들은 소위 土地調査사업을 展開하여 소위 「新式」 농토 경작 정리와 구획사업을 展開했으나 이것은 結果的으로 허울 좋은 近代化일 뿐 內容的으로는 農土를 착취하는 교묘한 약탈 수법이었다. 처음에는 農民들도 확실한 所有機을 認知할 수 있게 해 준다는 감언이설을 그냥 받아들였다. 그러나 점차 申告가 늦다든가 고의적으로 지연시켜 申告자격 상실이란 행정적 사무적 理由를 들고 國有化시킨 일이 한두 가지가 아니었다.

이리하여 민족의 정통성을 지켜오던 민중들은 그들의 기름진 農土를 버리고 소위 「移民」이란 美名下에 滿洲로 시베리아로 굶주림과 허기진 속에 流浪하지 않을 수 없었다.

그뿐이 아니다. 그들에 의해 侵略 벽두부터 민족의 지도자며 先覺者인 애국애족의 先烈은 체포구금 되었으니 그 명목은 「寺內總督暗殺謀議」라는 허무맹랑한 날조된 罪名이었다. 이때 投獄된 人員은 무려 600여 명이나 결국 105人만이 최후까지 추려 수년씩 刑을 받은 일이 있다. 이것은 엄포다. 공연히 日帝를 넘겨다보다가는 크게 혼이 난다는 것을 주지시키기 위함에서 위협을 보인 것이다.

그들은 압록강, 두만강 유역일대에 散在해 있는 울창한 森林을 幾百萬圓 정도나 伐採해 갔다. 이 숫자는 1913년과 1914년 「朝鮮總督府官報」에 자세히 나타나고 있거니와 여하간 굉장한 숫자임에 틀림없다. 그들은 森林뿐 아니고 米穀 雜穀 金銀 등을 日本으로 반출해 갔다. 우리가 먹을 食糧이 不足하자 그들은 싼값으로 만주 등지에서 잡곡을 사다가 대신 먹게 했다.

日帝는 착취기관으로 1908년 東洋拓植會社를 만들어 두뇌가 우수한 엘리트를 日本 內에서 뽑아 韓國에 파견, 착취에 수단과 방법을 가리지 않고 한국인의 「피」와 「땀」을 빨아 먹었다. 흡혈귀와 같은 존재가 바로 「東拓」이었다. 우리 민족은 이를 증오하고 철폐하길 기원했다. 그 단적인 증거로 羅錫疇가 이를 폭파시키려 했던 것이 그것이다.

여하간 그들의 상투적이고 교묘한 경제침략은 온 천하를 뒤덮고 있었다. 여기에 헌병경찰 통치가 加해짐으로 한민족은 항거도, 表面的으로 할 수 없었다. 그러나 무단통치 10年에 3·1운동과 같은 민중국가 수립을 위한 全國的인 抗日운동이 일어났었다. 탄압과 억압만이 能事가 아니었다는 實證을 여기서 얻은 셈이다.

文化的인 侵略

擧國的인 民族의 憤怒가 폭죽같이 터지던 1919년 3월 1일이 지나자 日帝침략의 원흉들에겐 큰 두통거리가 아닐 수 없었다. 武斷위협만으로는 통치가 어렵다는 교훈을 겪었다. 비상수단을 쓴다는 짓이 회유적인 고등경찰통치, 즉 소위 「文化統治」였다. 憲兵制를 警察制로 변형 통합하는가 하면 韓國人에게도 官吏등용을 허용했고 (물론 그 이전에도 약간씩은 있었다) 學校長도 한국인을 起用하는 척하는 등 유화된 듯한 對韓政策으로 變更하여 內面的인 침략수법을 내세웠던 것이다. 이때 와서는 소위 言論의 자유도 준다고 해서 朝鮮·東亞日報 등 민간신문이 日帝下에서 發刊허가를 얻어 나오기 시작했다.

한민족은 그들의 회유적인 식민정책에 다소 안도의 한숨을 쉬었다. 그러나 언제든지 약삭빠른 日帝는 文化침략을 단행했으니 外面으로는 韓民族을 保護육성하는 것 같았으나 실질적으로는 더 가증스러운 내용적 착취가 뒤따라 다녔다.

國內문제를 어느 정도 解決한 日帝는 그 침략의 마수를 北北西로 돌려 1931년에는 滿洲事變을 유발시킴으로써 만주 지역을 손쉽게 넣고 愧儡國을 세웠다. 만주시베리아 등지로 침략의 손을 뻗으려는 日帝의 마수는 1937년에 와서는 盧溝橋사건을 일으켰고 中·日전쟁을 발발시켜 中國마저 손아귀에 넣어 명실공히 「강대국」化하고 있었다. 그들의 富國은 곧 우리 민족의 被侵상태를 시사하는 것이었다.

日帝後期 侵略전쟁기로 접어든 그네들에겐 오직 大陸侵略의 基本목표가 서 있었을 뿐이다. 農産物의 강제적 供出 主要산업의 統制를 감행하여 物資 및 企業의 봉쇄를 초래케 하는 한편 北韓工業地를 開發한다는 名目으로 化學, 工業, 重工業 등 공업센터로 만들고 南韓은 輕工業 지대로 만들었으니 이것은 모두 大陸침략의 기본자세를 취한 것이다.

또한 그들은 「戰時國家總動員法」이란 탄압적이고 침략적인 惡法을 제정하여 政治, 經濟, 社會, 文化 등 全般에 걸쳐 具體的인 受辱상태에 놓이게 되었다. 이때에는 陸軍志願兵制를 實施하여 한국의 靑壯年을 강제로 뽑아 戰線의 제물로 化하게 하는 한편 「勁勞動員」이라는 名目으로 學生靑 및 壯年層에 이르기까지 軍需工場 및 그 시설에 動員하여 부역을 행하게 하였다.

거기에 皇國臣民의 誓詞를 만들어 매일 아침 이를 외우도록 하여 植民同化政策을 强行시켰다. 發惡的인 모습이 各界 各層에서 나타나게 되었다. 급기야는 「朝鮮言吾」를 使用 못 하도록 하는 一方 日本語를 使用케 하여 소위 一視同仁的인 수법을 자행하고 있었다. 그러나 先覺者들은 이를 지킬 리 萬無하였다. 그러자 日帝는 이들을 투옥하고 彈壓하며 拷問을 加해 불구자를 만들기도 했다. 조선어와 國史學을 연구하는 學者 등 國學 民族學을 연구했던 學者들을 그럴듯한 理由를 부치어 投獄 拘禁시키기도 했다. 남궁 억의 피체 朝鮮語學會事件 및 震檀學會 폐쇄 등이 그 좋은 一例라 하겠다.

末期에 접어든 日帝는 文字 그대로 發惡이며 血眼이었다. 創氏改名이라 하여 姓名부터 日本 式으로 부르라고 해서 三字姓名이 四字 五字로 둔갑을 하게 되었다. 물론 끝까지 저항한 民族주의자들도 있었으나 솔선수범한다는 뜻에서 改名에 앞장섰던 親日輩들도 없지 않았던 것이다.

世界的인 경제공황이 이 땅에도 찾아왔다. 日帝는 狂惡的인 戰爭

을 위해 한국인만을 위협하였다. 米穀등을 앗아갔기 때문에 한국에
는 食糧사정이 극히 惡化되었다. 이때 그들은 소위 配給制를 실시하
여 쌀을 나누어 주었으나 質量이 모두 형편없었고 그것도 친일파가
아니면 기회가 주어지지 못할 정경이었다.

그 밖에도 國民服着用, 防空練習, 宮城遙拜, 斷髮令, 반상회, 國民
儀禮. 正午묵례, 神社參拜, 각반착용. 부인복착용 등등…… 몸서리치
는 帝國式 양식을 이 땅 위에 강제적으로 펼쳐 시행케 했다.

日帝침략의 元兇들에게는 크나큰 打擊이었다. 戰勢가 점점 기울게
되었으나 그들은 동요의 빛을 나타내지 않고 속으로만 고통 속에서
새로운 착취책을 모색하고 「日鮮同根同祖論」을 선전함으로써 한국지
성인의 민중저항의식을 불러일으켰다.

自滅을 招來한 世界戰爭

한편 日帝 侵略의 範圍를 넓혀 大陸으로 뻗었던 전쟁의 方向을 世界
戰으로 化하려고 暗策했다. 1939년 9월 1일에는 도이칠란트, 이탈리아
와 同盟하여 「구라파」에서는 또 하나의 대대적인 戰爭이 일어났다.

도이칠란트軍은 전격적으로 「폴란드」를 제압하는 한편 1940年頃
에는 「불란서」「빠리」를 占據하는 등 第2次 世界大戰은 1次 때보다
더 廣範한 地域에서 요원의 불같이 타오르고 있었다.

日本은 도이칠란트, 이탈리아와 같이 소위 樞軸國이라 하여 軍事
共守同盟을 締結하였지만 自由로운 연락을 취하지 못한 가운데 제각
기 野望이 이른 立場에서 世界를 제패해 보겠다는 망상으로 가득 차
있었다. 1941년 6월 獨·蘇戰爭이 발발하자 세계대전의 규모는 더욱
더 擴大해 갔고 이즈음 日帝는 美國을 상대로 그해 12월 8일 宣戰
布告도 없이 「하와이」眞珠灣을 공격하여 美·英을 상대로 한 太平洋
전쟁을 일으켜 그 와중으로 휩쓸리게 되었다.

美國本土에서는 갑작스러운 습격을 받고 새로운 對日전투 자세를
취하게 되었다. 日帝는 「하와이」를 폭격하고 다시 南洋에 있는 英國

식민지 馬來반도와 필리핀으로 上陸하여 처음에는 전승의 기세를 올리고 가슴을 폈다. 日帝는 敵前內亂을 일으킨 것이나 다름없었다.

　이로써 世界大戰은 本格的인 길로 오른 느낌을 주었으며 民主主義를 수호하고 自國의 危機를 막으려는 美 英 등은 총궐기하여 侵略者를 구축하려 하였다. 日帝는 國內에서 가는 곳마다 日軍이 승리하고 있다는 것을 허위선전하여 日本人들을 안심시켰고 韓國人들을 간접적으로 위협하였다. 한편 중국에 있던 민중 정통정부인 大韓民國 臨時政府에서도 對日宣戰布告를 하고 光復軍을 조직하여 섬멸작전에 臨하였다. 승승장구했던 美國과의 전쟁은 다음 해 6월부터는 점차 쇠퇴의 기미를 보이기 시작하였다. 전세가 상당히 不利한 立場에 놓이게 되었다.

　日本의 전세가 不利해짐에 따라 韓國人에 對한 供出 착취 등은 더욱 가열화하기 시작했으며 집집마다 놋그릇이며 쇠붙이를 거의 다 털어가다시피 했다. 경제공황이 계속되어 食量사정이 극도로 惡化되자 그들은 配給制를 실시했다. 가격은 그리 비싸지 않았으나 절품상태였기에 돈을 가지고도 구입할 수 없었다. 그리하여 암매하게 되었으니 이것이 소위 야미 <暗取引>이라는 음성거래였다.

　地方民衆들은 쌀을 배 속에 몰래 넣고 上京하여 팔아서 겨우 生命을 연장할 수 있었다. 이때 日帝는 이들을 經濟事犯이라 하여 公正가격 이상으로 매매하는 商人을 전부 체포해 投獄시키고 무서운 고문까지도 자행했다. 日帝가 최후적으로 발악했던 좋은 例 中의 하나라고 하겠다. 그러면서도 그들은 日軍이 연합군을 곳곳에서 무찔러 世界대전도 곧 勝利로 이끌 수 있다고 호언장담, 民衆을 기만하고 있었다.

光復과 自由의 槪念

　승승장구하리라고 마음먹었던 日帝에게는 청천벽력이었다. 聯合軍에 依한 전격적인 反戰이 있자 그들은 돌격을 외쳤다. 그러나 죽어 나

오는 軍人은 日軍이 더 많았고 점차 그들의 士氣는 저하되고 있었다.

美國의 「맥아더」元帥가 지휘하는 美軍에 依하여 日帝는 치명적인 타격을 받았다. 속속 敗報가 전해 오고 있는 찰나에 구라파에서는 이탈리아가 1943년 항복하고 2년 뒤인 1945년 5월에는 끈덕진 도이칠란트도 어쩔 수 없이 항복함으로써 世界전세는 급전직하로 발전되고 말았다. 日本만이 東洋에서 홀로 버티고 있는 셈이었다.

이제 세계전쟁은 거의 승부가 났다고 해도 지나친 판단이 아니었다. 그러나 악착같은 그들은 竹槍으로 對抗한다 했으며 肉彈戰을 감행하는 등 최후 비상수단까지 動員하였다. 그러나 이와 같은 저돌적인 행위는 人命의 피해만 늘렸을 뿐 기울어진 전세를 결정적으로 逆轉시킬 수는 없었다.

人海전술로 「충돌」을 감행했으나 이것도 上策이 되지는 못한 채 美國의 B29의 폭음소리는 점차 쇠퇴해 가는 日帝의 파멸을 예고하는 듯했다. 맹렬한 미국의 폭격이 甚해 가더니 沖繩가 占領되었으며 1945년 8월 6일에는 廣島에 원폭이 투하되고 조금 뒤 長崎에도 이것의 세례가 퍼부어져 전세는 거의 다 끝나게 압력이 가해졌다. 日本 內의 여론도 이 이상 더 敗戰을 고집하지 말고 연합군에게 항복하자고 의견을 모으는 중이었다.

한편 이보다 앞선 1945년 2월 11일 「얄타」協定에 依하여 그해 8월 8일에는 「소련」도 對日戰爭에 參加하게 되었다. 소련軍은 거의가 형무소 복역수 등 前科者로서 저돌적이며 포학했고 만용을 앞장세운 雜輩들이었다. 「얄타」는 소련 南部 크리미아 半島에 있으며 1945년 2월 11일 미국의 루스벨트, 英國의 처칠, 소련의 스탈린 3巨頭가 會合하여 비밀조약을 締結하였다. 이 조약에 依하여 소련이 日本에 宣戰하고 參加하였으며 무엇보다도 애석한 것은 38도선 분할의 막후 교섭과 소련의 北韓介入이라는 것이다.

이와 같은 경로로 소련은 對日宣戰布告와 동시에 8월 9일 咸北으로부터 한반도에 마각을 들여놓게 되었다. 四面楚歌가 된 日帝는 더 이상 속전(續戰)을 고집할 수가 없었다. 이제는 막다른 골목길에 서게 되었다.

한편 연합군은 第2次 世界大戰 中 「카이로」宣言에 依하여 韓國의 解放과 獨立을 약속하였으며 「포츠담」宣言에서도 이를 再確認하고 누차 日本의 무조건 항복을 종용해 왔다. 더 以上 續戰을 고집하면 할수록 損害를 보니 얼른 敗戰色 짙은 전쟁을 그만 두라고 충고를 했다.

1943년 11월 27일 이집트의 首都인 「카이로」에서 美國의 루tm벨트, 英國의 처칠, 中國의 蔣介石의 3巨頭가 會合, 抗日戰爭서의 遂行과 戰後 수습책 등을 가지고 會談을 진행시켰는데 그 中에 韓國을 노예상태에서 「적당한」 시기에 「적당한」 方法으로 獨立시킬 것을(In due course shall become) 約束했다.

그러나 그 「적당한」 時期와 方法이 큰 問題였으며 이 懸案의 難題는 현재까지도 「아이러니컬」하게 대두되고 있다. 이로써 「카이로」宣言은 일단 끝났으며 1945년 7월 26일 베를린 郊外 「포츠담」에서 美·英·中·蘇 4개국 代表가 모여 「포츠담」宣言을 하였다. 여기서 再次 한국의 獨立이 確認되었던 것이다.

宣言內容을 보면 다음과 같다.

　　① 軍國主義者의 追放
　　② 軍隊式 武裝解除와 平和産業에의 復歸
　　③ 戰爭犯罪人의 處罰과 民主主義의 確立
　　④ 平和産業의 復興과 世界貿易에의 復歸
　　⑤ 以上의 諸目的을 達成시키기 위한 聯合軍의 日本占領管理

等等이다.

이와 같은 聯合國의 巨頭들이 數次 日本의 無條件 항복을 종용하게 되자 內로는 國勢가 弱化될 대로 되고 外로는 强大國의 위협과 폭격이 날로 甚해져 日本天皇은 마침내 그해 8월15일 떨리는 목소리로 聯合軍에게 無條件 항복을 받아들인다고 하니 第2次 世界大戰은 결국 연합군의 승리로 終幕을 告하였고 36年間 압박 속에서 신음하던 우리 韓民族은 自由를 간직하게 되었다. 그해 9월 2일 미조리 艦上에서 日本代表는 연합군에게 무조건 항복 調印을 끝내니 우리나라는 이로부터 完全히 解放을 맞이했으며 自由를 차지하게 되었다. 解放과 自由가 이처럼 고귀하고 絕對的이었던 것인가 하는 것을 누구나가 새삼 느끼게 되었다.

美軍政의 過渡體制

歡喜의 8·15 民族解放의 光復이 되자 全國 男女老少는 거리로 쏟아져 나와 해방과 自由를 마음껏 누리려 하였다. 自由에 굶주렸던 韓民族은 자유를 찾아 마음껏 즐겼다. 그러나 自由라는 本來의 개념과 의도에서 벗어나는 行動이 눈에 띌 정도였다. 伐木하는 自由, 殺牛하는 자유 등 자유는 방종과 타락으로 變해 갔다.

日帝로부터 解放이 되었으나 自律的인 수용이 아니었기에 解放은 정상적인 해방이 못되었으며 우리의 生理에 부합되는 그런 解放이 되지 못하였다. 흥분과 감격도 잠시였다. 日本의 植民정책이 종식되었지만 美軍에 의한 代行的 政治가 들어섰기 때문에 통제가 뒤따랐다.

한편 北韓에는 소련이 장악하고 있어 解放 이후 38도선을 中心으로 美蘇가 南北으로 陣을 치고 있었다.

南韓에서는 美 24軍團長 「하지」 中將이 9월 9일 仁川 경유 上京했다. 동시에 미군은 한국에서의 잠정적이고 과도적으로 軍政을 실시한다고 했다. 동시에 北韓에서는 소련 감시하에 소위 朝鮮人民共和國이 탄생했다. 한나라 안에 이질적인 要素가 介人되었던 것이다. 적당한 시기에 적당히 獨立시켜 준다던 약속은 고작 이렇게 밖에는 되지 못하고 말았다. 나라 없는 民衆은 언제나 곤경만을 當하게 되는 것이다.

兩大 陣營 속에서 思想的인 支配를 받아야만 했던 우리는 樣相이 다른 두 개의 理念이 괴롭게 서식할 수밖에 없어 分斷시대를 맞았다. 이즈음 海內外에 있던 독립투사 先覺志士들이 故國으로 찾아들

고 建國準備委員會라는 동맹체가 생겨나 곧 나라를 세운다 하고 民族主義者로부터 共産主義者에 이르기까지 무질서한 정치적 계층 위에서 각양각색으로 민중의식은 혼미 속에 맴돌았었다.

이때 독립투쟁을 했던 李承晩·金九·李始榮·申翼熙·趙素昻 등 애국지사들이 서서히 귀국하였다. 그들은 混迷한 정국을 수습하며 한국을 재건한다고 했으나 軍政과의 타협이 즉시 이루어지지 않았다. 이런 정치적 風雲 속에서 軍政 3년도 지나갔다. 그간 한국문제로 美蘇共同委員會가 開催되기도 했으나 信託 反對로 소용돌이치다가 결국은 해결을 보지 못한 가운데 세월만 소비하고 말았다.

따라서 이 문제를 UN에 上程하여 討議키로 함에 최종적인 合意點을 찾아 곧 이의 實行을 서두르고 基本資料 수집을 마친 뒤 1947年 9月에 개최되는 UN 총회에 提出 討議케 하여 해결책을 강구했다.

大韓民國의 樹立과 合法政府의 性格

1948년 1월 26일 UN 총회에서 UN 韓國委員團의 감시하에 南韓만의 可能한 地域에서 총선거를 실시할 것에 合意를 보고 곧 실천에 옮기도록 했다. 이 결의에 따라 1948년 5월 10일 總選擧를 실시하여 198名의 初代 국회의원을 뽑은 뒤 그해 5월 31일 처음으로 국회가 열리고 7월 17일 大韓民國 憲法을 제정 공포하였다. 이어 李承晩 국회의장이 初代 大統領이 되니 그해 8월 15일 정식으로 취임하고 정부수립식을 거행하니 이로부터 大韓民國이 樹立탄생하였다.

계속하여 李始榮을 副統領에 李範奭이 國務總理가 되고 11部 4處의 정부부서가 결정, 독립운동가가 임명되었다. 국회에서는 처음부터 논전이 벌어져 親日派 反逆者를 처단하라는 여론이 비등하더니 마침내 이것이 法定化되어 通過함으로써 그 효력이 發生, 실시되었다.

1948년 12월 12일 「프랑스」 「빠리」에서 열린 UN總會에서 48對 6의 절대적인 수로 大韓民國이 승인되었으며 이어 美·英·中·佛·比 등 友邦으로부터 개별적인 승인의 통첩이 있었다. 이와 같이 하여 新生

대한민국은 유일한 합법정부로 1950년 6월 25일 6·25動亂(한국전쟁) 때까지 2년여의 세월을 보내는 가운데 공산 內亂이 몇 차례나 일어났다. 제주도 유혈 폭동과 여수 순천의 군반란사건이 공비들의 익질적인 교란책에 의해서 일어났다. 민족의 지도자인 金九, 宋鎭禹가 흉탄에 맞아 逝去했으며 呂運亨도 他人에 의하여 除去되었다. 1950년 6. 25이후 大韓民國에는 결코 평탄하고 平和스러운 일만 있었던 게 아니다.

光復 35年의 反省

감격과 흥분이 있었던 날로부터 35여 년! 환희와 희망의 절규가 있던 가슴 벅찬 그때로부터 어언 35年! 우리는 그동안 과연 무엇을 어떻게 해 왔으며 민중의식은 얼마나 성장하였는가? 그 걸어온 길이 떳떳했는가, 아니면 기회만을 보면서 왔는가? 이제 우리에게는 40여 년을 바라보고 마땅히 비판하고 反省해서 새로운 進路를 모색해야 하겠다.

35여 년의 歷史는 고난의 연속이었다. 自由黨 天下 때는 一人독재의 아성하에 백성은 不正부패 속에서 허덕이다가 다시금 혁명을 맞이했다. 4·19 같은 역사상 빛나는 민주혁명도 맞이했다. 그러나 무력하고 과단성 없는 정객들의 정권부담은 그것을 오랫동안 유지하지 못하게 했다.

결단과 용단이 없는 우유부단 속에서 갈팡질팡 정권마저 유지 못하고 날로 사회적인 불안과 不信만을 초래했다. 이 가운데 軍人들에 의한 시책이 있었다. 썩었던 정치에 「메스」를 가했다. 오랜 고질병을 하루아침에 고치려고 한 성급함 때문인지 아니면 理想的인 政治 때문인지 급격한 變化에 국민들은 어리둥절해지기만 했다.

10년이면 강산이 변한다고 했으니 35년이면 강산이 적어도 세 번 이상은 변했을 것이다. 현재를 맡고 있는 爲政者나 앞으로 정권을 잡을 爲政者들은 누구보다도 民衆爲主로 정치를 해야 하며 파벌적이며 편벽된 사고방식으로 정치에 임해서는 아니 된다.

그것은 우리가 과거 35년 속에 잘 보아왔다. 정권이 부패하는 이유는 그 정권을 쥔 者가 너무나 오래 그것에 집착하고 있기 때문이라고 한다. 政權은 一人之下에 있으면 바람직하지 못한 사실이 벌어진다. 우리는 이것을 독재라고 한다. 정권욕에 한번 눈을 뜨게 되면 좀처럼 다시 떨어질 수 없게 된다.

한 사람이 오래도록 정권을 쥐고 있으면 부패하기 쉽다. 정권을 쥔 本人은 가장 良心的이고 박력 있고 가장 유능한 政治人이라고 해도 이미 「사람」과 「사람」속에 묻혀 버리면 그 有能하고 迫力있고 良心的인 총명은 흐리게 되고 만다. 8·15의 史的인 意味는 바로 이와 같은 관점을 파악하여 자기의 권리를 찾을 줄 알아야 하는 것이다. 우리의 권리를 올바로 찾을 때 富國 할 수 있으며 따라서 統一의 과업도 이룩해 낼 수 있겠다. 8·15의 교훈이 주는 민중의식은 곧 발전의 전기로 이어졌고 새로운 국가 건설과 그 진로 설정에 정신적 지주가 됨을 인식해야 하겠다.

2. 6·25와 民衆

戰爭과 文化

매년 맞이하는 6월에 우리는 현충일과 함께 6·25동란을 먼저 연상한다. 1981년은 그 31회째를 맞이하게 되는 착잡한 감회에 젖게 된다.

우리 민족은 역사적으로 보아 수없는 외족의 침공을 받았다. 그럴 때마다 평화를 애호하고 국토를 사수하는 결의에 따라 이를 격퇴함으로써 용맹과 지혜를 보였었다. 國難克服의 정신으로 온 민중이 일치 협력하여 이를 무찌른 것이 그것을 의미하는 것이리라.

거란 여진 몽고의 침입을 받은 우리는 모든 민중의 협동되고 自助된 구국일념으로 이를 극복해 왔으며 그 슬기를 자랑스럽게 역사적 보존의식으로 남겨 놓고 있다. 임진왜란 7년 동안에 우리 민중은 또다시 일찍이 없었던 시련과 고통 속에서 이를 지혜롭게 용맹으로 물리쳐 버린 자랑스러운 역사를 지니고 있었다. 그런가 하면 병자호란 때 청나라의 왕이 친히 군사적 침략을 감행하여 한때 우리나라의 왕이 이를 감수해야 하는 크나 큰 시련이 뒤따랐으나 이 역시 國難克服의 정신사적 전통이 능히 일격에 후퇴시킬 수 있었던 것이다.

가까이 와서는 프랑스 함대와 미국 함대를 상륙직전에 격전을 통해 한민족의 강인한 민중적 自立意志와 國土守護의 결의를 유감없이 나타내 비록 물질적 인명적 손실은 적지 않았으나 이것도 우리의 민족사를 뒤엎을 정도로 심각한 것은 아니었다.

20세기 일본의 오랜 지배 속에서 우리 민족은 다른 민족의 속박

이 생리적으로 받아들여지지 않는다는 實證을 다각적인 면에서 강하게 발산해 왔다. 그러므로 비록 40여 년에 가까운 세월을 일본에 묶이는 비운을 겪어야 했으나 이 시기를 우리 민중은 저항과 개화-근대화-라는 민족발전의 모티브로 삼아 세계적 발전 추세를 의식하면서 국내외에서 줄기찬 새 노력을 경주해 왔던 것이다.

그 같은 민족의 의지와 열망으로 마침내 민족의 광복을 맞게 되었고 이를 토대로 27년 동안의 大韓民國臨時政府는 그 파란곡절을 청산하고 민중위주의 정식정부를 탄생시켰다. 이 이후 다시금 맞이하는 「자유」라는 개념에 혼선이 일어 저마다 애국자연하거나 지도자연하는 모순이 없지도 않았다. 하지만 그중에서도 가장 우리 민족의 장래를 위협하고 괴롭혀 갈등으로 몰아넣은 것은 세계에 그 유례가 없는 극악무도한 김일성의 북한 공산집단들이었다. 더욱이 이 시기에 우리나라는 미국의 군사적인 방위선 밖에 놓여 있었다는 위험한 소문이 북한 共産徒輩들을 고무케 하여 각종 반란을 도발하더니 마침내 지금으로부터 31년 전 6월 25일 새벽 기습적인 전면남침을 감행함으로써 민족의 비극은 걷잡을 수 없는 소용돌이로 빠져 들어가 분단 시대의 한반도를 세계사상에 드러내놓게 되고 말았다.

그 이전의 많은 침략전쟁이 異民族이었음에 비해 6·25의 침략은 동족 간의 상잔이었다는 슬픈 사실에 가슴이 찢어지는 아픔을 우리 한민족 모두가 과중하게 느끼지 않을 수 없었음을 볼 때 세계사에 그 유례가 흔치 않아 더욱 안타깝게 하고 있다.

전쟁은 필시 승리하는 나라의 경우까지를 포함하여 큰 손실을 입게 되는 것이므로 우리 민족도 문화적 상처까지 입지 않을 수 없었다. 국보급의 문화재가 탈취되거나 가연성의 물질이 소각당하는 불운은 민족문화 발전에 현저한 저해 요인을 안겨 준 것이었다. 그러나 한편 이것은 民族史의 일대 반성·자각·비판을 갖게 하는 「現實改革」의 의미를 강하게 넣어주어 도약할 수 있는 계기도 노상 없지만은 않았다.

世界史上의 한국을 잉태케 할 역사적 계기도 마련되었던 것이며 전쟁으로 인한 문화의 새로운 전기도 마련되었다.

民族文化의 分裂

6·25동란으로 인해 10여 개국의 군대가 침략자를 응징하는 국제 연합의 평화애호 사상에 입각하여 한국에 군대를 보내거나 軍需를 지원하여 많은 한국민과 군인을 고무시켰다. 그리하여 「3년 전쟁」으로 통칭될 수 있는 6·25동란을 종결짓게 되었다.

이 동란은 우리 역사상 가장 비참한 전쟁 중의 하나임을 직시해야 할 것이고 그로 인한 민족 전통의 위신을 실추시킨 책임을 우리 民衆 전체가 젊어져야 할 것은 명백한 사실이다. 50여 만 명의 사상자와 10만 명의 피랍인사에 수백만 명이 전쟁의 이재민이 된 것은 또 한번 가슴을 아프게 하는 민족분열의 현실이 아닐 수 없는 것이다.

따라서 6·25는 2천년 이래의 찬란한 민족문화의 우수성과 고유성을 혼미케 하였을 뿐 아니라 분열로 인한 異質感을 갖게 하였다는 면에서 더욱더 민족사 발전에 저해요인이 되었다고 지적치 않을 수 없는 것이다. 우리 민족문화는 한반도 전 영역에 걸쳐 유효한 것이고 기능이 주어지는 것이며 성격이 발휘되는 것임을 상기할 때 문화사적인 跛行性을 절감치 않을 수 없는 것이다. 남북간의 문화적 교류와 상호 이해 그리고 연구의 성과가 쌓여 갈 때 본래의 우수한 民族文化는 더욱더 그 광택을 발하여 세계사에 빛날 실체를 제시할 수 있게 되기 때문이다.

우리나라 역사상 많은 전쟁에 있어서 이때마다 국난 극복의 슬기로 이를 무찌를 수 있었던 것은 「통일된 힘」의 결과였고 「전 반도적」역량이 집중투하되어 빛을 발하였기 때문임을 감안해 볼 때 문화사적인 측면에서 6·25의 이해는 분열에서 통일이라는 염원달성이 보다 더 중요한 과제가 아닐 수 없는 것이다. 그리하여 대외적으로 추태를 보인 동족상잔의 위신 실추를 만회하고 민족의 문화를 재발견하여 재정립함이 앞으로의 민족사 발전을 기약할 수 있는 첩경이요

내실이 가득한 바람직한 결과일 것으로 판단되고 있다. 따라서 오명
에 젖은 민족문화의 분열을 재통일하여 막강한 문화를 되찾을 때 우
리의 국토도 서서히 하나로 뭉쳐지지 않을까 생각된다.

요컨대는 정치적 통일이라는 힘겨운 절차보다 文化的 同質性을 점
진적으로 회복하고 정립하는 가운데 분열의 문화는 곧 통일의 문화
로 그 모습을 달리하게 될 것이다.

統一文化의 達成追求

체험은 사물을 인식하고 이해하는 첩경이라고 생각되므로 6·25가
있은 지 30년이 지난 지금에 와서 그 날의 맹서를 고정시키지 못한
다면 이 위험 사상이야말로 또 다른 형태의 그 같은 민족의 비극을
불러들일 경우도 없지 않을 것이다.

6·25의 문화사적인 위치를 올바로 인식하고 민중의 임무를 모색
하여 그에 합당한 행동을 할 때 6·25의 想起가 우리에게 주는 교훈
과 진의에 접근할 수 있을 것이다. 따라서 필요불가결은 체험의 유
무가 아니라 재료의 배후에 숨어있는 의미를 추출해 낼 수 있는 차
원 높은 안광의 유무에 달려 있는 것이 아닐까 한다. 우리의 6·25는
사실상 타국의 사회현상에서 결과한 이데올로기들을 배경으로 한 공
연한 민족의 상잔이며 분열인 것이다. 固考學 등 한국학을 서로 교
류할 때 얻어지는 갖가지 놀랄 만한 성과가 곧 민족문화의 핵심이
될 수 있을 것이다. 학자들의 상호방문이나 회의개최, 강연 등이 어
느 곳에서나 자유롭게 진행될 때 전쟁은 자연 억제될 수 있고 인간
적으로 상호 신뢰감을 키워서 「형제자매」의 따뜻한 血肉의 기분을
맛보게 될 수 있는 것이다.

우리의 민족문화는 이 같은 신뢰와 역사성을 되찾을 때 완전한 기
능을 발휘할 수 있는 것이며 그것의 수준은 세계적인 비교거리가 될
수 있다는 것을 분명히 전망하고 의식해 볼 수 있는 것이다.

그러므로 한 민족의 위신을 땅에 밀어뜨린 창피한 韓國史의 한 페

이지인 6·25의 비극을 말끔히 떨어버리고 민족문화의 우수성을 되찾는 길은 곧 「統一文化」의 형성을 위한 多角的인 노력을 뒤따르게 하여 손을 맞잡고 힘차게 흔들어 民衆意識을 배경으로 한 상호신뢰와 종교의 광장이 마련되어야 하는 데 있는 것이 아닐까.

그러므로 민족의 동질성을 찾아 손잡는 것이 무엇보다도 統一을 추구하는데 시급한 과제가 아닐 수 없는 것이다. 굳게 닫혀 있는 북한의 요지부동한 「문」을 탁 터놓고 쉬운 것부터 단계적으로 긍정성 있는 문화를 상호 교류할 때 우리민족 본래의 전통인 자주자립의 의지를 되찾을 수 있는 것이다. 가령 민속학의 경우만 보더라도 점점 멀어져가는 남북의 거리감, 본래 동족의 이상과 이념의 괴리현상, 증오와 불신, 고집과 몰이해를 추방하고 해소시켜 국난극복의 역사정신을 가질 때 統一文化는 분명히 달성될 수 있을 것으로 기대해 본다. 6·25의 문화사적인 의미는 곧 이것을 해소하여 실현시키는 긴 작업이 이룩되는 결과에 있다고 생각한다.

3. 4月革命의 歷史的 評價

民族意識과 正義感의 成長

4월혁명은 학생혁명으로 주도되어 시민혁명으로 발전해 갔다. 역사적으로 평가해 볼 때 4월혁명은 과연 「혁명」이냐 「의거」냐 「운동」이냐 하는 등의 개념설정에 문제가 있을 수 있다. 그것은 4월혁명이 「혁명」으로서의 규모와 이념이 담겨져 있는 변혁의 계기였느냐 혹은 그것이 아니었느냐에 문제가 있기 때문이다. 그것을 정의하고 개념을 설정하기 위해서는 한국근대사에 명멸하였던 抗日鬪爭－학생독립운동-까지 그 시각을 넓혀 봄이 순서일 것 같다.

4·19는 우리 역사에서 단편적이고 돌출적인 학생봉기가 아니라 민족항쟁사의 전통인 맥락과 깊은 관련을 맺고 있기에 거기에서 발전되어 온 역사적 「民衆意識의 成長」이라는 차원에서 살펴보아야 할 것이다.

「4·19」가 부정·부패·독재와의 부단한 투쟁의 연속이요, 그의 구체화였다고 하면 3·1운동에서의 학생운동은 침략자에 맞선 국권회복에 그 의의가 있었다.

3·1운동은 국권회복의 成敗 여부를 가리지 아니하고 國民國家 형성이라는 기성세대와의 사회 연대의식 속에서 자아발견과 지사적 양심에 비춘 보다 더 차원 높은 자유민주국가를 건설하려는 데 그 뜻을 두었던 것이다. 당시 학생층을 포함한 청년들은 君主制의 결별을 통해 민간주도적 정통정부의 탄생을 염원하고 구국항쟁 대열에 참여한 것이다. 이 國民國家 수립의 염원은 이미 19세기 중엽 급진개화

파의 개혁이었던 「國民國家」 지향성에서 줄기차게 맥락된 것이었다. 그것이 갑신정변에서 강력히 노출되었고 獨立協會나 대한제국민력회, 그리고 3·1운동에 이르는 애국계몽과 국권회복 운동에도 연결되어 발전해 왔던 것이다.

그것은 사상적으로는 實學사상이나 東學사상에서 연유한 것으로 이 같은 민중의식의 성장은 3·1운동을 시민혁명으로 발전케 하여 비록 국외이긴 하나 정통정부인 대한민국 임시정부가 수립되도록 저력적으로 영향력을 미쳤다.

그 뒤 1926년의 6·10만세운동은 공산주의자들이 아닌 민주시민 학생들에 의해 제국주의 배격과 식민지 지배체제를 정면으로 거부하는 몸 전체로의 운동으로 나타났다.

이것은 물론 지역적인 한계성은 있었으나 대규모의 학생운동으로 발전함으로써 팔짱만 낀 채 궁리하고 있던 기성 민족진영인사들을 자극시켜 신간회, 근우회, 新正會 같은 정치의식을 나타낼 수 있는 단체를 탄생케 하였다. 新幹會에서는 기회주의자를 배격하였고, 경제 독립 달성을 외쳤으며, 槿友會에서는 여성의 사회적 참여와 남녀평등권의 주장은 물론 정치사회 문제에 능동적으로 참여하겠다는 의식의 성장을 보였다. 또한 신정회에서는 신생활의 제창과 대동단결을 통해 분단적 이념에서 「統一祖國」의 이상이 추구되었던 것이다. 따라서 3년 뒤의 光州學生 항일운동으로 학생운동은 더욱 이념과 규모 면에서 맥박치고 확장되었으며 그 지향하는 학생운동의 의식이 국권회복이라는 이념으로 확산되어 학생지사를 배출케 하였다.

학생은 지성과 행동성이 겸비되고 능동성이 있으며 판단력과 力動性이라는 강점을 지니고 있는 사회적 존재인 것이다. 더욱이 일제치하라는 변칙적 정치 상황 속에서 한국학생은 독립운동이라는 큰 물결을 인솔하고 방향을 설정하는 관건의 임무를 수행해 왔던 것이다. 학병·징병을 거부하고 오히려 학생 의용대나 독립군 광복군에 흔쾌히 뛰어든 열혈성이 그들에게는 속성이며 민족사적인 면에서 볼 때 국가 간성의 존재이기도 했던 것이다.

그들은 민족의식이 투철하였기에 독립운동의 대열의 선도자가 되었고 民衆을 정의감각으로 유도하는 데 언행의 성실성을 보였던 것이다. 또 그들은 民主理念이라는 것을 알았고 民衆의 전도를 안내하는 역군이라는 자부심을 가졌던 것으로서 목표가 뚜렷한 순수성과 정의감에 가득 차 있었던 것이다. 일제하의 학생운동은 이처럼 민중의식과 정의감의 성장 속에서 건강하게 성숙되어 8·15를 맞았다고 본다.

4월革命의 現在性

우리는 역사를 평가할 때 객관적이기보다는 주관적이고 현실적이기보다는 당위론에 초점을 맞추려는 본능이 있는 것 같이 느낄 때가 많다. 따라서 「4·19」도 당위적인 데서 규범적으로 종결지으려 했다는 것을 많은 평가 속에서 발견할 수 있다. 8·15 이후 학생운동은 「反託」이나 「學聯」 등으로 나타나 과거 일제에 대한 저항적 열기가 아직 남아 있었다. 그러나 그 열기는 대한민국의 정부 수립과 함께 복구 작업에 동원되었었다. 그 뒤 학생들은 6·25의 민족사적 비극 내지는 한민족의 치부의 노출로 인해 다시 구국의 의지가 필요할 때 전쟁터에서 「젊은 피」를 「순수하게」 무기와 함께 소모시키는 처절한 양상을 나타냈다. 휴전반대 학생운동이라는 자유당 정부의 관영적 동원에서도 학생들의 의기는 자유·정의·진리와 양심의 함성이었고 순수한 구국지사적 절규로 일관되었다.

그러나 정부수립 이후 12년이 되는 1960년에 와서는 지배자와 피지배자인 民衆 사이에는 지나친 이해관계 등으로 인해 괴리, 마찰과 증오의 감정대립으로 치닫고 있었다. 「4·19」세력은 곧 피지배계층인 민중 속에 있었고 그 民衆을 선도하거나 지지를 기반으로 하면서 확실히 정의와 평화를 추구하였다. 그것은 학문을 곧 실천으로 옮겨야 한다는 산교육의 힘이 그렇게 「활력소」로서의 존재형태를 만들어 주었던 것이다. 그러니까 학생들은 자유민주주의적인 역사인식의 맥락

위에서 民族主義를 지향했던 정의파며 평화추구파이기도 하였으나 「4·19」를 극복 폐기하려는 계층은 독재정치를 이상으로 추구하던 강경파 인사와 주체적 지배영역의 사회보상 세력인 권력을 향유하는 支配階層이었다. 결국 「4·19」는 「부정선거」라는 최후의 「부패·무능·독재」의 구체적이고 세분화된 죄악이 민족주의적 의식구조로 건실하게 성장해 왔던 학생세력에 의해 도괴된 近代民族史의 승리요, 대외적으로 正義史의 산증거로 기록되어야 할 것이다. 따라서 「4·19」는 일방적으로 복종만 강요당했던 민중과 우월적 독재 추종세력과의 대결에서 민족역사가 죽었느냐 살아 꿈틀거리느냐를 확인하는 중대한 시험적 투쟁의 계기였으며 後進性 극복과 질서추구의 역사적 전환점이 되기도 하였다.

지배계층과의 대결세력인 학생 지식인은 일제하에서 성장해 온 압제·불의를 배격하는 경험과 속성을 지닌데다가 서구중심적 자유민주주의 교육을 받아 先進性이 있었으며 合理主義와 理想社會 추구를 근간으로 하였던 비판세력이었다. 더구나 그중 일부는 물질과 정신적 갈등 속에서 소외당한 계층도 있어 지배계층의 정책이나 통솔에 대체로 거부반응을 일으키고 있었던 것이다. 그에 비해 「항일투쟁」이라는 「상표」를 달고 귀국한 정객을 중심으로 상하질서와 자기 이익 속에 뭉쳐진 지배계층은 여러 추종세력으로 三重의 권력구조를 형성하여 전근대적이고 군주제적인 통치하에 감히 민중을 발에 깔고 군림하였던 것이다. 일제치하로부터 정치의식이 성장한데다가 8·15 이후 서구적 자유민주주의 내지는 민족주의적 사회구조 속에서 훈련되고 경험으로 다져진 청년 지식층에게는 비판과 거부의 연속선으로 나타난 것이다.

지배층이란 유형을 보면 카리스마적 존재를 정점으로 하는 강경파 정객, 정치지향적인 官僚階層―이 속에는 권력에 아첨하는 경찰·군인·사법인 등이 눈치를 살피고 있었다―이 있고 정객과 의도적으로 연관지어 정치 자금을 공손히 바침으로써 반대급부 부정축재형의 企業人이 있었다.

더구나 이 지배계층 안에는 이 같은 불법·악법적 통치를 무력으로
비호하는 외곽부대인 정치파락호(소위 깡패)ー이들 중에는 부녀자를
농락했거나 고위 관료자리가 보장된 자도 있었다ー가 엄존하고 있었
다. 또한 금전적 혜택을 받고 약삭빠르게 두뇌를 판 학자 문인도 끼
어들어 「돼먹지」 않은 정객의 이력을 화려 위주로 과장 날조하여 문
자화하고 있는 계층들이 있었다.

이 같은 권력형 부조리 사회가 외국의 융자를 균등히 중소기업육성
에 전액 투자치 않은 것은 당연한 귀결이었다. 특히 편중지원, 선별기
업육성 등 매판적인 부정 속에서 불신과 반목은 커질 수밖에 없었다.
학생을 포함한 민중은 그 시정을 요구 하였고 언론기관에서는 이를
해결키 위한 구체적 방안을 제시하였으나 독재아성이라는 「신성불가
침」에 도전하는 단체나 개인은 「공산세력관련」 운운 내지는 「간첩」
운운 등의 혐의로 그 「正義의 입」을 봉쇄하거나 보복으로 두 번 다시
재론치 못하게 하였다. 그들은 그럴 때마다 일찍이 잡아두었던(?), 공
산주의자의 죄상을 만천하에 공개하여 民衆에게 반공의식을 강조함으
로써 국민적 관심을 밖으로 돌리고 초점을 흐리게 하는 등 악순환의
연속이었던 것을 民衆은 익히 알고 있었던 것이다. 구태여 하나님이
계시해 주지 않아도 간단한 섭리는 지식수준의 높은 民衆이 미리 알
거나 유추하고 있었던 것이다. 「4·19」는 이 같은 불의 부정 독재 같은
부조리를 깨고 사회정의를 구현하며 양심이 정착하고 민중에게 이익
균등 분배가 토착화하는 민본적 自由民主主義를 실현시키기 위한 역
사의 사명의식에서 출발한 市民革命이었다. 그러기에 「4·19」는 기성
구세대에 대한 불신과 노후해 가려는 역사에 자극을 주고 활력이 넘
치는 계기를 마련하기 위한 민중적 욕구의 총화이기도 한 것이다. 「4·
19」는 그래서 그 의미가 정의편에 가담하는 活火山的인 「現在性」에
달려 있는 것이다.

歷史發展의 傳統과 繼承

「4·19」는 본질적으로 정의 구현과 부정·부패·불의의 배격, 양심의 정화을 위한 시험적 학생혁명으로 근대역사의 산증거적 맥락이며 새 「역사의 장」을 연 시민혁명이었다. 이것은 불신으로 가득 찬 구시대적 낡은 수레바퀴를 갈아 끼운 과감한 「청산의 작업」이며 自我發見의 계기를 마련해 준 격동의 변혁을 안겨 주었다. 학생들은 부조리가 연속되어 사회를 좀먹고 있을 때 직접적으로 정치에 참여하지 않는 대신 기성세대에게 정의와 진리를 추구하도록 행동으로 경종을 울려 주는 견제 세력이며 생기를 북돋아주는 존재형태이기도 하며 그런 수준에서 評價해야 할 것이다. 그들은 사회연대 책임의식이 강하기 때문에 부정과 불의를 좌시하지 않는 속성을 지니고 있는 것이다.

젊은이가 그 같은 행동력이나 비판력이 없이 겸허 일변도적이고 타협적이라면 그 나라의 장래를 의심치 않을 수 없는 것이다. 그래서 그 나라의 장래는 젊은 지성인의 사고의 건전성·비판성에 달려 있다고 동서의 名人이 말하지 않았던가.

學生運動은 어디까지나 民衆운동이며, 또 그래야 하기 때문에 국가와 민족의 장래를 염려하고 보다 나은 발전을 추구하기 위해 몸부림쳐 온 것이다. 그 당시 민족의 정부가 못되고 개인 위주의 독선적 정부가 됨으로써 학생들은 「독립운동적」이며 차원에서 싸웠던 것이다. 그것은 곧 民衆의 잘살기 운동이며 질서 있는 수준 높은 운동이기도 했으며 G.N.P가 극히 낮았던 단계였기에 누구나가 공감하고 지지한 것이다. 이 혁명이 성공한 것은 극히 빈한했던 「民衆」, 학대받던 「民衆」, 독재를 축출하려던 「民衆」, 이론은 없어도 자유민주주의를 추구했던 「民衆」의 전폭적이고 희생적인 지지와 참여로 인해 가능할 수 있었다. 몇몇의 건물이나 인명의 피해가 있었으나 증오나 보복이 없었던 시민혁명이기에 순수성이 있었다는 것이다. 계엄군도 중립 내지는 「民衆」편에 쏠려 그 함성의 당위성을 수긍했었다. 거기에는 사회발전의 욕구가 충만했으며 민권의 승리감에 젖어 민주주의의 발전단계로 접어들어 갈 수 있었고, 그것의 보장의식이 강렬히 나타나 민족적 생존의 본능이 격의 없이 자연스럽게 교환되고 합리화되었던 것이다.

미국을 비롯한 友邦과의 친교가 이를 계기로 더욱 확인되고 강조됨으로써 4月혁명은 平和指向的이었으며 세계사적 감각을 노출시켰던 것이다. 이는 심층적인 민족사회의 재창조를 시사하였으나 그 뒤 수습과 재출발에서 권력구조의 부분적 변동 내지는 개조로 끝남으로써 후속 문제에 돌발현상이 수반되었다. 民主黨 정부의 단명성이나 「5·16」같은 정치적 소용돌이가 4月혁명의 마무리 미숙에서 빚어진 특수현상이었던 것이다.

여하간 4月혁명은 국민에게 기대감과 신뢰감을 안겨 주어 전통성을 구현하였다고 본다. 국제적으로도 「살아있는 한국」의 인상을 심어주었고 民主主義 성장 가능성을 웅변으로 입증해 주었다. 터키나 일본 등에도 이의 영향이 파급되어 한 정권을 도괴시켰거나 조약 반대 시위 등 「스튜던트 파워」를 탄생시킨 것이다.

이제 그 정신적 전통을 어떻게 질서와 안정과 대화로 건설적인 면에서 계승 유지시켜 비판과 참여의 한계를 금 긋느냐 하는 문제가 과제로 남아있는 것이다.

Ⅵ. 民衆을 이끈 韓國人

1. 李 儁
- 못다 한 말의 意味 -

머리말

祖國의 자주독립과 국권회복을 획득하려고 1907년 네덜란드의 수도 「헤이그」에서 열린 第二回 世界萬國平和會議에 참석하여 을사조약의 무효와 우리의 자주독립을 세계 자유국가에 알림으로써 일제침략을 배격하고 완전독립을 기약하기 위하여 密派되었던 3密使 가운데 한 분인 一醒 李儁 烈士가 勢不利함을 알고 憤死 순국한 지도 1981년으로 74년이 되어 그곳 외진 곳에 안치되었다가 1963년 遺骸 奉還을 실현하게 되었다.

57년간의 客窓風雨를 끝낸 李烈士의 유해는 1963년 9월 30일 하오 1시 30분 김포공항을 경유 경건히 맞이하는, 몽매간에도 잊지 않았던 그리운 고국의 품안으로 고이 모시어졌다. 이해 10월 4일 서울에서 國民葬에 準하는 성대한 奉還式을 끝내고 숙연히 머리 숙여 마련한 수유리 墓地幽宅에 奉安되었다.

이를 계기로 그간의 烈士가 걸어온 길과 그 당시의 社會相 및 政治的 배경을 살펴, 보다 나은 앞날의 조국의 안녕과 무궁한 발전을 기약하면서 烈士의 史蹟을 더듬어 봄은 의의 깊은 일이라고 생각된다. 더욱이 烈士 死後 「自殺」, 「憤死」 등 두 갈래의 이야기로 그간의 사회인의 이목을 집중시켰던 일은 거룩한 烈士의 지난날을 돌이켜 보건대 그분에게 누를 끼친 듯싶어 죄송스럽게 생각하는 점 끝없다.

결론적으로 말하여 先生의 死因은 1962년 10월 27일 문교부 회의실에서 관계관 참석 하에 자살설을 번복하고 「殉國」·「殉死」로 일단

락 지었음을 말해 두고 몇 가지 문제점을 살펴보기로 하겠다.

民衆을 위한 苦難의 一生

李烈士는 1859년 12 월 28 일 《조선 철종 10년》 함경남도 북청군 논전리에서 부친 李秉瓘, 모친 淸州李氏 사이에서 태어났다. 마음껏 성장해야 할 그에게 3세라는 나이로 조실부모하여 그는 그때부터 이미 불우한 생활환경 속에서 자라지 않으면 안 되었다. 그는 그의 조부 슬하에서 敎育을 받았으나 실망치 않고 강렬한 투지력으로 열심히 공부하고 몸을 단련시켰다. 심신연마만이 장래를 기약할 수 있다는 가르침을 따라 한문 修學에 틈을 내어 몸을 튼튼히 단련시켰다.

10여 년을 이렇게 고향에서 자란 李烈士는 청운의 뜻을 품고 상경했으니 이때의 나이 불과 17세 내외의 소년이었다. 낯선 서울이었으나 弘文館에서 부단히 10여 년 간을 다시 연수하고 인격수양에 전심하였다.

그 뒤 李烈士는 下鄕하여 北靑에 經學院을 설립하고 書院의 개혁과 인재 육성에 솔선수범하여 훌륭한 後進들을 다수 길러냈다.

人材를 育成해 내던 그는 재상경하여 省齋 李始榮先生과 親交하면서 國運을 바로 잡기 위하여 고심초사하고 있었지만 용이하게 마음먹은 대로 돌아가는 것은 아니었다.

38세가 되던 해인 1894년은 사상 유명한 甲午更張이 있었던 해였다. 온건개화파도 참여한 개혁이었으나 皮相的으로 시행되었다. 물론 완전치는 못한 대로 208건에 달하는 개혁안이 施行되고 있던 찰나였다. 이즈음에 李烈士는 뜻한 바 있어 法官養成所에 들어가 소정의 수업을 완료한 뒤 徐載弼 등 같이 1896년(建陽元年) 獨立協會를 창설하여 대정부 규탄을 위해 선봉장이 되기도 했다. 이때 李烈士는 初代 評議長으로 활약하여 지금으로 말하면 야당적 입장에서 정부의 많은 실정을 辛辣히 비판하였다. 그것은 정부에서 외국인에게 철도 부설권, 森林採伐權, 鑛山採掘權等 利權을 넘겨주기 때문에 이를 極口 비판 시정토록 하고 즉시 중지할 것을 慫慂하였으나 정부 당로자들은 좀처럼 이들의 제의 비판을 수락하지 않고 자기네들 고집대로 해 나갔다. 이리하여 국운이 자꾸 기울어지게 되었음은 두말 할 나위도 없었다.

이준 열사는 이것으로는 아니 되겠다고 생각한 나머지 漢城裁判所 檢事補에 就任하고 그의 민중의식에 입각한 구국 정신을 발휘하여 大官의 수락과 법관의 非行 추문을 論劾하다가 상대방의 의도적인 모략으로 재임 1년 만에 免職당하고 말았다.

改革運動의 바람이 세차게 불어올 때 金弘集 內閣이 顚倒되자 개화파는 망명하지 않을 수 없어 朴泳孝, 張博 등과 같이 그도 일본으로 망명하였다. 이때의 정국은 문자 그대로 복잡다단의 시대였다.

일본에 도착한 그는 와세다대학 법과에 입학하고 1898년(高宗 2년) 9월 同校를 졸업하였으니 이는 모두 망명 중에 품은 뜻을 더욱 크게 펴 보려는 의도였을 것이다.

時勢의 안정으로 졸업과 동시에 귀국하여 그해 10월 다시 독립협회에서 대정부 공격과 自主獨立을 위해서 활약하였으며 다시 鐘街에서 萬民共同會를 개최하고 시국에 관한 6개조의 개혁안을 황제에게 獻議하여 하루속히 자주정신으로 정치하길 기원하였다.

그러다가 李承晩, 李東寧 등 여러 志士들과 같이 守舊派에 몰려 漢城監獄所(西小門)에 투옥 감금되었으나 3개월 뒤에 特赦로 방면되어 민중을 위한 입장에서 救國民主운동 대열에 앞장섰다.

이준 열사는 다시 閔泳煥, 李商在 등 同志들과 같이 비밀결사를 조직하여 韓日議定書의 부당성을 지적하고 이를 未然에 방지하기 위하여 努力하고 이 조약을 막후에서 체결하려던 매국노 外部大臣 署理 李址鎔의 退職을 命하게 하였다.

1905년 5월엔 尹孝定 등과 같이 憲政硏究會를 조직하고 一進會와 대결하여 親日賣國的인 그들의 행동을 규탄하고 이의 해산을 주장하기도 했다.

李열사는 大韓保安會總務로 임명되어 한국의 안전을 도모하고 赤

十字會, 大韓協同會를 연쇄적으로 組織, 抗日救國鬪爭의 先驅的 임무를 몸소 실천하였다. 그러나 여러 個의 憂國協議體를 구성하여 싸워 왔으나 그것은 구호에만 그쳤을 뿐 민중이 뒤따르지 않아 실효를 거두지 못하였다.

李열사는 또다시 共進會會長이 되어 乙巳條約의 부당성을 지적하고 철회할 것을 요청했으나 그것도 노력의 보람 없이 수포로 돌아가고 설상가상 격으로 반대파의 모략으로 구금되어 黃州 鐵島로 유배당하고 말았다. 피눈물 나는 고투가 있었음에도 불구하고 가혹한 일만 벌어지고 있었다. 그러나 그는 조금도 낙담 실망하지 않고 다음을 기약하고 기회를 노렸다.

同志였던 閔泳煥의 도움으로 유배가 풀려 다시 정계로 복귀하였다. 이에 힘을 얻은 이준 열사는 大韓自强會를 張志淵 등 선각자와 조직하고 민주구국투쟁을 전개하였다. 그러나 이것도 당시의 국내 정세로서는 어찌할 수 없는 입장에 놓이고 말았다. 乙巳條約이 締結된 그 이듬해인 1906년 10월 그는 萬國靑年會長으로 國際親善運動을 전개하여 열강에게 여론을 환기시켜 하루 속히 자주권을 얻으려 했다. 國民敎育會長, 普光學校長으로 있으면서 安昌浩, 李甲, 李鐘浩 등과 같이 西北학회를 조직하고 西北學會月報를 통하여 민중의식의 함양과 자주독립정신을 주입시켜 왔다. 그는 育英事業으로 다시 五星학교를 설립, 청년 육성에 앞장섰던 일도 있다.

平理院(法院) 檢事로 재임명된 그는 平理院裁判長 李允用, 法部刑事局長 金洛憲 등을 一網打盡하여 매국행위자를 엄벌에 처하도록 했다. 법의 정신을 발휘함으로써 내적인 질서유지와 동시에 구국투쟁을 표어로 삼았다. 그는 힘을 다하여 충성을 표했으나 나라의 형세는 날로 기울어지기만 하였다. 1907년에 국채보상연합회 회장으로 나라 빚 갚기 운동에 참여, 女性들의 적극 참여를 호소하였으며 구국에의 거창한 집착을 내딛었다. 이때 특히 女性에게 개화를 위해 훈계한 말은 유명하였다.

이즈음 高宗은 나라가 기울어지는 형세를 만국에 알리고 일제의 불법무도한 乙巳조약의 무효를 선언케 세계여론을 유도하려고 前平理院檢事 李儁과 前參贊 李相卨 등으로 하여금 제2회 세계만국평화회의가 6월 15일에 「헤이그」에서 열림을 알사 이 호기를 놓치시 말고 세계에 호소해 보고자 주선했다.

두 사람의 밀사는 1907년 4월 22일 오후 1시 만국평화회의장을 향해 서울을 출발하여 러시아 수도에 있는 李瑋鐘(李範晋의 子)과 동행하여 회의가 시작된 뒤 도착하였다. 특히 李瑋鐘은 외국어에 능통하고 언변이 좋아 적격자로 지목되었다. 이리하여 3密使는 「헤이그」에서 參會할 기회를 얻도록 하였다. 이때 미국인 「헐버어트」도 이들을 회의장에 참석토록 하기 위해 顧問의 임무를 띠었으나 큰 성과는 거두지 못하였다.

密使일행은 平和會議長인 「러시아」 代表 「네리도프」 백작을 방문하여 高宗의 親書를 보이고 한국의 입장을 闡明하였다. 결코 乙巳條約의 締結이 韓國自意에 의한 협약이 아니고 親日輩와 일본의 강압적 침략수단에 의해 체결된 조약이니 이를 곧 철회하도록 해달라고 충심으로 부탁하였다. 또한 그곳에 와 있는 신문기자들에게 이와 같은 고충을 설명하고 신문지상을 통해서 그들의 의견을 전달하였다.

李相卨의 平和會議場에 보내는 3條控詞를 보면,

① 政事萬機日人 不待韓皇承認 擅自施行

② 日人使陸海軍 壓迫韓國

③ 韓之法律及風俗 皆破壞初韓之自主獨立 貴各國 非相與公認以爲欲修好者乎…… 라는 내용이었다.

그러나 日人들은 이미 한국이 乙巳條約으로 외교권을 상실하였으니 參會할 수 없다는 강경한 거부로 인하여 그들의 당초의 뜻을 이루지 못하였다. 이로 인해 분함을 참지 못하던 李儁 열사는 發病하여 그해 7월 14일 병상에서 憤死 殉國하고 나머지 두 사람은 실의를 안고 현지를 떠났다.

이로써 이준 열사는 이역만리 낯선 땅에서 숨을 거두고 그곳에 안치되어 있었던 것이다. 그 당시에는 민족적인 감정을 日本人에게 강력히 보이기 위하여 자결한 뒤 피를 뿌렸다고 했으며 교과서에까지 이렇게 기술해 왔었다. 그러나 이제는 민족적인 감정만으로 이 문제를 판가름할 수는 없는 것이기 때문에 그간 자살이냐 아니냐 하는 것으로 구구한 말이 일어나고 있었던 것이다. 自殺, 憤死 두 가지를 조사한 국사편찬위원회의 「李儁烈士死因調査資料」《1962. 10. 27》를 근거로 몇 가지 알아보겠다.

自殺說의 根據

그러면 自殺說이 대두하게 된 根據는 어디에서 연유했을까. 1907년 당시의 신문 호외나 일반기사에서 자살로 보도하였으니 우선 大韓每日申報(光武 11년 7월 19일 호외)에서는

> 「義士自裁 前平理院檢事 李儁氏가 現今萬國平和會議에 韓國 派遺員으로 前往한 事난 一般世人이 共知하는 바이어니와…… 該氏가 忠憤한 志氣를 不勝하야 自決하고 萬國使臣之前에 熱血을 一鬱하야 萬國을 驚動하얏다더라」

했으며, 皇城新聞(1907년 7월 19일자)에서도

> 「李氏自殺說 今般…·該三氏中 李儁氏는 不勝憤激하야 自己의 腹部를 割剖自處하였다는 電報가 同友會 中으로 來到하였다는 說이 有하더라」

라고 하여 自殺을 올바른 일로 생각했으며, 梅泉野錄《光武 11년 丁未年條》에서는

> 「前檢事 李儁 訴國變于平和會 自刺死之……」

라고 했고 大韓季年史 《p.57》에서는

　　　「前平理院檢事 李儁 自殺于和蘭海牙 萬國平和會議場…… (中略) 一
　　刺其腹鮮淋漓……」

이라고 기록되어 있으며, 騎驢隨筆 李儁傳에서도

　　　「……遂割腹濺血而死……」

라 하였다. 柳子厚著「李儁先生傳」에서도 다시 自殺을 주장하고 있다.

　　　「…… 이와 같이 最後의 悲壯한 말을 吐하자마자 일찍이 準備하여
　　가지고 있던 懷中의 寶刀를 들고…… 一氣로 割腹하여……」

하고 있다. 특히 自殺說을 주장하는 측으로는 一醒會가 있는바 그들
의 증언을 보면 <李儁烈士海牙密使事件調査委員會會議錄, 1956. 7.
28. 於文敎部次官室>

　　　「國民士氣昂揚과 國民輿論을 參酌하여서 死因이 憤死라 할지라도
　　自殺로 해 두는 것이 妥當하다」

고 하여 民族的인 감정을 그대로 살려 교육적인 입장에서 憂國的인
상징으로 두라고 하였다.
　이상과 같은 근거를 두고 자살설을 주장하고 있었다.

憤死說의 根據

　自殺設을 顚倒시킬 憤死說의 근거는 어디에서 나왔는가를 몇몇 자
료를 통하여 알아보겠다.
　1907년 7월 17일자로 네덜란드에서 보내온 문서를 보면

　　「韓國人葬儀」
　　우리들의 深甚한 遺憾事로서 우리들은 海牙의 韓國代表者의 一人
　의 急逝를 告하지 않을 수 없다…… 그는 뱀에 丹毒으로 苦生하였고
　手術이 必要하였던 것이나 그로 因하여 死亡하였다……」

라는 것으로 보면 病死의 患因을 알 수 있고 1907년 9월 16일자로
보내온 네덜란드의 외교 文書에서는

　　「平和會議時報海牙에서 死亡한 韓國代表 李儁의 遺骸는 어제 아침
　「두에낭」에 있는 「엑그」墓地에 埋葬되었다……」

라고 하여 네덜란드에서 온 문서에서는 모두 病死로 규정하고 있다.
　日本公使棺記錄 275호, 1907년 海牙密使事件及韓日協約締結篇 明
治 40년 7월 17일 오후 4시 7분 東京발 7시 58분 京城着電報
　伊藤統監 宛 珍田外務次官 第百四十九號
　都筑大使來電第六十三호에는

　　「韓人李儁顏ノ腫物ヲ切リタル結果　丹毒ニ係リ昨日死亡シタル由ニテ
　朝埋葬ヲナセリ 會葬者ハ「ホテル」ノ 召使トト同行韓人ノシナリ 自殺
　トノ風說ヲナスモノアレドモ前記事實ハ漸次世上ニ判明スベヒト信ズ」

라고 하여 自殺說을 극구 부인하고 惡腫으로 사망하였다고 했다. 「
뉴욕」에서 발행되는 「Independent」 1907년 8월 22일(木)자 지상에는

　　「李瑋鍾公의 韓國의 呼訴 李儁은 海牙에서 心臟痲痺로 逝去하였다」

라고 하는 것을 보면 같이 참석하였던 李瑋鍾의 증언을 믿는데 의심
치 않겠다. 張志淵 著 韋庵文稿 李儁傳에서도

　　「…… 儁知事不濟　鬱悗噓唏　憂□成疾　廢食累日　嘔血而卒　卽七月
　十四日也……」

라고 하여 그곳에서의 일이 如意치 않아 울화로 분사했음이 확실하다.

憤死說을 주장한 사람은 靑柳南冥·松本正介와 朴殷植·崔南善·金庠基·鄭寅普·金載元·趙琬九·白樂濬·李瑄根等 日人史家는 물론 우리나라의 저명한 史學家들도 李儁烈士의 死因을 한결같이 憤死, 自然死, 病死 등으로 확인하고 있다. 따라서 이제는 분사로 확정되어 있는 것이다.

沈默의 雄辯

전술한 바와 같이 이준 열사의 死因은 분사임이 움직일 수 없는 사실로 되어 있어 1962년 10월 27일 문교부 회의실에서 관계관 다수의 참석 하에 진지한 논의 끝에 「殉死」, 「殉國」으로 통일되었으니 이것이 내가 알기에는 최종적인 결론이 아닌가 본다. 따라서 이 이후로는 이 문제를 가지고 더 이상 논급해서는 아니 된다.

이제 이준 열사가 가신 지도 60년이 넘고 있지만 아직까지도 열사가 남기고 간 유업은 우리 민족 후손에까지 무궁하게 길이길이 전달되리라고 확신한다. 오늘날과 같은 때 일수록 이런 殺身成仁한 분들의 고매한 救國 民衆意識이 더없이 아쉬움을 남겨 주고 있다.

地下에서 몽매간에도 잊지 못하였던 故國으로 왔으니 그 얼마나 기쁘고 감격의 순간이 아니리요. 국민 전체가 경건한 마음으로 숙연히 옷깃을 여미고 그를 맞이하였다.

이준 열사가 남기고 간 굳고 깊은 民族魂은 언제나 우리 후배들에게 教訓이 될 것이다.

이준 열사는 다음과 같은 말을 남기었다.

「땅이 크고 사람이 많은 나라가 큰 나라가 아니고 위대한 인물과 意識 있는 民衆이 많은 나라가 위대한 국가가 되는 것이다.」

하였으며 계속해서 말하기를

「사람이 죽는다는 것은 무엇을 죽는다 하며 사람이 산다는 것은
무엇을 산다고 하는 것인가. 죽어도 죽지 아니함이 있고 살아도 살지
아니함이 있다. 그릇 살면 죽음만 같지 못하고 잘 죽으면 도리어 永
生을 구하는 것이다. 살고 죽는 게 다 나에게 달려 있으니 모름지기
죽고 삶을 힘써 알지어다.」

라고 하면서 이역만리 낯선 땅에서 숨을 거두었다. 이제 국민장에
준하는 의식으로 유해봉환을 끝내고 그해 10월 4일 수유리 유택으
로 고이 모시어졌다. 민중 앞에 못다 한 말의 진정한 의미를 우리는
알 수 있을까. 列士의 구국의식이 새삼 고결하게 생각된다.

2. 金玉均과 朴泳孝
- 開化와 民衆救援의 旗手 -

開化의 意妹

김옥균과 박영효는 19세기 후반에 비밀 정치 결사인 개화당을 만드는 데에 주도적인 일을 한 급진적인 開化派 사람들이다. 따라서 그들은 개화기에 진보 혁신 운동에 몸 바친 '깨우쳐진 인물'인 셈이다. 김옥균은 1851년에 태어났고 박영효는 그보다 십년 뒤에 태어났지만, 그들은 양반 세력을 타도하고 청나라 세력을 이 땅에서 몰아내고 자주 독립을 이루어 민중을 위한 국민국가를 세워야 한다는 정치적인 신념으로 뭉쳐져서 동갑내기보다 더 친근한 동지가 되었다.

開化라는 것은 사람의 지혜가 열리고 사상과 풍속이 한 걸음씩 나아감을 뜻하는데, 언제부터 이 말이 우리나라에서 쓰여졌는지는 확실치 않다. 다만 4세기 무렵에 중국인 고개지가 쓴 「정명론」에서 지적되었다고 하니 중국에서는 일찍부터 이 말이 쓰여졌던 것 같다. 개화사상이 우리나라에서 싹트기 시작한 것은 1870년대 초반인 것 같은데, 개화사상가 유길준은 「서유견문」에서 "대개 개화라는 것은 인간의 천사만물이 지선극미한 경지에 이르는 것"이라고 했으며, 윤치호는 그의 일기에서 "항구한 독립을 도모하는 興新改舊"라고 주장하였다. 또 「대한매일신보」에서는 개화를 "정치의 美와 풍속의 善"이라고 강조하였고, 어떤 천도교인은 그의 일기에서 "개화란 무엇인가. 안으로는 계몽사상의 영속하로서 자강, 자립, 자주의 이념을 극대하게 나타내는 것이고 밖으로는 외의 새로운 사조와 과학 기술 문명을 선별 수용하는 식별력을 가지는 것이다."라고 규정하였다. 이러한 말들을 줄여서 말한다면 개화는 주체적인 처지에서 역사의 발전 단계에 따라 만물의 뜻을 깨우쳐 사람이 사람답게 살 수 있도록 한다는 뜻이 포함된 것으로 보인다.

開化思想의 胎動

김옥균과 박영효가 이 같은 뜻의 개화 운동에 목숨을 걸고 뛰어든 것은 분명히 선각적인 의식과 투철한 민중적 진보 사상이 있었기 때문이었다. 김옥균이나 박영효의 개화사상은 실학사상가 박지원의 손자인 박규수의 영향에 힘입어 생겼다고 할 수 있다. 박규수는 그의 조부 박지원이 대대로 집안에 물려 준 이용후생학의 영향을 받아 상공업을 발전시킬 것과 기술을 터득하여 유익하게 사용할 것을 강조하였다. 일찍이 평등사상을 배운 그는 철종 12년인 1861년과 고종 9년인 1872년에 사절단의 부사와 정사의 자격으로 서양의 영향 밑에 놓여 있던 청나라를 살피고 돌아왔다. 또 박규수는 한때 미국 상선 제너럴셔먼호를 격침한 일이 있었으나 박진감이 도는 서양 역사를 알게 되자 자주적인 문호 개방의 필요성과 시급성을 신념으로 삼아 개항에 힘을 쏟았다. 이와 같은 박규수의 생각은 개혁 사상을 품고 있었던 김옥균과 박영효 같은 젊은 동지들을 사로잡았다.

뒷날 개화당의 핵심 당원이 된 김옥균, 박영효, 박영고, 홍영식, 서광범이 서울 재동에 있는 박규수의 사랑방 문을 자주 두드렸던 것은 그에게서 개혁 사상, 이른바 개화사상을 터득하기 위해서였다. 박규수는 그의 집에 찾아온 이들에게 박지원의 평등사상을 현실에 맞게 가르쳤고 다른 나라를 새롭게 볼 수 있는 위원이 쓴 「해국도지」와 서계여가 쓴 「영환지략」 같은 새로운 책을 주어 읽도록 권했다. 이 두 책은 1850년 무렵에 우리나라에 들어와 조인영·최한기 같은 실학자 곧 개화사상을 품은 사람들에게 이 같은 책들이 새로운 사조와 세계발전의 방향을 느끼게 하는 철학적인 이념을 심어 주었다.

이 책은 중국이 아편전쟁으로 영국에 곤욕을 치렀던 사실을 낱낱이 적어 철저하게 분석해 놓은 책이었기 때문에 눈앞에 위기가 닥친 우리나라에서도 뜻있는 사람들의 관심을 모을 수 있었다. 다시 말하면 중국처럼 남의 침략을 받지 않으려면 우리도 개화사상을 터득하여 예방책을 미리 마련하여야 나라가 든든해질 수 있다고 믿었기 때문이었다. 김윤식이 쓴 「속음청사」에 따르면 김옥균은 박규수의 밑에서 새로운 지식을 배워 세계 물정에 밝았고 일찍부터 그 동지들과 함께 나라의 큰일을 근심하고 탄식하였다. 따라서 뒷날 개화당 인사들에게 새로운 지식을 심어 주고 세상을 보는 눈을 넓혀 주는데 그의 영향력이 컸던 것으로 짐작된다. 김옥균과 박영효가 개화사상을 깨닫기 위하여 박규수의 사랑방에 드나든 것은 그가 우의정 자리에서 물러난 1874년 11월부터였는데 그는 1877년 2월에 세상을 떠났다.

門芦의 開放과 韓國의 不死島인 理由

박규수가 세상을 떠나자 김옥균과 박영효는 박규수의 집에서 알게 되었던 역관 오경석과 유대치에게 배움을 청하였다. 그러나 박규수가 세상을 떠난 지 두 해 뒤에 다시 오경석이 죽었으니 이들은 유대치의 가르침에 많은 영향을 받았다고 할 수 있겠다. 역관으로 열 차례 남짓 北京을 오가며 듣고 본 것이 많았던 오경석은 김옥균과 박영효에게 진취적인 개화의 이념을 불어넣어 크게 감동시켰던 것 같다. 게다가 그는 우리나라가 세계의 발전에 등을 돌리고 고집스런 외교 정책만을 우긴다면 머지않아 세계에서 가장 뒤떨어진 나라가 될 것이기 때문에 하루바삐 개화 정책을 폄이 마땅하다고 주장하여 개항의 징표인 병자수호조약을 맺는 데에 크게 이바지하였다. 물밀듯이 쳐들어오는 서양의 세계 속에서 한국이 살아남으려면 낡은 전통에서 벗어나 새로운 질서를 맞이해야 한다고 믿은 유대치는 서울 북촌의 양반 자제 가운데에서 빼어났던 김옥균과 박영효에게 쿠데타와 같은

정치적인 변혁만이 발전의 디딤돌이 된다는 그의 사상을 남김없이
불어넣어 주었다. 따라서 같은 개화파인사라 하여도 박규수의 영향만
으로 끝난 김윤식, 유견준 등은 온건스런 개화파가 되었으나 유대치
의 영향까지 받은 김옥균, 박영효는 급진스런 개화파로 발전하였다.

革命性의 입김

유대치의 가르침은 사회 구조의 현실을 실학의 눈으로 비판한 박
규수의 가르침보다 훨씬 혁명적이고 행동적인 것이었다. 김옥균은
그 자신이 세도 좋은 안동 김씨의 후손이면서도 정치의 현실을 날카
롭게 비판하여 "이 사회에서 양반을 타도하지 않으면 이 나라는 장
차 망할 것"이라고 자신 있게 외쳐댔다. 그만큼 그는 유교와 권위주
의에 젖어 형식에 치우치고 있는 정치와 정치의식에 역겨움을 느끼
고 있었다. 김옥균과 박영효는 근대적인 민족국가를 세우려면 유교
주의의 양반 정치 체제를 뒤엎어야 한다고 내다보았다. 이들이 뒷날
에 일으킨 갑신정변은 유대치의 영향을 받은 급진개화파들 사이에
유행했던 불교의 禪과 否의 정신을 그대로 사회에 응용해 보고자 한
바람을 현실적으로 드러낸 본보기라고 할 수도 있겠다.

김옥균과 박영효가 처음 모이게 된 것은 불교 토론 때문이었던 것
같은데 여기서 유대치의 革命的 영향을 받고 정치결사의 필요성을
느낀 것 같다. 그것이 곧 비밀 정치 단체인 開化黨이었다.

개화당이 언제 만들어졌는지는 확실치 않으나 여러 가지 자료에
따르면 고종 16년인 1879년 말에서 1880년 초까지 사이로 잡아볼
수 있겠다. 이때 겉으로 드러난 개화당의 예심당원들은 김옥균과 박
영효를 포함해서 서광범, 유상오, 유대치 들이었다.

고우, 고균이라는 별호로 불리던 김옥균은 충청남도 공주 출신으
로 안동 김씨 병태의 아들이다. 그는 여섯 살 나던 해에 아저씨뻘인
병기의 양자로 들어가 서울 화개동으로 옮겨왔다. 그의 양부 병기는
문충공 김상용의 직계손으로 형조 참의를 지냈다.

게다가 조대비의 조카이고 이조 판서를 지낸 조성하의 어머니는 김옥균의 아주머니가 되기도 하였다. 이 같은 집안의 배경 때문에 김옥균은 상류 사회에서 이름난 사람들과 교분을 두텁게 할 수 있었다. 그는 스물두 살 되던 해에 문과에 장원 급제하여 성균관 전적으로 있다가 스물네 살에 정오품인 홍문관 교리에 발탁되었으며 사헌부 지평 따위를 역임하였다. 그러다가 1879년에는 품계가 오히려 떨어져서 종오품인 홍문관 부교리가 되었다.

國民國家 樹立의 念願

그러던 이즈음에 김옥균은 박규수와 유대치로부터 실학과 개화를 포함한 불교 사상의 영양을 받고 있었다. 이때에 그가 쓴 「箕和近事」가 출간된 것 같은데 지금은 전해지지 않아서 내용을 자세히 알 수는 없으나 일본의 근대화를 소재로 하며 개화촉진을 다룬 책임에는 틀림이 없을 것 같다. 그는 시나 글뿐만 아니라 글씨와 그림 그리고 교제술도 선천적으로 뛰어나 모든 일에 능통했었다. 그는 흔들리지 않는 굳은 의지와 신념을 가지고 우리나라를 부강한 현대적인 民衆國家로 만들어야 함을 강조하고, 그 방법으로 새로운 지식과 기술을 익힐 것을 역설하면서, 예로부터 달라진 게 없이 내려온 봉건적인 찌꺼기를 개혁하고자 굳게 마음먹었다. 이 같은 생각에 철종의 사위인 박영효도 깊은 관심을 가지고 있었으므로 둘은 쉽게 사귈 수 있었다. 개화당의 조직은 이래서 이루어졌고 여기에서 광범히 김옥균과 가깝게 만나면서 개화당을 만드는 일에 온 힘을 쏟았던 것이다. 더욱이 유대치가 뒤에서 동지를 모으도록 주선한 결과 김옥균과 박영효는 더 많은 동지를 모을 수 있었다. 이리하여 모인 인사들은 일본에서 군사훈련을 받은 서재필 같은 인물들을 포함하여 모두 마흔 명 남짓했다. 이들은 개화당이 생겨난 1880년 초부터 갑신정변이 일어난 1884년까지 사년 동안 김옥균과 박영효의 혁신 정치 이념을 실천하기 위하여 나라 안팎을 부지런히 드나들었다. 그들 활동의 방향은 청나라와의 불편한

관계를 끝내고 실학의 맥락 위에서 근대적인 개혁을 해나가 근대적인
독립 국가를 세우는 데에 맞춰져 있었다. 김옥균이 고종에게 아뢴 말
가운데에 "안으로는 제도를 혁신하여 人力을 기르고, 밖으로는 독립
을 세계에 선포하고 문호를 개방하여 신지식을 받아들여야 한다."라
고 말한 것은 새겨볼 필요가 있겠다. 아쉬운 것은 이들의 독립이나 개
혁의 방법에 친 일본적인 요소가 포함되어 있었던 점이다. 그들의 의
견에 따르면 단순히 우리나라도 일본처럼 발전시키자는 것이지 일본
의 흉내를 내려고 한 것은 아니다.

김옥균이 일본에 관심을 갖기 시작한 것은 김기수 수신사의 복명
서인 「日東記游」를 읽고 난 다음부터인 것 같다. 이 책은 새로이 발
전하는 일본의 여러 가지 문물을 우리나라에 처음으로 소개한 책으
로 우리의 개화 의지를 키워 나가는 데에 이바지했다.

그 책에 자극을 받은 김옥균은 유대치와 박영효와 함께 의논하여
일본의 실정에 밝은 개화스님 이동인을 일본에 밀파시켰다. 그래서
개화당 인사들은 이동인을 통해 일본의 새로운 문물을 대할 수 있었
고 또 평가할 수도 있었다. 더욱이 김옥균과 박영효는 김홍집의 수
신사가 가지고 온 황준헌의 「朝鮮策略」과 어윤중의 「일동기」가 주는
영향을 복합적으로 받았던 것 같다. 이때가 1880년에서 1882년까지
사이인 것 같다.

開化의 政策과 普及

한편 김옥균과 박영효는 개화당을 만든 다음에 나라의 개혁을 꾀
하려면 고종의 신임이 앞서야 함을 깨닫고 왕실과 가깝게 지내는 세
도가, 내시, 궁녀와 같은 사람의 힘을 빌려 그들의 활동을 힘껏 밀
고 나갔다. 어쨌든 고종도 1882년에 임오군란이 끝나고 나서부터 개
화 정책과 보급에 관심을 나타냈기 때문에 더욱 힘을 얻은 그들은
더욱더 활발하게 움직였다. 세계의 정세가 옛날과는 전혀 다르고 미
국, 영국, 프랑스와 같은 나라는 여러 가지 새로운 기계를 발명하여

날로 부강해지고 있다는 김옥균의 말을 국왕도 귀담아 듣게 되었다. 지식층에서도 개화 자강론에 역점을 두고 대원군을 따르는 인물들을 공격하는 성토가 이어질 정도였다. 이즈음에 김옥균은, 우리나라가 빈약할 수밖에 없는 것은 지식층에 있는 사람들이 우리나라의 기술 교육이 다른 나라에 견주어 훨씬 뒤떨어져 있다는 사실을 깨닫지 못한 까닭이라고 말하고, 청년들을 교육시켜 이 나라의 기초를 세우는 데 으뜸가는 일군으로 삼아야 한다고 강조하였다. 그리고 유학생들을 일본에 보내어 기술 교육과 군사 훈련을 받게 하였다. 1882년 3월에 김옥균이 처음으로 일본에 갔을 때 그를 따라간 변수와 김용원은 東京에서 화학과 양잠학을 공부하였고, 신복모와 이은돌은 東京 육군학교에서, 김화원은 가죽 공장에서 저마다 훈련과 기술을 익혔다.

한편으로 박영효는 임오군란 뒤 사절로 일본에 갈 때 박유굉, 박명화를 이끌고 가서 게이오의숙과 동인사에 입학시켰다. 박영효는 사절임무를 마치고 귀국할 때 신문발간을 계획하고 일본인 인쇄기술자 6명과 함께 번 돈의 일부로 인쇄기계까지 사 가지고 왔다. 귀국한 그는 한성부 판윤에 임명되어 신문발행의 허가를 얻고 구체적인 준비를 유길준에게 맡겼다. 그러나 박영효가 한성부 판윤에 임명된 지 넉 달 만에 면직되어 이 일은 실패하였고 그 대신 온건개화파에서 「漢城旬報」를 발행하였다.

박영효는 한정부 판윤으로 있을 적에 김옥균에게 서울의 길을 정비하기 위한 「治道規則」을 쓰게 하여 왕에게 올리고 치도국을 세워서 길을 고침이 시급한 일이라고 졸라 허락을 받았다.

그때에 서울의 民衆은 이른바 개화를 주장하는 박영효가 판윤이 되자 그에게 많은 기대를 걸었고 박영효도 그것을 느끼고 있었다. 그래서 박영효는 급히 길을 고치려 했던 것이다. 그러나 그가 1883년 4월 23일에 경기도 광주부 유수로 밀려남으로써 그 계획은 수포로 돌아갔다.

박영효는 일본의 우수한 경찰 제도와 정비된 치안 질서를 부럽게 여겨 고종에게 신식 경찰제도를 새로이 만들 것을 건의하여 1883년 3

월 2일에 한성부 안에 순경부 곧 경찰국을 만들게 했다. 그러나 이 또한 그가 판윤 자리에서 밀려남으로써 실행이 어렵게 되고 말았다. 또한 박영효는 신식 군대의 양성에도 힘을 기울였다. 일본에서 군사 훈련을 받고 돌아온 사관생도 곧 신복모, 나팔수 이은돌이 교관이 되어 일년에 천명쯤의 청년을 훈련시켰고 이들이 신복모를 따라 갑신정변의 행동대로 참여하였다. 1884년 7월에 서재필이 귀국함을 기틀로 삼아 고종에게 사관학교의 설립을 간청하여 그해 8월 하순에 조련국을 만들었으며 같은 개화당인 홍영식이 우정 사업을 이루어 나갔다.

上流人의 民衆認識

호가 현현거사인 박영효는 열세 살 때에 영혜옹주의 부마로 결정되고 다음 해에 금릉위로 봉해져 정일품 상보국으로 올랐으니 어느 모로 보나 최고의 상류 사회 인사였다. 그럼에도 불구하고 김옥균과 손을 잡게 된 것은 조부 박지원의 영향을 받은 박규수와 오경석·유대치의 개화사상에 영향을 받아 서로의 소탈한 성품과 의기가 맞아 떨어졌기 때문이다. 더욱이 임오군란이 끝난 다음 수신사의 정사로 김옥균·박제경·이종일 들과 같이 일본에 다녀온 뒤부터 개화에 신념과 자신을 갖게 되어 개화당 동지들과 함께 정치의 개혁을 단행해야 한다고 역설하였다.

그해 10월부터 12월까지 석 달 동안 일본에 머물면서 박영효·김옥균은 여러 기관을 돌아보고 이런저런 지도자 여러 명과 면담하는 한편으로 외교 사절과도 회담하였다. 김옥균은 다음 해인 1883년 3월에 일본에서 돌아왔는데 이것은 그가 일본을 두 번째 다녀온 것이었다.

1832년에 한미 수호 조약이 체결된 뒤에 정부는 민영익을 정사로 한 사절단을 파견하였는데 김옥균은 1883년 6월에 세 번째로 일본으로 건너갔다가 일년 만에 돌아왔다. 김옥균이 두 번째로 일본으로 갔을 적에는 박영효와 같이 9월 25일 처음으로 영국 영사를 만난 것을 위시하여 12월 3일까지 석 달 동안 벨기에 대리 대사, 청국 공사, 도

이칠란트 영사, 영국 공사, 미국 공사, 이탈리아 대리 공사, 러시아 공사, 네델란드 공사 들을 차례로 공식 방문하였다는 사실이 民衆을 끔찍이 생각한 박영효가 쓴 「사화기략」에 적혀 있다. 이처럼 개화당의 김옥균과 박영효는 아직 외교 관계를 맺지 않은 나라를 포함한 여러 외교 사절과 회담하면서 세계정세를 파악할 수 있었고 정변의 가능성도 타진해 보았던 것이다. 더구나 김옥균은 세 번째로 일본에 갔다가 돌아온 1884년 5월 3일부터 갑신정변이 일어난 1884년 12월 4일까지 일곱 달 남짓 동안 스무 차례나 주한 미국 공사를 방문하여 개혁과 혁명의 가능성을 타진하였다. 이들은 그 밖에 일본, 도이칠란트, 영국 사절과도 접촉하고 개혁과 혁명의 가능성을 타진해 보았다. 그러나 미국 공사는 힘을 더 잘 모은 뒤에 신중히 일을 시작해 보라는 충고를 해주었고 다른 주한 외교 사절들은 소극적인 태도를 취하였다.

김옥균과 박영효가 두 번째로 일본에 건너가서 다시 돌아오기 두 달 앞선 1883년 1월 12일 정부에는 통리군국사무아문(내아문)과 통리교섭통상사문(외아문)이 설치되어 청나라의 내정간섭이 훤히 드러나고 있었다. 따라서 내아문은 민태호 등이, 외아문은 조영하를 포함한 사대파와 몇몇 온건개화파가 휘어잡고, 이홍장이 소개한 협판 교섭 통상사무 묄렌도르프를 통해 당오전과 당십전을 발행하여 재정의 위기를 막으려 하였다.

政變과 改革의 意志

김옥균과 박영효의 개혁 의도는 독립 民衆國家를 세움으로써 우리나라에서 청나라의 세력을 몰아내는 것을 목표로 하였는데 오히려 그들의 세력과 청나라에 기대는 사대파가 세력을 잡고 있었기 때문에 그들의 갑신정변 의욕은 더욱 촉발될 수밖에 없었다. 김옥균은 고종에게 발등의 불을 끄려고 화폐를 만든다면 오히려 재정의 혼란만을 부채질하게 된 것이라고 반대하였으나, 사대파의 의견대로 화폐 주조령은 3월 16일에 반포되었다. 그러자 일본은 갑자기 태도를 바꾸어 다께조에 주한 일본 공사를 불러들이고, 대리 공사 시마무라를 시켜서 김옥균·박영효와 만나 개화당 인사들이 합심하여 내정 개혁을 추진하게 된다면 일본 정부도 적극 협조하겠다는 뜻을 전달하게 하는 추파 작전을 썼다. 김옥균과 박영효는 그것이 시마무라 한 사람의 뜻이 아니라는 것을 쉽게 알아차리고 그것을 다시 일어설 수 있는 활력소로 생각하였다. 더욱이 그해 10월 20일에 다께조에 주한 일본 공사가 다시 서울로 옴으로써 이러한 혁명의 싹은 더욱 커갔다.

마침내 11월 4일에 박영효 집에서 김옥균을 포함하여 시마무라 공사도 참석한 가운데 김옥균이 내놓은 갑신정변의 계획이 구체적으로 짜여져 12월 4일에 마침내 정변을 일으키게 되었다. 이것은 3日天下, 하루살이 정권으로 끝나고 말았으나 그들이 내건 혁신적인 시정 요강 14조는 눈여겨볼 만한 내용이었다. 문벌의 타파와 가난한 백성의 보호, 민권 옹호, 인재 등용, 탐관오리의 숙청, 경찰정치의 시행, 군제 개편, 인사 문제의 개혁, 긴축 재정의 실시와 같이 실학사상에서부터 이어진 이러한 사상은 갑오동학혁명과 갑오개혁 그리고 독립협회의 개혁운동의 저력이 될 수 있었다는 뜻에서 주목을 끌게 된다.

亡命客의 외침과 最後

김옥균은 1885년에 일본으로 망명하였으나 북해도를 포함한 여러 곳에서 삼년 남짓 숨어 지내다가 동경에 왔는데 이즈음에 유명한 「甲申日錄」을 쓴 것 같다. 주일 청국 공사관의 김옥균 유인 계획이 진행되어 그는 1894년에 일본 고오베를 떠나 상하이에 이르렀으나 그 해 3월 28일 동화 양행 여관방에서 의외로 그를 따라 같이 갔던 홍종우에게 암살당하고 말았다. 그때 그의 나이가 마흔넷이었다. 김옥균의 三和主義는 일본이 한국을 침략할 적에 합리적으로 이용하려했던 것으로 관심을 끈다.

박영효 또한 갑신정변이 실패하자 일본으로 망명하였다. 그런데도 그가 1888년 1월 고종에게 개화 상소를 올린 것으로 보아 開化에 대한 아쉬움이 그때까지도 많이 남아 있었음을 알 수 있고 특히 이 속에 여자의 개화와 축첩론의 금지 따위를 절규한 것은 주목을 끌게 하는 내용이었다. 그는 망명한 지 십년 만인 1894년에 역적의 누명을 벗고 돌아와서 다시 작위를 받고 정치무대에 등장하였다. 그리고 일본 대사의 영향에 힘입어 그해 12월에는 내무대신이 되었다. 정치적인 소용돌이 속에서도 그는 한각이 사직하자 그는 민비 시해 음모 죄로 몰려 다시 일본으로 망명하였다가 1907년 6월에 또 다시 돌아와 궁내 대신이 되었다. 그러나 대신 암살 음모 사건에 말려들어 한 해 동안 제주도에 유배된 일도 있었다. 1910년 이른바 경술국치 뒤에 박영효는 일본으로부터 후작 작위를 받고 중추원 고문이 되었다.

1939년 9월에 일흔아홉 살로 죽을 때까지 조선 식산은행 이사를 포함한 이런저런 벼슬을 지내고 정삼위에 서훈되기도 한 박영효는 일제 밑에서 친일적인 자세를 취하였다. 더욱이 조선 총독부 官報에 보면 그는 전국의 많은 토지를 서슴없이 拂下받는 따위의 일로 애국 지사들의 눈살을 찌푸리게 하였다. 이로써 1880년 즈음에 갖고 있던 개혁과 독립의 신념과 의지와 열망 외침은 거의 사라진 것으로밖에 볼 수 없게 되었다.

김옥균과 박영효는 같은 길, 곧 개혁과 독립이라는 커다란 목표를 향해 갔으나 김옥균은 마흔네 살로 그 못다 푼 한을 안고 갔으며, 박영효는 일흔아홉 해를 살았으나 스물네 살 때에 갑신정변으로 집약되는 개혁의 소용돌이를 대목으로 하여 권력층에 이용당하는 빗나간 삶의 길을 걷고 말았다.

3. 安 重 根
– 民衆救國意識의 存在形態 –

文·武藝의 兼全

國家가 송두리째 일본 손아귀에 떨어지려는 다시없는 위기 속에서 一身의 평안을 돌보지 아니한 애국투사 安重根(1879~1910) 의사는 한민족을 대표하여 民族魂의 건재함을 국내외에 과시하였다.

32년의 온 생애를 나라와 겨레를 위해 고스란히 바친다는 것은 결코 아무에게나 쉬운 일이 아니다. 더욱이 그 순간들이 자기의 名譽와 出世로부터 떠나 民衆救國的 이념으로 온통 점철되었다는 경지에 이르러서는 더욱 추연히 고개만 숙여질 뿐이다. 安義士의 탄생 百周年을 맞는 1979년은 더욱더 超人的 애국지사를 흠모하고 후세인에게 「人間 安重根」의 진면목을 남겨주어야 한다는 史學徒의 사명에서 그의 생애와 사상을 더듬게 되었다.

많은 애국지사가 있지만 文武 그리고 행동과 사상을 兼全한 애국자는 흔치가 않을 것 같다. 安의사는 일찍 四書三經과 通鑑을 통독 이해한 뒤 다시 武藝에 관계되는 書籍도 뒤적이면서 이를 實踐으로 옮겨 獵夫라는 직업을 택한 가운데 말달리기, 창던지기, 활쏘기에서부터 권총연습에 이르기까지 폭넓은 무예를 익혔던 것이다.

그는 건전한 신체에 건실한 정신이 깃든다는 眞理를 깨닫고 文·武藝를 동시에 익혀 人格完成을 向해 줄달음친 것 같다. 결국 自由·正義·眞理·良心의 方向感覺이 곧 나라를 탈취하려는 침략의 원흉을 除去케 된 저력이 되고 實踐力을 발휘한 것으로 해석되고 있는 것이다.

安의사는 文成公 安珦의 26대 손으로 1879年 9月 2日(陰 7월 16일) 황해도 海州邑 廣石洞에서 父 進士 泰勳과 母 趙여사를 양친으로 하고 태어나 32세 때인 1910년 3월 26일 이역만리 형장의 이슬로 잠시 사라졌다. 祖父 安仁壽는 鎭海縣監을 지닌 順興 安씨의 명문거족으로 安의사 같은 門中을 빛내고 국가를 위기로부터 구해내는 데 적극적으로 기여한 人物을 배출하기도 했다. 그는 태어나면서부터 복부에 검은 사마귀 같은 점이 7개나 박혀 있었기에 北斗七星의 영기를 받고 태어났다고 해서 應七이라고 兒名을 썼다고 기록에 전해지고 있다.

그는 2세 때 信川郡 斗羅面 天峰山 아래 淸溪洞으로 이사하여 소년시절을 보냈다고 한다. 이 경치 좋고 살아가기 넉넉하였던 환경 속에서 소년 安의사는 四書三經의 일부와 通鑑을 응용하여 才童이라는 별명을 들을 정도로 注目을 끌었다고 한다. 자라서도 5尺 7寸정도의 작은 키였으나 어려서부터 대담하고 박력이 있어 그 부친으로부터 武藝를 연마하도록 권유받았다고 한다.

따라서 7세 때 말타기와 활쏘기, 창던지기 등을 익히기 5년 만에 百發百中의 신묘한 무술을 보여 주위 사람들을 놀라게 했다는 것이다. 더욱이 사격연습에도 취미를 갖게 됐는데 이 때는 우리나라에 銃이 약간 보급돼 있을 정도였다.

그가 16세 때 우리나라 전라도 일대에서 東學革命이 일어나 일부 폭도들이 東學黨을 빙자하고 良民을 괴롭히자 正義에 불타고 있는 安의사는 분연히 봉기하여 부친을 따라 이들을 진압하는 데 신명을 바친 일도 있었다. 그의 집안은 天主敎 신자였기에 그도 1895년 프랑스 洪神父(錫九: 빌헬름)의 신교로 오묘한 理致를 터득케 되었던 것이다. 여기서 그는 '도마'라는 세례명을 받아 이것도 並行사용하였다.

人間은 信仰없이는 올바른 方向이나 目標를 삼을 수 없다는 神父님으로부터의 간곡한 설득이 奏效한 것으로 생각된다. 그는 가톨릭에 관한 다양한 지식을 얻을 수 있었으며 동시에 프랑스語와 西洋의 科學技術文明의 유용성에 관해 알아듣고 깨달은 바가 많았다. 그가 뒷날 敎育기관을 설치하고 제2세 국민을 교육하여 人才양성을 計圖한 것은 그 같은 이유에서인 것 같다. 西洋에 관한 지식을 하나 둘 얻기 시작한 安의사는 政治意識에도 많은 변화를 일으키게 되었다. 民族獨立과 自由는 하나님으로부터 받은 天賦의 권리이므로 이를 지킨다는 것은 國民된 義務임을 깨닫게 되었다. 따라서 주 하나님의 뜻을 복종하고 그의 의사 속에 살아가야 할 것이라는 사실을 새삼 터득할 수 있었던 것이다. 이러한 어간에 그는 見聞을 넓히기 위해 서울 일대와 上海, 間島, 滿洲까지도 遊歷했던 것이다.

新知識의 受容

그는 17세 때 같은 邑에 사는 金鴻燮의 딸 亞麗와 결혼하여 뒤에 2男 1女까지 두게 되었다. 그는 새로운 보금자리에서 단란한 가정생활을 영위해 나가는 가운데 信仰的으로 더욱 돈독한 경지에 이르게 되었다. 이것이 그의 20代 이후의 人生哲學을 論하게 된 動機이기도 하였다. 그 신앙은 韓國的인 현실로 副應되어 民權守護와 함께 民族사상의 견지와 固守로 구체화되었던 것이다. 民衆思想에 눈을 뜨게 된 安의사는 우리나라의 歷史를 제약된 한계 속에서나마 공부하였으며 世界史에 관해서도 서적을 얻어다가 讀破·터득하였다.

「泰西新史」 같은 世界歷史 책을 통해 산지식을 얻음으로써 급격히 變轉하는 사회에 대처할 마음의 준비도 하고 있는 일방 1898년에 창간된 南宮檍 등의 皇城新聞, 李鍾一 등의 제국신문, 그리고 1904년에 창간된 베셀·梁起鐸 등의 大韓每日申報와 미국에서 발행하는 共立新聞, 浦潮 발행의 大東公報와 같은 민족사상을 선양하고 自主自立의 의지를 촉구하는 신문을 읽으므로 말미암아 더욱더 愛國愛族이라는 信念을 굳히고 있었던 것이다. 더욱이 大韓每日申報가 創刊되던 때는 韓半島의 국제정세가 日·露의 복합적인 침략적 전쟁으로 위기를 더욱 가중시키고 있었던 시기이기도 하였다. 그러므로 安의사의 심중은 어두운 먹구름으로 뒤덮여 있지 않을 수 없었다. 이는 모두 安의사의 20代 후반에 일어났던 歷史的 背景이기도 하였다.

安의사 역시 소용돌이치는 國內外的 압박과 와중 속에서 때로는 교육항쟁, 산업진흥운동, 비밀결사운동 등을 통해 국가와 민족을 구하는 일에 一身을 희생하고 구국쟁취를 위해 적극적인 자세를 취하였다. 그는 「국가가 없고 민족이 일본의 압제 속에서 숨조차 못 쉬는 입장에서 내 한 몸의 평안이 무슨 소용이 있으랴」하는 비장한 각오하에 亡命의 길을 택해 무장항쟁을 구상하였던 것 같다.

이 시기에 安昌浩가 미국에서 돌아와 李甲, 李東寧, 李昇薰과 같이 비밀결사 新民會를 조직하고 3大目標(敎育, 産業, 太極書館 설치 운영 등)를 달성시키기 위해 노력하던 중이었다. 그는 지체치 않고 平壤으로 달려가 島山 安昌浩를 만나 進路를 협의하였다.

이때 島山은 무력항쟁보다는 교육산업운동을 통해 民族의 實力양성이 보다 더 절실한 문제라고 설득하였다는 것이다. 日·露 戰爭이 일어난 1904년 그는 진남포로 이사하는 한편 平壤에 상업조합을 조직하고 경제 활동을 계속하였는데 이는 韓在鎬 宋秉雲 등과 같이 조국의 독립을 위한 새로운 서클로서 출발하였던 것 같다. 물론 1년 남짓 활동하다가 여의치 못하였던 것 같다.

安의사는 父親의 死亡 소식을 듣고 故鄕으로 돌아왔다. 民族의 슬픔과 함께 북받쳐 오르는 비애 때문에 통곡으로 지냈다고도 전해진다. 민족의 분노요, 父親을 여읜 슬픔일 것이다.

敎育을 통한 愛國思想

安의사가 26세 때 우리나라는 乙巳條約이라는 亡國的인 타격을 입고 소위 强制로 「保護國化」의 예속상태로 빠져들어 가고 말았다. 그로서는 抗日救國鬪爭이라는 신앙적이고 민족적인 次元에서의 至上 사명에 따라 국권을 회복하고 민족을 구하는 일에 身命을 바칠 것을 결심하였다.

그는 진남포에 敦義學校, 三興學校라는 교육기관을 설립하여

(1906) 救國人材 육성에 진력하였다. 19세기 말인 1890년대까지의 민족운동자가 在來式 교육을 통해 배출되었다면 1900년대 이후는 이와 같은 신식교육기관을 통해 배출된 人材들이 20세기의 救國人士로서의 責務를 충실히 수행에 나갔다고 생각되며 新式의식을 갖춘 救國의 人材를 養育하였다고 볼 수 있으니 이는 抗日의 旗幟 속에 뭉쳐진 그의 신념이며 方向感覺이기도 하였다.

海外에 떨친 救國意志

한편 乙巳 5條約이 체결된 이후 1910년 韓日合併이라는 庚戌國恥가 이루어져 우리나라를 빼앗기게 될 때까지 國內에서는 愛國啓蒙운동으로 불리는 각종 결사, 교육, 언론과 個別항쟁 의병전쟁 등 무장 항일운동이 치열하게 일어나고 있었다.

그는 島山으로부터 獨立運動의 方向을 진폭 있게 전해 듣고 行功을 開始한 것으로 보인다. 그는 동생 定根에게 家事를 맡기고 비장한 각오로 서울 釜山 元山을 거쳐 우리나라를 떠나 블라디보스토크, 엔치야, 하바로프스크, 쌈와쿠, 아지미, 시지미, 소오녕, 南北間島 일대를 누비고 다녔다. 오직 「조국독립의 염원」 하나만을 위해 그는 동지규합을 구상하였다.

海外 中에서도 沿海洲에서는 10여 만 명의 韓僑가 극심한 곤경 속에 生活해 나가고 있었다. 일찍이 일제의 수탈로 故國에서 살 수 없는 입장이 되어 流亡 생활을 택했던 것이 이곳으로의 移住동기였다. 그는 그곳 한국동포들을 방문하는 자리에서

「국내의 실정은 이제 곧 나라를 송두리째 일본에 빼앗길 절박한 운명에 놓여 있소이다. 우리는 국권을 회복할 때까지 온 국민이 뭉쳐서 각자의 직업에 충실하고 조국을 올바로 理解하여 각자 각자가 힘이 되어야 하겠습니다. 더욱이 伊藤博文의 對韓침략 방침을 분쇄치 않으면 우리나라는 졸지에 망하고 말 것입니다. 위기에 빠진 나라를 구하는 길은 젊은이들이 나와 같이 일어나 총을 들고 왜적과 싸우는

방법밖에 없소이다.」

그의 열변은 비장격월하였고 폐부를 찌를 듯한 날카로운 음성이었다. 이리하여 이미 1907년경부터 伊藤博文을 총살할 생각을 가지고 있었던 것 같다. 그는 백 명의 젊은이를 모아 義兵部隊를 조직하여 全齊德의병부대의 右軍領將이 되어 활약하는 일방 會寧方面으로 進攻作戰을 구상하였다.

이 시기는 歷史的으로 軍隊解散에 앞서 國債報償운동, 海牙密使파견, 高宗의 退位 등 일련의 자극적인 사건이 돌발하고 있을 때였다. 解散된 軍隊는 全國各地 의병전쟁에 加勢하여 전후 20년 동안 계속된 의병 중 가장 치열하였던 한 계기를 나타냈던 것이다.

安의사는 29세 되던 1908년 마침내 國內進攻작전에 나서서 8백 명의 의병을 거느리고 豆滿江을 건넜다. 嚴仁燮부대와 같이 渡江한 安의사의 의병부대는 작전상의 실수를 범해 적진 앞에서 雨中四散되는 비운을 맛보았다. 그러나 安重根 의사는 그것으로 좌절하고 失意에 빠져있지 아니하였다. 국경일대에서 屍山血河를 이룬 가운데 死鬪를 계속하였다. 아마도 善射者로서의 평소에 익혔던 실력이 韓滿 국경을 누비는 救國戰爭으로 구체화된 것이 아닌가 한다.

일단 義兵戰爭에서 큰 성과를 거두지 못한 安의사로서는 다른 突出口를 모색치 않을 수 없었다. 그는 노우기에픈스크(烟秋)에서 우리 民族運動家들이 弘報活動을 위해 發刊하는 大東公報의 烟秋지방 探訪員으로 다시 민족운동을 전개하는 일방, 동료들에게 독립애국사상을 고취하기에 寧日이 없었다. 그는

　　「壯年은 義兵전쟁에 솔선 參與하여 기울어져가는 國權을 회복하고 幼年은 오직 교육에 충실하여 뒷날 英材가 되도록 힘써야 될 것이요, 기타 모든 國民은 이 민족적 현실을 직시하고 産業을 發展시켜 富强의 원동력이 되게 힘써야 할 것이요」라고 동포들의 민족의식 진작을 꾀하였던 것이다. 이 시기야말로 나라의 위태로움이 극에 달한 느낌을 주던 시기였다. 그의 독립운동 방향은 武力鬪爭이 무엇보다도 최

선의 지침이라고 方向을 설정하였던 것이다.

斷指의 愛國血誠

마침내 安重根은 1909년 봄, 露領 哥里에서 동지 12名과 함께 왼손가락 2개를 斷指하면서 血盟하길 「獨立自由」 4字를 썼다. 여기 모인 12명의 동지는 李剛·禹德淳·曺道先·金基烈·白樂吉·朴根植·金太連·安啓麟·李周天·黃化炳·姜斗瓚·劉坡弘 등이었다. 그들은 우선 盟約의 간절한 기도를 올렸다.

> 「하늘에 계신 아버지 하나님 우리 동지 12명은 이제 당신이 주신 이 몸을 국가와 민족을 위해 바치기 위해 斷指하고 싸울 것을 피로써 맹세하는 바입니다. 비록 우리 여러 동지는 연약한 몸이오나 당신의 능력과 주장으로 말미암아 새롭게 勇氣를 주시옵고 나가싸우는데 독수리 같은 기백을 용솟음치게 해 주시옵소서」

라는 눈물어린 비장한 기도에 이어 왼손 무명지를 절단해서 이와 같은 血書를 썼던 것이다. 먼저 安重根이 철철 넘쳐흐르는 피로 맹약서를 쓴 이후 차례로 동지들은 독립투쟁을 위해 헌신할 것을 기약하고 다짐하는 혈서를 썼다. 보는 이의 심금을 울려 뜨거운 눈물이 도가니로 변한 듯하였다. 격앙된 이들의 공통적 의견은 한결같이 平和로운 韓半島에 새로운 불씨를 일으킨 伊藤博文의 對韓侵略 정책을 날카롭게 비판하는 것으로 일치되었고 급기야는 銃殺論이 대두되게 된 것이다. 安重根은 동지 앞에서 근엄한 얼굴을 하면서

> 「그 자는 내가 除去하고 말 것이다. 3년 안으로 반드시 내 손으로 銃殺하고 말테다!」

라는 비장한 각오를 나타냈다. 그런데 사실 安의사가 伊藤博文을 殺害코자 기도한 것은 1907년경이었다. 그가 이 자를 가장 적대시한

이유는 王妃의 弑害, 乙巳 5條約의 체결, 丁未 7條約, 高宗退位, 軍隊解散, 각종 교과서의 燒却처분, 新聞購讀禁止, 第一銀行券發行, 國債 2천3백萬圓의 유용, 東洋平和 교란, 韓國의 실정을 海外에 거짓 선전하였던 것 등 수십 조목에 달하였기 때문인 것이다.

결국 이 같은 조목은 모두 日本의 韓國侵略을 전제로 한 내용들로 伊藤博文이 앞장서서 전부 계획하였던 것으로 믿고 있었기 때문이다.

元兇銃殺의 事前準備

安重根 의사 등 同志들이 斷指를 통해 血盟을 하고 伊藤博文을 銃殺해야 마땅하다는 데에 의견의 일치를 본 시기에 伊藤博文의 滿洲 여행 소식이 전해졌다. 순간적으로 그는 「好機到來」를 가느다랗게 외쳤다. 이 소식은 1909년 10월 22일 블라디보스토크에서 遼東報와 大東公報를 통해 알 수 있었다. 이와 같은 고무적인 소식에 安의사 는 동기 禹德淳 등의 찬동을 얻어 동지를 포섭할 수 있었다. 그리하 여 曹道先·劉東夏를 동지로 찬동을 얻어 哈爾賓에 오는 伊藤博文을 살해하기로 결심하였던 것이다.

伊藤博文이 來滿하게 되는 目的은 표면적으로는 個人資格임을 표 명하였으나, 실은 長春 이남의 南滿洲 鐵道敷設權利와 이에 따르는 제반 권익을 확보하고 淸國의 끈질긴 요청을 타기할 이유에서 露側 의 협조를 구하려 하였던 것이다. 이의 상대방 책임자는 露側의 꼬 꼬흐체프였던 것이다. 安重根 의사가 이것을 모를 리 없었다. 伊藤博 文이라는 자가 韓國을 침략하고 장차 滿洲일대까지 手中에 넣으려는 야심이 충만해 있음을 잘 알 수 있었다. 公憤을 위해 결연히 일어난 것이며 國賊의 除去를 위해 동지를 규합하였던 것이다. 安의사는 擧 事를 위한 즉흥시를 지었다고 하는데 이것이 몇 가지 기록에 비치고 있다. 그에 따르면,

「장부가 세상에 처함이여, 그 뜻이 장하도다. 때가 영웅을 만듦이

여, 영웅이 때를 만드는 도다. 천하를 응시함이여, 어느 하간에나 업을 마련함일까. 동풍이 점점 참이여, 장부의 의기가 용솟음침이로다. 분연히 한번 감이여, 반드시 목표를 달성함이로다. 쥐도적 쥐도적이여, 어찌 즐겨히 목숨을 비길꼬나, 어찌 이에 이를 줄을 헤아렸으리오. 사세가 고연할지로다. 한동포 한동포여, 속히 대업을 성취할지어다. 만세 만세여, 대한독립이로다. 만세 만세 대한의 동포로다.」

실로 가슴을 쥐어짜는 듯한 大韓人의 기백과 용기가 철철 흘러넘치는 강렬한 내용인 것이다. 감격적이고 의욕에 넘치는 애국적 노래임에 틀림없다. 그는 大東公報社의 李剛主筆에게 전보로 거사할 重大事를 의논하고 禹德淳 曹道先 劉東夏를 불러 寬城子를 수호케 한 뒤 자신은 곧 伊藤博文이 來滿하여 도착 예정지인 哈爾賓으로 갔다. 이곳은 큰 停車場이었기에 외국의 귀빈이 오면 경계가 극심하리라는 판단 속에 이 역전의 정거장인 蔡家溝에서 停車할 때 거사할 계획도 세웠다고 한다. 그러나 哈爾賓으로 직행여하 下車하고 동시에 대대적인 환영식이 있으리라는 報道를 듣고 즉시 그리로 달려간 것이다. 그는

「늙은 도적놈이 이곳에 오는가, 이는 하늘이 주신 나의 최대의 선물인 것이다」

하고 哈爾賓역으로 중국인처럼 변장한 채 달려가 기다리게 되었던 것이다. 침략의 원흉을 除去할 원대한 계획은 이미 3년 전부터 단행할 계획을 세웠다. 그는 오른쪽 포켓에 尹致宗(사냥꾼)이 갖다 준 8연발 부로닝 권총을 지닌 채 哈爾賓驛으로 달려갔다. 그는 構內食堂에서 차를 마시며 伊藤博文이 도착하기만을 고대하고 있었다. 이곳에는 벌써부터 露軍 경비병이 수천 명이나 삼엄하게 감시하면서 웅성거렸고 각국의 領事團과 관광객까지 숲처럼 운집해 있었다. 실로 수만 명이나 되는 군중집회장소 같았다.

元兇의 銃殺

한편 蔡家溝에서 一泊을 한 나른 동지 禹德淳·曺道先 등은 驛까지 出迎하다가 총살할 생각을 가지고 있었으나 그가 탄 列車는 그대로 역을 통과하고 있었다. 10월 26일 奉天을 出發한 伊藤博文 탑승의 列車는 26일 오전 9時 30分頃 哈爾賓驛에 도착하였다. 군악이 번갈아 연주되며 禮砲는 앞을 다투어가면서 발사되었다. 환영의 인파 속에 伊藤博文은 미소를 머금은 채 露國 藏相 꼬꼬호체프의 영접을 받고 서서히 플랫폼을 밟고 역 광장에 대기해 놓은 승용차에 탑승하게 되어 있었다. 그는 露·淸軍의 군악대 및 의장대가 도열하고 각국 外交使節, 日本居留民團이 늘어서서 日章旗를 흔들어 환영하는 人波를 헤치고 나와 査閱을 끝낸 뒤 外國使節들과도 악수를 나누었다. 伊藤博文이 露國 藏相과 악수하고 의장대의 경례를 받으며 간략한 對話를 나누면서 出迎 나온 人士들과 일일이 악수를 교환하였다.

이때 安重根 의사는 露軍의 등 뒤 10步 거리에 서서 권총을 들어 3번 발사하니 이 3발은 모두 그의 肺腹部에 命中함으로써 그는 두어 발자국을 가다가 이내 피를 토한 채 쓰러지고 말았다. 이어 당긴 방아쇠는 수행원들을 땅에 눕게 하였다. 수행원은 哈爾賓總領事 川山俊彦과 宮內大臣秘書官 森泰次郎 南滿鐵道會社理事 田中淸次郎의 3名이었다.

이 같은 快擧가 있었음에도 불구하고 요란한 火砲소리에 경비병이나 환영군중은 잘 판별치 못하다가 侵略의 元兇이 쓰러진 후에야 비로소 알 수 있었다는 것이다. 삽시간에 환영식장은 아비규환이 되고 말았다. 수천 군대가 다 흩어져 달아나고 감히 接近치 못하였다. 조금 뒤에 탄환이 다하여 요란했던 총성이 멎으니 호위감시병이 갑자기 몰려들어 安重根의 권총을 빼앗아 헌병에게 주려 하였다. 이때 安重根은 그 권총을 거꾸로 처들고 「세상이 이제야 太平無事하게 되었다」고 외친 후 세 번에 걸쳐 큰 목소리로 「대한 독립 만세!」를 열창하였다. 이윽고 露軍 將校에게 체포되었다. 韓國獨立運動之血史에

의하면

> 「내가 어찌 도망할 사람이냐. 내가 혹시라도 도망하려 하였다면 死
> 地에 들어오지 않았을 것이다」

라고 기록해 놓고 있는 것을 보면 安의사의 넘치는 기백, 굽힐 줄 모
르는 신념, 애국애족의 결의가 굳어져 있음을 알 수 있는 것이다.
  땅에 쓰러져 헐떡이고 있던 伊藤博文은 10分 후에 비참한 최후를
마치고 말았다. 따라서 全地球는 경악과 감격의 함성을 터뜨렸으며
많은 외국사람들은 한결같이 입을 모으면서

> 「한국에 분명히 人物다운 人物이 있다」

고 칭송을 아끼지 않았다고 전해진다.
  安重根은 伊藤博文의 死亡을 확인한 뒤

> 「천주님이시여 마침내 침략의 원흉은 죽고 말았습니다. 제게 능력
> 을 주시고 힘을 용솟음치게 한 깊은 은혜를 감사하나이다!」

하고 가슴에 천주님을 그렸다. 꿈에도 못 잊어하던 伊藤博文이란 「
늙은 도적」을 처단해야 하겠다던 원대한 이상이요, 민족적 사명이기
도 하였던 이 같은 壯擧는 온 국민의 용기와 자립 의욕을 불러일으
켰다.
  당시 上海에 亡命中이던 金澤榮 志士는 이 소식을 듣고 즉흥시를
지어 간격의 순간을 재현시켰다.

> 「평안도 장사 두 눈을 크게 뜨고 염소 새끼 죽이듯이 나라 원수
> 쓰러뜨렸다네. 안 죽고 살아남은 덕으로 이 좋은 소식을 들을 줄이
> 야. 어와 춤과 노래 한바탕 국화마저 으스대니 해삼위라는 큰 매 하
> 나 쓸고 휘두르더니만 하얼삔역 광장 머리에 벼락이 쳤도다. 육대주

영웅호걸 몇몇 분이나 계실꼬. 모두들 가을바람에 수저가락을 떨어뜨
렸도다」
(不安壯士目雙張 快殺邦讐似殺羊
未死得聞息好 狂歌亂舞菊花傍
海蔘港裏鵲摩空 哈爾賓頭霹火紅
多少六洲豪健客 一時匙箸落秋風)

東洋平和論과 反平和主義者

安重根이 체포된 뒤 韓國獨立運動團體들은 그가 日本 경찰에 인도
되지 않게 하기 위하여 百方으로 주선하였으나 露國의 주장으로 끝
내 일본으로 인도되고 말았다. 그리하여 2일 뒤인 10월 28일 日本
헌병대에 넘겨져 혹심한 고문이 시작되었던 것이다. 동시에 동지 禹
德淳 曺道先 劉東夏도 각기 체포되어 송치되었다. 安의사는 旅順監
獄에서 6개월간이나 계속되는 惡刑 속에서 온몸이 마비될 정도로 큰
고통을 입었다. 배후나 동기 등을 캐묻고 있었던 것이다. 2尺 5寸
가량의 높이가 되는 安의사 관계서류는 그와 관련된 10여 명의 동
지관계조서 그리고 그의 東洋平和論에 해당할 수 있는 獄中 연설문
도 포함되어 있었다. 安의사는 旅順關東都督府地方法院법정에서 재
판관 眞鍋十藏의 심리 아래 10여 번에 걸쳐 재판을 받았다. 여기서
주고받는 供招는 사실상의 그의 동양평화론이라 해도 과언이 아니었
다. 특히 獄中에서 저작한 동양평화론은 대단히 유명한 文章이었다.
그의 동양평화론은 伊藤博文의 東洋平和破壞論에 대한 반박과 그
대책으로부터 비롯되는 理論인 것이다. 따라서 그는 伊藤博文이 살
아 있다면 韓國이 亡함은 물론 日本도 亡할 것이라고 주장함은 경청
할 필요가 있는 것이다. 伊藤博文을 총살시키지 않고 東洋의 영구한
평화가 到來할 수는 없는 것이라고 그는 판단하였던 것이다. 옛말에
主辱臣死라는 말과 같이 나라가 욕을 당하거나 군왕이 被辱된다면
百姓은 마땅히 죽어야 한다는 것이 그의 애국적 이론이기도 한 것이

었다. 따라서 죽어도 그의 一身에는 후회될 것이 없다고 결심한 뒤 희생이 되어야 한다는 사실을 스스로 깨닫게 된 것이다. 그는 伊藤博文 총살형은 곧 義兵戰爭의 큰 승리라고 확신하였으며 그것이 그의 애국적 투쟁의 途程이었다고 믿고 있었다. 그러므로 당당히 大韓의 召命대로 위대한 독립전쟁을 수행하다가 체포되었으니 이는 죄인이 아니라 당당히 生捕된 것이라고 강조하면서 마치 刑事被告人처럼 다루는 것은 국제관례상 있을 수 없다는 것을 주장하고 있었다. 그러므로 國際公法에 의해 공개리에 재판할 것도 아울러 강조하였다.

동양 곧 아세아의 새로운 정치적 질서를 교란시킨 죄인은 그가 어느 나라에 소속된 人物이건 제거해야만 곧 평화가 정착되고 온 아세아인이 太平을 구가할 수 있다고 말한 것이다. 그가 日本을 지목하여 성토하고 규탄하는 이유는 곧 그 나라 政界 지도자인 伊藤博文이란 자가 韓國뿐 아니라 滿州를 비롯하여 아시아의 몇몇 나라에까지 손을 뻗쳐 침략을 단행하려 획책하였기 때문인 것이다. 그가 동양평화를 害코자 한 과거의 사실을 들추어 보면 1894년 對淸戰爭을 우리나라에 일으켜 淸을 逐滅하여 타격을 준 뒤 정치적 경제적 군사적 지배권을 강화하고 韓半島에 일대 위협을 가함으로써 東洋을 破局으로 몰아넣고 말았다. 1904년에 개시된 對露전쟁에서도 露國을 물리쳐 또다시 아세아의 강자로 君臨하였던 것이다. 이것이 곧 동양의 영원한 평화를 파괴하는 처사임이 명백히 나타났던 것이다.

日露戰爭 때도 韓國의 獨立을 보장하며 동양평화를 유지하기 위해서는 부득이 武力을 사용치 않을 수 없다고 闡明하였던 것이다. 韓國人들이 軍需品이나 人力을 협조한 것은 곧 韓國의 평화는 물론 東洋의 평화를 애호하는 국민적 열망의 구체적인 모습이었다고 그는 믿고 있었다. 日本이 對露戰에서 승리할 때 韓國人은 이제야말로 동양의 평화는 정착되는 것인가 하는 안도의 입장을 취하고 있었던 것이다.

그러나 乙巳 5條約을 체결한 1905년 11월 17일 이후 그가 伊藤博文을 銃殺할 때까지 동양의 평화가 정착되리라고 믿었던 韓國人은 모두 배신감에 절치부심치 않을 수 없었다. 이미 논급한 高宗의 退位,

利權의 被奪, 國債勒負, 敎育言論結社의 탄압, 軍隊解散, 사법 감옥의 접수 등 수많은 정책이 韓半島의 침탈로 끝나는 것이 아니고 동양평화를 위협하는 重大문제가 될 수 있나고 믿었던 것이다. 따라서 그의 최종적인 책임이 누구에게 달려 있는 것인가를 추적해 본 결과 그 책임은 伊藤傳文이라는 침략의 巨物이 뒤에서 조종하였다고 생각한 것이다.

결국 이와 같이 절박하고 위기가 겹치는 속에서 韓國人 男女는 자유와 평화를 되찾기 위해 몸부림쳤음을 상기시키고 있다. 抗日義兵戰爭을 비롯하여 교육, 언론, 학회의 上疏, 密使파견, 殉國 등의 不斷한 항쟁을 계속하였는데 이렇게 투쟁하게 된 절실한 목표는 두말 할 필요 없이 대국적인 견지에서 동양의 평화를 파괴한 作態라고 생각하였기 때문인 것이다. 따라서 동양의 평화는 동양에 속한 어느 한 나라라도 외부로부터 침해를 받으면 파국이 될 수밖에 없으므로 어느 나라의 國民이건 봉기하여 파괴자를 응징해야 할 것이라고 믿었던 것이다.

그럼에도 불구하고 伊藤博文은 소위 日本의 「保護統治」가 마치 한국을 옹호하는 최선의 수단인 것처럼 가장해서 對外的으로 선전할 뿐 아니라 보호통치의 정당성과 함께 韓國人의 自請的 보호론까지 조작 날조하는 천인공노할 만행을 자행한 것으로 확신하고 있었던 것이다. 伊藤博文을 살해코자 한 것은 安의사보다 앞서 無名의 韓國人이 여러 번 試圖해 본 것으로도 韓國人의 동양평화를 애호하는 열의를 짐작할 수 있는 것이다.

安의사도 그 중의 한 사람임에 틀림없다. 그리고 그의 경우 온 국민의 열망을 대변해서 장쾌히 성사시켰던 것이다. 그의 동양평화론은 公判廷에서 당당하게 진술하는 가운데 이처럼 명확히 제시되고 있는 것이다. 그는 옥중에서 하루도 빼놓지 않고 글을 읽고 平和를 연구하였던 것 같다. 그리고 옥중에서 쓴 글만도 적지 않았던 것 같다. 이것은 법원의 지원이나 刑吏 취조관의 요구에 의해서였다고 한다. 이같이 평화를 애호하고 한국을 독립시키려 했던 애국사상이 어린 漢詩句는 적지 않게 남아 있어 가끔 발굴되는 것을 볼 수 있다.

동양평화를 갈망하는 그의 사상을 엿볼 수 있는 것을 보면

「동양의 대세 살피니 어둡고 어둡도다. 뜻을 가진 男兒 어찌 편안히 잘 수 있겠느냐 평화 정착 못 이룸이 이렇게 슬플 수 있을꼬 정치적 책략을 고치지 않음은 실로 불쌍하구나(東洋大勢思杳玄 有志男兒豈安眠和局未成猶慷慨 政略不改眞可憐). 이로움 보면 정의를 생각하고 위기를 보면 목숨을 주라(見利思義 見危授命).

그의 동양평화론은 未完成인 채 전모를 상세히 알 수 없으나 천부적 福樂을 외부로부터 침해받지 않고 유지하고 즐기는 데 眞價가 있다고 믿었다. 경쟁하고 시기하여 죽이는 사태로까지 帝國主義的 수법이 波及되어 온다면 이는 안전과 평화에 重大 위협이 아닐 수 없다고 생각한 것이다. 그는 伊藤博文의 총살형은 自由正義 眞理의 이름과 大韓 2천만 동포의 시킴에 따라 결행한 동양평화 정착을 위한 名實이 부합되는 實踐의 위대하고 不斷한 決行이었다고 결론짓고 있는 것이다.

永遠한 大韓人의 最後

安重根 의사는 전후 11회에 걸친 檢察官 신문과 公判陳述을 통해 독립지사로서의 소신 있는 답변을 했으며 그때마다 동양평화애호의 사상이 넘쳐흐르고 있었다. 그의 死刑은 전격적으로 處理됐고 1910년 3월 26일 두 동생에게 유언을 남긴 채 32세라는 아까운 나이로 日本에 의해 희생당하고 말았다. 그는 죽음에 이르러

「사람은 한 번 죽는 법이지 두 번 죽지 않는다. 죽음을 두려워할 내가 아니다. 삶은 꿈과 같고 죽음은 永眠하는 것이다. 조금도 어려운 일로 생각해서는 안 된다. 우리나라는 반드시 독립이 이루어지고 또 동양평화는 정착되고야 말 것이다.」

라고 하면서 끝까지 동양평화가 期圖되기를 요망한다고 말한 뒤 동양평화 萬歲를 삼창할 것을 요청하였다. 그러나 이것은 外面당한 채 이날 오전 10시 15분 殉國 昇天하였던 것이다.

그의 연루자였던 禹德淳은 징역 2년, 曺道先 劉東夏는 징역 1년 6개월씩을 받았다.

그는 애국자로 崔益鉉·趙秉世·閔泳煥·金奉學·閔肯鎬를 들고 있는데 이는 공교롭게도 거의 義兵將의 신분이었다는 점이 그 자신의 과거 항쟁 경력과도 一致하고 있는 것이다.

交友와 愛國理念

그의 交友關係를 보면 가장 친하게 지냈던 인물은 第一銀行券 40圓으로 권총을 구입해 준 江界人 尹致宗을 들 수 있고 그 외 寧邊人 洪致凡, 강원도인 金基烈이 있으며 李剛, 鄭濟岳, 玄仁錫, 鄭警務, 金宋漢, 企才基, 李鍾就, 韓在鎬, 宋秉雲과 新民會 관계의 安昌浩, 李東輝, 李甲, 李昇薰, 柳東說 등이 있다. 그리고 12名의 斷指同盟者도 빼놓을 수 없는 交友들이었다. 洪範圖, 車道善, 崔在亭, 崔鳳俊, 李相卨, 李瑋鍾, 田明雲, 李春三, 柳麟錫 같은 의병장 내지는 獨立志士들과 빈번한 사상적 교환을 전개한 것 같다.

鄭大鎬, 金成博(白), 禹德淳, 曺道先, 劉東夏, 金成燁, 金衡在, 卓公圭, 洪時濬, 李珍玉, 金成玉, 方士瞻 등 伊藤博文 銃殺과 관련지어진 獨立志士로서의 交友關係도 있었던 것 같다. 그 외에도 交友관계는 있었던 것으로 믿거니와 安重根 의사가 獨立志士로서 맺은 交友는 이상으로 대략 망라된 것이 아닐까 생각된다.

그의 영원한 大韓人으로서의 또 한가닥 기백을 알 수 있는 內容으로서는 死刑 직전에 2천만 동포에게 遺言을 남긴 것을 들 수 있겠다.

「내가 韓國의 독립을 회복하고 東洋平和를 유지하기 위하여 3년 동안 風餐露宿하다가 마침내 그 목적을 이루지 못하고 이곳에서 죽느니, 우리 2천만 兄弟姐妹는 각각 스스로 분발하여 학문을 힘쓰고

産業을 진흥하여 나의 끼친 뜻을 이어 自由獨立을 회복하게 된다면 죽는 자의 심정은 평온하고 遺恨이 없겠다.」

라는 비장격월한 내용이었다. 그리고 臨死 직전에 찾아간 두 동생에게

「내가 죽은 뒤 나의 시체는 대한 독립이 회복되기 전에는 고국에 返葬하지 말고 哈爾賓 공원 부근에 매장하여 世界亡國民들의 戒鑑이 되게 하라」

는 요지의 피 끓는 우국충정을 말해 듣는 이의 가슴마저 뭉클하게 하는 바가 있었다. 이 같은 그의 32년 동안의 행적을 살펴보면 하루라도 「국가와 민족」이라는 民衆意識의 거룩한 바탕에서 떠나본 적이 없는 愛國人物 中의 인물이라고 判斷되고 있다. 침략자를 총살한 많은 애국지사가 있으나 安重根 의사처럼 애국행동과 민중의식을 兼全한 인물은 그리 흔치 않다. 따라서 자칫하면 자객으로서 멈추는가 하면 오히려 思想家로 그 의미가 부각되는 경우도 없지 않았다. 그러므로 애국과 그 사상을 겸비해서 조국광복에 헌신하여 一身의 안위를 돌보지 않은 인물은 손꼽을 정도였던 것이다.

中國人도 安重根의 의거를 높이 칭송하고 그의 死刑을 못내 아쉬워하고 있음을 보면 그는 한국인이지만 東洋의 人物이라는 사실에 눈을 돌리지 않을 수 없다.

본명 大韓男兒 安重根 의사의 快擧는 대국적인 견지에서 볼 때 동양평화의 달성과 정착을 위해 희생의 디딤돌이 된 경우라고 평가할 수 있는 것이다.

따라서 우리는 安重根 의사의 애국 애족적 壯擧가 大韓의 自主獨立은 물론 東洋의 平和와 번영을 위한 시금석적인 위업의 시초였다는 사실을 거듭 인식하고 높이 평가해야만 할 것이다. 영원한 韓國人 安重根 의사의 탄생 百周年을 맞는 오늘날의 시점에서 그의 再評價는 마땅히 다각적으로 이루어져야 하며 그의 記錄들은 유루 없이 정리되고 이용되어 眞價가 다시 알려져야 할 것이다.

4. 李鍾一과 吳世昌
- 民衆救國의 隊列 -

民族代表의 共通點

이종일과 오세창은 3·1운동 때에 천도교 대표로 삼십삼인 가운데에 든 사람들로서 이 땅의 선각지도자로 손꼽히는 언론인이며 개화사상가이며 독립운동가이다. 묵암 이종일의 비망록에 따르면 이종일은 3·1운동을 수행하는 데에 적지 않게 이바지하였다. 이런 새로운 자료의 출현은 한국 현대사의 연구 방향을 찾는 데에 매우 중요한 의미를 띤다. 여태껏 이종일은 민족 대표 삼십삼인 가운데 한 사람으로서 독립 선언서를 인쇄하는 책임을 맡았던 것으로만 알려져 있었다. 하기는 민족 대표 삼십삼인 중에 아직도 우리 국민의 머릿속에 남아 있는 이름은 그렇게 많지는 않을 것이다.

오세창은 1864년에 서울에서 해주 오씨 慶錫의 아들로, 이종일은 오세창보다 여섯 해 먼저인 1858년에 충청남도 瑞山에서 성주 이씨 교환의 아들로 태어났다. 두 사람의 출생이나 신분은 달랐다. 오세창은 대대로 중인인 역관 집에서 태어났고 이종일은 일찍이 개화한 양반 집안에서 태어났다. 신분이 이렇게 달랐으나 이 두 사람은 근대 개화의식이 누구보다도 투철했고 신념에 가득 차 있었으며 천도교인이 된 뒤부터는 교리 연구와 함께 구국의 의식을 늘 현실 개혁에 적용시키려고 애썼다. 특히 이종일의 경우에는 1910년 8월에 창간한 「천도교회월보」에 수백 편에 이르는 교리 연구 결과를 발표하여 자신의 사상을 널리 펼치려 애썼다. 그러나 그때에는 이종일보다 여섯

살이 아래인 오세창이 더 영향력이 컸었다. 손병희는 우수한 두뇌를 천도교에 영입시킨다는 의도로 이 두 사람을 천도교에 들어오게 한 것 같다. 물론 경찰 신문 조서에 보면 이종일이 천도교인이 된 것은 홍산에 사는 최학래라는 신도의 권유였다고 말하였으나, 그가 1898년 8월에 민간 일간지인 「제국 신문」을 창간하여 십년 넘게 운영하면서 동학 삼세 교조인 손병희와 깊이 사귄 것이 천도교인이 되게 한 계기였다. 스스로 쓴 저서에서도 그는 東學을 구국의 차원에서 긍정적으로 받아들이고 있다.

民衆意識의 表現

오세창이나 이종일은 둘 다 뛰어난 재주와 투철한 민족의식을 가졌던 것으로 보인다. 오세창은 역사 인식의 정도가 깊었을 뿐만 아니라 특히 서화에 일가견을 가지고 있는 예술가이기도 하였다. 그것은 이 방면에 조예가 깊은 그의 아버지 오경석의 영향이 컸기 때문이었다. 그러나 스무 살 전까지의 그의 행적은 뚜렷이 나타나 있지 않다. 그가 개화 의식에 눈떠 국가관·민족관을 뚜렷이 세울 수 있었던 것도 아버지의 영향력에 힘입은 바가 컸기 때문이었던 듯하다. 그것은 그가 신학문을 제대로 배우지 못했음에도 불구하고 개화 정책에 참여하여 실무를 잘 수행했던 것을 보면 알 수 있는 일이다. 그는 스물세 살 때인 1886년 곧 고종 23년에 세 해 전에 세워진 박문국의 주사가 됨과 함께 「한성·순보」의 기자도 되어 「한성주보」를 발간하는 데에 앞장섰다. 「한성순보」는 통리아문의 참의와 同文學인 온건개화파 김만식이 창간하였다. 그러니까 그해 8월 17일에 정부 안에 博文局이 설치되고 9월 7일에 편집 실무원이 임명된 뒤에 인쇄 기계와 신문 용지를 구입하여 10월 30일에 「한성순보」의 창간호가 나왔던 것이다. 이 신문은 꽤 많은 부수를 발행하면서 1884년 12월 4일에 일어난 갑신정변 때까지 열네 달 동안에 40호가 넘게 간행되었다. 폐간되었던 이 신문은 정변이 끝난 지 다섯 달 만에 속

간 허가가 나와 1886년 1월 25일 서울 교동에 재건한 博文局에서 「
한성주보」로 바뀌어 나왔다. 오세창이 주사며 기자로 활약한 것은
이 무렵인 것으로 보인다. 그러나 博文局의 경영난 때문에 이 「한성
주보」도 이년 반쯤 유지되다가 1888년 7월 17일 폐간되고 말아 문
명개화를 추구하였던 언론의 발전은 큰 진전을 보지 못하는 안타까
움을 맛보았다.

따라서 그는 같은 기자로 개화 운동에 앞장섰던 개화파 정만조,
장박, 박영선, 강위, 오용묵, 여규형 같은 동지와 같이 재야에 묻혀
전통적인 한학 연구에 몰두하는 가운데에 1894년에 갑오개혁을 맞
게 되었다.

서른세 살의 오세창은 온건개화파 인물들이 많이 참여한 가운데
實學사상의 부분적인 재현 및 실현을 위한 노력의 하나로 해석되는
이 갑오개혁의 중추 기관인 군국기무처의 낭청 총재 비서관이 되어
그때에 중요한 막후 실력자로 직무를 수행한 것 같다. 그러므로 그는
자신의 개화 의지를 자신의 경륜대로 점차로 펴나갈 수 있었던 것으
로 보인다. 그 뒤에 농상공부라는 신식 중앙정치기구의 참의와 우정
국의 통신국창을 역임했던 것으로 알려져 있다.

開化意識의 受容

한편 이때에 호를 묵암, 옥파, 중헌, 중고산인, 천연자라고도 즐겨
썼던 이종일은 어떻게 성장하고 있었을까? 그는 충청남도 태안군 북
이면 정포리(현재 서산군)에서 태어난 뒤에 집안의 어른들로부터 한
학을 배운 듯하다. 그러다가 열 몇 살 때에 서울에 올라와 유력 인
사들을 찾아다니면서 민중의식의 바탕을 마련하는 데에 힘을 기울인
것 같다. 그러나 그때의 그의 행적을 더듬어 볼 만한 자료가 부족하
여 여러 가지로 분명치 않은 점이 많다. 그가 스물다섯 살 때인
1882년에 사신 박영효를 따라 일본에 다녀온 뒤 정삼품관에 올랐다
고 하나 확실치는 않다. 벼슬이 어떠하였다는 것이 중요한 게 아니

고 그가 이른바 메이지 유신을 한지 십오 년 만에 일본의 개화된 모습을 골고루 보았다는 사실이 그를 이해하는 데에 더욱더 중요하다. 왜냐하면 그는 스물다섯 살이 되기 전까지는 性理學的인 지배 질서나 그 지도 이념이 가장 정당한 이치로 알고 전통적인 사상 속에 안주하고 있었는데 발전하고 있는 일본을 돌아보고서는 마음의 변화가 소용돌이쳤기 때문이었다. 그와 같은 사실은 그가 그때를 회고하는 글 가운데 '開化'에 관한 새로운 의식을 터득하였다는 솔직한 심정을 숨김없이 털어놓음으로써 느낄 수 있는 일이다.

오세창이 갑오개혁에 막후에서나마 참여하고 있을 때에 이종일은 중추원 삼등의관을 한 해쯤 지내고 동지들과 광화학교를 세워 교육의 중요성을 다시 한번 강조하였다. 시골 선비인 이종일은 그렇게 하여 점차로 開化 운동에 적극성을 띠었고 같은 생각을 가지고 있었던 동지들과의 회합도 의미 있게 이루어졌다.

제국신문과 여성해방운동

이종일이 이문사라는 인쇄소의 동지들인 이종면, 유영석과 같이 「대한제국민력회」라는 순수한 민간단체를 조직하고 민권운동을 일으켰던 것은 결코 우연한 일이 아니었다. 그에 따르면 그가 마흔 살까지는 性理學的인 지도 이념에 순응하여 관직이나 학문이나 인격 수양을 하는 데에 애썼으나, 대한 제국이 탄생되어 새로운 서구의 문물을 접할 수 있게 된 뒤로는 척사 위정 사상만이 유일한 민족사의 정통성을 고수하는 온당한 방법인 것처럼 느껴왔던 종래의 생각을 과감히 바꾸어 개화에 긍정성을 띠기 시작했다. 게다가 중국에서 들여온 개화 촉진에 관한 새로운 책을 읽은 뒤 더욱더 신사상과 선진 이념의 필요성을 강조한 것 같다. 따라서 묵암은 「대한제국민력회」를 바탕으로 하여 1898년 8월에 이문사의 동지였던 이종면, 유영석과 같이 「제국신문」을 창간하여 1907년 경영난으로 다른 사람의 손에 넘어갈 때까지 십년쯤 동안을 중류가 못되는 계층의 사람들과 부녀자를 대상으로 하여 민중 계몽과 신문화 보급 운동에 선구자적인 구실을 다해냈다. 이 시기에 「제국신문」은 독립협회 여자 회원의 기관지로서 활약해 온 것으로 보인다.

한편 오세창은 1896년 독립협회가 민권 쟁취, 정치 개혁, 君權 확립 같은 일대 현실 개혁의 實學 재현 운동을 양반과 중인과의 협동으로 일으키고 있을 때에 일본 문부성으로부터 외국어학교의 조선어 교사로 초청을 받아 일본에 한 해쯤 동안 머물고 있었다. 그래서 그는 독립협회나 대한제국민력회 운동에 실제로 참여하지 못하고 말았다. 오히려 이종일은 국내에 있었기 때문에 개화 운동을 더 차원 높게 펴나갈 수 있었다. 언론인으로서의 두 사람은 신문을 통해 개화 사상을 강조하였고 그 보급을 위해 온 힘을 기울였다. 오세창은 이종일보다 십년이나 먼저 언론계에 종사하기 시작하였는데 신문을 통한 개화운동이나 구국운동의 경우에서는 이종일보다 더 큰 비중을 차지하고 있었다.

이종일이 언론계에 처음 관계한 것은 마흔한 살 때인 1898년에 창간을 본 「제국신문」의 사장직을 맡은 뒤부터였다. 1898년 1월초부터 「제국신문」을 창간하려고 동지들과 자주 만나 서로 많은 의견을 교환했음을 갖가지 자료로 알 수가 있다. 이 시기는 또한 독립협회에서 만민 공동회를 계속해서 개최하여 정부의 무능, 부패, 부정을 규탄하고 있을 때여서 이 신문이 민권쟁취운동을 뒷받침해 줄 수 있었다. 이 신문은 「황성신문」보다도 한 달 앞서 창간되어 일간지의 형태로 발전하였다. 이종면의 명의로 농상공부에 제출된 신문발간청원서에, 「문명개화하려면 신문만한 존재가 없다」고 외친 것을 보면 언론인으로서의 사명 의식이 투철하였고 개화의 의지가 뚜렷하였던 듯하다. 이 신문은 서울 한양동에 본사를 두고 부녀자와 독립협회 여자 회원들인 찬양회의 활동을 옹호하고 후원하며 그들을 대상으로 하여 경영과 편집의 방침을 세웠다. 이종일은 이 신문을 통해 民衆, 민권 의식을 고취하였고 여자의 사회 진출과 여자 교육의 당위성, 여자의 사회 기여도를 강조하였다. 그 뒤에 그는 황성신문사에서도 논객(논설위원)으로 참여하는 한편으로 오세창, 권동진, 이인직 같은 사람과 같이 손병희의 권유로 1906년 6월에 천도교의 기관지 「만세보」를 창간하였다.

오세창은 1902년 일본으로 망명하였다고 하는데 손병희와 양한묵의 권유로 동학이 천도교로 그 명칭이 바뀐 뒤에 입교한 것으로 보인다. 손병희는 일본에서 돌아온 후 믿었던 이용구가 배신행위를 하게 되자 그를 내쫓고 천도교라는 새로운 깃발 아래 새 출발을 다짐하였다. 또 사회 지도급 인사를 여러 사람 포섭하여 천도교에 입교시켰으니 그때에 오세창이나 이종일도 천도교인이 된 것으로 보인다. 따라서 오세창은 1953년에 아흔 살로 세상을 떠날 때까지 오십 년쯤 동안을, 이종일은 1925년에 예순여덟 살로 굶어죽을 때까지 이십년쯤 동안을 저마다 천도교 신자로서 구국의 의욕을 강력히 나타냈다. 따라서 두 사람은 1905년부터 본격적으로 민족 운동에 이바지했다고 본다. 그해는 을사조약이 강제로 체결되어 우리의 외교권이 박탈되는 등 주권이 기울어져 간 때였기 때문에 그들의 구국 저항 운동도 더욱더 강력할 수밖에 없었던 듯하다.

新知識層의 吸收

두 사람의 애국 사상은 그 바탕이 유교적인 국권 수호 사상으로부터 나와 실학과 개화사상을 더하여 근대성을 띠고 독립사상으로 이어졌다. 오세창이 동지들과 함께 「萬世報」를 창간한 뒤 민족의식과 자강 자립 사상을 강조하고 있을 때인 1909년 6월에는 대한협회(부회장 오세창)의 기관지인 「大韓民報」에도 오세창 등이 동지와 같이 관계하여 일본의 침략을 규탄하고 일진회의 망국적인 합방 움직임에 제동을 걸었다. 그러나 이종일의 신문사업은 이것으로 끝난 것이 아니었다. 1910년 경술국치로 표현되는 한일 합방 때는 발행인으로 「천도교」의 기관지인 「천도교회월보」를 통해 교리의 전파와 교리 역사, 신앙 강좌 따위를 연재하거나 단편적인 글을 쓴 일이 있었다.

1919년 3월 1일에는 천도교의 지하 신문인 「조선독립신문」을 김홍
규 등과 함께 창간하여 발행하였는데 표면적인 사장은 윤익선이었다.
그것은 그가 3·1운동에 직접 선언문을 인쇄하는 등 실무적으로 참여
해야만 되었기 때문인 것으로 미루어진다.

한편 그는 천도교의 직영 인쇄소인 보성사의 社長으로 천도교 관
계의 책은 말할 것도 없고 일반도서도 펴냈으며 그에 앞서 그는 동
지들과 같이 대한자강회의 평의원과 간사원으로 참여하였다. 자강회
의 會歌도 만든 이종일은 1905년으로부터 1910년에 이르기까지 신
민회에 관여하면서 애국계몽운동을 폈다.

오세창이나 이종일은 1910년 뒤부터 관계하던 언론 기관이 일본
에 의해 몰수당하여 폐기당하자 격분을 참지 못하고 그 뒤 1910년
까지 민중운동을 위해 피나는 비밀 운동을 추진하였다.

자료에 따를 것 같으면 민중 독립운동의 계획은 1910년 9월 30일
부터 천도교인인 이종일을 위시한 보성사 쪽 쉰 사람쯤이 중심이 되
어 점차로 천도교 신자 사이에 지하로 진행되고 있었던 것 같다. 그러
나 그것은 처음부터 3·1운동을 의식한 것이 아니고 "신념이 강하면
이것이 곧 나라를 찾는 근본이라"는 천도교의 구국 신앙에 바탕을 두
어 대중 봉기 운동을 동학 운동의 재현으로 실천에 옮겨야 하겠다는
투철한 애국 이념에서 십년쯤을 준비기간으로 삼은 것 같다.

民衆運動의 計劃과 實踐

이종일은 경술국치 뒤에 자결자가 쉰 명쯤에 이르자 "자결보다는
살아서 투쟁하다가 죽는 것이 나라를 위해 효과적이라"고 대중 시위
운동을 주장하여 갑오동학운동(1894년)과 갑신개화혁신운동(1904년)
의 재현으로 천도교 쪽이 솔선해서 독립운동을 실천에 옮겨야 할 것
을 구상하였다.

그와 같은 이종일의 단독적인 이상과 신념은 보성사 쪽과의 논의를
거친 뒤에 구체적으로 움직이게 된 것 같다. 그 때에 이종일은 천도교

에 관한 일은 일단 손병희와 협의하지 않을 수 없어서 1911년 1월 16일 그를 찾아가서 동학 운동의 재현을 주장하였다. 그러나 손병희는 일찍이 갑오동학혁명 때에 동학혁명군이 공주 우금치 같은 곳에서 참살당한 교훈을 들어 회의적인 태도를 취하였다고 한다. 이종일은 「제국신문」의 창간 동인이었던 대한제국민력회 회원들과 따로 모임을 갖고 대중 시위 문제도 협의한 것으로 보인다. 그는 오세창과 권동진 같은 동지를 초청한 가운데 「천도교는 민족 종교이며 동학의 구국 정신을 계승한 종교인만큼 우리가 풍족한 자금과 조직을 십분 발휘한다면 나라를 되찾을 수도 있지 않겠느냐」고 열변을 토한 것 같다.

오세창과 이종일이 만난 것은 천도교의 기관지 「만세보」를 창간할 때가 아닐까 한다. 그들은 종교 활동보다는 구국 활동을 더욱더 강하게 펼 것을 협의했던 것 같다. 그리하여 나라를 빼앗긴 다음해 4일 10일까지 거사할 것을 협의하였다. 그러나 그해 10월 신민회 사건으로 주춤하다가 1912년 1월 16일 천도교의 임예환 동지와 협의하고 농어민, 상인, 노동자를 포섭하려고 그들의 배일 감정을 조사하였다. 이때 일본 경찰의 감시가 심해 특히 저마다 미행을 조심하도록 환기시키면서 '범국민신생활 운동'이라는 非정치성을 띤 민중운동을 보성사 중심으로 추진키로 협의를 보았었는데 이는 아마도 손병희의 양해로 이루어진 것으로 보인다. 따라서 그것은 1904년의 新生活혁신 운동을 재현하자는 천도교인들의 열망이 구체화된 것 같다. 따라서 거사일은 일단 그해 7월 15일로 정하였으나 그 전날 이종일이 썼다는 선언문이 경찰에 압수당하고 그도 경찰에 불려가 취조당한 뒤 훈방되었다.

그러나 그는 다시 불교계 인사와의 접촉을 꾀하여 독립 시위운동의 연합 전선을 찾아보았다. 그러나 그것 또한 여의치 못하고 실패하자 그해 10월 4일 '민족문화수호운동본부'의 결성을 계획하고 그 달 31일에 이를 보성사 안에 두고 부서로 결정하였다. 그러나 비밀결사이므로 겉에 나타난 자료에는 잘 나타나 있지 않다. 그 본부가 民衆 운동으로 발전할 전초 작업임은 두말 할 나위도 없었다. 이 본부를 중심으로 이종일은 강연회를 열어 독립사상을 고취하고 무장 세력을 키우기로 한 것을 보면 의지가 뛰어났던 그의 과격성을 엿볼 수가 있다. 이들은 1914넌 5월에는 군자금으로 몇 백 원을 모아 '대한 독립 의군부'에 이를 전해준 일도 있었다고 하는데 1914년 8월 제1차 세계 대전이 터지자 일본 패망을 즉각 기대하고 민중운동의 성숙기를 맞이하였다고 판단한 뒤에 보성사 안에 '천도 구국단'이라는 비밀결사를 조직하였다. 또 이종일은 그 본부를 해체한 것 같다. 이종일은 여기서 갑오(1894년), 갑진(1904년), 갑인(1914년)의 3갑 운동을 추진하여 그의 신념이기도 하였던 민중운동을 펴나가려는 의지를 보여 주었다. 천도구국단의 첫 사업은 제1차 세계 대전에 따른 다른 나라 안팎의 국제 정세 분석이었다.

그들은 일본이 패전국에 속할 것이라고 판단한 뒤 이때를 대비해서 시국 선언문을 준비해 두었으나 1915년 9월 7일 발각되어 압수되었다고 전해진다. 이종일 같은 천도교 신자 중에서도 보성사 쪽의 핵심 구성원들은 국제 정세에 능동적으로 대처하는 언론인 출신다운 분석의 높은 안목을 가지고 있었다. 따라서 이미 1910년 11월 15일치의 이종일의 기록 유고를 보면 미국 루스벨트 대통령이 그의 민족자결주의를 우리나라에도 적용할 것임을 시사한 뒤부터 그에 대처한 정치 모임을 결정하기로(1912년 9월 24일치) 강조하고 1916년 2월 20일 제일차 세계대전이 중반으로 접어든 때에 국제 정세를 교환하고 보성사가 중심이 되어 그때의 원로급 인사와의 교섭을 남몰래 펼쳤다.

이종일은 원로 남정철을 찾아가 민중 시위운동의 가능성을 슬쩍 타진하였는데 동지인 이종훈이 찾아간 이상재한테만 기독교도들을 동원할 수 있다는 긍정적인 회답을 받았다고 한다. 이종일은 끝내 그 일은 이루지 못할 것임을 알아차리고 무장 세력을 양성하려고 무기까지를 갖추었다고 전해진다. 이종일 그해 11월 26일 동지 하나를 손병회에게 보내 민중 봉기의 가능성을 타진하였던 것 같은데 실제로는 확답을 듣지 못하였다. 1917년 8월에도 손병회를 찾아가 독립 운동에 관한 내용을 제시하였는데 그것은 윌슨의 민족 자결주의가 비공식적으로 발표된 지 여섯 달 뒤의 것으로 눈을 끌게 하고 있다. 이종일의 신념은 대중 봉기를 통해 우리 민족의 구국의 열의를 나타내려는 의욕으로 구체화되고 있었다. 이종일은 다시 손병희를 찾아가 민중운동에 앞장서 줄 것을 권유하니 그때는 시기도 무르익었다고 긍정적인 반응을 불러일으켰다고 한다. 오세창과도 봉기를 협의하라는 손병희의 권유 때문에 이종일은 오세창과 손을 잡고 보성사쪽과 연합 계획을 추진하게 되었다. 따라서 그해 6월 1일부터 이 두 그룹은 연합하여 거사하기로 작정한 것으로 보인다.

民衆運動의 主役

따라서 1918년 1월 27일 천도교의 3·1운동 계획은 본격화되어 민족 자결에 대해서는 懷疑를 나타내되, 이념면에서 약소국의 독립이라는 용기를 얻어 다른 종교 세력과의 연합을 꾀하고 파고다공원이나 대한문 앞을 봉기 장소로 정하였다. 그러나 리투아니아가 독립을 선언하였다는 소식을 듣고 시위운동 계획을 일단 미룬 것 같다. 그리고는 5월 6일 民衆 운동을 삼대 원칙, 곧 대중화, 일원화, 비폭력을 고수하여 운동을 전개하기로 결의하여 9월 9일을 일차 민중 봉기일로 지정하였었다. 그것을 곧 무오 독립 시위운동으로 이름지우고 있는데 그날을 거사일로 택한 까닭은 일본 안의 쌀 소동으로 감시가 소홀한 때를 이용하자는 속셈 때문이었다. 그런데 그해 11월 말쯤 도이칠란트가 이 전쟁에서 패배하고 일본의 승리가 확정됨으로써 사태의 변화에 따라 일단 거사 계획은 또 다시 미루어졌다.

그러나 이종일이나 오세창 등은 강화 회의가 파리에서 열리게 되면 우리나라의 처지도 좋아질 것으로 믿었다. 오세창이나 이종일이 다같이 언론인 출신이었기에 그때 변화하는 국제정세를 주시하고 있었다. 오세창, 권동진들이 이종일과 연합하여 봉기를 꾀한 것은 여태까지 알려진 1918년 11월보다 일년 반 앞선 1917년 6월 1일부터인 것 같다. 천도교 안에서 민족운동을 추진하려는 분위기가 무르익고 있을 즈음인 1919년 1월 초 일본에 유학하고 있던 한국인 학생 송계백이 국내에 들어와 현상윤에게 독립 선언서를 보이자 자극이 되었다고 한다. 이 초안은 오세창이나 이종일도 차례로 보고「시기가 왔다」고 마침내 봉기할 것을 결심한 것 같다. 이제 남은 절차는 천도교의 지휘권을 쥐고 있던 손병희의 결심만이 크게 작용할 뿐이었다. 그것은 1911년 초부터 이종일의 예방을 받은 자리에서 그 절박성이 교환되었으므로 손병희 자신의「실행」이 얼마나 중요한지를 새삼 느끼고 있다.

따라서 천도교 쪽에서는 1918년 12월 15일 민중 삼대 운동의 삼대 원칙을 재확인한 뒤에 손병희는 현상윤, 김성수, 최남선과 상의하고 오세창이나 이종일을 천도교 내부 문제를 도맡아 지방의 두목들을 서울로 올라오게 하였다. 그런데 1919년 1월 21일에 갑자기 고종이 일본인에 의해 독살당함으로써 이 운동은「시기가 왔고 터질 분위기」로 가득 차 있었다. 마침내 2월 15일 천도교 쪽에서는 유교, 불교, 기독교 쪽과 학생 계층과의 연락을 마치고 처음에는 거사일을 2월 28일로 잡았으나 기독교 쪽의 반대로 고종 임금 장례일 이틀 전인 3월 1일(토요일)을 택하였다. 그리하여 오세창으로부터 받은 최남선의 독립 선언문을 2월 20일부터 25일까지 이종일 자신이 보성사의 공장 감독인 김홍규 등과 같이 이만 오천 장을 인쇄하여 오세창에게 보이고 그 처리를 협의하여 청색 종이를 가지고 오는 사람에게만 이 선언서를 주라는 비밀 전갈에 따라 이종일은 그의 손녀와 같이 배부하기 시작하여 전국적으로 나누어 주었으며 2월 27일 밤까지 일만 장을 더 인쇄하는 도중에 종로서 조선 사람 형사에게 들켰다. 이를 손병희와 상의한 뒤에 오천 원쯤을 형사에게 주어 매수함으로써 사건 발각의 위기를 모면하였다고 전해진다.

第2의 3·1運動計劃

이렇게 해서 3·1운동은 가능했던 것인데 민족 대표들은 이날 선언서를 낭독하고 스스로 당당하게 체포되어 갔다. 손병희와 함께 오세창, 이종일은 이 운동 관련자에게 부과하는 가장 무거운 형량인 삼년 형을 언도받고 복역 중에 오세창과 이종일 두 사람은 1921년에 삼년 형기를 마치기 석 달 전에 가출옥 형식으로 석방되었다. 이종일은 신영구 등 동지와 옥중에서부터 다시 民衆 운동의 모의를 진행시켰다. 태평양 회의의 폐막을 계기로 3·1운동 3주년이 되는 1922년 3월 1일을 기해 제2의 독립 시위운동을 천도교 신자와 보성사 인쇄 직공을 동원해 가면서 전개하려고 팔백 자에 이르는 한문의 독립 선언문까지 만들었다. 이종일은 1922년부터 1925년 8월 31일 서대문 근처 오막살이집에서 돌보는 이 없이 지조를 지키다가 영양 실조로 세상을 떠날 때까지 은둔해 있으면서 한글 연구에 골몰했다.

한편 오세창은 3·1운동 이후의 민족 운동에는 거의 관여치 않고 대한 서화 협회를 만들어 전서 예서를 쓰면서 만년의 울분을 달랬다. 해방 뒤에 그는 매일신보 사장, 민주 의원, 대한 독립 촉성 국민 회장, 전국 애국단체 총연합회장 같은 것을 역임하였는데 끝내 민족의 통일을 보지 못한 채 피비린내 나는 육이오 동란을 맞아 대구로 피난 갔다가 아흔 살을 일기로 파란 많은 한 세기에 달하는 그의 역사를 끝맺었다.

5. 呂 運 亨
- 革命家의 고된 一生 -

政治人의 氣質

大韓民國 건국공로에 기여한 애국지사는 그 수를 헤아릴 수 없을 정도로 많다. 夢陽 呂運亨(1885~1947)의 60평생도 애국이념과 그 활동으로 가득 차 있다.

夢揚은 1885년 경기도 楊平郡 楊西面 新院里 妙谷에서 呂鼎鉉의 아들로 태어났다. 호기와 용맹, 그리고 熱辯으로 알려진 夢陽의 一生은 家傳的인 영향에 의해 그 氣質을 타고났다고 볼 수 있다. 그의 10代는 패기와 호탕스러운 많은 일화를 남겨 정치인의 기질을 간직해 온 것으로 평가되고 있다. 특히 그는 人權문제에 관심을 가져 奴婢를 모두 풀어 주었다는 것은 그의 호탕한 人間性을 엿보는 데 좋은 자료가 될 것이다. 한때는 雜技에 빠져 있었던 면도 찾아볼 수 있는데 이는 그의 人生공부의 한 과정이기도 한 것이다.

그의 교육과정을 보면 1899년 培栽學堂에 入學하였다가 1901년 閔泳煥의 興化學校로 옮겼으며 1904년에는 郵務學堂으로 옮겼다고 한다. 그의 성격과 활달성이 이 같은 교육 歷程을 나타내지 않았나 싶다. 1900년대 초는 日露가 韓半島와 滿洲의 소위 지배권을 놓고 서로 분쟁을 일삼던 시기로 우리의 운명은 걷잡을 수 없는 外勢의 도전 속에서 시련과 고통을 감수하고 있어야만 했던 절박성의 연속이라 해도 과언이 아니었다.

이때는 夢陽이 10代에서 20代 초로 한창 청운의 꿈에 부풀어 있을 때였다.

그러나 1905년에 모친을 잃고 또 外交權을 박탈당한 乙巳五條約이 체결되는 등 이 시기는 公私間에 불운과 허탈이 엄습해 오는 때이기도 하였다. 더욱이 이로 인해 閔泳煥이 自決報國하는 등 정국이 悲哀 속에 빠져들자 그는 비탄을 안고 고향으로 돌아와 버리고 말았다.

그는 20여 년에 걸친 韓國近代史의 소용돌이를 몸소 체험하고 그 비탄과 시련을 눈여겨본 뒤 이를 극복하는 방법이 무엇인가를 스스로 암중모색하게 되었던 것이다.

그는 國債報償運動이 전개되었을 때 솔선해서 斷煙한 것이 인연이 되어 그 뒤 담배는 입에 대지 않았다는 말이 전해진다. 이 같은 여러 가지 정치인의 결심을 통해 우리는 그의 지도자로서의 기질을 충분히 엿볼 수 있을 것 같다. 閔泳煥의 自決 동기를 예의 분석한 그로서는 은사의 죽음을 못내 아쉬워하고 이를 계기로 정치무대에 설 것을 결심한 것 같다. 그는 이 같은 생각을 고향 사람들에게 일깨워 주고 직접 遊說에 나서서 몽매한 민중을 계몽하는 데 앞장섰던 것이다. 그의 웅변술은 타고난 천부적 소질도 있었으나 心中으로부터 나온 愛國愛族에의 절규는 웅변, 그 이상일 것으로 판단되고 있는 것이다. 그가 遊說하면서 國債報償과 애국인사의 自決報國을 강조하고 협조를 구할 때마다 청중은 흐느껴 울기까지 하였다는 것이다.

夢陽은 그 이듬해(1906)에 父親마저 여위었다. 雨親을 일찍이 잃은 그로서는 시련이 겹친 셈이었다. 그러나 용기가 저상될 夢陽은 아니었다. 걷잡을 수 없는 시련과 초조는 오히려 역경을 뚫고 갈 온갖 힘을 경주할 수 있게 뒷받침하였다. 기독교 신자가 되어 救主를 個人的으로 영접한 것이 그것이다. 고향에 후진 육성을 위해 세운 光東學校를 일요일에는 교회로 사용하여 주변에 잃어버린 영혼들을 主 안으로 불러들이는 데 헌신할 것을 주님께 맹세하고 신명을 바쳤다. 그의 신앙생활은 政治人으로서의 기질도 성장시켜 대범하고 포용력 있는 民衆의 지도자로서의 자질을 함양할 수 있었던 것이다. 기독교인이 되자 동료 정치인들 가운데 같은 信者와는 밀접한 교제를 갖게 되어 오히려 그는 정치인으로서의 경륜과 知面이 그 만큼 넓어졌던 것이다.

教育救國思想과 運動

愛國啓蒙期로 불리는 이 시기에 우리의 지각 있는 국민은 각종 學會·敎育·結社 등을 통해 계몽과 애국운동을 과감히 전개하고 있었다. 그는 南宮檍의 요청으로 강릉에 草堂義塾을 건립하고 청년 교육에 심혈을 기울였다. 이렇게 되기까지에는 고향인 양평에서 宣敎師로 활약하던 장로교 목사 「클라아크」의 힘이 뒷받침되었다. 그는 1910년 이 義塾이 日本에 의해 폐쇄될 때까지 청년들에게 民衆意識·獨立思想을 고취하였다고 전해진다. 그는 정치인의 使命은 곧 국민교육에 있고 人材育成에 있다고 생각한 것 같다.

日本의 逐出로 인해 그는 서울로 와 다시 「클라아크」와 손잡았다. 평양 神學校의 敎師가 된 그의 인도로 신학교에 入學하고 神學 공부에 몰두하였다. 그러나 神學 공부에만 몰두할 수는 없게 정세는 변천되어 갔다. 그가 생각하는 목표는 빼앗긴 나라를 되찾기 위한 국권회복 운동에 정진할 것을 추구한 것이었다. 中國을 亡命地로 생각하고 건너간 것은 그곳이 곧 國權회복의 활달하고 실용성 있는 무대로 간주하고 있었기 때문이었다.

따라서 그가 上海에 도착한 것은 30세 되던 1914년이었다. 그는 유력한 선교사 언더우드로부터의 추천에 의해 南京의 金陵大學 英文科에 입학하였다고 하니 晩學인 셈이었다. 그러나 그는 3년 정도를 수학하고 다시 上海로 와서 미국인 「피치」가 경영하는 協和書局에 자리를 얻어 기회를 기다렸다. 국권회복운동에의 기회포착은 국제정세의 추이에 따라 대처해야 했기 때문에 용이하게 好機가 도래한 것은 아니었다. 물론 이때는 제1차 세계대전이 종반에 접어들어 平和와 독립에의 분위기가 성숙되어 있어 同志만 모으고 理念만 合致하면 하나의 조직은 가능한 입장이었던 것 같다. 단지 그는 上海韓僑

의 모임인 僑民團의 단장직을 맡고 동지규합에 전심 전력하였다.

그는 마침내 1918년 金九, 張秀, 申錫雨, 金澈, 趙東祜, 鮮于赫 등과 같이 新韓靑年黨 (大韓靑年黨)을 조직하여 활동무대를 구축하였다. 동지와의 협의나 이념 교환은 곧 그에게 큰 힘이 될 수 있었던 것이다. 더욱이 다음해 이곳에 「월슨」美 대통령의 特使 「크레인」이 오자 夢陽의 정치가로서의 力量은 발휘될 수 있었다. 이때 「크레인」을 환영하는 파티가 열렸는데 그는 물론 다른 동지와 같이 참석하여 고무적인 말을 들었다. 그것은 파리평화회의가 열릴 때 피압박민족의 解放이 論議된다는 요지였다. 中國 역시 일본으로부터 받은 손해를 면제받을 수 있다는 것이었다.

이 같은 충격적인 소식은 中國에 와 있던 獨立鬪士들에게 復國의 꿈을 부풀게 하였던 것이다. 夢陽은 회의가 끝난 뒤 王正廷의 소개로 「크레인」을 만나 우리나라의 입장을 설명하고 파리에 한국대표도 파견할 수 있는가를 직접 問議하니 그는 可能함을 설명하고 協助도 아끼지 않겠다고 했다.

이에 夢陽은 張德秀 등 동지들과 충분히 협의하고 파리강화회의에 보낼 獨立請願書 2通을 작성하였다. 하나는 「월슨」美대통령에게 다른 하나는 대표자를 파견치 못할 경우 「밀러드」잡지사 사장이며 파리 강화회의 中國代表 고문인 「밀러드」에게 위임할 계획이었다. 그리하여 新韓靑年黨의 명의로 金奎植을 파견케 되어 있었다.

金奎植은 겨우 여비를 마련하여 그곳에 갈 수 있었으나 큰 성과는 거두지 못하고 말았다. 「밀러드」가 청원서가 든 가방을 잃어 夢陽이 金奎植을 파리에 파견한 것을 알아 그는 日本의 감시를 받았던 것이다. 그는 프랑스조계에 부인과 장남 鳳九를 데리고 숨어 살면서 또 다른 활동을 계획하고 있었던 것이다.

獨立活動에의 獻身

동지 장덕수 등과 협의한 夢陽은 滿洲와 시베리아로 들어가고 장덕수는 本國으로 들어가다가 체포되고 말았다. 滿洲와 시베리아로 들어간 夢陽은 독립운동을 위해 上海로 모이도록 하고 외국군들과도 만나 우리나라의 입장을 설명하고 호소해 줄 것을 泣訴하였던 것이다. 그런데 국내에서 3·1운동이 일어났다는 소식을 듣고 곧 上海로 되돌아와 이미 이곳에 온 同志들과 合流하였다.

이때 이곳에 온 수십 명의 동지들은 夢陽의 의견과는 약간의 차이를 가지고 있었다. 이것이 곧 그가 疎外된 하나의 이유이기도 하였다. 즉 夢陽이 우선 黨을 조직하자는 의견에 대해 다른 사람들은 政府를 조직하자고 했고 국호를 朝鮮으로 주장함에 그는 大韓을 강조하였고 舊王國 황실을 배격하고 民衆國家건설을 주장함에 대해 衆論은 皇室을 우대할 것을 주장하여 결국은 소외·탈락되고 말았던 것이다.

따라서 그는 僑民團長의 직책만 가지고 조용히 大韓民國臨時政府의 조직과 그 活動을 주시하고 있었다. 뒷날 安昌浩 申采浩 朴殷植 金昌淑 등과 같이 國民代表會議 소집을 주장하기에 이른 것은 이와 같은 이유에서 「臨政」을 不信하였기 때문인 것이다. 그러나 국민대표회의는 1921년에 주창되어 1923년에 회의를 소집하여 5개월간 논란을 전개하였으나 創造派·改造派의 舌戰만 남겼을 뿐 성과는 거두지 못하고 말았던 것이다.

日人을 制壓한 名演說

한편 그는 이보다 앞서 일본 拓殖局 장관인 古賀廉造로부터 東京에 초청되었다. 그는 처음에 거절하다가 수차에 걸친 요구가 있어 그해 11월(1919) 초 東京으로 向했다. 張德秀를 석방시켜 통역으로 데리고 갔는데 上海의 독립지사나 東京의 留學生들 조차도 의혹을 풀지 못하고 비난의 화살을 퍼부었다. 그는 11월 18일부터 29일까지 韓民族의 절대독립을 宣明하였다. 특히 11월 27일 東京 帝國호텔에서의 연설은 一生一代의 聲價를 종합하는 名演說이었다. 국내외의 外

信記者와 名士 5백여 명이 모인 자리에서 그는 2시간 정도 열변을
吐하였다.

> 『나의 平生은 獨立運動으로 일관될 것이다. 내가 이곳에 온 것에
> 대하여 이러쿵저러쿵 뒷말이 있는 것 같으나 모두가 이 목적을 위해
> 싸울 생각으로 온 것이다. 우리나라는 日本이 어떠한 형태로 탄압한
> 다 해도 반드시 독립의 거룩한 그날이 올 것을 확신하고 있다. 따라
> 서 한국 민족의 장래가 신세계 역사의 한 面을 차지할 시기가 반드
> 시 올 것을 자신 있게 말할 수 있겠다. 우리에게는 오직 승리만이 남
> 아 있을 뿐이니 日本은 속히 우리나라로부터 모든 정책을 중지하고
> 철수해야 할 것이다.』

라는 요지의 명연설을 하자 장내는 숙연해 있었고 숨소리조차 들리
지 않을 정도였다고 전해진다.
　古賀 장관과는 그 뒤에도 개인적으로 일주일간이나 談判하였으나
夢陽은 그때마다 한국의 복리를 위해, 信義를 위해, 東洋의 平和를
위해 韓國의 獨立은 절대로 필요한 것이라고 그의 信念 있는 주장을
조금도 굽히지 아니하였다. 夢陽은 또 이렇게 주장하였다.

> 『구라파전쟁을 보건대 도이취가 프랑스에게 敗한 것은 도이취가
> 프랑스보다 弱하였기 때문이 아니다. 벨기에의 血戰으로 保全을 얻은
> 프랑스가 內亂으로 弱해진 도이취를 이긴 것이다.
> 　국내에 敵을 둔 것과 이웃에 벗을 둔 것 중 어느 쪽이 좋겠는가.
> 우리나라가 實力이 없다는 것은 古賀 당신의 말만이 아니다. 日本人
> 의 公言이다. 그러나 이는 공정을 잃은 判斷이다. 일본이 外國과 전
> 쟁할 때에도 한국을 弱하다고 보겠는가.…… 일본이 合倂 형식을 유
> 지하려는 것은 東洋平和를 파괴하는 것이며 한국이 실력 없이 獨立
> 하는 것을 위험하다고 생각함은 일본의 杞憂에 지나지 않는 것이고
> 그것은 不合理로 궤변에 不過한 것이다. 그러니 나의 주장은 가장 타
> 당성 있고 現實的인 것이다.』

이 같은 조리 있고 국제 정세에 밝은 명연설에 대해 古賀 장관은
어리둥절하여 말을 꺼내지 못하고 말았다. 古賀 장관은 오히려 夢陽
의 人品과 風貌에 감복하고 先生의 意志에 동의하면서 내가 韓國人
으로 태어났더라면 先生과 동감이었을 것이라고 오히려 한국을 이해
하였다고도 전해진다.

夢陽은 그 외에도 陸軍大臣 田中義一, 조선총독부 政務總監 水野
鍊太郎 등 수뇌급 政客과도 격렬한 논쟁을 전개하여 우리나라의 독
립의지와 그 필요성을 事理에 합당하게 주장하였다.

遞信大臣 野田 같은 者는 夢陽에게

『우리는 한국을 내놓을 수 없소. 일본의 生死가 달려 있기 때문이
오. 그대는 뭔가 妄想을 하고 있는 것 같으오. 웅변이 좋고 이론이
정연하다 해도 일본은 한국을 내놓을 수 없소 생명을 희생하여 싸우
시오. 그냥은 不可能하오.』

이에 夢陽은 그에게 비로소 良心的인 人間을 만났다고 하였다는
것이다.

또 夢陽은 新人曾 초청연설에서도

『한국의 독립은 감정적인 폭발이 아니라 世界的 正義이며, 우리 민
족의 自由發展만을 위한 것이 아니라 世界平和를 위한 것이요, 우리
의 독립지사들이 生命을 걸고 싸우는 것은 빼앗긴 나라를 되찾기 위
한 것 外에 아무 것도 없소이다.』

라고 유명한 사상가 지식인 등이 多數 모인 자리에서 강조하였던 것
이다. 그들은 한결같이 夢陽의 열변에 감복하고「韓國의 獨立이 人類
의 平和를 위한 것이라면 한국의 독립은 日本과 韓國 사이의 平和를
조금도 깨뜨리지 않을 것이다. 日本人中에서도 한국의 獨立을 바라는
이가 있다」고까지 말하고「독립만세」를 외쳐줄 정도였다고 한다.

이것은 일본 수뇌부로 하여금 夢陽의 일본 入京 의미를 완전히 전

복케 한 快擧가 아닐 수 없는 일로 日本政界에 일대 波汶을 던진 통쾌한 일이었다. 이는 夢陽의 政治人으로서의 기백과 굽힐 줄 모르는 獨立의지에 日本人 스스로가 감복·감동되었기 때문인 것으로 판단되는 것이다. 따라서 일본은 夢陽의 人品에 압도되어 그를 國賓으로 대접하고 赤坂離宮까지도 참관케 배려하였다고 한다. 古賀 장관 자신은 夢陽을 배웅하기 위해 東京驛까지 나와 융숭하게 대우하였음은 물론「夢陽萬歲」를 외쳤다고 전해진다. 35세의 夢陽으로서는 능숙하고 노련한 웅변술과 독립의 신념이 자연스럽게 노출되었을 뿐이라고 생각되나 獨立 투지가 항상 왕성하며 충만해 있었다는 산증거를 우리는 그의 敵陣에서의 咆哮로 잘 알 수 있다.

그는 上海로 돌아가는 길에 그립던 故國을 찾아보고 싶었다. 그러나 그의 달변·열변에 겁이 질린 日本 정계 수뇌부의 거부로 인해 入國이 허용되지 않아 포기하지 않을 수 없었다. 더욱이 서울역 일대에는 이 소식을 들은 學生 수천 명이 雲集하여 그가 서울에 도착하는 대로 대대적인 환영과 함께 3·1운동에 準하는 독립만세 운동을 계획하고 있다는 정보를 入手하였기 때문에 철저히 입국을 저지당하였던 것이다. 夢陽은 雪山 張德秀와 헤어져 上海로 오고 雪山은 本國으로 돌아갔던 것이다.

上海에 돌아온 夢陽에 대해「臨政」관계자 가운데 일부는 그의 행동을 못마땅하게 여기고 詰難하기도 했다. 그러나 입이 무거운 夢陽은 이에 관계치 하고 僑民團長의 자격으로 外交活動을 계속하였다. 그는「독립운동은 입으로 하는 것이 아니고 행동과 실천으로 成果를 올리는 데 있다」는 굳은 의지와 신념 속에서 굳세게 밀고 나간 것이다.

建國에의 功獻

그의 外交活動은 外國의 유력 人士들에게 한국의 被壓 桎梏의 참상을 솔직하게 알리고 독립을 위해 적극적으로 介入해 주거나 협조를 당부하는 일이었다. 그는 英國人 「쇼우」가 운영하는 怡隆洋行의 船便을 통해 독립지사를 本國에 밀항시킨다든지 기밀문서의 연락, 군자금의 조달, 무기의 수송, 요시찰인의 구출 등을 다각적으로 협의하고 후원하였다.

1920년 8월 美國議員團이 北京에 왔을 때 그는 島山 및 張德俊 등과 같이 그들에게 국내정세, 일본의 侵韓狀況, 교민실태, 海外에서의 독립활동 등을 상세히 알리고 협조를 당부하였다. 이 사실은 즉각 인정되어 美國 內 主要 신문에 보도됨으로써 日木의 韓國 탐학 사실이 백일하에 노출되고 말았던 것이고 이로 인해 國內外에 있었던 독립지사들은 일층 고무되고 용기를 얻을 수 있었던 것이다.

1920년 초에는 共産主義 이념이 우리나라에도 침투하여 上海臨政도 소련의 신혁명세력과 제휴하게 되어 경제적·군사적 원조를 얻기 위해 활동하였던 것이다. 夢陽이 이들 세력과 제휴한 것은 抗日運動의 일환으로서의 의미일 것 같다는 기록들이 많이 전해진다. 그러나 소련공산세력이 자금지원을 미끼로 그 理念전파에만 열중하는 면을 보임으로 말미암아 그로서는 失望치 않을 수 없었던 것이다.

그는 1921년 羅容均 등과 같이 모스크바에서 열린 遠東被壓迫民族大會에 참석하고 오다가 신변의 위협을 느껴 다시는 그곳에 가지 않을 결심을 하고 中國의 혁명세력인 孫文과 제휴하면서 韓中 친선을 도모하여 建國에의 길을 모색하였던 것이다. 그가 孫文과 제휴한 동기는 中國의 革命이 곧 한국의 독립을 가져오리라는 기대를 걸고 있었기에 적극적인 자세를 취했던 것 같다. 외로우며 소외된 政客 夢陽으로서는 「독립은 곧 실천에 있다」는 신념대로 꾸준히 외길을 걷게 되었던 것이다. 中國이 통일되면 한국도 독립될 것이라는 신념을 가지고 있었기 때문에 1927년 국민당과 공산당이 合力한 中國革命軍이 武漢三鎭 등을 빼앗고 廣東 정부를 漢口로 이동했을 때 이 같은 내용의 祝賀의 뜻을 웅변으로 표명하였던 것이다.

이렇게 夢陽은 中國의 革命을 도우면서 遊說에 앞장섰다. 그것은 한국의 독립을 위한 一念에서였던 것이다. 中國의 혁명군은 그 뒤 수뇌부들 간의 反目으로 혼란에 빠져들더니 蔣介石이 좌익세력에 대해 정변을 일으킴으로써 국민당과 공산당은 와해되어 中國은 다시 분열기로 빠져들어 간 것이다. 따라서 그는 2년여 동안 地下운동을 하고 있었다. 그는 1929년 日本영사관에 체포되었다가 本國으로 송환되어 서울에서 재판을 받았다.

1933년 3년간의 옥고를 치르고 나온 夢陽은 천신만고 끝에 中央日報社의 社長이 되었다. 그러나 1936년 베를린 올림픽 대회의 마라톤 부문에서 우승한 孫基禎의 사진을 게재함에 日章旗를 말살하고 신문에 보도하여 크게 물의를 빚었다. 이로 인해 中央日報는 정간되었고 신문사는 문을 닫지 않을 수 없었다.

다음 해 蘆溝橋事件이 일어나 문제가 복잡해지자 그는 한국의 독립이 얼마 남지 않았다고 생각하였다. 일본은 국내외에서 韓國의 소위 皇國化하기 위하여 회유와 위협을 동시에 감행하였다.

夢陽에게도 갖은 감언이설과 위협으로 日本에 협력할 것을 강요해 왔다. 그러나 달콤한 제의에 동조할 夢陽이 아니었음은 너무나도 당연한 일이었다. 그는 방송·강연의 청탁, 神社參拜, 國防獻金, 學兵勸誘 등을 모두 거절해 버리고 말았다.

더욱이 1940년대로 오면서 日本의 韓國 말살정책은 더욱 苛熱化되었다. 강제 徵用·徵兵·供出·獻納 등이 강요되었던 것이다. 그는 日本의 敗亡이 곧 다가오는 것을 느꼈다.

따라서 그는 1944년 8월 玄又玄의 가택에서 黃雲 李錫玖 金振宇 등과 같이 비밀결사 朝鮮建國同盟을 조직하고 그 자신이 위원장이 되었다고 한다. 이는 곧 大韓이 독립되어 건국되는 것을 전제로 한 모임이었던 것으로 풀이된다. 60을 바라보는 그런 연륜이 쌓인 때였다. 그들은 「不文 不言 不名」의 三大원칙하에 「한국의 완전한 자유독립, 반동세력의 배제, 민주주의적 원칙에 입각한 건설」을 행동강령으로 정했다고 한다. 그들은 海外에 있는 獨立運動團體와도 연락을 취하면서 日本의 패망을 더욱 부채질하고 한국민의 최후적 궐기를 촉구하였다.

늙지 않는 革命家의 最後

　1945년 7월 趙文紀 등의 府民館 投彈의거가 발생하는 등 징국이 혼란에 빠져들어 감시가 삼엄할 때 「건국동맹」의 黃雲 등 일부 동지가 체포되었다. 그 뒤에도 夢陽은 이를 재건하였으나 구성원들과의 마찰도 없지 않았던 것 같다. 마침내 민족의 광복은 왔다. 연합군에 의한 善戰 결과도 있었으나 40여 년에 걸친 민족운동가들의 국내외에서 흘린 피가 우리에게 光復을 안겨 준 것이다. 그는 곧 활동에 들어가 그 해 8월 16일 徽文中學校 교정에서 단결하고 망명했던 민족지사가 돌아올 때까지 힘을 모으자고 역설하였다. 그리고 建國治安隊를 조직한 뒤 民世와 함께 建國準備委員會를 결성하였다.

　그러나 건국사업은 각파의 의견이 대립되어 난관에 봉착치 않을 수 없었다. 그것은 그가 「臨政」이 우리나라를 대표하는 정부라고 믿지 않고 있었기에 타협이 원만히 이루어지지 않았던 것으로 믿어진다. 그의 左右合作論에 대한 비난이 고조되어 가는 가운데 테러의 위협이 가중되어 8월 18일 부상을 입은 불상사도 있었다. 그가 入院 가료 중일 때 「建準」은 의견 대립으로 와해되었으나 9월 2일 재소집되어 夢陽이 위원장에 선출되었다. 그러나 일은 쉽사리 풀리지 아니하였다.

　美軍이 진주하면서 우리나라 독립의 희망은 더욱 희박하게 되고 각 파와의 의견 대립은 노골화되어 암투가 계속되었다. 失意와 비탄 속에서 오직 조국의 완전독립을 희망하던 「疏外政客」 夢陽 呂運亨은 그의 경륜과 포부와 열망을 채 펼치기도 전인 1947년 7월 19일 10代 소년이 쏜 총탄에 60평생을 환하게 펴보지 못한 채 애석하게 장식하고 말았다. 자유와 혼란 속에서 민중을 이끌던 독립의지로 충만된 老政客은 建國에의 정열을 쏟다가 사라지고 말았다. 그는 2005년 3월 1일 국가로부터 대통령장이란 건국공로훈장을 받아 60여년간의 독립운동을 공인 받았다.

6. 金 九
- 民族의 統一을 悲願 -

民族主義者의 性格

우리나라 現代史上 가장 빛나는 항일투쟁을 감행한 분이 누구냐고 묻는다면 서슴지 않고 白凡 金九를 손꼽지 않을 수 없다. 그만큼 그는 글자 그대로 《우리 국가》와 《우리 민족》만을 위해 국내외로 일신의 안녕을 돌보지 아니하고 조국 광복의 그날까지 분투·노력하였기 때문이다. 백범만큼 철저한 民族主義者도 그 유례를 찾기 어려울 정도로 철두철미 民族民衆至上주의를 부르짖었다.

한반도로부터 항일 구국 투쟁을 펴기 시작하여 上海 등 중국 땅에 이르기까지 조국의 광복을 위해 뿌린 피눈물나는 哀史는 이루 형언할 수 없을 만큼 눈물겹다.

그리하여도 선생은 이와 같은 《피의 역사》를 조금도 자랑하지 않고 오직 조국의 안녕을 위해 兇徒 安斗熙에게 피살되기까지 고이 간직하고 있었다. 근래에 보기 드문 영웅이요 先覺先烈이시다.

이제 백범이 걸어온 과거사를 돌이켜 봄은 매우 의의 있는 일로, 1981년 6월 26일은 바로 그가 작고한 지 32주기가(1949)되는 날이다. 벌써 그가 우리들 곁으로부터 떠난 지가 30여 년이나 되었다.

民衆救國運動의 先驅者

백범은 1876년(조선 고종 3년) 丙子 7월 11일 황해도 해주군 白雲坊

基洞에서 金淳永과 郭氏 사이에 장남으로 태어났다. 이곳은 일찍이 백범의 선조가 귀향 갔었던 곳이기에 그 후손이 많이 살고 있었다.

그는 늘 이와 같은 역사적 사실을 가슴에 안고 입술을 깨물고 열심히 勉學하였다. 집안이 부유하지 못하여 부모를 도와 논으로 밭으로 다니면서 틈틈이 千字文을 익히고 쓰고 하면서 우선 아는 것이 힘이란 《실력제일》을 부르짖고 열심히 공부하다가 12세에 訓長 李生員에게 글을 배웠으나 얼마 안 되어 서당이 없어져 그것마저 못하고 말았다.

그러나 그는 조금도 낙심하지 않고 집에서 獨學을 하였다. 그러다가 14세 되던 해 그의 鄕里로부터 20여 리 떨어진 학골이란 곳의 서당으로 공부하러 다녔다. 이때 서당 선생 鄭文哉는 백범의 비상한 머리를 보고 더욱 힘을 주어 열심히 가르쳤고 이에 따라 그도 남 못지않게 면학에 골몰하였다.

이때 국내정세는 날로 혼란하였으며 더구나 地方土豪들의 苛斂誅求는 높아가 지방 빈민들은 늘 불평을 가지고 언제나 편안한 세월이 오겠는가 하고 학수고대하고 있던 중이다. 이에 대한 증오와 반발로 봉기한 것이 동학혁명이었음은 잘 알려진 사실이며 이를 東學論이라고 불렀었다.

이때 그는 불과 18세라는 弱冠으로서 동학 接主 노릇을 하여 착취와 부정부패만을 일삼았던 지방 토호들을 잡아 없애기에 여념이 없었다. 이 당시 그는 이름을 金昌洙라 하고 해주 竹山場에서 卒徒 8백여 명을 지휘하면서 다시 貪官汚吏들을 소탕하고자 했으나 원체 중과부적으로 그는 反軍 李東燁 무리에 패하지 않을 수 없었다.

그 뒤 그는 그곳 淸溪洞 安泰勳(安重根의사 부친) 旅所에 숨어 개탄만 하면서 살았다.

사실상 이와 같은 부정불의가 계속되고 있는 腐敗相을 눈으로 똑바로 보고 있으면서도 匡正하지 못하고 있는 성중은 애타기만 하였다.

이즈음 高能善을 만남으로써 음으로 양으로 좋은 교훈을 받은 점이 많았다. 안태훈 여소 근처에서 金亨鎭이란 애국지사를 만나 중국으로 유랑의 길을 떠났다. 남만주 땅에 처음 발을 들여놓았을 때 間島 백성들의 참상은 이루 헤아릴 수 없이 처참하고 피압박상태에 놓여 있었다.

그는 이와 같은 민족적 비극이 이 땅에 오래 계속된 것은 오직 日帝 침략자의 야만스럽고 교활한 탄압정책이라 생각하고 의분을 참지 못하였다. 따라서 그는 金利彦이 영도하는 의병부대에 참가하여 왜병들과 항일투쟁을 계속했다. 그러나 의병군의 작전은 실패로 돌아가 그는 할 수 없이 다시금 국내로 들어와 청계동 안태훈의 여소로 찾아갔다. 그는 한가닥 실망의 빛을 보이지 않고 끈기 있는 투지력을 기르고 있었다.

危機到來와 白凡의 民族運動

1895년(조선 고종 32년) 10월 주한 일본공사 三浦梧樓는 소위 일본 浪人 30여 명과 함께 몰래 景福宮으로 들어가 내정개혁에 반대하며 친러적 경향을 띠고 있던 閔妃를 弑害하고 지금 경복궁 미술관 뒤 숲속에 던져 석유불로 태워 증거인멸을 획책한 乙未事變이 일어나자 전국 각지에서는 國母 살해범을 찾아 엄벌에 처하라고 아우성을 쳤으며 이로 인해서 제1차 의병전쟁(을미의병 항일운동)이 치열하게 일어났다.

국내에 있던 백범도 이 소식을 듣고 비분강개하여 몸둘바를 모르고 반드시 국모 살해범을 찾아 원수를 갚겠다고 속으로 다짐하였다. 그러나 그 해에는 찾아내지 못하고 익년(1896 丙申) 2월 安岳鴟河浦에서 일본 육군 중위 土田讓亮을 국모 살해범으로 인정하고 그가 찼던 칼로 당장에 죽여 버렸다. 그를 죽이고도 그는 조금도 당황하지 않고 오히려 크게 외쳤다. 자기의 주소가 어디며 자기가 국모 살해범을 원수 갚았노라고……

이리하여 그해 5월 백범은 일본 헌병에게 체포되어 仁川監理營으로 移監수용 되었다. 그의 재판 결과는 明若觀火한 것이었다. 死刑을

선고 받았으나 하늘이 주신 加護로 特赦란 이름 밑에 8월 26일 刑
執行 면제를 받았다. 백범에게 더 큰 일을 위해 하늘이 구해 준 일
인지도 모른다. 이후 점점 국내 사정은 어지러워져 京鄕 각지에서
의병전쟁이 일어나고 親露派의 세력이 점차 고개를 들어 휘두르기까
지 하였다. 더욱이 이들은 高宗皇帝를 俄舘으로 播遷시켜 약 1년간
의 국정을 마음대로 요리하였다.

　백범은 1898년 戊戌 3월 용하게 감옥을 빠져 나왔다. 그러나 막
상 세상에 나와 보니 그와 함께 일하던 사람은 뿔뿔이 헤어져 동지
규합이 매우 힘들었다. 이러하여 그는 방랑시인같이 이곳저곳을 乞
食하며 국내정세를 예민하고 날카롭게 관찰하였다.

　그는 그의 행각이 탄로 나면 앞으로 닥칠 큰일을 못하리라 생각하
고 충남 公州 麻谷寺로 들어가 金龜라 개명한 뒤 승려가 되었다. 고
요한 삼매경 속에서 그는 앞으로의 항일투쟁 설계도를 치밀하고 물
샐틈없이 계획하였다.

　그는 다시 뜻을 크게 고쳐먹고 1년 만에 還俗하여 고향으로 왔다.
그는 우선 이 나라를 구하려면 成人보다는 씩씩하게 자라나는 새싹
들을 올바르게 이끌어야 함이 더 중요하다고 생각한 나머지 育英事
業을 시작하였다. 이때 그는 이미 30세를 넘고 있었다.

　1909년 韓日合邦 1년 전 10월 26인 만주 하르빈에서 동양침략의
괴수 伊藤博文이 安重根 의사에 의하여 쓰러지자 日警은 배후조종이
백범이라 하여 한때 투옥된 일도 있었다. 李在明 의사가 역적 李完
用을 鍾峴에서 刺傷시킨 것도 모두 이때의 일이다.

　1910년 드디어 우리 민족은 표독스러운 일제 침략 마법에 걸려
나라를 일본에 합친다는 한일합방을 당하고 말았다. 온 국민은 땅을
치며 통곡하였다. 신문들도 이날은 放聲大哭한다고 했다. 백범도 울
었다. 산천초목도 말없이 눈물지었다. 조선왕조 5백년의 사직이 그
終幕을 고하고 말았다.

　그는 이를 악물고 항일투쟁할 것을 다짐하였다. 이에 梁起鐸 댁에
서 新民會의 구국논의를 개최하고 이 자리에서 군인을 길러 내야 한

다고 養武論을 적극 주장하였다. 따라서 군관학교 설립기금을 모으기 위하여 운동하던 중 안중근 의사의 동생 安明根 사건으로 다시 피검되어 17년 징역선고를 받았다. 그러나 천우신조하여 1915년, 40세 때 출옥할 수 있었다.

여하간 그는 거의 반생을 옥중에서 지냈으니 이것은 곧 그간의 국가민족을 위하는 일념이 얼마나 강렬했는가를 짐작케 하는 것이다.

臨政의 船長

1919년 3·1운동이 국내에서 전통적 이념에 따라 일어나자 그는 만세운동을 계속하였다. 이 운동이 실패로 돌아가자 上海로 亡命하지 않을 수 없었다. 이 해 4월 上海에서는 大韓民國臨時政府가 성립되고 그는 警務局長이 되어 여러 臨政要人들과 같이 국내외로 긴밀한 연락을 가지고 「臨政」통합작업을 펴는 등 항일운동을 계속했다.

대통령이었던 이승만은 하와이 교포들로부터의 독립자금을 횡령하였다 해서 파면되었는데 이승만이 임정요인을 좋아하지 않은 이유는 이 때문이었다. 백범은 韓人愛國團을 조직하여 1932년 1월 李奉昌의사를 일본 東京에 보내 日皇 裕仁를 죽이게 했으나 실패하였고 같은 해 4월 尹奉吉 의사를 上海 虹口公園에 보내 동월 29일 天長節을 축하하여 白川義則 대장 등 4, 5명을 死傷시키는 데 성공하였다. 이것은 모두 백범의 계획에서 온 義擧었다. 이로 인해 중국으로부터 뜨거운 감격의 치사를 받고 蔣介石으로부터 洛陽에 있는 중국 무관학교에 韓國人 武官養成所의 설치를 승인 받았다.

그는 1940년 西安에 한국광복군을 설치하고 美國敎官으로 하여금 新式 훈련을 받아 항일투쟁에 큰 도움을 주도록 하였다. 그리하여 重慶 등지에서 日軍과 대항하여 싸우려는 찰나 1945년 8월 15일 꿈에도 잊지 못할 민족해방을 맞이하였다.

統一의 悲願

  그해 11월 23일 重慶에 있던 임정요인 10어 명은 그립던 고국 땅
에 귀국하게 되었다. 그는 韓國獨立黨 위원장과 非常國民會의 영수
로 추대되고 다시 民主議院總理 등을 역임하면서 민심수습에 진력하
다가 비상국민회가 국민회로 개편되자 곧 副主席에 취임하여 이래
조국의 완전독립과 국토 통일을 위하여 남북 협상을 의논하기도 하
였다. 그러나 그것은 그리 쉽게 이뤄지지 못하고 아직도 分斷시대의
우리나라의 숙제로 남아 있는 것이다.

  1949년 국토통일과 완전 자주독립을 위해 종횡으로 노력하고 있던
중 동년 6월 26일 오전 서울 京橋莊에서 육군 소위 安斗熙에게 암살
당하고 말았다. 이때 그의 향년은 73세였으니 이 어찌 슬프고 허전하
지 않을쏘냐. 민족의 지도자를 잃은 온 국민은 눈물을 흘리지 않은 이
가 없었다. 민중을 이끌던 그는 뜻을 펴지 못한 채 먼저 가고 말았다.

맺음말 – 민중의식의 새로운 이해

본서의 집필을 끝내면서 결론적으로 다음과 같이 그 성격을 요약 정리하여 독서인의 편의를 도모하고 이 책의 方向과 그 意味를 추출해 내고자 한다. 본서는 6개의 章으로 구분·서술하였기 때문에 결론도 그에 비견하여 그 특성을 유도해 내겠다.

[첫째] 한국근대사에 있어서 민중의 의미가 근대적 시각과 안목에서 부각되기 시작하는 것은 가까이는 東學사상의 태동으로부터였으며, 그 의식이 성장하는 과정에서 고난의 역사를 긍정과 활력의 역사로 전환시키게 意識의 변화를 초래하였다. 따라서 지도자와 민중 간의 力관계에서의 한계성은 있었으나 민중의 역사발전에 기여한 상황이 크게 부각되는 면을 추출해 낼 수 있었다. 특히 새로운 자료를 통한 개화기의 민중의식은 자각적 반성과 비판에 의해 意識 수준이 높아가고 있음을 느낄 수 있었고, 그것이 자각도가 뛰어난 민중의 사명의식과 일맥 연결되고 있음을 파악하였다. 이것이 우리의 근대사를 발전과 긍정의 역사로 정립시키는 데 기여하였다고 생각된다.

[둘째] 19세기 후반의 동학, 척사위정, 기독사상 등을 통한 민중의식의 높은 수준과 자각도는 실학적 인식과 개화의식으로 연결되었다. 이것은 다시 독립사상으로 재현됨으로써 외세의 침략을 배격하고 자립의식의 현장을 찾아 力動性 있게 현재성에 호소하여 민중에게 독립의식을 잉태케 하였다. 따라서 3·1운동에서와 구국운

동은 이와 같은 뿌리 깊은 사상적 배경과 민중 의식의 발전에서 연유하여 국내외 남녀 동포에게 동참의식을 불러일으켰다. 그것은 한 계층으로 하여금 제2의 3·1운동을 계속 봉기케 하는 지속적 의식을 국민 앞에 보여주게 작용하였다.

[셋째] 이 같은 수준 높은 민중의식이 국난을 극복케 하였음은 물론, 과학기술문화와 경제 건설에도 참여, 자발적으로 창조할 능력을 齎來하였다. 3·1운동을 전후로 한 시기에는 자각도와 意識 수준의 고도화, 세계화의 추세로 현실적인 정치 감각도 예리해져 개화파의 끈질긴 주장 이후 군주국가로부터 國民—民衆—국가로의 전환을 가능케 하였다.

대한민국 임시정부라는 민중의식의 구체적 정치체계가 共和制로서 그 모습과 지지 속에서 출범할 수 있어 근대사 발전의 전기를 마련하였다. 따라서 18세기 이후 사회진출의 의식이 노출되기 시작한 여성의 사회진출이 하나의 통합된 단체적 조직으로 구체화되어 남녀평등과 함께 조국 근대화운동에 선구적 임무를 수행할 수 있었다. 한국현대사 연구의 과제 속에서 우리는 民衆의 임무가 차지하는 위치와 기여도를 알 수 있게 되었다.

[넷째] 한국근대사를 발전시키는 의식을 民衆의 기여도와 연관해서 비견해 볼 때 그것은 역사의식 속에서 찾아야 할 것이다. 따라서 역사의 불멸과 민중의식의 자유에서 그 연유를 구해 보았고 근대화 과정을 역사적 발전의 조명 속에서 그 심오한 의미를 추출해 낼 수 있었다.

[다섯째] 우리는 이 같은 民衆의식의 발전을 통해 일제침략 下 한국 36년사를 실의·방황·초조·암흑·고통·시련의 역사로부터 자유·득의·영광·정착·안정·행복·정의·근대화의 역사로 간주 이행케 하는 데 원동력이 되었음을 실감할 수 있었다.·8·15의 민중의식이나

6·25, 4·19와 같은 민주화 진통에서의 커다란 현대사 발전의 전기가 모두 그전의 역사적 발전의식의 연속 속에서 맥락지고 재현되어 '民主國家'라는 결실을 맺게 하였던 것이다.

[여섯째] 역사의 주인공은 인간이다. 民衆意識을 발전시켜 나온 주체도 결국 인간이었기에 민중을 이끈 그 「인간의 역사적 기여도」를 몇몇 지도자의 경우를 통해 조명해 보았다. 물론 여기 소개한 이들 특정한 인물만이 민중의식을 길러내는 데 전적으로 포괄적 임무를 수행한 것은 아닐 것이다. 그들도 이 같은 민중의식을 통해 한국의 근대사를 긍정적인 발전에로 이행케 하는 데 큰 힘이 되었고, 선도적 위치에서 영향력을 행사하였다고 믿어지는 것이다.
  요컨대 한국근대사는 의식 수준이 높고 자각도가 큰 「민중」에 의해서 주체적이고 의욕적으로 시대정신에 따라 정치·경제·사회·문화 각 방면에서 역사를 발전시키는 데 크게 저력적으로 기여하였고 주도해 왔다고 결론을 내릴 수 있겠다.

찾 아 보 기

ㅁ

萬民共同會 : 30, 46, 48, 61,74, 249, 269, 313
萬歲報 : 18
滿洲事變 : 194, 196, 287
梅泉野錄 : 316
牧民心書 : 13, 55
文昌範 : 183
문화애국운동 : 249
물산장려운동 : 250
美國議員團 : 369
民立大學 : 34, 135, 250, 281
民族啓蒙운동 : 172
民族文化 : 63, 66, 80, 168, 169, 170, 171, 172, 173, 174, 176, 299
民族史學 : 65, 241, 243, 264
民族運動 : 60, 63, 66, 68, 75, 77, 114, 134, 216, 223, 224, 229, 233, 280, 337, 374
민족의 광복 : 77, 99, 126, 127, 138, 179, 202, 208, 251, 270, 285, 298, 371
民族意識 : 59, 129, 165, 166, 167, 168, 169, 177, 227
民族主義 : 17, 66, 68, 90, 94, 112, 113, 137, 167, 172, 217, 229, 230, 232, 234, 245, 281, 294, 305, 372
民主共和國 : 34, 138, 198, 230
民主共和制 : 100, 101, 105, 125, 184, 192, 203, 212, 280
民衆國家 : 32, 143, 325, 329, 365
民衆운동 : 49, 99, 307

民衆意識 : 13, 22, 24, 35, 36, 63, 64, 68, 69, 105, 106, 139, 192, 235, 240, 241, 243, 252, 256, 269, 283, 285, 301, 319, 348, 363, 380
民衆戰爭 : 27

ㅂ

박규수 : 72, 322, 323, 324, 325, 328
博文局 : 350, 351, 351
박영효 : 321, 322, 323, 324, 325, 326, 327, 328, 329, 330, 331, 351
朴容萬 : 84, 183
朴殷植 : 42, 44, 52, 72, 136, 189, 231, 257, 319, 365
朴寅浩 : 18
朴齊家 : 262
朴賢淑 : 124
朴熙道 : 82, 87
反帝동맹체 : 220
配給制 : 289, 290
白善行 : 125
105人 : 66, 286
法官養成所 : 312
변수 : 327
丙寅洋擾 : 26
丙子修好條約 : 25, 266
普成社 : 19, 43, 57, 75, 79, 80, 133, 141, 142, 143
報恩集會 : 16
普通警察制 : 111

崔益鉉 : 26, 52, 227, 246
최제우 : 14

ㅋ

크레인 : 83

ㅌ

太平洋會議 : 34, 143, 188
土地調査局 : 278
統監府 : 277
通信局 : 278, 279
統一文化 : 177, 301

ㅍ

파스칼 : 256
프랑스 : 89, 196, 259, 297, 326, 333, 364, 366

ㅎ

學生運動 : 114, 155, 215, 218, 219, 220, 307
韓國國民黨 : 197
韓國獨立黨 : 377
韓國獨立運動團體 : 102, 343
韓國史學 : 184, 221
韓國研究 : 221
韓國學 : 114
韓國現代史 : 155, 218, 221
韓圭卨 : 52, 122
韓獨黨 : 204
韓龍雲 : 83, 87, 116, 119
漢城政府 : 100, 180, 181, 182, 183, 203
韓人社會黨 : 185
韓人愛國團 : 376
韓日議定書 : 313
韓在鎬 : 335, 347
鄕土豫備軍 : 272
憲兵·警察制 : 110
헌병경찰통치 : 106, 215, 278, 286
憲兵警察統治期 : 277
憲政研究會 : 75, 249, 313
玄仁錫 : 347
協和書局 : 363
호프만 : 259
洪致凡 : 347
皇國臣民 : 250, 288
皇城新聞 : 38, 316, 334
황신덕 : 207, 209
黃允吉 : 160
후기 실학자 : 246
興士團 : 84

· 저자 ·

이현희(李炫熙) 고려대학교 사학과(한국사 전공) 졸업, 문학박사
미국 Harvard大 연구소에서 한국 근,현대사 연구
東京女子大學校 초빙교수, 일본 法政大 객원연구교수, 청도대학 객원교수
中華民國中央硏究院 近代史硏究所에서 근대사와 한국독립운동사 연구
국사편찬위원회 편사연구관, 문화재전문위원, 서울시 문화재위원, 국사편찬위
원, 도서윤리위원, 인권위원, 우표심의위원, 독립유공자 심사위원
한국정신문화연구원 교수(역사연구실장)
한국민족운동사학회, 동학회 회장 역임
서울특별시문화상(1985) 수상
5,16민족학술상(1992) 수상, 의암대상(2004) 수상

현재, 성신여자대학교 사학과 명예교수, 현대사연구소장,
　　　서울신문명예논설위원

· 주요 저서 ·
『대한민국 임시정부사』, 『한국근대여성개화사』, 『일제시대사의 연구』
『한국현대사 산고』, 『한국개화백년사』, 『3·1 운동사론』 외 다수

● 韓國近代史와 民衆意識

· 초판 인쇄	2005년 9월 1일
· 초판 발행	2005년 9월 1일
· 지 은 이	이현희
· 펴 낸 이	채종준
· 펴 낸 곳	한국학술정보㈜
	경기도 파주시 교하읍 문발리 526-2
	파주출판문화정보산업단지
	전화　031) 908-3181(대표)·팩스　031) 908-3189
	홈페이지　http://www.kstudy.com
	e-mail(e-Book사업부)　ebook@kstudy.com
· 등　　록	제일산-115호(2000. 6. 19)
· 가　　격	26,000원

ISBN　　89-534-2919-6　93910　(Paper Book)
　　　　　89-534-2920-X　98910　(e-Book)